天孫族物語

〔上巻〕

邪馬台国と狗奴国の戦争ドラマ

荒田栄誠

浪速社

3　天皇家の始祖、ニニギノミコトが天降りた高千穂峰（鹿児島県）

第一代 神武天皇御陵（奈良県橿原市久米町）

久米の本拠地になる久米御県神社（奈良県橿原市久米町）

金首露王が建国した駕洛国始祖跡
（金海市亀旨峰）

金首露王が天降りた亀旨峰
（金海市亀旨峰）

奈良市、平城京から出土した隼人の楯

天武天皇の側近の将軍、文乃禰麻呂の墓。慰霊祭（奈良県宇陀市八滝）

狗奴国の大河内城・本丸に大河内神社がある（松阪市大河内）

宝暦治水の陣頭指揮をする平田靭負銅像（岐阜県海津市平田公園内）

狗奴国が信奉した熱田神宮（名古屋市熱田）

狗奴国の「隼人舞い」を伝承する真清田神社（愛知県一宮市）

まえがき

宇宙は人類にとって神秘な世界である。人類は、宇宙探検に競ってロケットを打ち上げている。世界の国々で建国伝説を持った王族は、空から降りて来た天孫族だと称している。

日本の創世記を書いた『魏志倭人伝』は、邪馬台国と狗奴国が建国当初から仲が悪く戦争していると書いた。狗奴国が戦争を優勢に進めており、邪馬台国は魏国に軍事支援を求めに行ったが、最後は征服されてしまい歴史上から消えてしまったのだ。

狗奴国は、愛知県名古屋市熱田に本拠地があった。一人の男王が統率する単一国家でありながら、邪馬台国同盟国に戦争を仕掛けるほどの強大な軍事力を持っていた。狗奴国の主力軍は「泣く子も黙る」と恐れられた熊襲族だった。

『魏志倭人伝』は、邪馬台国や狗奴国やその他の国々も、日本のどこにあったのか所在地不明の書き方になっている。宇陀は、邪馬台国と狗奴国の天下分け目の決戦場になった。「宇陀の土地を征した者が大和の国を征する」だった。

狗奴国軍は、宇陀の宇賀志村で兄宇賀志軍を撃破した。宇賀志村には戦場跡が生々しく残っている。次は女寄峠を防衛するヤソタケル軍をうまく攻略した。最後は磯城郡の邪馬台国の本拠地を防衛する兄磯城軍を撃破した。「勝てば官軍、負ければ賊軍」の方式である。戦争に勝利した狗奴国軍の男王の卑弥弓呼は初代の神武天皇となった。負けた邪馬台国軍は大和の賊軍として書かれたのだ。

『古事記・日本書紀』に書かれた第一代目の神武天皇の正体は、大和の国を征服した狗奴国の男王の卑弥弓呼だったのである。

狗奴国が大和朝廷になるが、邪馬台国だけが有名になりすぎて、狗奴国の研究が遅れた原因である。

宇陀は、神武天皇の伝説と史跡が多く存在する理由であり、重要な土地なのである。

一、霧島連峰の高千穂峰に降臨したニニギノミコトから～天皇家の歴史が始まるとしたのはなぜなのか……？

一、ニニギノミコトの正体は誰なのか……？　鹿児島の薩摩半島のコノハナサクヤ姫となぜ結婚するのか……？

一、鹿児島県内には神代三山陵（天孫降臨の三代の神様の墓）が実在して、現在も宮内庁が管理しているのはなぜなのか……？

一、韓国の金海市の金海金氏の大同族譜が、朝鮮総督府から「歴史上の治安を乱す……」の名目で発行禁止処分になったのはなぜなのか……？

一、鹿児島県国分平野の「国府名所・七隈の古里」の古代史跡は、金首露王の七王子の渡来史跡だった……。

一、『古事記・日本書紀』の「海幸彦・山幸彦」神話で、天皇家と鹿児島の隼人が兄弟であると書いた理由はなぜなのか……？

一、隼人族が近畿地方に移住して天皇家の身辺を守衛したり、奈良の平城京では隼人司として警護したのはなぜなのか……？

天孫族と隼人族のルーツを追い求めて行きながら、多くの謎の古代史を解明することにつながっていった。

本書は、三十年間にわたる研究と調査資料を元にして書き上げた壮大な物語である。

平成二十七年五月吉日　　　　荒田栄誠

『天孫族物語』目次

第二章　狗奴国の発祥から～歴史が動きだした……163

序章　『天孫族物語』あらすじ

◇『天孫族物語』あらすじ

アメリカ人の歴史学者と話すと

「日本の歴史は東洋の夢とロマンがありますね……」と言う。

アメリカ合衆国は、一七七六年に独立宣言して建国した。現在まで三百年足らずの歴史しかないのだ。ところが、日本の古い家は建築して三百年以上過ぎた古民家がザラにある。

「我が国の歴史は、日本の古民家より新しいのだ……」と言って笑った。

さらに

「日本の天皇制はどのように始まりましたか……？」と聞いてくる。

日本人は「遠い遠い昔に、空から降りてきた神様たちが、日本の国土を造りました……」と説明する。

「日本の歴史教科書には、天皇がどこから来たのか書いてありません。……高千穂峰に降りたとなっています。……本当のところ日本人も知りません」

「日本は優秀な国なのに、歴史の方は遅れていますね……」と言って笑う。

日本の歴史が分からなくなった原因は、古代から戦争が繰り返されてきたことにもあります。

理由は、勝てば官軍負ければ賊軍の方式である。戦争に負けると寺社仏閣まで火を放たれて、重要な古文書まで焼き捨てられてきた。

そのために、神社の由緒を調べていくと、古文書まで焼かれて詳細が分からないといったケースが多い。

◆勝者に都合のよい敗者の歴史は残されてきた

ところが、勝者が敗者の歴史を抹殺しようとしても、無理なケースがあった。

『日本書紀』に、一書に曰く……と言う書き出しがある。

一書に曰くの条文には、重要な敗者の事実が隠されているのだ。

日本の歴史は、勝者たちによって連綿として塗り替えられてきたのである……。

※、『天孫族物語』のタイトルの説明

高千穂峰にニニギノミコトが天孫降臨して天皇家の歴史が始まる。

『魏志倭人伝』には、邪馬台国と狗奴国が戦争していると書いている。

狗奴国が勝利して、「橿原の宮」で神武天皇が誕生する。

天武天皇は「尾張大隅」の尽力で、「壬申の乱」に勝利すると、『古事記・日本書紀』の編纂を命じた。

初代の「神武天皇」名を考えたのも「天皇・日本」の名称を使い出したのも、天武天皇からであった。

よって、本のタイトルを『天孫族物語』とした。


『1986年』に発見する……国分平野の史跡を調査中に、「国府名所七隈《ななくま》の古里」の、不思議な古代史跡を発見した。七隈の史跡は、平安時代の古文書に残されていた。「七隈」の場所には、南九州を代表する「大隅一宮・鹿児島神宮」があり、「神代・高千穂宮跡《たかちほのみやあと》碑」の石碑が建立してある。

「七隈の古里」の調査を始めると、古代朝鮮との関係が次々と判明してきた。

『1989年』に発見する……韓国の金海市内の亀旨峰に、鹿児島の高千穂峰の天孫降臨神話のルーツがあると知って、研究調査に行った。

金海市内の弥生時代の遺跡を調査すると、古代日本と密接につながることが分かった。

「朝鮮総督府」が、「金海金氏」の「大同族譜」を一九一五年六月二十九日付けで、発行禁止処分にしていた事実を知った。この時から、発行禁止処分になった理由を解明するために本格的な研究に着手した。

◆中国の新の国が滅亡して、日本に渡来する

約二千三百年前から～東アジアの中国文化が朝鮮半島を経由して、次から次へと日本列島に渡来してきた。

中国の「新」の国は、西暦八年に建国されてから～二三年に滅亡した《わずか十五年の短命な国》であった。皇帝は、「王莽《おうもう》」と言った。「王莽」は、官制の改革、土地制度の改革、貨幣制度の改革、商工業の改革と、次々とユニークな政治思想を掲げたがどれも失敗が続いた。やがてクーデターが起こり、新は滅亡する。

新は滅亡したが、王莽の一族は何処へ行ったのか……？　消息不明となった。

※、**貨泉は日本へと渡来した**

ところが、王莽が製造した「貨泉」が、行き先を暗示してくれた。

新のわずか十五年間に製造した貨泉は、国民に普及する前に新が滅亡している。

〔日本の考古学会は、弥生時代の遺跡から出土した貨泉は、製造期間の短さからして年代測定の基本になると重要視している〕

貨泉の渡来ルートは、朝鮮半島の北朝鮮の平壌やソウルで出土しながら、南へ南へと下りてくる。朝鮮半島南部の金海市の弥生遺跡からは大量に出土している。金海は日本の古代天皇が「任那」と呼んだ、天孫降臨の国である。

金海からは、日本の天皇家の三種の神器（鏡・勾玉・剣）までもが出土して注目された。さらに貨泉は、対馬や壱岐島の弥生遺跡から出土して、九州に上陸して県内各地から出土している。

天孫降臨神話の故郷、宮崎県内や鹿児島県大隅町からも出土して注目された。神武天皇の東征コース上の広島県や、岡山県の弥生遺跡からも大量に出土している。

ところが、神武天皇の東征コースから外れた、東日本からは貨泉がピタッと出土しない特徴がある。

◆金海の亀旨峰に、金首露王が天孫降臨する

中国の新が二三年に滅亡してから～十九年後の「西暦四二年」に、金海の「亀旨峰《くしみね》」に「金首露王」が天孫降臨した。

金海は、『魏志倭人伝』で「狗邪韓国」と書かれた。古代に、大和朝廷が「任那《みまな》」とか「任那日本府」と呼んだ国である。

◆金海金氏の族譜が、発行禁止処分になっていた

金首露王の子孫達は、金海出身の金さんとして「金海金氏《きめきむし》」と名乗る。子孫達は世界中に二百万人からい

る最大氏族である。

「朝鮮総督府《ちょうせんそうとくふ》」は、「一九一五年六月二十九日」付けで金海金氏の「大同族譜（家系図）」を発行禁止処分にした。発布理由は、「金海金氏の族譜は、日本の歴史上の治安を乱す……よって発行禁止処分とする……」と言う名目だった。

大同族譜には、「金首露王の《七人の王子》が空に上り、雲に乗り、金海を離れた……」と書いてあった。

次に、問題なのは七王子が金海から空に上って～何処に行ったのか……消息不明なことだった。

◆大同族譜を発行禁止処分にした理由は何か……？

金海金氏の大同族譜には、「七王子」が金海からいなくなったと書いてある。その後に、同じ天孫降臨神話を持った鹿児島の高千穂峰の国分平野には、「国府名所七隈の古里」なる朝鮮式山城が誕生している。『古事記・日本書紀』では、天皇家の始祖「ニニギノミコト」が高千穂峰に降臨する。年代的にもピッタリと一致するのだ。「朝鮮総督府」は、日本の天皇家のルーツが、中国の新の王莽の流れだと分かっていても、直接に朝鮮の金海から渡来したと知られたくなくて「大同族譜」を発行禁止処分にしたと思われる……。

朝鮮総督府の植民地時代に日本の憲兵が、「金首露王」の古墳を取り囲んで、古墳内の副葬品を持ち出したと子孫達は語る。

◆鹿児島県内に、神代三山陵が残る

※、一代目の神様名「ニニギノミコト」……………可愛山陵の所在地……鹿児島県薩摩川内市内にある。
※、二代目の神様名「ヒコホホデミノミコト」…………高屋山陵の所在地……鹿児島県溝辺町にある。

※、三代目の神様名「ウガヤフキアエズノミコト」……吾平山陵の所在地……鹿児島県鹿屋市内にある。
三山陵の選定地には、宮崎県と鹿児島県がもめた末に、決定したいきさつがある。

鹿児島県内には、天皇家の始祖の「ニニギノミコト」から「三代の神様の御陵」があり、現在も宮内庁が管理している。

◆金海と鹿児島には共通点が多い

①、金首露王の七王子たちが、空に上り金海を離れて~国分平野に渡来して「七隈」の朝鮮式山城が造られた。
②、『魏志倭人伝』で、金海は狗邪韓国（クヤ）と呼ばれてから~国分平野に渡来すると「狗奴国クナ」になった。
③、金首露王が天孫降臨した山を亀旨峰（クシミネ）と言い、鹿児島の高千穂峰は（クシフルミネ）と呼んで、同じである。

◆七王子たちは、薩摩半島の笠沙から上陸した……

『古事記・日本書紀』の序文では、ニニギノミコトが、「ここは、韓国に向かいて……笠沙《かささ》の岬を真来通りて……」と降臨する一文がある。「笠沙の岬」は、薩摩半島の「笠沙」である。

韓国に向かいては、「高千穂峰」の隣の「韓国岳《からくにたけ》」のことである。七王子たちが、薩摩半島の「笠沙の岬」から上陸した者でないと、分らないような書き方の表現である。

◆七王子たちは、国分平野の「七隈の古里」に渡来した

西暦一八〇年代に、金海から七王子たちが渡来した史跡が「七隈の古里」と呼ばれるようになった。

七王子たちは、最初に住んだ国分平野の背後にそびえる高千穂峰に降りてきた天孫族だと称した。原住民たちは、七王子たちが持参した大陸渡りの鉄器や銅器に接して驚いたであろう。

七隈の場所には、南九州を代表する「大隅一宮・鹿児島神宮」を取り囲むように存在している。

西暦一八〇年代に、金海の「七王子」たちが渡来した山城史跡が後に「七隈の古里」と呼ばれるようになったのだ。

◆国分平野に、熊襲族が誕生する

七王子たちは熊信仰だった。鹿児島に渡来すると、「南方系の短気で、好戦的な原住民」を軍事教練して最強の「熊襲・隼人」という軍事組織を作り上げた。

※、「熊襲族」は、やがて「久米《くめ》」と呼ばれるようになる。久米軍団を統括する上部機関が「大久米《おおくめ》」である。

『古事記』の神武天皇の戦いでは、「久米」の軍団が連戦連勝して、勝ちどきの久米唄で鼓舞していることで分かる。

◆海幸彦・山幸彦神話が作られた理由

※、火遠理命（ホオリノミコト）……山幸彦であり、日本の天皇家になる。

※、火照理命（ホデリノミコト）……海幸彦であり、鹿児島の隼人族になる。

『古事記』『日本書紀』の「海幸彦・山幸彦」神話に、天皇家と鹿児島の隼人族の始まりが書いてある。

七王子たちは鹿児島に渡来すると狗奴国を建国して《熊襲・隼人》の軍兵を組織した。隼人の軍事力で、奈良の大和の邪馬台国を征服出来たのだ。以来、隼人が天皇家のそばを日夜離れず、身辺を警護した始まりを、『海幸彦・山幸彦神話』に書いたのだ。

◆七王子たちは、なぜに鹿児島に上陸したのか……

当時の北九州の国々は、奈良の邪馬台国の同盟国だった。対して、南九州地方の国々は邪馬台国に服従していなかった。

七王子たちは、北九州の敵対勢力を避けるようにして、最南端の未開の土地鹿児島に上陸したのだ。

渡来した年代は、西暦一八〇年代になる。『魏志倭人伝』には「倭国に大乱」が起きた時代だと書いている。

◆狗奴国は、南九州から～愛知県の濃尾平野に移動した

二代目の「ヒコホホデミノミコト」の時代に入ると、狗奴国は南九州から～濃尾平野の名古屋に移動した。

狗奴国の本拠地は、名古屋市熱田神宮の一帯である。熱田神宮の神宝は、天皇家の三種の神器のヤマトタケルの「草薙《くさなぎ》の剣《つるぎ》」である。『古事記』の「海幸彦・山幸彦」神話の中で、「ヒコホホデミノミコト」が、「釣り針」を探しに「海神国」に行く物語りがある。熱田神宮は、伊勢湾の海人族の神を祭っていたのだ。

熱田神宮の近くに「高蔵《たかくら》古墳群」がある。古墳群からは、「鉄製の釣り針」が出ている。「ヒコホホデミノミコト」が、海神国に釣り針を探しに行ったのは、狗奴国が鹿児島から愛知県の名古屋市熱田に移動した表現だったのではないのか……？

年代的にもピツタリと一致するのである。

◆『魏志倭人伝』に、邪馬台国と狗奴国の戦争が書いてある

※、邪馬台国《やまたいこく》の本拠地は、……奈良盆地の桜井市から～天理市にかけてあった。女王は卑弥呼と名乗った。

※、狗奴国《くなこく》の本拠地は、……愛知県名古屋市熱田にあった。男王は卑弥弓呼と名乗った。

『魏志倭人伝』には、邪馬台国と狗奴国が戦争していると書いている。邪馬台国は、魏《ぎ》に軍事支援を頼みに行った。魏が仲裁に入り、邪馬台国と狗奴国の第一次の戦争は停戦している。

◆狗奴国は、三重県内に軍事基地を構築した

『古事記・日本書紀』のニニギノミコトが降臨する条項で、当時の鹿児島県の状況を「……そじしの空し国……」と、平野も少なく火山灰土壌で米も耕作できない空しく貧しい国だったと書いてある。

狗奴国は、鹿児島から愛知県の濃尾平野に移動すると、肥沃な大地で強大な軍事力を蓄えたのだ。

長良川、木曽川、揖斐川《いびがわ》の三川を渡り、三重県内の津市、久居市、松阪市、熊野市などに軍事基地を構築した。久居市や、松阪市大河内《おかわち》町の、巨大な軍事基地から～国道一六六号線ぞいに、奈良盆地の邪馬台国に出撃した。この時代から、狗奴国は、熊崇拝から～太陽崇拝に信仰が変わるのだ。

◆邪馬台国は狗奴国に征服された

西暦二六六年、「晋《しん》」に邪馬台国は朝貢して、軍事支援を頼むが、失敗に終り狗奴国との第二次大戦に敗北した。

狗奴国は奈良盆地に乗り込んで、邪馬台国の跡地に大和朝廷の政権を樹立した。

狗奴国は邪馬台国の歴史を乗っ取りスタートしたのだ。

◆神武天皇の正体は、狗奴国の男王、卑弥弓呼だった

西暦二七〇年頃、邪馬台国と、狗奴国の戦争は狗奴国の大勝利で終わった。

※、邪馬台国は大和の賊軍と書かれた。

※、狗奴国は、倭国を統一したので、男王の卑弥弓呼が、初代の神武天皇となった。

理由は何故か……？　中国の正史『魏志倭人伝』は、後世に誰でも読まれる歴史書だと見なしたからだ。

◆宇陀は邪馬台国の前線基地だった

狗奴国（神武天皇軍）の本隊は、松阪の軍事基地から国道一六六号線を進軍して、高見山を越えて奈良県の宇陀に進軍した。

古代は、高見山《たかみやま》を越えると宇陀の領域だった。

『古事記』では神武天皇軍と、大和の賊軍との最初の戦いが宇陀の土地から始まる理由である。宇陀は、邪馬台国の本拠地を防衛する前戦基地だったのだ。

神武天皇軍は、最初に菟田野町の「兄宇賀志《えうかし》」の賊軍を破り、次に「ヤソタケル」の土蜘蛛《つちぐも》を殺した。最後は、磯城の「兄磯城《えしき》」軍を征伐した。

邪馬台国の本拠地は奈良盆地の磯城郡（桜井市）にあった。神武天皇軍が「兄磯城」を征伐したのは、邪馬台国を征服した意味だったのだ。

◆邪馬台国と狗奴国は古墳形式が違った

①、邪馬台国の古墳形式……前方後円墳《ぜんぽうこうえんふん》が主流である。後部が丸い形の古墳形である。

②、狗奴国の古墳形式……前方後方墳《ぜんぽうこうほうふん》が主流である。四角い形の古墳形式である。濃尾平野には、初期の前方後方墳が造られた　大和朝廷の建国を支えた狗奴国の前方後方墳が、天理市内の大和古墳群の中に数基残っている。考古学面からも注目されている古墳になる。

◆「壬申の乱」が始まる

「壬申の乱」は、西暦六七二年六月二十四日から始まる。天武天皇と、兄の天智天皇の大友皇子軍との戦争である。

「壬申の乱」は、日本の天皇家の史上最大の内乱である。そのために、戦前までは皇室内のタブーであった。戦後になり、教科書に記載されてから一般が研究出来るようになり、いろいろな角度から研究が進んだ。

◆天武天皇を助けたのは、旧狗奴国の名族「尾張大隅」だった

「六月二十四日」天武天皇の一行は、身内の者数十名で隠れ住んでいた奈良県の「吉野宮《よしののみや》」を後にした。行き先は、旧狗奴国の領地、桑名《くわな》であった。

※、「尾張大隅」の登場……天武天皇に、莫大な軍資金と官舎と軍兵を、「どうぞ、戦争用にこれをお使い下さい……」と差し出した。

天武天皇は、桑名の「七里《しちり》の渡し」から~熱田神宮まで船に乗り、戦勝祈願に行ったと伝えている。

「尾張大隅」は、熱田神宮の大宮司「尾張氏」の一族であった。「大隅《おおすみ》」は、鹿児島県大隅町の出身だから「大隅」と名乗る。約一ヶ月に渡る戦争は、大友皇子の自決で終わった。「壬申の乱」に勝利出来たのは、「尾張大隅」の最大の軍事支援があったからである。

◆天武天皇は、旧狗奴国の美濃地方に向かった……

天武天皇の幼少時代は「大海人皇子」と名乗る。「湯淋令」の大海氏一族に育てられたからである。「湯淋令」は岐阜県安八郡にあった。かつて知ったる土地に向かったのだ。天武天皇と濃尾平野(元狗奴国)は深いつながりがあった。

◆天武天皇は、『古事記・日本書紀』の編纂を命じる

「壬申の乱」に勝利してから十年後、『古事記・日本書紀』の編纂を命じた。

天武天皇から、「武」の漢字が付いた天皇名が多い。「神武」から始まり～「大武」、「文武」、「聖武」、「桓武」、と続く。なお、日本の天皇史のなかで、「神」が頭に付くのが、「神武天皇」だけなのは深い理由があった。『古事記・日本書紀』の謎は、天武天皇がキーポイントである。

◆宇陀で、文乃禰磨呂将軍の墓が発見された

「壬申の乱」が始まると、最初から～最後まで、天武天皇の側近として活躍したのが、「文乃禰磨呂《ふみのねまろ》」であった。

江戸時代の後期、宇陀の八滝《やたき》の米山で、農夫が開墾中に偶然骨壷を掘り出した。墓誌に刻まれた漢字文はまさしく「文乃禰磨呂」だった。大騒ぎになりいろいろな変遷の末に、現在は「東京国立博物館」に所蔵されている。

さらに、墓がある土地の所有者名が、天武天皇に軍資金を差し出した、「尾張大隅」と同じ「大隅」さんなのは、たんなる偶然なのだろうか……?

◆天武天皇は、『魏志倭人伝』に精通して、朝鮮語が出来た

「橿原《かしはら》」は、韓国の「京城（ソウル）」と同じく、朝鮮語で「国家」の意味がある。天武天皇は、橿原の地名を考えたり、神武天皇を付けたりと、朝鮮語を話せたのだ。

◆天武天皇は、「尾張大隅」を天孫族に組み入れた

天武天皇は、「壬申の乱」で巨額の軍事支援をした「尾張大隅」を、『古事記・日本書紀』を書けと命じた時に、御礼として天孫族の「火明命ホアカリノミコト」の一族に昇格させたのだ。

「尾張大隅」の祖先は、鹿児島県大隅町の熊襲族出身である。大隅町からは王莽《おうもう》「貨泉」が出土している。

「尾張大隅」にとっては、鹿児島は祖国である。高千穂峰に天降りた天孫族に組み入れてもらい、感謝感激であったろう。天武天皇は、「起承転結」の最大級の御礼をしたのである。

◆狗奴国の歴史は、鹿児島から〜濃尾平野に移動してからも連綿として続いた

鹿児島の狗奴国が、西暦二〇〇年以降に濃尾平野に移動してからも連綿として歴史的なつながりが続いたのだ。

①、「壬申の乱」の勝利は、濃尾平野の豪族「尾張大隅」が巨額の軍事支援をしたからである。

②、「壬申の乱」は、濃尾平野の元狗奴国の兵士が大活躍して勝利出来た。

③、西暦一六〇〇年九月十五日、関ヶ原の戦いで西軍は負けてから……。午後二時過ぎに、島津義弘公を生きて鹿児島に帰すんだと……、第二の「関ヶ原のドラマ」が始まった。有名な島津の「敵中突破の戦い」である。

敵陣の中、追っ手が次々と島津勢に襲いかかる、甥っ子の島津豊久は、「殿、身代わりになります……」と敵兵を一身に防ぎ、体中に七～八本の槍を受けて絶命した。墓は、岐阜県大垣市上石津町の「瑠璃光禅寺」に眠る。現在も、鹿児島からの墓参団が途絶えない。

④、「宝暦治水の難工事」……江戸幕府は、長良川《ながらがわ》、木曾川《きそがわ》、揖斐川《いびがわ》の三川の護岸工事を薩摩藩に命じた。毎年、台風時には氾濫して地元民から死傷者を出していたのである。薩摩藩から約千人が従事したが、江戸幕府の役人のいじめにあい、怒って切腹したる者、過労により病死したる者、人柱となりたる者、百名近くの死者を出しながらも一年後に完成させた。

しかし、薩摩藩の土木工事代金の借入金が四十万両になり、平田靭負家老は責任を取った。工事が完了した早朝、鹿児島に向かって一礼したあと切腹自殺して果てたのだ。現在、海津市内に平田公園がある。涙なくしては語れない難工事であった。

⑤、戦後の昭和の時代に入ってからも、鹿児島県内の中学、高校を卒業した女子が、岐阜県内の織物会社に集団就職していた。

鹿児島から狗奴国が～濃尾平野に移動してからも、今日まで連綿として歴史的なつながりが続いて来たのである。

『古事記・日本書紀』には高千穂峰に「天孫族」のニニギノミコトが降りてきて薩摩の阿田のコノハナサクヤヒメと結婚している。

「海幸彦・山幸彦」の中では、隼人は天皇家と兄弟であり、守護している。二十五年前、『天孫族物語』の研究資料を東京の高名な歴史学者に見てもらった。そして笑いながら「神話の世界の話だから……」と言って終りだった。

その時は落胆したが、鹿児島の古代史には何かが隠されていると、あきらめきれずに、今日までコツコツと研究してきた。

そして、この度『天孫族物語』を世に出すことになった。

本書を鹿児島の隼人族や島津義弘公、平田靱負家老、西郷どん、大久保利通公、他の鹿児島の遺人達に捧げる。

まさに、「歴史は繰り返す……」であった。

第一章
天孫降臨神話は、天上界のメッセージから始まった

◇「金首露王の七王子」渡来先は「七隈の古里」の史跡だった

◆国府名所七隈《ななくま》の古里を発見する

天孫降臨のふるさと鹿児島の高千穂峰の麓の国分平野に、「国府名所七隈の古里」なる不思議な史跡を発見した。国分平野で、熊襲城や熊襲の洞窟《どうくつ》などの史跡を調査中の時であった。

文献で調べると『国分郷土史（初版本）』に、「国府名所七隈の古里」の史跡が記載されている。さらに『国分諸古記《こくぶしょこき》』の古文書を読んで行くと、三二六頁に「七隈の古里」の記述があった。

七隈の古里の史跡は、平安時代から伝来すると書いている。平安時代は七九四年の平安遷都から始まるので、約千二百年前以上の史跡であることになる。

七隈を調査すると不思議な魅力に引き込まれていき、以後数年間も国分平野に通い詰めることになった。

七隈の古里の史跡とは、国分平野に点在する七ヶ所の「山城《やましろ》」のことである。

七隈の所在地を丹念に調べていくと、大隅一宮・鹿児島神宮を取り囲むように立地していることが判明した。

鹿児島神宮の周囲は、神代《かみよ》の史跡が集中している特殊な場所である。七隈がどのような歴史的背景から発祥したのかさらに調べを進めた。

この時点では、七隈の調査が日本の謎の古代史を解明する糸口になるとは夢にも思わなかったのだ。

★、七隈の史跡の調査資料を次に記す〔国府名所七隈の古里・作図四二頁参照〕

《国府名所七隈の古里の語源についての説明文》

名称	読み方	説明文
国府	コクフ	『続日本紀』の和銅六年（七一三）年四月の条に、大隅国府を国分平野に置くとある。以後、国府と呼んだ。
名所	メイショ	有名な場所、名だたる観光名所などの意味になる。
七隈	ナナクマ	七は数字の七である。七ヶ所の隈のことである。隈は、熊襲の熊の意味である。
古里	フルサト	生まれて育った場所、又は、発祥地などの意味になる。

◆国分平野に点在する七隈の読み方と所在地を表記する

	七隈の漢字表記	呼び方	場所	呼び方	特筆事項欄
1	笑隈	エミクマ	内村	ウチムラ	鹿児島神宮の社域内に立地する。
2	獅子隈	シシクマ	内山田村	ウチヤマダムラ	別名を古代は熊襲城と呼ばれた。
3	平隈	ヒラクマ	新町村	シンマチムラ	
4	隈崎	クマサキ	上小川村	カミオガワムラ	韓国宇豆峰神社がある。

5	富隈	トミクマ	住吉村	スミヨシムラ	島津藩主の島津義久が富隈城を造り在城していた。
6	恋隈	コイクマ	上井村	ウワイムラ	
7	星隈	ホシクマ	上井村	ウワイムラ	別名を、古代は熊襲城と呼ばれた。

文献を元に、七隈の所在地を探しながら位置図を作成するのに足掛け三年間にも及んだ。調査中に気づいたことがある。隈崎の場所には韓国宇豆峰神社《からくにうずみねじんじゃ》があることだった。韓国岳《からくにたけ》と同じ発音なので興味が沸いた。

さらに、鹿児島神宮の社域内に「笑隈」が存在していることであった。星隈や獅子隈の立地場所は、古代から熊襲城と呼ばれた山城であることが分かった。調べれば次から次へと七隈への疑問が沸いて来たのだ。鹿児島神宮が立地する場所は聖域であるが、そこに位置するのは笑隈の存在であり最重要な史跡と判断出来たのだ。

突き詰めていえば、笑隈が最初に造られてから～後で鹿児島神宮が建立されたと考えられるのだ。

★、七隈の山城の中で中心は笑隈になる。笑隈が七隈の中のリーダー的な男王であったのだ。

★、笑隈の所在地は鹿児島神宮の中にある。鹿児島神宮は熊襲の神社であり、最初に政治をした高千穂宮跡だったのである。

国府名所七隈の古里・七王子の史跡平面図

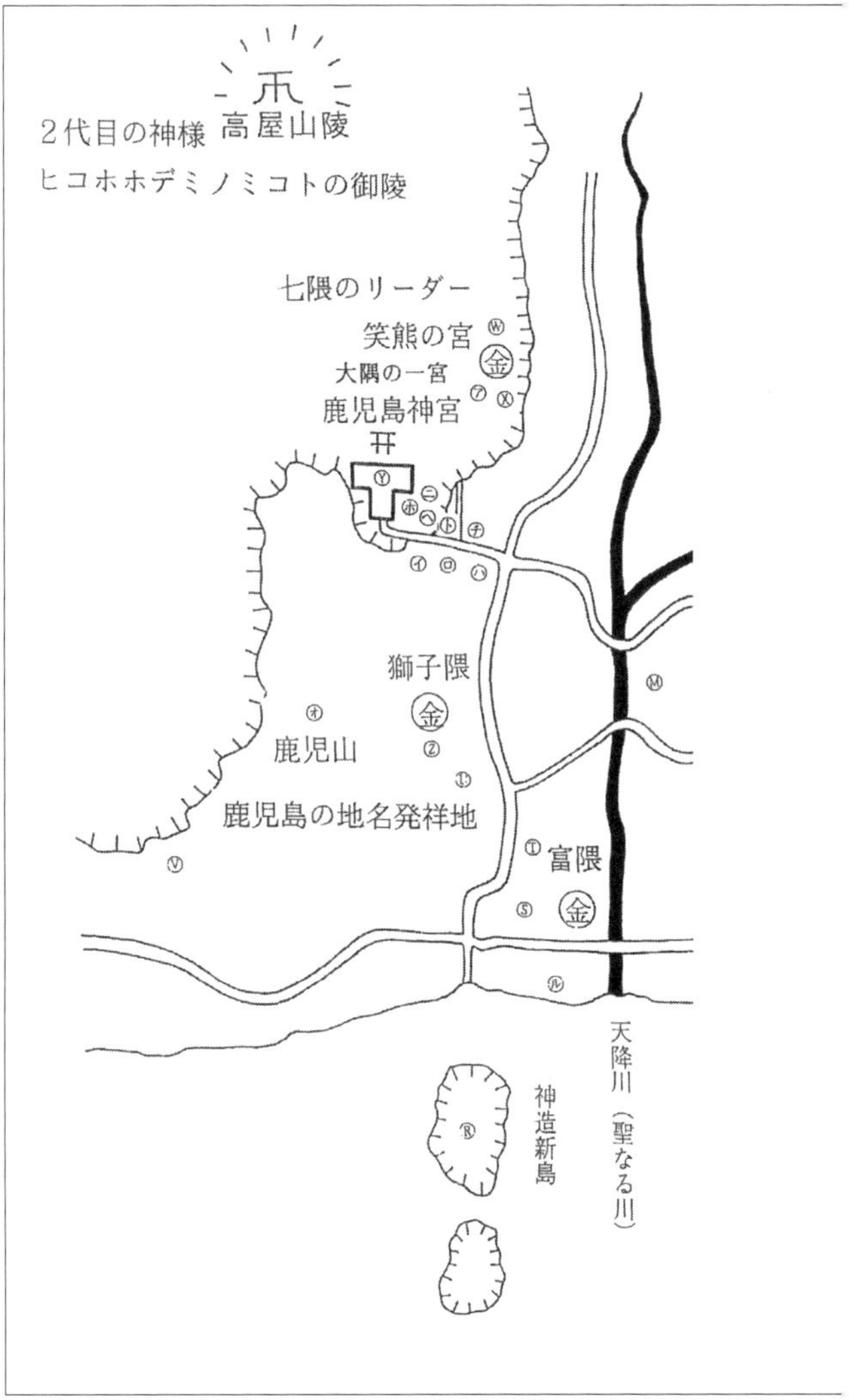

〈コラム〉※、国分平野は、天孫族の発祥地だった

一、高千穂峰に、天皇家の始祖「ニニギノミコト」が天孫降臨した。高千穂峰から流れる天降《あもり》川がある。

一、「ヒコホホデミノミコト」の御陵があり、宮内庁が管理する。

一、金首露王の七王子が渡来した、「国府名所七隈の古里」の史跡がある。

一、亀ノ甲遺跡から「三累環頭太刀」が出土した。金海の遺跡群からも出土する。

国分神代史蹟略図案内表

A	上井城	（ウワイ）・熊襲城（標高132ｍ）
B	島津義久公墓	
C	隈崎神社	
D	韓国宇豆峰神社	
E	恋隈	
F	星隈	
G	隼人・熊襲城	（標高192ｍ）
H	弥五郎穴	（熊襲穴）大隅三大祭、弥五郎どん祭と関連
I	国分寺跡	
J	拍子橋	（取石鹿文が日本武尊に殺された場所の碑）
K	大穴持神社	
L	祓戸神社	
M	気色杜	
N	四肢神社	（殺された川上タケルを祭る神社）
O	姫城城・熊襲城	（標高170ｍ）
P	橘木城・熊襲城	（標高25ｍ）
Q	平隈	
R	神造新島	
S	富隈・山城	（標高25ｍ）
T	稲荷神社	
U	隼人塚	
V	早鈴神社	
W	奈気木杜	
I W	清水城・熊襲城	（標高148ｍ）
◎	難攻不落の熊襲城を取り囲む、天然の堀をなす。天降川と検校川	
X	笑隈	（国府七隈のリーダー）
ケ	高屋山陵	（神代ヒコホホデミノミコト）（宮内庁管理）
Z	獅子隈	
Y	鹿児島神宮	（神代創建、高千穂宮跡）
イ	雨社	
ロ	御門神社	
ハ	三之社	
ニ	四所神社	
ホ	武内神社	
ヘ	隼風神社	
ト	稲荷神社	
チ	三之社	
ア	高千穂宮跡	
カ	高千穂峰	（ニニギノミコト天孫降臨地）
レ	亀ノ甲遺跡	（加耶の三累環頭太刀出土）
ラ	亀ノ里地名	（金首露に関連ある地名「亀」）
ヌ	若尊鼻	（熊襲征伐の時、日本武尊が駐留した所）からついた地名
リ	（古代、高千穂宮、熊襲城を結ぶ聖なる道）	
ル	神港	
オ	籠山	（鹿児島の地名の語源の発祥地）
キ	天孫（七王子）が馬をつれてきた繁殖場	
ク	韓国岳	（天孫族が祖国韓国を望見した所からついた地名）
☆	国府名所七隈の里（七王子）「C　E　F　Q　S　X　Z」	

○　金首露の子供達七人七王子が渡来し、本宮を構えた狗奴国神代史首都図

◆笑隈《えみくま》の語源の謎について

エ	エは永遠とかイニシエとか、古い時代や遠い時代の昔を言うときに使う。朝鮮語では、〔エー〕又は〔エーンナル〕と発音すると、遠い昔や過去のことを意味している。
ミ	古代は、大王オオキミ、君キミ、宮門ミカドなど天皇関係を表す言葉に使用された。
クマ	隈は熊と同じ意味を持っている。隈は、熊襲族のことであり、国分平野で熊襲族が発祥したことに由来する。

笑隈を直訳すると、二通りの意味が判明してくる。

一、昔の〔古代〕の大王族の意味になる。
二、熊崇拝族出身の大王族の意味になる。

★、笑隈の所在地は鹿児島神宮内であり、〔古代の熊襲王朝……〕の宮であった。

《笑隈（エミクマ）の発音と、東北の蝦夷（エミシ）の発音が似ているので考察してみた》

笑隈	エミ	クマ	昔の熊襲族となる。
蝦夷	エミ	シ	昔の大王族となる。

古代の日本列島には、東北地方には野蛮な蝦夷という民族がいて、対抗して南九州地方には熊襲族がいたとある。

蝦夷の語源について《エミ》は昔の大王族だと理解できる。狗奴国に滅ぼされた邪馬台国の大王族たちの一派が、降伏しないで東北へと逃げ延びた豪族が、蝦夷族になったとなる。

※、鹿児島神宮内に政府官庁があった高千穂宮には、最初の狗奴国の政府があった。笑隈《えみくま》の大王が指揮をとった。『魏志倭人伝』に出てくる、狗奴国の男王の卑弥弓呼へとつながっていく。鹿児島神宮の近くには、海神国に船出した史跡が残っている。

〈コラム〉〔高千穂宮跡の石碑の意味〕

国分平野の背後の高千穂峰にニニギノミコトが降りて来て、国分平野の鹿児島神宮内に都を構えて国府七隈（七王子）が発祥する。「笑隈」の大王が狗奴国の政治をした場所が、高千穂宮跡になる。

古代高千穂宮があった石碑（鹿児島神宮内）

◇神代三山陵が所在地不明な理由について

神代三山陵とは、高千穂峰に天降りた一代目・ニニギノミコトから〜二代目・ヒコホホデミノミコト〜三代目・ウガヤフキアエズノミコトの三代の神様の御陵〔墓所〕である。

『古事記、日本書紀』には、神代三山陵の所在地がどこにあるのか明確に書かれてないのだ。日向地方の土地だとして大ざっぱに書いてあるだけだ。いまだに議論される理由である。

一、一代目の神様・ニニギノミコトの所在地・日向の可愛山陵〔ヒムカエノサンリョウ〕
二、二代目の神様・ヒコホホデミノミコトの所在地・日向の高屋山上陵〔ヒムカタカヤサンジョウリョウ〕
三、三代目の神様・ウガヤフキアエズノミコトの所在地・日向吾平山上陵〔ヒムカアイラヤマジョウリョウ〕

以上の三代の所在地が大まかに書かれてある。

★、現在鹿児島県内に三山陵があるのは、明治維新政府に鹿児島県出身者の役人が多くて、強引に三山陵の場所を鹿児島県内に持ってきたという。理由は古来より、鹿児島の高千穂峰は天孫降臨の発祥地であるからで、日向《ひむか》という土地が熊襲国を意味するという理由からだった。

★、『明治七年・一八七四年七月十日、三山陵の「御裁可」が下った』

神代三山陵の場所が、鹿児島県内に決定されたのだ。

一、可愛山陵の所在地………鹿児島県薩摩郡川内町宮内〔現在の薩摩川内市になる〕
二、高屋山上陵の所在地……鹿児島県始良郡溝辺町大字麓〔現在の霧島市になる〕
三、吾平山上陵の所在地……鹿児島県肝属郡吾平村大字上村〔現在の鹿屋市吾平町になる〕

★、現在、鹿児島県内の神代三山陵は宮内庁の管理下にあり一般人は立ち入り禁止になっている。

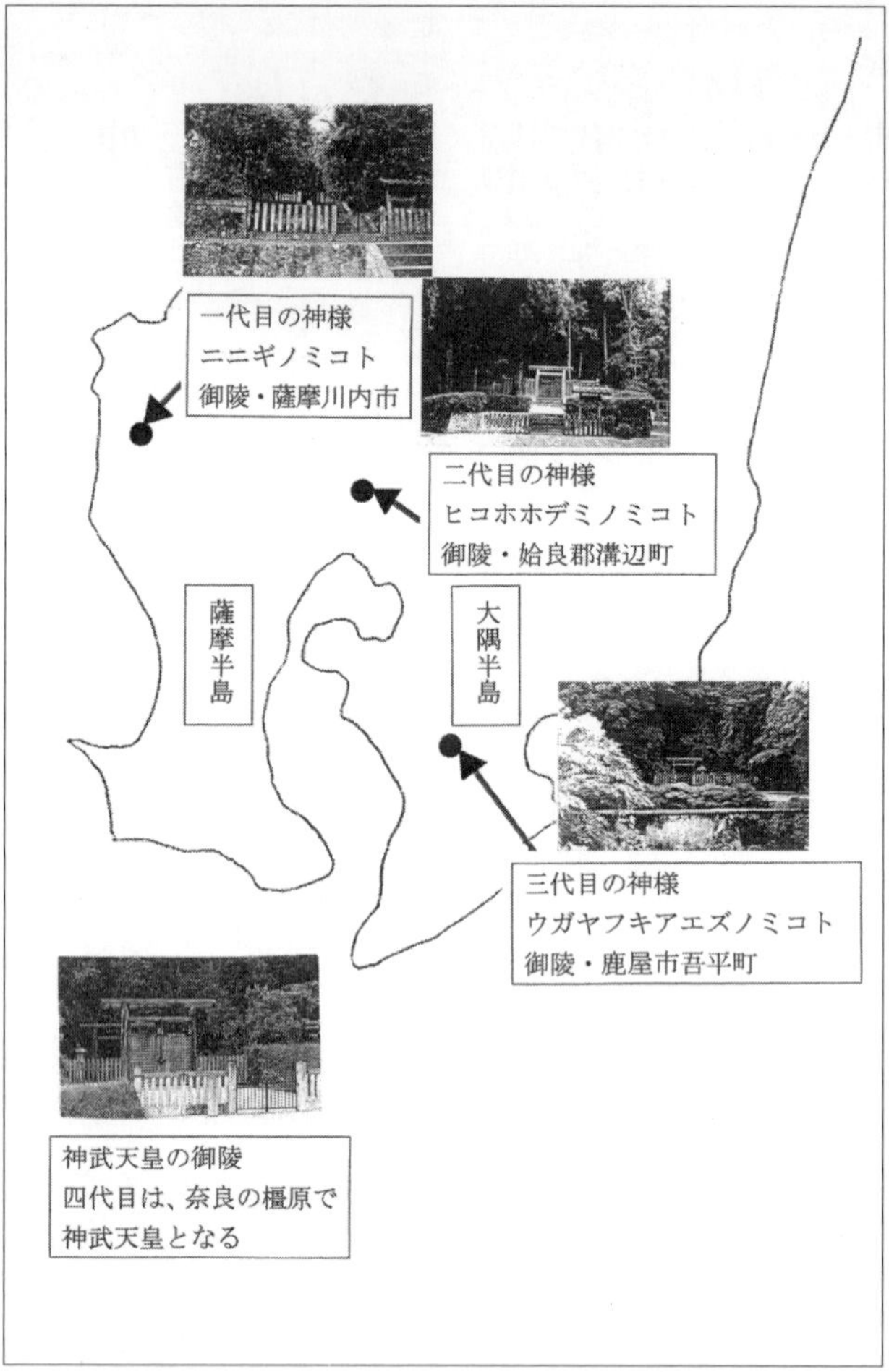

鹿児島県内に残る、神代史三代の御陵の所在地

★、明治十六年～二十八年にかけて宮崎県内に陵墓参考地が追加される

明治十六年に宮崎県の要請を聞き入れて、御陵の参考地が二ヶ所宮崎県内にも追加指定された。宮崎県内は古墳群も多くて、神武天皇の東征の出発地として伝説が多く存在したからである。

★、神代三山陵が分からない理由について

御陵の所在地が不明な理由は、七王子が鹿児島に渡来してからすぐに〔数十年後には〕愛知県内に移動したからである。

二代目のヒコホホデミノミコトからは～濃尾平野に移動している。

三代目のウガヤフキアエズノミコトも、愛知県の濃尾平野で産まれており、鹿児島県内に葬られたかは不明なのだ。

それを裏付けるようにニニギノミコトは、鹿児島の薩摩地方のコノハナサクヤヒメと結婚するが、二代目のヒコホホデミノミコトから～三代目のウガヤフキアエズノミコトの嫁さんは鹿児島出身ではない。ホオリノミコトが釣り針を探しに行った先の海神国の嫁さんである。はっきりと鹿児島から離れたことを書いているのだ。

神代三山陵が日向地方にあると、特定できない理由が判明しているのだ。

釣り針を探しに行った海神国《かいじんこく》は、どこなのか不明だが釣り針が出土した古墳がある。狗奴国と密接な関係がある土地なのであげてみた。

〈釣り針が出土した場所〉

◎、奈良県五條市の南阿田の大塚古墳から、釣り針が出土している。古代隼人の移住先になる。

◎、五條市出屋敷の塚山古墳からも、釣り針が出土している。

◎、狗奴国の本拠地、名古屋市熱田神宮の近くの高蔵古墳群からも、釣り針が出土している。

◎、天皇家に食物を献上していた愛知県日間賀島古墳からも、釣り針が出土している。

★、第五十五代・文徳天皇《もんとくてんのう》八五〇年田邑《たむら》陵に祭るとある

◎、神代三山陵を、山城国葛野郡《やましろのくにかどのぐん》の田邑陵〔文徳天皇陵〕に祭るとある。現在の京都市右京区三尾町の住宅街の中にある。

文徳天皇の田邑陵で、神代三山陵を祭るようになったいきさつは不明である。神代三山陵と文徳天皇のつながりを解明するには「葛野《かどの》」がヒントになる。

★、葛野の地名から接点を調べた

京都の鴨川の山城地方を古くは葛野《かどの》と呼んだ。京都を代表する賀茂社《かもしゃ》があり、神武天皇を道案内した「賀茂建角身命《かもたけつのみこと》」と「玉依姫《たまよりひめ》」を祭る。

『続日本紀』・慶雲三年〔七〇五〕九月二日に、八咫烏社を大倭国宇太郡に置いたとある。〔宇太は宇陀のことである〕

『古事記・日本書紀』では、神武天皇軍が熊野から八咫烏《やたからす》に道案内されて宇陀に出てくる。

八咫烏の系譜に「葛野主殿県主部《かどののとのもりのあがたぬし》」がいる。ここに葛野が出てくるのだ。

ウガヤフキアエズノミコトの御陵（鹿屋市吾平町）

★、宇陀には葛野《かどの》才一朗の豪族が戦国時代までに存在している。やはり山城国〔京都〕の葛野族とのつながりがあった。

『山城国風土記』逸文によると『賀茂建角身命は日向国の曽峰（高千穂峰のこと）に降臨して、神武天皇の東征の先導役で大和の国葛木山に入る。

さらに賀茂川の上流の久我《こが》国に至り、伊可古夜日売《いかごやひめ》と結婚して玉依日売《たまより》を産んだ、玉依日売が産んだ男の子が天津神《あまつかみ》である』と見える。

★、久我《こが》（くがともいう）の地名が……現在も宇陀の八咫烏神社の横に残る。（くがも、こが）も同じ意味である。

『山城国風土記』によると、八咫烏の賀茂建角身命が天孫降臨表現法で書かれてあり、日向の国から~山城の国に入ったとしている。『古事記・日本書紀』の編纂の時代には、神代三山陵が注目されたのである。

『山城国風土記』には、神代三山陵を田邑陵で祭るようになったいきさつが天孫降臨神話と共に書かれてある。

◎、文徳天皇の時代には、神代三山陵の場所について日向地方ではないとの新しい考え方があったのが特筆される。
◎、文徳天皇陵で神代三山陵を祭る意味は、八咫烏神社や葛野の地名とつながりがあったと考えられた。
◎、『山城風土記』には久我国が出てくるが、宇陀郡の八咫烏神社の横にも現在も「久我」の地名が残っている。
◎、八咫烏の系譜に、葛野主殿主部と言う葛野が出てくる。江戸時代に葛野氏の末裔が、宇陀の八咫烏神社を尋ねて来たと伝えている。
◎、宇陀の八咫烏神社の祭神、賀茂建角身命が山城国に入ったとしている。
◎、古代隼人が山城の国の三ヶ所に移住しており、隼人の影響も考えられて、『山城国風土記』が書かれた。
※、神代三山陵が所在不明になった理由は、高千穂峰にニニギノミコトが天孫降臨して、鹿児島に狗奴国が発祥すると熊襲族が誕生した。
ところが数十年後には、鹿児島から～愛知県内の濃尾平野に狗奴国の本部組織の政治機関や軍事機関までもが大移動したからである。

二代目のヒコホホデミノミコトや三代目のウガヤフキアエズノミコトの神様たちも、鹿児島から濃尾平野の狗奴国の本拠地に移動したのだ。

当時から現在まで、約千八百年からの年月が流れた。時代の流れとともに、神代三山陵の墓所の記憶が薄れていったこともさらに分らなくなった原因である。

今日まで、百二十五代続いてきた天皇陵の所在地も、時代が古くなるほど確かでないと言われていることで分かるのだ。

◇朝鮮の建国神話は日本の建国神話のルーツだった

北朝鮮と中国の国境にそびえる白頭山《はくとうざん》（標高二七四四メートル）が朝鮮民族の古里になる。朝鮮を建国した檀君神話《だんくんしんわ》には、熊と虎の動物が人間になりたいと戦って、ついに熊が勝利して人間になり皇子と結婚して朝鮮国を統治したとしている。

熊と虎の戦いは、何を意味するのか……？　檀君神話には、日本の古代史を解明する重要な秘密が隠されていたのだ。

★、檀君神話の物語を紹介する

『むかしむかし、朝鮮国に何もない時代の話です。天上界に神様たちが住んでいました。神様たちは、下界（地上）に住んでいる人間たちを見下ろして相談したのです。

「地上に降りていって、人間たちが幸せになれるように、よりよい政治で治めなさい」……と、一人の皇子に命令しました。皇子には、天の神様、風の神様、雨の神様、雲の神様など、いろいろな自然界の神様たちがお供して、高い山の「太白山《たいはくさん》」の「神檀樹《しんだんじゅ》」のそばに降り立ちました。

神檀樹のそばに、動物の熊と虎が住んでいました。熊と虎は、どうしたら人間に生まれ変われるのかと皇子様に聞いてきました。

皇子は、「お前達が人間になりたいと思うならその方法を教えよう……人間になるには、大変な苦労と努力が必要だができるかな……？」と話しました。

「まず、暗い洞窟の中に入って、よもぎと、ニンニクを食べて、百日間辛抱することが出来たら人間に生まれ変われるぞ……」と教えました。

早速、熊と虎は暗い洞窟の中に入り込み、にがいよもぎと辛いニンニクを食べて人間になれるように挑戦を始めました。

二十日たち、三十日が過ぎても、熊と虎はじっと我慢していました。しかし、虎の方が我慢出来なくなり、……早く外に出たい、早く太陽を見たいと思うようになりました。……そして、ついに我慢出来なくなり、洞窟を飛び出してとうとう根負けしてしまいました。（ここで、虎は勝負〔戦争〕に負けたのです）

対して、熊はどうしても人間になりたい……人間になるんだ……という強い気持ちがあり頑張りました。「もう少し辛抱しよう……あと少しだ……」そう言い聞かせながら、洞窟の中で地獄のような毎日をただひたすら我慢したのです。

そして地獄のような毎日を乗り越えて、やっと百日目を迎えました。「やっと……これで人間になれるんだ……」と、熊は喜び勇んで洞窟を飛び出しました。外の明るくさんさんと輝く太陽をまじまじと見ることが出来ました。熊は皇子様に走り寄って「皇子様、これで人間になれるのですね……」と聞きました。すると皇子は「お前はよく頑張った、約束どおりに人間になれるから神檀樹の湖に姿を写してごらん……」と言いました。熊が、恐る恐る湖面をのぞき込むと美しい人間の娘に変身した姿があったのです。皇子様は、美しい娘を「熊女《うんにょ》」と呼んで嫁さんにしたのです。村中の人々が喜んで祝いました。皇子様と熊女との間には、皇子が生まれました。名前は「檀君《だんくん》」と呼ばれました。

檀君皇子は、朝鮮という国号をつけて末永く国を治めました。』〔『檀君神話』より引用する〕

★、檀君神話に登場する熊と虎の動物の意味は何か……？

朝鮮の建国神話では、動物の熊と虎が人間になりたいと戦って、最後には熊が勝ち残り人間になっている。熊と虎がなぜに登場するのか……建国神話には、重要な意味が隠されていたのだ。

★、虎は太陽崇拝族を表す動物であった

地球が誕生してから原始信仰として太陽が崇拝されてきた。太陽は、自然界を支配する中心であり、太陽光がなくては人類は生きられない。太陽は地球のすべてを支配しており、自然とともに生きてきた古代人には、太陽のありがたさが身にしみて分かっていたのだ。

人類の最初の宗教が、太陽崇拝であった。

《虎の語源の説明文》

★、虎トラ↓太陽を表す動物である。

◎、ト↓の意味・トは、元々《もともと》のト・根本《ねもと》のト・港《みなと》のトで、根本を表す言葉になる。

◎、ラ↓の意味・ラは、太陽を表す言葉になる。古代エジプトでは太陽が上がると〔アーラーの神〕と祈った。

ロシアでは、〔ソーラー〕と言う。朝鮮語では、虎のことを（ホランイ）と言う。すべて、〔ラ〕が付くのである。虎とは、太陽を表すシンボルの動物だったのである。

★、熊は熊崇拝族のシンボルであった

動物の熊は東アジア地方では最強の動物であり、毛皮の色は黒色である。黒い色は夜の暗さを表している。虎は昼の白さの動物であり、熊は夜の黒さを表現しているのだ。

朝鮮語では↓熊のことを「コム」という。
日本語では↓熊のことを「クマ」という。

《朝鮮語の熊から～日本語の熊になる変化例》

朝鮮語　コム　KOMU
　　　　　　　↓　↓
日本語　クマ　KUMA〔O↓U〕と、〔U↓A〕は、〔AIUEO〕の母音が交替して〔コムからクマ〕になる。

★、アムールランド地方の洞窟に熊と虎の絵が描かれていた……

アムールランドの洞窟の中から、熊と虎が対立する形で描かれた図柄が発見されている。アムールランドのツングース部族から、熊信仰と虎信仰の原始信仰が発祥したのだ。長い年月をかけて、南の国へ～南の国へと伝来してくる。そして、朝鮮半島に入って来てから日本に渡来したのだ。

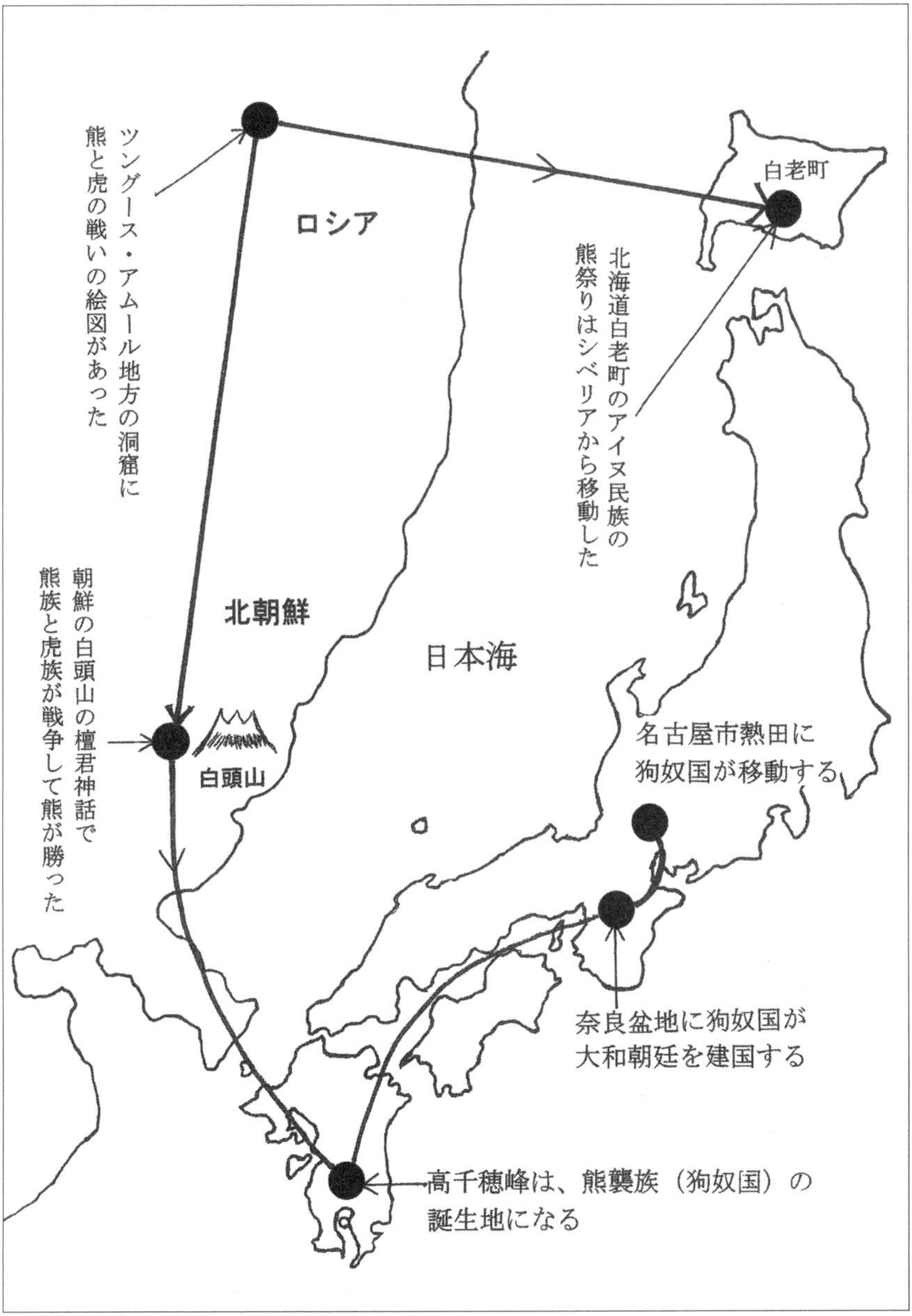
ツングース・アムール地方の洞窟に
熊と虎の戦いの絵図があった
ロシア
白老町
北海道白老町のアイヌ民族の
熊祭りはシベリアから移動した
朝鮮の白頭山の檀君神話で
熊族と虎族が戦争して熊が勝った
北朝鮮
日本海
白頭山
名古屋市熱田に
狗奴国が移動する
奈良盆地に狗奴国が
大和朝廷を建国する
高千穂峰は、熊襲族（狗奴国）の
誕生地になる

熊崇拝思想の～日本列島渡来図

★、朝鮮半島の檀君神話の意味するものは何か……？

朝鮮民族の建国神話は実に興味深い。理由は、最初に朝鮮国内を支配した王国は、虎の国……つまり……太陽崇拝の国だったと書いてある。

朝鮮半島は、最初は太陽を崇拝する部族が支配していたが、その後に、熊を崇拝する部族たちに征服されたことを意味しているのだ。

★、北海道白老町に残る、熊崇拝の祭りについて

北方から渡来してきた熊崇拝は、オホーツクからシベリアを経由して北海道に渡来してくる。アイヌ民族は、日本古来の原住民である。北海道白老町に残るアイヌ民族の熊崇拝祭りは有名である。

★、イヨマンテ祭り……子供から育てた熊を、祭りの日に殺して、山の神（キムンカムイ）に捧げます。

アイヌ語では、イヨ　↓（熊の霊魂）
マンテ↓（霊界に送り出す）熊の毛皮と肉は、人間への置き土産だと言う。

熊崇拝族は、朝鮮半島の各地域に熊の地名を点々と残しながら、南へ南へと移動してくるのだ。

※、朝鮮国内に熊系統の有名な〔熊川・熊津・熊州・熊成〕などの地名を残している。

日本の対馬には、熊（隈に変わる）の地名が異常に多いことに気づくのだ。壱岐を経由して九州に入り熊の地名を各地に残していった。

※、九州内に残る熊系統の地名〔熊本県・熊野・熊木・熊入・熊襲・熊城……など〕がそうである。

★、檀君神話の日本版の戦いが、虎（邪馬台国）と熊（狗奴国）の戦いだった

日本列島は、古代から中国や朝鮮半島の影響を直接に受けてきた。日本の古代国家の誕生は、朝鮮の檀君神話がそのまま起きたのである。日本の古代国家も、虎族の国が熊族の国に負けたのである。

★、邪馬台国は、虎族の国であった

奈良盆地にあった邪馬台国は太陽を崇拝する国家であり、女王の卑弥呼は太陽を意味する名称である。背後の三輪山に太陽が上ると、卑弥呼が祭政一致の礼拝をしていた。三輪山には、祭司に使われた弥生時代の「磐座《いわくら》」が多数存在している。

『魏志倭人伝』には、邪馬台国と狗奴国との戦いが書かれてある。西暦二六六年、中国の『晋書』に書かれて以後、邪馬台国はどこにあったのか所在不明の国となってしまったのだ。

★、狗奴国は、熊族の国であった

熊の国とは狗奴国の事である。狗奴国の宗教は熊崇拝である。

◎、初期の狗奴国の誕生

金海から七王子が～鹿児島の国分平野に渡来して、初期の狗奴国が誕生する。

◎、狗奴国の本拠地が東海地方（愛知県）に移動する。愛知県や三重県内から、奈良の邪馬台国を攻撃して最後は征服する。

『魏志倭人伝』に出てくる邪馬台国と狗奴国の戦いは、「虎の国と×熊の国」との戦いであった。朝鮮半島が虎と熊が戦って虎が負けたように、日本国内も虎の国が熊の国に負けたのである。正しく朝鮮の檀君神話の日本版が起きたのである。

◇金海の天孫降臨の土地を尋ねて再発見した

韓国の金海市に高千穂峰の天孫降臨伝説を持った一族がいると言う。……早速、金海市に調査に行くことにした。

現地に行くことで、鹿児島の謎の古代史跡〔七隈の古里〕の解明のヒントが見つかると確信してのことであった。古代人たちが木船で博多港から～対馬海峡を横断したように、私も釜関《ぷかん》フェリーに乗船して、対馬海峡の大海原を望みながら釜山港に向かった。

釜山から車で約一時間ほど西に走ると金海市に着いた。金海盆地は、朝鮮半島の中心部を五〇〇キロから流れてきた洛東江《らくとんがん》の河口に広がっていた。三角洲に広がる肥沃な大地は､韓国最大の穀倉地帯となっており、古代に軍事力を増強出来たと分かった。古代には、洛東江の河口から多くの木造船が大志を抱いて日本に向かって出航したと想像出来る。金海市は、『魏志倭人伝』で狗邪韓国と書かれた。別名を金官加耶《きんかんかや》と呼ばれた国であり、日本の大和朝廷は任那《みまな》と呼んで特別に大事にした国であった。

福祉館
金海大路
蓮池公園駅
金海天文台
大成洞
海畔川
加耶の街
蓮池公園
首露王妃陵
亀旨峰
蓮池橋
将軍茶の野生群落地
海文化の殿堂
博物館駅
金海郷校
四忠壇
休&楽
ホームプラス
国立金海博物館
慶元橋
三星アパート
大成洞古墳博物館
金海邑城北門
首露王陵駅
洞
東上洞住民センター
首陵園
首露王陵
東上洞
金海民俗博物館
観光通訳案内所
金海図書館
金海韓屋体験館
保健福祉センター
自転車の教育場
金海文化園
鳳凰橋
鳳凰洞遺蹟
会峴洞
住民センター
府院洞
住民センター
林虎山
金海旅客ターミナル
貝塚展示館
フンブ庵
鳳凰駅
金海中部警察署
宣祖御書閣
田下橋
府院駅
金海市庁駅
七山西部洞
住民センター
鳳凰洞
南海高速道
10
慶尚南道のご案内
情愛とロマン、夢と希望、そして幸ある 未来に溢れる都市。
金海観光案内図

金海観光案内図より

★、金首露王《きむすろわん》が天孫降臨神話の主人公だった

金海の、高千穂峰と同じ伝説を持った山は、亀旨峰《くしみね》という、小高い山だった。鹿児島の高千穂峰は、標高（一五七四メートル）もある高山である為に、亀旨峰が小山であったことに驚いたのは事実である。高千穂峰と同じように高い山と思っていたからだ。この亀旨峰に西暦四二年に、金首露王が天孫降臨して、金海の国を建国したと書いてある。亀旨峰には、「駕洛国跡《からくにあと》」の石碑が立っている。

金首露王についてさらに深く調べることにした。

★、金海の古墳群からは、日本の三種の神器（鏡・玉・剣）が出土している

朝鮮の『三国遺事』という歴史書の中に、『駕洛国記』の条項がある。『三国遺事』が書かれた年代は、（一二七五～一二八一）年と言われている。日本の『古事記』が（七一二）年『日本書紀』が（七二〇）年であるから、約五百六十年後に書かれている。韓国には金海（加耶）の古代史を書いた資料が少ないが、金海の弥生時代の古墳群からの考古学出土物の豊富さには目を見張るものがある。つまり、論より証拠とでも言おうか……日本の大和朝廷と直結する出土品を、金海国立博物館にはこれでもか、これでもかと展示してある。

金海の文献資料の少なさを考古学の大量の出土品が補っているのだ。

金首露王の王様が活躍した時代（一～三）世紀にかけての（鉄器類、馬具類、金銅装身具類）などの出土物類は豊富であり目を見張った。金海国立博物館には、金官加耶の古代史の流れが総合的に展示してあり、日本の古代史との対比ができる。金官加耶の隆盛が手にとるように分かるのだ。韓国に行かれたらぜひとも見学をおすすめする。百聞は一見に如《し》かずである。

★、金首露王と、金海金氏との出会いがあった

『駕洛国記』によると金首露王が、西暦四二年に亀旨峰に天孫降臨して金海（駕洛国）を建国している。金首露王の墓陵公園を尋ねると、子孫たちによって広大な墓域は管理されており、金首露王の御陵は円墳の形式で作られていた。日本の天皇陵の円墳形式と同じである。墓陵の管理者に、「私は、鹿児島の天孫降臨の高千穂峰から、同じ天孫降臨神話を持つ亀旨峰の金首露王を尋ねて来ました……」と挨拶すると、「兄弟の国からよく来てくれたね、祖先が会わしてくれたのだよ……」と言って笑いながら固い握手をした。

御陵は金海金氏の宗親会《ちょんちふぇ》の子孫たちによって管理されてきたと説明をうけた。

金海金氏の子孫たちは北朝鮮から韓国内に、現在は二百万人からいる最大氏族である。初代の金首露王が西暦四二年に金海に天孫降臨してから、二千年間に子孫たちが繁栄してきたのである。日本国内にも、在日韓国人の金海金氏が数多い。

参考だが、中国の有名人「孔子《こうし》」の子孫たちが世界中に二百万人からいるという。……ほぼ同数になる。

金首露王陵公園（金海市）

★、大同族譜が発行禁止処分にされた政令文の謎を追う

金海金氏の大同族譜が発行禁止処分となった名目は「金海金氏の族譜は、歴史上の治安を乱す恐れがあり、発行禁止処分とする」の内容であった。

朝鮮全土に金さんの姓が多い中で、金海金氏の大同族譜だけが対象となり、発行禁止処分となっている。

さらに、日本の歴史の治安の乱れを起こすと名指しされている点である。

現在、朝鮮総督府が、金海金氏の大同族譜をなぜ発行禁止処分としたのか理由を知ろうにも、戦後七十年から経過して、当時の関係者たちは死んでおり、今となっては真相が闇の彼方に葬られてしまったのだ。

★、七王子の記述が、発行禁止処分の対象となったのか……？

大同族譜には、七王子が金海から空に上っていなくなったと書いてある。

七王子が空に上って雲に乗ったという書き方は、天孫降臨の表現法だと理解出来た。しかし、一般的に、空に上ると言ったら死んだことを意味する表現である。ところが、七王子が一度に死んだとは思えない……七王子が空に上ってから……どこかの国に行ったとも書いてないのだ。七王子が空に消えたという書き方は、七王子が金海を離れたと考えられるのだ。

大同族譜が、発行禁止処分となった理由は、七王子の書き方に原因があると思えてきたのだ。

「七王子が空に上り、金海からいなくなった」の文章が、発行禁止処分の対象となったのではないだろうか……？

★、七王子は、国分平野に渡来して七隈の古里が発祥した……

金海に一週間ほど滞在した私は、現地で知り合った親切な方々の協力も得て計画どおりのスケジュールを廻った。

鹿児島に帰る夕刻に、金首露王が降臨した亀旨峰に再度登った。

金海の夕日を眺めながら、しばし古代への思いにふけっていた時だった。ふと、脳裏に戦慄が走り、頭痛でもない、私の身体中の血液が逆流し始めたとでもいうような衝動が襲ってきた。大同族譜に書かれてある七王子たちは、鹿児島の天孫降臨の舞台の国分平野に行ったのではないだろうか……？　もしかして、ひょっとして、国分平野の七隈の古里がその史跡ではないのだろうか……？　七王子と七隈は一致しているし……私は、近くに腰掛けてしばし瞑想にふけっていた。

大同族譜が、七王子の行方を、空に登ったと言う書き方にしたのは、金海金氏の創始者たちだけに分かるようにした暗号文ではなかったのだろうか……？

七王子たちの運命〔行き先〕を間接的に、後世に伝えようとしたのではないだろうか……？　ところが、朝鮮総督府に気づかれてしまい、大同族譜が発行禁止処分の対象になった。……それでなければ、朝鮮総督府が歴史の治安を乱すとして、大同族譜ごときを発行禁止処分にするわけがない。朝鮮総督府は、天皇家のルーツを覆い隠すために金海金氏の大同族譜を発行禁止処分にしたのではないのだろうか……？

そうとすれば、朝鮮総督府は、金海金氏の大同族譜に書かれた七王子の記述について予備知識があったとみていいだろう。

天皇家の発祥は、金海金氏と関係があり、事実を悟られる前に発行禁止処分とした……そんなに思えてきたのだ。

そう理解すれば、鹿児島の謎の古代史跡〔七隈の古里〕の史跡がすんなりと理解出来ていくのだ。

朝鮮総督府が、金首露王の古墳の周囲に憲兵《けんぺい》を立たせて、副葬品を持ち出したと証言する金海金氏の老人がいた。その時の副葬品はどこに持ち去られたのか今だに分からないと言う。

金海を尋ねて金首露王と七王子に出会えたのは宿命的だった……?

朝鮮総督府が大同族譜を発行禁止処分としたことが、反対に疑問を持ち始めて、ついに七王子を解明するヒントをつかんだのが事実だった。

「国府名所七隈の古里」の史跡を研究したので、金首露王の七王子を特別な視点で分析することが出来た。私の身体に流れている遠い祖先の血が、金海に行くようにさせたのか……これだけは神様しか分からない。いや金首露王しか知らないとしよう。

一時間ほどだっただろうか、亀旨峰に呆然と立ち尽くしていた私はふと我に返った。この日の、亀旨峰からの夕日

金海の亀旨峰に天孫降臨した金首露王陵

は特別に美しく心に残った。

私だけが知った七王子と七隈の秘密を、簡単に他人に話してはならないと思った。もし、誤解されたら困ると思いながら、七王子が国分平野に渡ったことを立証するために孤独な研究を開始した。

現在、金海金氏の族譜が発行されているが、七王子の部分は書かれていない。その為に、現在の金海金氏の子孫たちは、七王子については全く知らないのだ。反対に、金海金氏の方々から七王子について質問を受ける時があった。七王子の部分を見るには、発行禁止処分となった一九〇九年の大同族譜「駕洛世家文献宝鑑」を見るしか方法はないのだ。

〈コラム〉※、古代は、朝鮮と日本はパスポートなしで移動出来た

中国から朝鮮半島は陸続きである。朝鮮街道を南へ南へと下りると、最南端に大志を抱いた人々の国があった。『魏志倭人伝』に書かれた金官加耶又は金海である。これ以上南には歩いて行けない。『魏志倭人伝』の時代には、日本への出港地だったのである。

釜山市内から朝鮮海峡の沖合いを見ると、日本の「対馬《つしま》」の島影が黒く見える。直線距離で約五〇キロである。

朝鮮海峡の海流を知る漁師たちは、昔からいとも簡単に対馬と釜山を往来していたのだ。

豊臣秀吉が朝鮮を攻撃した時に、釜山から金海にかけて横たわる敗残兵の武器やめぼしい物を拾い集める魚師たちが、対馬から来ていたと島津兵が書き残していることで分かる。

古代人たちは、対馬から壱岐ノ島を経由して北九州に怒涛のように上陸したのだ。壱岐《いき》島とは、「行きノ島」の意味があるという。北九州人の体には、朝鮮人のＤＮＡが多いと言われることで証明されている。

◇日本の天孫降臨神話のルーツは、金海の亀旨峰だった

◆金海の亀旨峰に天降りた金首露王一族の年表史

＜『三国遺事』より作成する＞

西暦		《疑問点について》
四二年	一代目の、金首露王は、金海の亀旨峰に天孫降臨する。金首露王の、在位年数が〔百五十七年〕と長い。金首露王は、崩御すると、東北の御陵に葬られたとある。	七王子が、空に上り雲に乗って行方不明になる。倭の、神武天皇も、在位年数が〔百二十七年〕と長い。神武天皇も、崩御すると東北の御陵に葬ったとあり金首露王と似ているのだ。
一九九年	二代目の「居登王」は〔五十四年〕在位したとある。	居登王の、在位年数が〔五十四年〕と異常に長いのだ。
二五三年	三代目の「麻品王」は〔三十八年〕在位したとある。	
二九一年	四代目の「居叱彌王」は〔五十五年〕在位したとある。	居叱彌王の、在位年数が〔五十五年〕と異常に長いのだ。
三四六年	五代目の「伊尸品王」は〔六十一年〕在位したとある。	伊尸品王の、在位年数が〔六十一年〕と異常に長いのだ。
四〇七年	六代目の「坐知王」は〔十四年〕在位したとある。	

四二一年	七代目の「吹希王」は〔三十年〕在位したとある。	
四五一年	八代目の「金至知王」は〔四十一年〕在位したとある。	
四九二年	九代目の「鉗知王」は〔三十九年〕在位したとある。	この年代頃から、『日本書紀』で天皇家が任那日本府の復興策を講じている。天皇家と金海の密接な関係が分かる。
五二一年	十代目の「仇衡王」は〔十一年〕在位したとある。	
五三二年	この年に、金官加耶国が新羅に降伏して消滅する。	金首露王の一族が新羅に組み込まれる。

◆金首露王の百五十七年、長生きの秘密を調べる

『魏志倭人伝』では、金海は狗邪韓国《くやからくに》と呼ばれた。別名は金官加耶国《きんかんかやこく》、駕洛国《からくに》又は任那《みまな》と呼ばれている。日本の大和朝廷から、任那日本府《みまなにほんふ》と呼ばれた国である。

金海が任那と呼ばれた理由は奈良盆地に建国された大和朝廷が、七王子の出身地につながるからである。

> ※、任那《みまな》の語源とは、真の天皇が発祥した国との意味がある。

『金首露王の長命の謎には、隠された王朝史があった』

『三国遺事』に書かれた金首露王一族の王朝史には、疑問点がある。それは、金首露王が百五十七年間も生きたとしていることだ。

金首露王も人間である。間違いなく平均寿命で人生を終えたはずである。すると、百五十七年の長命はどう考えてもおかしいとみていい。

★、中国の一代の王朝史は三十年とする規定があった。三十年を基本にして金首露王の長寿を計算してみる。

※、金首露王の在位年数を（百五十七年）÷中国の一代の王朝史（約三十年）で割ると＝五・一六代になる。

◎、金首露王の在位年数を、三十年で割っていくと……五・一六代となる。
金首露王の在位年数百五十七年の中に「約五人～六人」の王様が在位していたと考えられる数字が算出される。

金首露王の在位年数には、約五代からの王朝史が隠されていると考えられるのだ。

一、二代目の「居登王」も、在位年数が〔五十四年〕と長い。三十年の二倍になり、〔二代史〕が隠されている。
二、四代目の「居叱彌王」も、在位年数が〔五十五年〕と長い。三十年の二倍になり、〔二代史〕が隠されている。
三、五代目の「伊尸品王」も、在位年数が〔六十一年〕と長い。三十年の二倍になり、〔二代史〕が隠されている。

★、以上の計算例から、金首露王一族の王朝史には合計すると「八人の男王」が隠されているのが判明する。

※、金首露王は、五・一六代＋居登王は、一人＋居叱彌王は、一代＋伊尸品王は、一代＝合計すると八・一六代となる。

◎、金首露王の王朝史には「八代史の謎」が存在するのだ。

◆金首露王朝史には、八代の謎があった

日本の天皇史には、二代目の綏靖天皇から～九代目の開化天皇までの八代の天皇を「欠史《けっし》八代」と呼んでいる。ところが金海の金首露王の王朝史にも、「八代の男王」たちが隠されている事実が判明するのだ。

◎、日本も八代史、金海も八代史とあまりにも似通った王朝の系譜になっているのだ。なぜこのような王朝史になったのか……？

西暦42年、金海の亀旨峰に天降りる金首露王

『金首露王の在位年数百五十七年に、五代の王朝史が隠されていた』

まず、当時の金海の時代背景を考えなければ理解出来ない。

西暦四二年、金首露王が、金海に渡来したころは、朝鮮半島は戦国時代の状況であった。金海に渡来してすぐに日本に渡るには経済力や軍事力面が不足しておりとても無理であった。知らない土地に渡るには、おみやげをもって行くのが常識である。当時のおみやげとは、鉄製品の生活用具であったり武器であったりした。それは、昔も今も変わらない。

朝鮮に古来からあることわざで、その土地に「親子三代」住んだら土地っ子だと言った。江戸に「親子三代」住んだら、江戸っ子だと言うことわざと同じである。だから、金首露王の「親子三代」は、金海を治めながら国力を貯えてから、四代目になって日本の南九州の鹿児島に渡来したのだ。

高千穂峰に天降りたニニギノミコトの、四代目が神武天皇として東征を開始して大和国の征服に向かう話も四代目である。

金首露王の百五十七年間には、金海で基礎を作った男王たちの五代史が隠されていたことが分かる。男王たちには、言い伝えが存在していたと思われる。しかし、いろいろな事情から五代の王朝たちは、金首露王という在位内の実績として一括して組み込んで残す必要があった。それが、百五十七年という長い在位年数になった原因である。

『一九九年まで、なぜ生きたとしたか……?』

金首露王は、西暦四二年から~一九九年まで長く在位したとしたのは重要な意味があった。

一、西暦一八〇年以降には、倭国に大乱が起きたと『魏志倭人伝』に書いている。

二、西暦一八〇年以降に、七王子が南九州の鹿児島に渡来している。

三、金首露王の一九九年の在位中に、七王子が渡来したと設定したかったのだ。

◆日本の一八〇年以降は~戦乱の連続だった

西暦一八〇年代の日本国内は、戦争が続いた戦国時代だった。

金首露王の七王子が南九州の鹿児島に渡来すると、邪馬台国の抵抗勢力との戦争が勃発した。七王子が南九州に渡来した年代が一八〇年代以降になるのだ。

『倭国の大乱が起きている……時代』について

中国の古代文献に書いてある。

一、『後漢書』には、「桓・霊の間、倭国に大乱が起こり、男王がおらず、相攻伐が続いた」とある。

二、『魏志倭人伝』には、「男子をもって王となし、七十~八十年間、倭国に大乱が起きて、相攻伐の時代が続いた」とある。

三、『梁書』には、「漢の霊帝の光和中の時代に大乱が起きている」(光和中の時代は、西暦一七八~一八四年)である。

◎、以上から大乱の時期を考察すると、「西暦一七八年から~一八四年」の間の六年間に起きている。西暦一八〇年代には、倭国の各地で地域紛争や大規模な戦争が発生しているのだ。

族譜〔大同譜年鑑〕では、金首露王の王子たちが、「七王子が空に上り雲に乗って~金海を離れた」と書いてある。

七王子たちが、金海を離れて南九州の鹿児島に渡来した年代が、一八〇年代以降であり倭国の大乱と一致してくる。

※、渡来年代の算出方法は、『魏志倭人伝』から計算した。『魏志倭人伝』の記述から推定すると、大まかな年代が浮き上がってくるのだ。

邪馬台国が奈良盆地に建国されるのが、一八〇年代~以降になる。風雲急を告げる時代に突入していくのだ。

邪馬台国と狗奴国との戦いが、この時代より始まるのだ。

金海の金首露王が降臨した初期の時代に、金海を離れて七王子が空に上がったとしている。

日本の「海幸彦・山幸彦」神話もニニギノミコが降臨した初代の時代に、鹿児島を離れて海神国に行ったと伝えており、酷似している。

◇朝鮮総督府は、日本が朝鮮半島を支配する統治機関だった

◆朝鮮総督府の恐怖政治の始まり

日本は昔朝鮮半島を支配して植民地とした。その統治機関が「朝鮮総督府《ちょうせんそうとくふ》」と呼ばれた。

★、『朝鮮総督府のスタート』
一、朝鮮総督府の統治期間は、一九一〇年十月から始まり～一九四五年八月の終戦まで、約三十五年間に渡り支配した。

★、『朝鮮総督府の弾圧政策のはじまり』
日本は、朝鮮民族を支配下に置くために、様々な厳しい政策を施行した。
一、いろいろな出版物の検閲を強化した。方針が違う新聞社は廃刊に追い込んだ。
二、朝鮮人の人権を抑圧して、デモや集会を禁止して弾圧した。
三、朝鮮総督府の命令は絶対服従であり、違反した者は容赦なく処罰していった。

四、歴代の総督官は陸軍大将から選出して、軍人のルールで朝鮮人を弾圧する政策をとった。

五、朝鮮国内の統治行政組織は、総督府の元に集約されて最終的に天皇に直属していた。

朝鮮総督府は朝鮮国内の行政組織をそのまま使い、日本人に協力的な朝鮮人をうまく利用して重要なポストには日本人が占めてスタートした。

植民地時代の三十五年間は、朝鮮人の民族意識をズタズタにした「暗黒と屈辱と忍耐」の地獄の日々であった。

初代の総督府に就任した寺内正毅《てらうちまさたけ》の政策方針は、恐怖の武断《ぶだん》政治と呼ばれた。

武断とは読んで字のごとく、暴力で徹底して押さえ込むという意味であり、寺内正毅はうってつけの人物であったのだ。

朝鮮総督府　歴代就任者　一覧表

	総督名	就任時期
第一代	寺内正毅	一九一〇年十月一日付け
第二代	長谷川好道	一九一六年十月十六日付け
第三代	斎藤実	一九一九年八月十二日付け
同代理	宇垣一成	一九二七年四月十五日付け
第四代	山梨半造	一九二七年十二月十日付け
第五代	斎藤実	一九二九年八月十七日付け
第六代	宇垣一成	一九三一年六月十七日付け
第七代	南次郎	一九三六年八月五日付け
第八代	小磯国昭	一九四二年五月二十九日付け
第九代	阿部信行	一九四四年七月二十四日付け

★、『寺内正毅の経歴が適材適所にいかされた』

一、寺内正毅は元陸軍大将であり、軍人畑の中を歩いてきた生え抜きの軍人気質が生かされた。

二、寺内正毅を初代総督にしたのは、元陸軍大将の出身という荒々しい性格をいかして、朝鮮民族のプライドを根こそぎにして抵抗する者は、暴力を使い容赦なく処罰することが目的だった。

三、山口県出身で明治新政府を切り開いた、長州藩の出身であり、倒幕運動に参加した経歴を持つ猛々しい性格の持ち主であった。

◆朝鮮総督府が、発行禁止処分にした金海金氏の族譜について

★、『古墳の学術調査・五ヶ年計画を実施する』

一九一〇年八月の日韓併合から～植民地支配へと朝鮮半島は風雲急を告げた。

朝鮮総督府は、急いで五ヶ年計画で朝鮮国内の主だった古墳の調査に入った。学問的な発掘調査とはうわべだけの話で、古墳の埋葬品の略奪行為が公然と行なわれたのである。朝鮮半島南部の金海にある金官加耶の古墳も次々と発掘されたのだ。本当の発掘目的は、日本の天皇陵に直結する副葬品の持ち去りが目的であったのだ。

★、『朝鮮総督府は、金海金氏の大同譜〔族譜〕を、発行禁止処分にした』

植民地支配が始まり五年目の出来事であった。朝鮮半島南部の金海市を本貫（発祥地）とする金首露王の子孫になる「金海金氏」の族譜が発行禁止処分となった。

> ★、発行禁止処分の発令日……一九一五年六月二十九日付けである。
> ★、発行禁止処分の理由………「金海金氏の族譜は、……歴史上の治安を乱す……」との名目だった。

金海金氏の族譜は、「日本の歴史上の治安を乱す……？」という不可解な発布内容だったのだ。

そして、韓国人の族譜が発行禁止処分の対象になるのも珍しかったのだ。朝鮮人は儒教の精神から、一族の家系図である族譜を命の次に大事にする。その族譜が、発行禁止処分になったのである。

◎、『発行禁止処分になった、族譜の種類について』

一、派譜《はふ》………一族や家族から、出世した人物を前面に書いて〔二十年〜三十年〕間隔で出版される。一般の朝鮮人の家庭にある族譜になる。

二、大同譜《だいどうふ》……一族の始祖の紹介から始まり、普遍的な一族の素晴らしさを出しながら、傑出した有名人を並べる数百年に一度の間隔で出版される。大同譜は、一般の朝鮮人家庭にはない。

発行禁止処分の対象となった族譜は、大同譜「駕洛世家文献宝鑑《からせいけぶんけんほうかん》」であった。派譜と大同譜は、同じ族譜でも書かれてある内容は大きく違った。派譜は金海金氏の一般家庭の族譜になり、大同譜は金首露王の直系の流れをまとめたものである。数百年に一度の発行物は中々目にすることが出来ないのだ。

朝鮮半島には、あんたの田舎はどこだ……?と本貫（初祥地）を聞いたりする。百済の金さんは百済（ペッチェキムシ）と呼んだり、大丘の金さん（テグキムシ）などと呼ぶならわしがある。

◎、金海金氏《きめきむし》は金海《きむへ》を本貫とする金氏《きむし》になる。

◎、金海金氏の説明……西暦四二年に、金海の亀旨峰《くしみね》に天孫降臨した金首露王を始祖とする一族である。金海金氏の子孫たちは、現在までの二千年間に、全世界に二百万人からいるとされる。

『日本の天孫降臨神話と金海の天孫降臨神話は同じである』

一、金首露王は、日本の天孫族〔天皇家〕は、日向の高千穂峰にニニギノミコトとして天孫降臨する。

二、金海の亀旨峰に、天孫降臨して駕洛国を建国している。

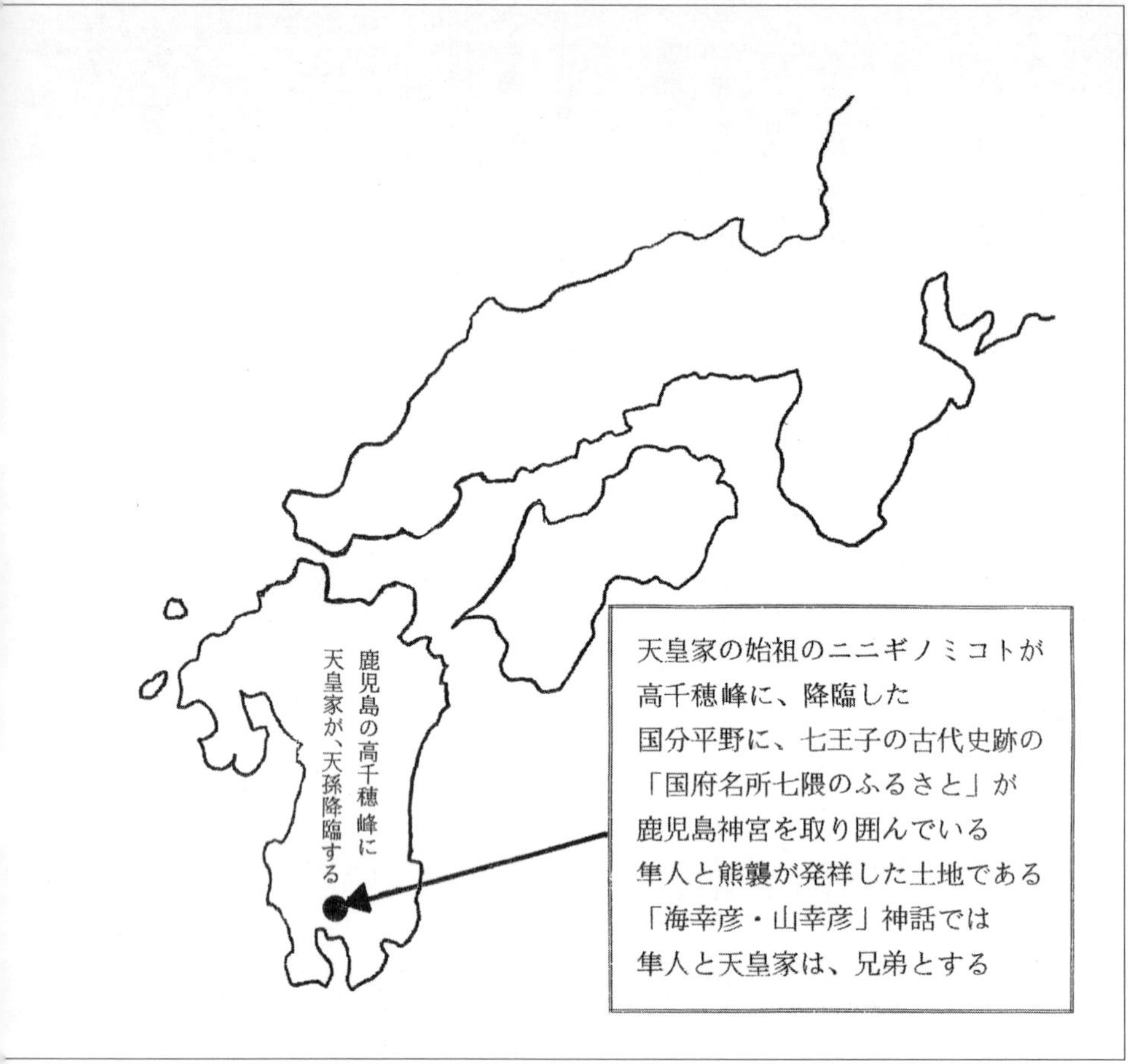

朝鮮総督府が、金海金氏の族譜を発禁処分にした謎

朝鮮総督府の命令は天皇家に直属していた。金海金氏の族譜〔大同譜〕を発行禁止処分にした理由は、ただならぬ歴史上の匂いがプンプンとする。朝鮮総督府が金海金氏の族譜を処分にしたのは、日本の歴史に不利益を与えると判断したからである。

だから発布内容が「金海金氏の族譜は、歴史上の治安を乱す恐れあり……」としたのだ。では、族譜の内容のどこに日本の歴史の治安を乱す恐れがあるのだろうか……？　深く読み直して探してみた。

★、『七王子が、空に上り雲に乗り金海からいなくなった……？』

大同譜には、金首露王の王子たち「七王子が空に上って金海からいなくなった」と書いてある。この部分

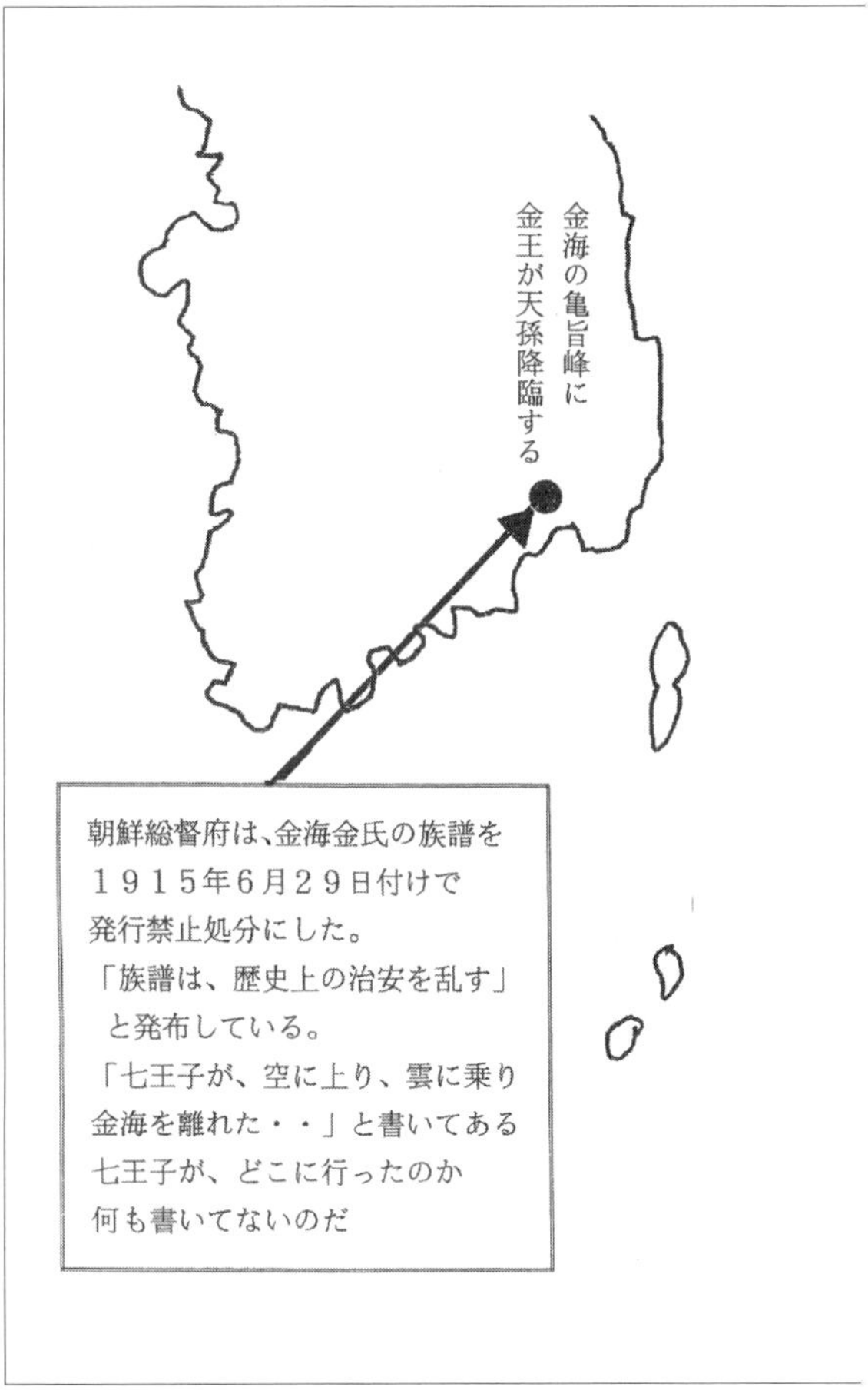
金海の亀旨峰に
金王が天孫降臨する
朝鮮総督府は、金海金氏の族譜を
１９１５年６月２９日付けで
発行禁止処分にした。
「族譜は、歴史上の治安を乱す」
と発布している。
「七王子が、空に上り、雲に乗り
金海を離れた・・」と書いてある
七王子が、どこに行ったのか
何も書いてないのだ

は、金海金氏の一般家庭に置いてある派譜には書かれていないのだ。この箇所が、派譜と大同譜との大きな違いであった。

★、『七王子は、天孫降臨表現法で金海からいなくなった』

「七王子は空に上り雲に乗り金海を離れた……」と書かれてあるがこの表現法はおかしい……。たとえば空に上ることは死ぬことを意味する。あの人は空に上った……と、死んだ表現に使う。しかし一度に七人もの王子たちが死ぬだろうか……？

七王子が金海から雲に乗り、いなくなった後に、同じく天孫降臨神話を持った日本の高千穂峰の麓の国分平野には、「七隈《ななくま》の古里」なる、不思議な古代史跡が発祥しているのだ。

◇「海幸彦・山幸彦」神話に隠された真（神）話

海幸彦・山幸彦神話は、どのような事実を元にして作られたのだろうか……？　神話の要点について分析してみよう。

ニニギノミコトは薩摩半島の阿田で二人の娘と見合いした。

- 姉のイワナガヒメは、醜い顔だったので、父の大山津見に返すと怒りだして「天つ神の御子（天皇）の命は、今後は短くなっていくのだ……」とののしっている。
- 妹のコノハナサクヤヒメが美人だったので結婚した。燃え盛る産屋の中で三人の子供を産んでいる。

ニニギノミコトは
コノハナサクヤヒメと
結婚する。

一男　火照命《ほでりのみこと》

二男　火須芹命《ほすせりのみこと》

三男　火降命《ほおりのみこと》

海幸彦は漁師の仕事をする、隼人の阿田の君の祖先になる。ホオリノミコトに釣り針を返せと言い張る塩干珠と塩満珠で貧しくなった。天皇家を昼夜を問わずに、守護していくと誓った。

山幸彦は山の猟師の仕事をする。釣り針を探しに、海神国に行く。海神国で釣り針を見つけだして、塩満珠と塩干珠を海神《わたつみ》の神様からもらう。

★、第一点・ニニギノミコトの正体は、誰なのか……？

ニニギノミコトの正体は、天孫降臨の国、金海から来た七王子たちであった。金海金氏の族譜に、「七王子が空に上り~雲に乗り離れた……」と書かれた。空に上った七王子が降りた場所が、鹿児島の高千穂峰の国分平野であったのだ。最初に住んだ土地を天孫降臨の舞台としたのだ。国分平野には平安時代から「国府名所七隈の古里」の古代史跡がある。〔七王子が~七隈になったのだ〕

★、第二点・ニニギノミコトは、地元の薩摩の豪族の娘のコノハナサクヤヒメと政略結婚する。

西暦一八〇年ころの時代になる。

★、第三点・コノハナサクヤヒメが、燃え盛る産屋の中で三人の子供を産んだ表現を考える……？

ニニギノミコトは、コノハナサクヤヒメが一夜で妊娠したことで「本当に私の子供なのか……？」と疑っている。

疑いをはらそうと「あなたの子供だったら無事に産まれるでしょう……」と言って、出口のない燃え盛る産屋の中で、三人の子供を出産した。燃え盛る産屋とはどのような意味を持っているのだろうか……。

鹿児島県内には霧島火山帯が走る。大噴火した活火山が、大空高くマグマを噴き上げて夜空が真っ赤に染まるのだ。

現在は桜島が活火山で噴煙を上げているが、古代には韓国岳《からくにだけ》、新燃岳《しんもえだけ》、開聞岳《かいもんだけ》などが噴火した活火山の国であった。

「燃え盛る産屋」とは、活火山のマグマが噴火する状況を表現したものである。

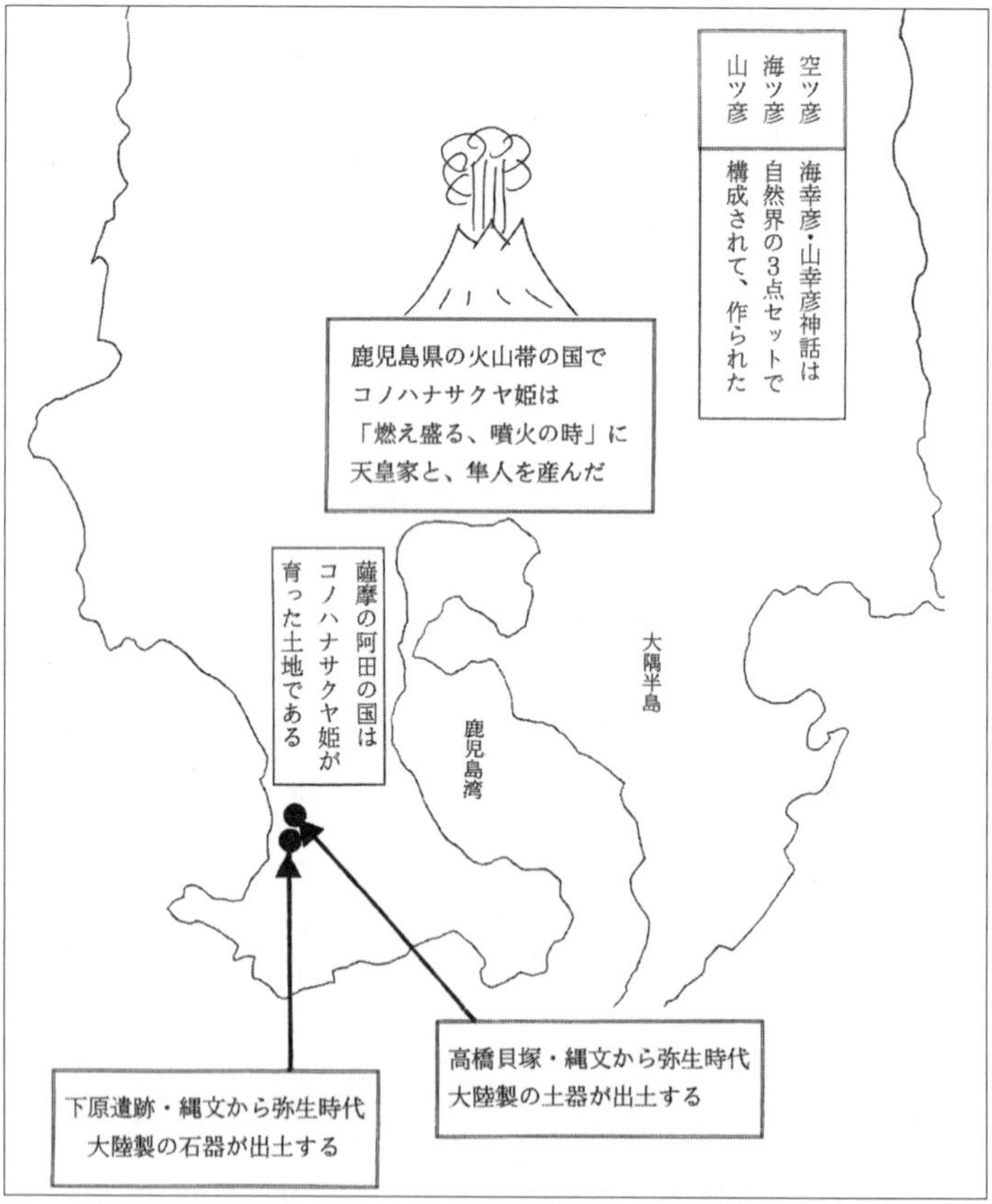

空ツ彦
海ツ彦
山ツ彦
海幸彦・山幸彦神話は
自然界の3点セットで
構成されて、作られた
鹿児島県の火山帯の国で
コノハナサクヤ姫は
「燃え盛る、噴火の時」に
天皇家と、隼人を産んだ
薩摩の阿田の国は
コノハナサクヤ姫が
育った土地である
大隅半島
鹿児島湾
高橋貝塚・縄文から弥生時代
大陸製の土器が出土する
下原遺跡・縄文から弥生時代
大陸製の石器が出土する

「海幸彦・山幸彦」神話の背景図

ニニギノミコトとコノハナサクヤヒメには鹿児島で産んだとする裏付けが必要であり、活火山が燃え盛る時に、生まれたことを表現したかったのである。

鹿児島で産んだという証明になるからだ。

★、隼人と天皇家の誕生が語られている意味は……？

鹿児島を発祥とする狗奴国が濃尾平野に移動してから、邪馬台国を倒して大和朝廷を建国している。そして、神武天皇の誕生につながるのだ。

金海出身のニニギノミコトと、鹿児島出身のコノハナサクヤヒメは国際結婚である。二人の間に産まれた子供は、一人は隼人になり、一人は天皇家になると語られている。同じ母親から産まれた混血児になるのだ。天皇家を守護する隼人との関係がこの時代に発生したのだ。

★、コノハナサクヤヒメのふるさと、薩摩半島の阿田はどんな国だったのか……？

※、阿田地方には弥生時代の遺跡が多い。

◎、高橋貝塚……縄文晩期から～弥生時代にかけた遺跡である。遺跡からは、中国大陸製の土器や磨製石器などが出土している。

◎、下原遺跡……中国大陸製の磨製石器や鉄製品が出土している。

阿田地方には、中国大陸や朝鮮半島の早期の渡来文化の移入があった。

鹿児島には、ニニギノミコトの一代しか滞在しない。二代目のヒコホホデミノミコトからは、東へ東へと進軍を開始して濃尾平野の愛知県内に本拠地を構えた。『魏志倭人伝』に書かれた邪馬台国に敵対する狗奴国が建国されたのだ。

『魏志倭人伝』の製作年代から推定して、西暦二〇〇年以降の話になる。

★、第四点・ホオリノミコト〔天皇家〕が、釣り針を探しに行った海神国はどこにあったのか……?

ホオリノミコトは、海神国に釣り針を探しに行く。海神国については、どこにあったのか書いてないのだ。海神国については、次の二ヶ所が考えられる。

◎、「海幸彦、山幸神話」の史跡が対馬に残っている

ホオリノミコトが、海神《わたつみ》の国に行く理由は、釣り針をなくしたからである。釣り針は鉄で出来ているので、鉄を求めて海神国に行ったことも考えられるのだ。

◎、海神《わたつみ》の読み方は朝鮮語だと言う

朝鮮語の〔海(パタ)から↓ワタ〕になったとする。

朝鮮半島に近い対馬には、「海幸彦・山幸彦」神話に出てくる地名が多く残っている。

対馬の厳原《いずはら》港で上陸してから車で国道三八二号線を三十分ほど走ると豊玉町《とよたまちょう》にはいる。国道から左に折れて仁位浅茅湾《にいあそうわん》へ十分ほど走ると、和多都美《わたつみ》神社が見えてくる。

★、和多都美神社……祭神は、(ヒコホホデミノミコト)である

「海幸彦・山幸彦神話」にちなんだ神社である。和多都美神社の本殿と鳥居は、朝鮮半島の方角に向いている。鳥居は波打際の浅瀬に立っており、海水が満ちると二メートルほど浸水してしまい、干潮になると鳥居の基礎まで干上がってしまうのだ。まるで、ホオリノミコトがもらった塩満珠と塩干珠で海水を《干・満》にする光景を再現した鳥居になっているのだ。

※、安曇磯良《あずみのそら》の墓……和多都美神社内にある。神功皇后を朝鮮半島に案内した船頭である。北九州の福岡県を本拠地にした朝鮮海峡を渡るプロの航海民族である。

◎、安曇氏の流れ……北九州の福岡付近から~東へ東へ海路を進んで、島根県の松江市の恵雲港《えとも》に上陸して、安曇の「曇」を地名に残した。〔安曇から↓恵曇になる〕さらに、東に進んで、日本海の新潟県の糸魚川から上陸して~信州の諏訪に入った。信州の安曇野は、安曇から来ている。諏訪市内の諏訪大社の近くに、「フネ古墳」がある。諏訪山中に、海を表す「船フネ」の地名があり、諏訪大社の御神体も「船フネ」ともいわれる。古代史の真実を物語っている。

★、フネ古墳からは、隼人の古墳群から大量に出土した特殊な「蛇行剣」が出土して、隼人との関係が発生していた。上対馬町にワニの付く地名の鰐浦港《わにうら》がある。

上対馬町に行くと、朝鮮半島まで約五〇キロと近くなり、至る所から韓国の釜山周辺が視界に入ってくる。

ホオリノミコトが海神国に三年間滞在して帰国する時に、海神の神がワニたちを集めて「早く送り届ける者はいないか……？」と問うと、有能なワニが名乗り出て、ホオリノミコトを一日で本国に送り届けたとある。

地元の船乗りは、対馬から風と海流にうまく乗れば、古代船でも短時間で北九州の沿岸に到達できると話す。

★、鰐浦漁港は朝鮮渡航への港だった

上対馬の韓国展望所から真下の海岸に、〔ワニ〕の付く鰐浦港がある。対馬特有の山と山に挟まれた小さな入り江の港で、人家が数十軒しかないひなびた漁村である。土地の人は、昔から鰐浦港は朝鮮半島に船出する一番近い港であったと話す。鰐浦港には、朝鮮半島との関係を残す数々の伝説が残っていたのだ。

★、鰐浦港の伝説と史跡について

◎、神功皇后の三韓征伐の話……『古事記』の仲哀天皇の条項」で、船をつないだという「船の綱を巻きつけた石」が残っている。

◎、『日本書紀』には「鰐ノ津」から出航したと書いてある。

◎、中国大陸などにしか自生しない植物の（ヒトツバタゴ）が、鰐浦の丘に群棲している。大陸から持ち帰ったのではないかと想像したくなる。金海にもヒトツバタゴが群生しており、つながりが注目させられたのだ。

ワニの背中に乗って、ホオリノミコトは本国に帰った。ワニの付く鰐浦港は朝鮮への出港地であった。しかも、ホオリノミコトが海神国に行ったとあるのは、金海に帰ったことも考えられる。さらに、鉄製の軍事品の補強を兼ねた一時帰国であったのかも知れない。さらに、海神国の娘と結婚までしているので、二代目のヒコホホデミノミコトと三代目のウガヤフキアエズノミコトの神様たちは、鹿児島を離れたことが分かるのだ。

★、ホオリノミコト（天皇家）は、トヨタマビメと結婚する。対馬には豊玉町《とよたま》がある

豊玉町の浜辺には、海神神社がある。

★、海神神社……祭神はトヨタマヒメである

★、河内と、隈《くま》の付く地名が残る

上対馬町に河内《かわち》の地名の入り江があり、古代から港であった。河内は狗奴国の狗古智卑狗から発生した地名とみて良い。

狗奴国が、軍事用に使用した港として利便性がよいと見えた。

さらに、隈《くま》の付く地名が異常に多いことにも気づいた。これは（熊→隈）を表すものである。

隈の地名の近くには弥生時代の遺跡が存在し、韓国の金海式土器が出ているのだ。《金→熊→隈》とつながるのだ。

★、中国の新の王莽が作った、貨泉が出土している

★、釣り針を探しに行った海神国は、東海地方にもあった……

ホオリノミコトは、海神国に釣り針を探しに行った。ここで、隼人とつながりのあるもう一つの海神国が

愛知県熱田に、高蔵古墳がある
釣り針が出土した
狗奴国の本拠地で、海神国だった
熱田神宮は、狗奴国が信奉する
草薙の剣が、神宝である
奈良県五條市内
①、大塚山古墳
②、塚山古墳
２ケ所から、釣り針が出土した
古代、ホデリノミコトの隼人が
鹿児島から移住した土地である
高千穂峰

ホオリノミコトが、釣り針を探した海神の国は……？

朝鮮半島
鹿児島神宮には
海幸彦・山幸彦の祭りがある
浜ノ市港から～ホオリノミコトが
海神の国に、釣り針を探しに出る

考えられるのだ。

狗奴国の本拠地の濃尾平野の古墳から~釣り針が出土している。

鹿児島で生まれたホオリノミコトは、濃尾平野に向かったのだ。

濃尾平野の名古屋には、狗奴国が信奉した熱田神宮がある。近くの高蔵古墳群から~釣り針が出土している。

ヤマトタケルが浦賀水道を通るさいに嵐にあうが、オトタチバナヒメが「海神」を静めるために入水したとある。入水とは、命をささげる意味になる。

東海地方も海神国として考えられるのだ。

★、隼人の移住先の阿田の古墳からも釣り針が出ている……奈良県五條市内の大塚山古墳・塚山古墳の二ヶ所からも釣り針が出土している。

★、狗奴国の本拠地の古墳から釣り針が出土している……愛知県名古屋市内の、熱田神宮の近くの高蔵古墳からも釣り針が出土している。

★、ホオリノミコトが、空津彦《そらつひこ》となぜ呼ばれたのか……？

ホオリノミコトが、釣り針を探しに海神国に行った時の話である。

シオツチの神が、

「この方は、アマツヒコの御子である、空津彦様であられます……」と言った。シオツチの神は、ホオリノミコトを空津彦と呼んでいる。なぜ呼んだのか、この意味を理解しなければならない。

★、空津彦の意味……金海の七王子は、発行禁止処分になった大同族譜の中で、「七王子が空に上って……いなくなった」として、天孫族として書いている。

七王子は空に上ったので……空津彦と呼ばれた。七王子はニニギノミコトになるので、その子供のホオリノミコトは空津彦の王族になる。シオツチの神は、ホオリノミコトが空津彦の子孫と知っていたのだ。だから、ホオリノミコトを空津彦と呼んだのだ。

★、「海幸彦・山幸彦神話」は、「空ツ彦・海ツ彦・山ツ彦」の三彦構成で作られた神話である

自然界を構成する「空・海・山」の三大要素の組み合わせで作られていることが分かるのだ。

一、空ツ彦とは……七王子が空に上ったことから、子孫たちの神々は、空津彦の一族と呼ばれた。

二、海ツ彦とは……海幸彦出身のホデリノミコトの一族になる。

三、山ツ彦とは……山幸彦出身のホオリノミコトの一族になる。

鹿児島は天孫族が最初に渡来した土地である。嫁さんは地元の豪族からもらい、国際結婚して混血児が産まれた。やがて、その子供たちは鹿児島を離れて、海神国に行くことが書いてある。

隼人と天皇家との関係がこの時代に発生しているのだ。ホオリノミコトの狗奴国が、邪馬台国との戦争に勝利したので、このような物語になったのだ。

海幸彦・山幸彦の神話は……事実に基づいて書かれた神話ではなくて真話《しんわ》（真実の物語）である。

物語には三種の神器（鏡・勾玉・剣）が登場していることに気付く必要がある。

一、鏡の表現法は……泉を見ると顔が写っていたとある。鏡も顔を写すものである。

二、玉の表現法は……ホオリノミコトが玉を器に吐き出した表現に気付かなければならない。

三、剣の表現法は……ホオリはワニに「紐付きの小刀」を与えている。ここに（剣←→小刀）が出てくる。

天皇家の三種の神器（鏡・勾玉・剣）が、物語にうまく書きこまれて表現してあることに気づかなければならない。

◇「海幸彦・山幸彦」神話の祭りが、鹿児島神宮にあった

◆「海幸彦・山幸彦」神話の、浜下り神幸行事があった

天孫降臨の古里「大隅国一宮・鹿児島神宮」には、「海幸彦・山幸彦」神話から始まった「浜下り神幸行事」の祭りが残されているので紹介する。

★、鹿児島神宮の由緒について

国分平野にある鹿児島神宮は、延喜式の式内社で創建は神武天皇の時代だと伝えている。

祭神は、山幸彦の天津彦穂穂出見尊《あまつひこほほでみのみこと》である。

天皇家に関係する神社を神宮と称するが、鹿児島神宮もそうである。

★、浜下り神幸行事のはじまり

鹿児島神宮の浜下り神幸行事は、「海幸彦・山幸彦」のホオリノミコトが、海神国に釣り針を探しに行った物語から発祥している。ホオリノミコトが浜之市《はまのいち》港から出港して、海神国に向かったと伝えている。かつて浜之市港は中国貿易で栄えた港であった。

浜之市港の浜辺にこしらえた祭り小屋に、山幸彦が海神国からもらってきた「塩干珠シオヒルタマ」と「塩満珠シオミツタマ」を一年に一度祭りの日にお供えするのだ。海の自然と霊魂に感謝を捧げて一晩過ごす。

……そして翌日に鹿児島神宮に持ち帰るのだ。

隼人の霊をしずめるための塚と伝える隼人塚

昔は、鹿児島神宮から浜之市港まで直通の古道が走り、祭りの日は氏子たちが行列になり練り歩いたという。隼人塚に寄り参拝して、七隈の一つ富隈《とみくま》に寄り参拝して浜之市港に到着する。

★、鹿児島神宮内に、笑隈が存在した

鹿児島神宮内に国府七隈の一つ笑隈エミクマがある。笑隈が鹿児島神宮内にあるのは、王宮だったからである。

狗奴国の発祥地であり、古代の高千穂宮があったとして「高千穂宮跡タカチホノミヤ」の石碑も建っている。

鹿児島神宮に、「海幸彦・山幸彦」の祭りが残るのは、笑隈（別名・ホオリノミコト）の王宮だったことを物語っている。

★、隼人は、なぜ海幸彦になるのか……？

ニニギノミコトの嫁さんのコノハナサクヤヒメの古里の阿田地方〔薩摩半島〕は、周囲を海に囲まれており古代から漁業生活が中心であった。縄文遺跡や弥生遺跡からは、漁業生活用の道具が出土する。

阿田隼人たちは漁業民族であり、隼人〔ホデリノミコト〕

が浜之市港から海神国に出港する物語の下地になったのだ。
《天皇家のニニギノミコトは、なぜ山幸彦になるのか……？》
ニニギノミコト〔七王子の化身〕は、高千穂峰という高い山に降りてきた。つまり、聖なる山が天皇家の古里になる。そのために、天皇家〔ホオリノミコト〕は山から生まれたとして山幸彦となったのだ。

★、浜下り神幸行事の案内
◎、開催日…………毎年の十月の第三日曜日に開催される。
◎、開催時間………午前九時頃から～午後三時頃まであり、その後は親睦会になり自由参加となる。
参加者は事前に申し込みのこと。（参加料あり）詳細については問い合わせして下さい。
◎、問い合わせ先……鹿児島神宮社務所まで。（鹿児島県霧島市隼人町）

※、祭りの内容
毎年、三百～四百名ほどの参加者がある。鎧《よろい》を着た武者行列が中心となる。鹿児島神宮を午前九時頃からスタートして祭りの列は繰り出して行く。浜之市港までの一本道をえんえんと練り歩く。沿道は祭りの見物客で盛り上がる。

途中の「富隈《とみくま》（七隈の一つ）」に差しかかると参拝してしばしの休憩時間に入る。

浜之市港に到着すると故事に因んだ祭事が始まる。帰りは専用バスで鹿児島神宮に戻り、行事が終了した後は親睦会が開催されていろいろな意見の飛び交う楽しい時間となる。

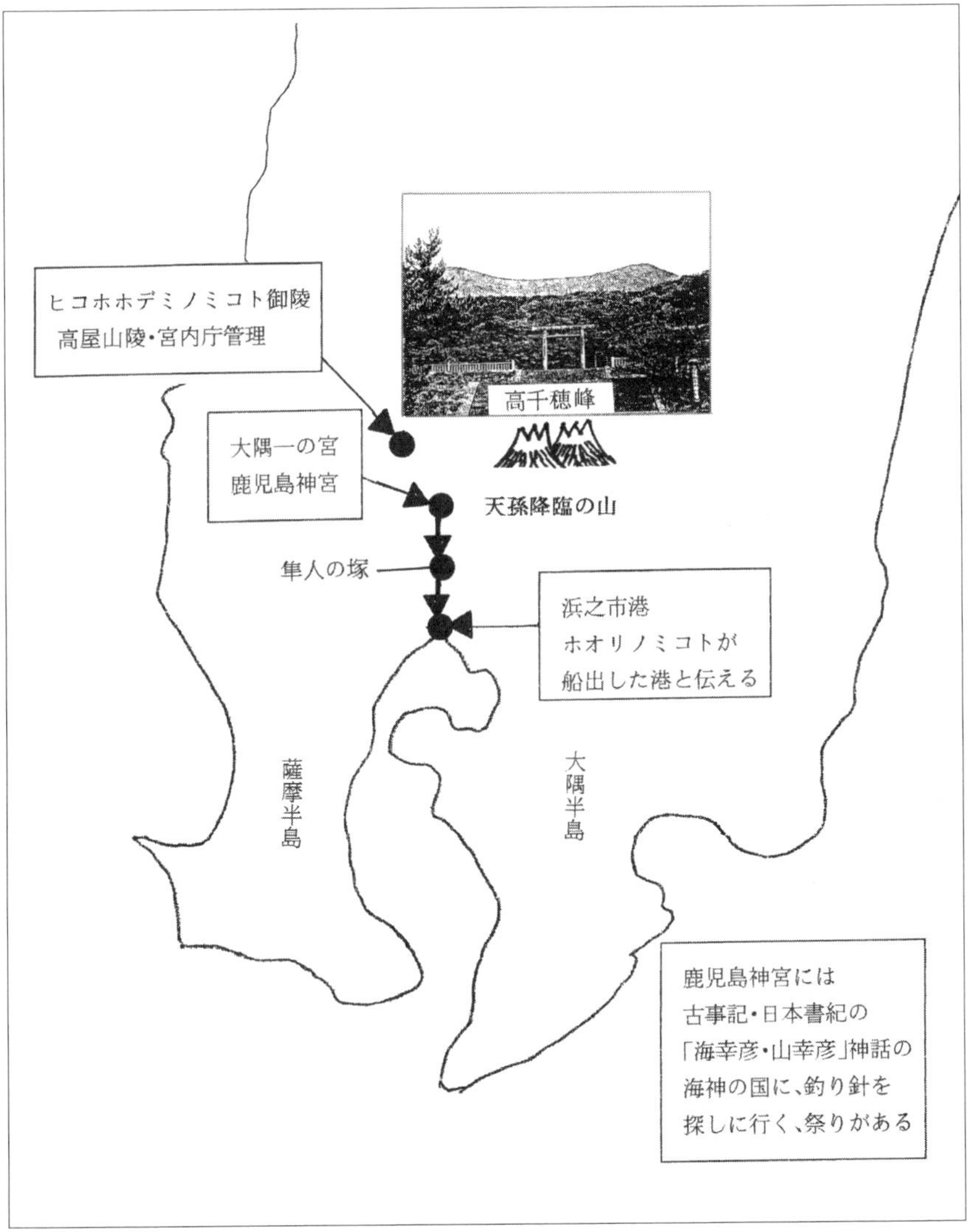

鹿児島神宮から浜ノ市港への古道図

◇七王子は天孫降臨すると七隈の古里になった

◆七隈と七王子の類似点の説明文

★、図表の類似点について説明する

①、天孫降臨族の金首露王は、西暦四二年に、金海の亀旨峰に降臨したと年代をハッキリと明記している。ところが、鹿児島の高千穂峰に天降りたニニギノミコトの降臨年代については『古事記・日本書紀』に一切書いてない……不明なのだ。

実は書こうにも書けなかったのだ。

理由は、金海の金首露王の天孫降臨から始まり、その後に七王子が空に上る。鹿児島に渡来するのは後のニニギノミコトの時代になる。だから、金海よりも古い時代としてニニギノミコトの降臨年代を書けなかったのだ。

②、『古事記・日本書紀』では、高千穂峰は（クシフルミネ）とある。金首露王が天降りた亀旨峰は（クシミネ）と言う。クシは同じ発音と意味になる。

③、鹿児島に渡来したニニギノミコトから四代目は神武天皇となり、奈良盆地の邪馬台国を征服して橿原宮で即位する。重要なのはここである。初代の神武天皇から～現在の天皇家までは連綿とつながっていることなのだ。

◆『鹿児島の七隈の史跡』と『金海の七王子』の類似点

《国分平野の七隈の古里の特徴》	《金海の七王子の古里の特徴》
【天孫降臨神話の国である】 ①、鹿児島県は、天孫降臨神話を持った国である。 ②、日本の天皇家の始祖、ニニギノミコトが、天降りる。 ③、高千穂峰《くしふるみね》に降りてくる。 ④、隣の山が、韓国岳《からくにたけ》という。	【天孫降臨神話の国である】 ①、金海市は、天孫降臨神話を持った国である。 ②、金首露王《きむすろわん》が、天降りる。 ③、亀旨峰《くしみね》に天降りる。 ④、金首露王は、駕洛国《からくに》を建国する。
【七隈の古里の史跡が残る】 ①、国分平野に、平安時代より伝える「七隈のふるさと」がある。 ②、七隈の「笑隈エミクマ」の跡地に、大隅一宮鹿児島神宮がある。天皇家に縁を神宮と称する。	【金海に七王子の族譜が残る】 ①、金首露王の族譜が、朝鮮総督府から発行禁止処分となる。〔一九一五年六月二十九日付けで、発令している〕 ②、七王子が、「空に上り~金海を離れた」と書いてあった。天孫降臨表現法で書いてある。
【国分平野に熊襲が発祥する】 ①、熊襲族が発祥している。七世紀から~隼人に変わる。狗奴国が発祥している。 ②、『古事記、日本書紀』に、天皇家とは兄弟と書いてある。天皇家の側近として仕えて、守護している。	【金海は、大和朝廷と密接であった】 ①、嫁が、熊やヒグマを夢見ながら皇太子を産んでいるので熊崇拝を表現している。 ②、金海は、古代に任那と呼ばれて、大和朝廷と深いつながりがあった。

◎、金海金氏の大同族譜は、一九一五年六月二十九日付けで朝鮮総督府から発行禁止処分となった。消去法で行くと、都合が悪いから発行禁止処分にしたとなる。ところが消したつもりが残り火（導火線）になった。私には発行禁止処分が、皮肉にも謎の古代史解明のきっかけとなったのだ。

◎、国分平野は、熊襲族の発祥地である。だから現在も、熊襲の洞窟や、熊襲城が存在する。金海の熊崇拝が渡来したからである。

ところが、愛知県内に移動すると、太陽崇拝に宗旨変えしたことに、気付かなければならない。

日本の天皇家は金海を任那と呼んだ。そして任那日本府の復興策を真剣に命じている。理由は天皇家の発祥地になるからだ。

欽明天皇の時代になると、「どうしても任那（金海）を復興しろ……」と叱咤激励している。

しかし五三二年に金海は新羅に征服されて消滅する。

★、新羅に対する怨念が爆発した

天皇家の無念さは計り知れなかった。新羅に対する怒りは『日本書紀』を書くときに爆発している。新羅は本来は読んで字のごとく新羅《しんら》である。現在でも韓国人は新羅《しんら》と呼んでいる。ところが大和朝廷は『日本書紀』を書く時に恨みつらみが重なり、この野郎と憎しみをこめてシンラをシラギ……！と呼び捨てにしたのだ。

日本語でののしる言葉で、「貴様《きさま》……この野郎……！」と言う具合である。しんらが、しらぎになった理由である。

七王子たちが約千八百年前に鹿児島に渡来して、初期の狗奴国が発祥する。その後数十年すると愛知県内の濃尾平野に移動して、狗奴国の本拠地を構築した。この千八百年間の時が流れ流れて歴史の真実は薄れてしまった。

高千穂峰は、神話と観光の舞台と成り果ててしまい風化してしまった。これまでにわずかに残る資料を丹念に拾い集めるしか研究する方法がなかった。天皇家発祥のルーツを隠したい人達によって、多くの事実がもみ消されてきたことも原因である。

千八百年という年月の重みを感じるのである。

◇邪馬台国の軍事基地は卑奴母離だった

◆邪馬台国の卑奴母離と狼煙台の仕事について

★、『邪馬台国が卑奴母離を設置した理由……?』

中国の『三国史・魏志倭人伝』に、邪馬台国の「卑奴母離ヒナモリ」が出てくる。卑奴母離は朝鮮半島に近い〔対馬、壱岐、奴国、不弥国〕の四ヵ国にだけ設置されている。卑奴母離が設置された当時の政治背景について考えてみる。

『魏志倭人伝』には、邪馬台国と狗奴国が建国当初から仲が悪く戦争状態にあったとあり、国内の情勢は不安定であったようだ。

副曰泄謨觚・柄渠觚。有千余戸、世有王、皆統属女王国、郡使往来常所
駐。東南至奴国百里、官曰兕馬觚、副曰卑奴母離、有二万余戸。東行至
不弥国百里、官曰多模、副曰卑奴母離、有千余家。南至投馬国、水行二
十日、官曰弥弥、副曰弥弥那利、可五万余戸。南至邪馬台国、女王之所
都、水行十日、陸行一月。官有伊支馬、次曰弥馬升、次曰弥馬獲支、次
曰奴佳鞮、可七万余戸。自女王国以北、其戸数道里可得略載、其余旁国
遠絶、不可得詳。次有斯馬国、次有已百支国、次有伊邪国、次有都支国、
次有弥奴国、次有好古都国、次有不呼国、次有姐奴国、次有対蘇国、次
有蘇奴国、次有呼邑国、次有華奴蘇奴国、次有鬼国、次有為吾国、次有
鬼奴国、次有邪馬国、次有躬臣国、次有巴利国、次有支惟国、次有烏奴
国、次有奴国、此女王境界所尽。其南有狗奴国、男子為王、其官有狗古
智卑狗、不属女王。自郡至女王国万二千余里。

奴国の卑奴母離

不弥国の卑奴母離

「魏志倭人伝」に出てくる官の名称

国名	官の名称	副官の名称
対馬	卑狗	卑奴母離
壱岐	卑狗	卑奴母離
奴	兕馬觚	卑奴母離
不弥	多模	卑奴母離

『魏志倭人伝』に出てくる「卑奴母離ヒナモリ」の官名

★、『卑奴母離《ひなもり》は国土防衛上の軍事機関だった』

奈良盆地にあった邪馬台国は、北九州の博多から壱岐、対馬にかけて、朝鮮半島や中国を監視する軍事基地を設置した。

それが卑奴母離である。卑奴母離がある四ヵ国は朝鮮半島に近いのが特徴である。

①、対馬の副官は〔卑奴母離〕である。
②、壱岐の副官は〔卑奴母離〕である。
③、奴国の副官は〔卑奴母離〕である。
④、不弥国の副官は〔卑奴母離〕である。

『魏志倭人伝』に書かれた、四ヵ国の卑奴母離の記述です。

「狗邪韓国から海を渡ると対馬に着く。副官を卑奴母離という。さらに、南に千里進むと、一大国（壱岐）に到着する。

副官を卑奴母離という。さらに、奴国に着くと、副官を卑奴母離という。東に百里進むと不弥国に着く、副官を卑奴母離と言う」

◆卑奴母離の語源には、太陽崇拝の意味があった

★、卑奴母離にはどんな意味があるのだろうか……？　分析してみる

卑（ヒ）↓　ヒの漢字音は〔日、火、灯、陽〕などの太陽を表す言葉になる。
奴（ナ）↓　ナの漢字音は、奈良の奈（ナ）、狗奴の奴（ナ）で国を表す。朝鮮語で、国家のことを〔ナラ〕と言う。
母離（モリ）↓モリの漢字音は、守りの（マモリ）であり、守衛する意味になる。

『魏志倭人伝』が、卑弥呼や卑奴母離に〔卑〕の不良漢字を使用したのは、中華思想によるものである。
卑奴母離を要約すると、太陽崇拝の同盟国を守る防衛組織機関となる。※（卑奴母離の図、一〇八頁参照）

『卑奴母離の仕事は、狼煙台《のろしだい》だった』

狼煙台の仕事は、朝鮮海峡で敵船を発見すると、大至急に狼煙《のろし》を上げて邪馬台国に連絡することだった。
古代には、電話もなし、無線もなし……近代的な通信施設はなかった。監視兵が海上で敵船を発見すると、上対馬の狼煙台から～奈良の都までのろしで伝達した。それが卑奴母離の仕事だった。

『令義解《りょうのぎげ》という国の軍防令でも、狼煙の法律があった』
［令義解］……〔西暦八三三年に完成する〕

◎、『**狼煙台の任務**』
狼煙長……敵をいち早く発見すると、敵の種類や行動を的確に判断して狼煙の種類を指示した。
烽子……常時三～五人が待機しており、二十四時間体制で火種を守り、いつでも狼煙を上げる態勢にいた。

以上が狼煙令の取り決めである。

『敵船を発見すると……大至急で……狼煙を上げて、奈良の大和朝廷まで連絡したのだ』

★、狼煙台は土煉瓦などで丸い塔を造り、下草に燃えやすい枯れ草を敷き詰めて、青草（生草）を交互に積み重ねて煙が出やすい構造にした。夜間は、松明《たいまつ》を燃やして連絡した。

★、『対馬から奈良の都までは、狼煙の伝達時間は約十二時間だった』

①、狼煙台から～次の狼煙台までは、約三〇キロ～五〇キロの等間隔で設置してある。
②、対馬で狼煙を上げてから、次の狼煙台へとリレーして奈良の都まで伝達するのに、約半日〔十二時間〕の速さで到達したとの記録がある。
③、対馬から～奈良の都までは、狼煙台の数が四十ヶ所以上からあった。

> ◎、狼煙台の設置数の計算　三〇キロ×四十ヶ所＝一二〇〇キロとなる。
> ◎、対馬から～奈良の都までは約一〇〇〇キロからであり、狼煙台が計算して造られた。

★、『狼煙の漢字には、深い意味があった』

狼煙とは、漢字で狼《おおかみ》の煙《けむり》と書く。狼の糞を乾燥させて燃やしたことから狼煙の漢字があてられた。狼の糞は着火力が強くて、煙が細くて高く上がりやすい特徴があった。

アメリカ大陸の原住民のインディアンは、敵が来ると狼煙を細く高く上げて、部族間の合図や連絡に使用した。

古代の中国大陸も、軍事目的に狼煙を最大限に活用した。現在も当時の狼煙台が観光用に保存されている。

邪馬台国
四国
九州
狼煙台の説明
朝鮮海峡で、外敵を発見すると狼煙を上げた
対馬から奈良の邪馬台国まで狼煙台リレーで
約１２時間で伝達できた。

対馬から邪馬台国までの狼煙台の伝達コース

狼の糞が燃やされたのは、アメリカのインディアンも中国の戦国時代も、日本の古代史も同じだったのである。

★、『卑奴母離は、朝鮮半島を意識して設置された』

卑奴母離は、四ヶ所とも朝鮮半島に向いている……何故だろうか……？　理由は簡単である。朝鮮半島南部にあった敵対する熊崇拝の狗邪韓国（日本では狗奴国になる）を監視するためであった。

だから金首露王の七王子たちは、卑奴母離があった北九州地方を避けて、あえて野蛮な原住民の多い鹿児島に上陸するしかなかったのだ。

しかし、鹿児島で史上最強の戦士（熊襲族）と出会えるとは夢にも思わなかっただろう。

★、『歴史学者はどのように見たか……？』
歴史学者の藤間生大氏は、卑奴母離の設置年代を西暦五〇年前後にまでさかのぼれるとみた。これは非常に深みのある見解である。敵対視する金首露王が、金海の亀旨峰に天孫降臨する年〔西暦四二年〕の年代にピッタリと一致してくるからだ。

★、『西暦五七年・倭奴国王が、後漢に朝貢した理由』について
倭が初めて中国の歴史上に出てくるのは、西暦五七年の倭奴国王《わのなのこくおう》が後漢に朝貢してからである。奴国とは現在の福岡県の博多を中心とする国である。朝貢には大きな理由があったのだ。なぜなら、四二年に金海に敵対する国が誕生したからである……。敵対する国々は警戒して後漢に朝貢したと見える。つまり、何かあったら後漢の後ろ盾が欲しかったのだ。奴国は、先に東上して奈良の邪馬台国を建国するからである。

★、「江戸時代の学者・新井白石の『古史通惑門』はどんなに考えたか…？」
『古史通惑門』の中で卑奴母離は、外には大陸やその他の諸国に対し、内には「熊襲や隼人」その他の異民族に対して、西海の土地を守るべく大和朝廷によって設置され支配されていた官職だと考えている。

卑奴《ひな》は、蛮異を意味し天上に対して下国、皇都に対して辺土を指す言葉であり、母離は動詞の名詞形であって守る者の義であると説明している。

★、藤間生大も新井白石も、卑奴母離は熊襲族を監視する機関であると一致している

『宮崎に残る夷守《ひなもり》と卑奴母離は同じか……？』

〔景行天皇一八年三月の条項〕

「天皇は、夷守に着かれた。岩瀬川付近に集まっている人達は何だろうか……それとも賊だろうか……？」と聞かれた。

弟夷守《おとひなもり》と、兄夷守《あにひなもり》の二人に偵察させた。弟夷守が言うには、諸県君泉媛が天皇に何かを差し上げようと集まっています」と報告している。景行天皇が宮崎の夷守を訪れた時の一文である。

宮崎県小林市に夷守の地名を探すと、宮崎から熊本に抜ける古代の官道の日向国道の十六駅の一つに夷守があった。ところが現在は夷守駅の明確な場所は不明になっている。しかし細野地区には、夷守の小字が残っているが今一つ確証に欠けるのだ。

『夷守駅趾』の石碑が……十日町の、恵比須神社の馬頭観音の近くにあるだけである。

★、『小林市夷守は熊襲を監視した機関なのか……？』

※、〔ポイント〕

鹿児島県側の国分平野は熊襲族の本拠地である。熊襲族を監視する軍事拠点が宮崎県小林市側にあったとみてよい。卑奴母離と夷守は同源であるからだ。

鹿児島の熊襲族は九州の辺境の土地に住んでおり、夷守の漢字があてられたのだろう。

狗奴国の本拠地
西暦２００年ころ、鹿児島から
愛知県・濃尾平野に移動する
邪馬台国
範囲線
邪馬台国の本拠地
〔奈良県桜井市～天理市内にあった〕
卑奴母離は、金海・狗邪韓国を監視する
防衛組織として、北九州に設置した
不弥国
卑奴母離
狗奴国の発祥地
西暦１８０年代、七王子が
鹿児島に渡来して建国される

邪馬台国同盟国の範囲と卑奴母離の位置図

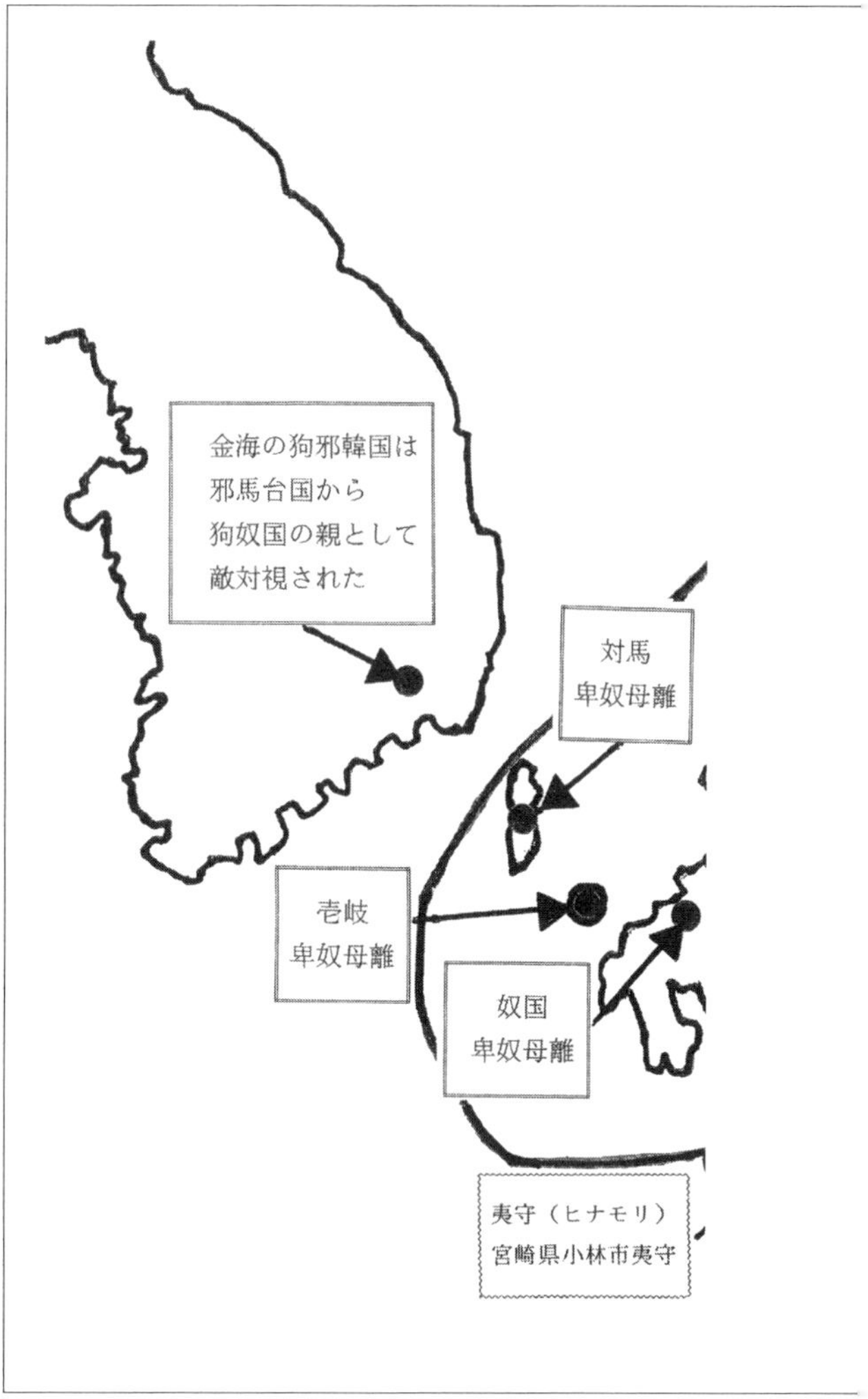

当時、新潟県頸城《くびき》郡にも卑奴母離があった。第五章「墨坂神は、狗奴国の軍事神だった」の項で、越後の卑奴母離については詳しく述べた。

★、西暦六六三年白村江の戦争について

天智天皇二年の事件である。百済の「白村江《はくすきのえ》」で天下分け目の戦いがあった。

〔新羅軍と唐軍〕と〔百済軍と日本軍〕が、白村江で壮絶な戦いをした。日本軍は大敗して、海面は日本兵の血で真っ赤に染まったと戦記に書いてある。敗戦後に唐軍の進攻を防衛するために、対馬、壱岐、博多沿岸に防衛施設を整備した。

卑奴母離の軍事機能をそっくり生かして防人体制を敷いた。人で防ぐと書いて〔サキモリ〕と読ませる。

◎、卑奴・母離　↓ヒナ・モリ
◎、防・人　↓サキ・モリ

卑奴母離を真似たのが防人なのである。

この時に、『古事記』の編纂を命じた天武天皇も参加していた。『魏志倭人伝』を熟読しており、卑奴母離の防衛機能を知っていた。卑奴母離システムを参考にして防人体制を設置したことが分かる。

◇金海は、任那日本府と呼ばれた

『日本書紀』には、大和朝廷と任那日本府の関係が密接に書いてある。

大和朝廷と任那日本府との間には特別な関係があった。

★、**大和朝廷の祖国は任那であった**

※、金首露王の七王子が鹿児島に渡来する　↓　狗奴国が発祥する　↓　原住民を軍事教練して熊襲（久米族）が誕生する　↓　西暦二〇〇年ころ愛知県内の濃尾平野に移動する　↓　狗奴国は邪馬台国を攻撃して征服する　↓　邪馬台国跡地に乗り込んで大和朝廷を建国する。

※、任那ミマナは↓大王・天皇が出た国となる。
◎、ミ……オオキミ・ミカドのミ
◎、マ……真マ、……真実の
◎、ナ……ナラ、ナ国……国のこと

★、日本だけが金海を任那（皇祖発祥国）と呼んでいる

日本の大王たちは、金海が祖国であるとして任那（ミマナ）と呼んでいる。古代朝鮮語では、「本当の発祥国」を「ニムナ」と発音する。ニムナからミマナに変化したと考えられる。

なぜなら、任那（ミマナ）と呼んだのは日本だけなのである。当時朝鮮国内の、「高句麗・百済・新羅」の三ヵ国は、金官加耶国と呼んでいるのだ。ミマナ国と呼んでない……。何故なのか……？　朝鮮内の国々と日本とでは立場が違ったからである。日本王朝にとっては皇祖発祥地だったからである。

〈コラム〉※、任那（ミマナ）の国名は、日本がつけた

崇神天皇の時代に、「ツヌガノアラシト」なる皇子が、福井県敦賀市の敦賀湾の狗奴国海軍基地に到着した。ツヌガノアラシトは、朝鮮の金官加耶（金海である）の皇子である。金海出身の七王子の子孫たちがついに天皇になったので、挨拶にやって来たのだ。ツヌガが～現在の敦賀（ツルガ）の地名になっている。

ツヌガノアラシトが帰国する時に、天皇は任那（ミマナ）の国名にしなさいとすすめた。この時から、金管加耶は任那になったという。しかし、当時の朝鮮国内の新羅や百済は「ニムナ」と呼んだ。ニムナとは、「主な発祥国」の意味がある。

任那（ミマナ）は日本が付けた国名である。任那とは、（大王発祥国）である。狗奴国の卑弥弓呼が神武天皇になり、次の時代が崇神天皇になる。つまる、天皇家のスタートの時代に任那と呼び始めたのである。

大和朝廷
ヤマトチョウテイ
大和朝廷は、金海を任那と呼んだ
任那(ミマナ)の意味
※、ミ・・・ 大王オオキミ
※、マ・・・ 真実 マコト
※、ナ ・・・那良 クニ
大王が、出身した国になる

金海は朝鮮と日本では呼び方が変わる

金海の呼び方
狗邪韓国
金官加耶
駕洛国と言った
大和朝廷は
任那
任那日本府
と呼んだ
朝鮮国内の金海の呼び方
高句麗・新羅・百済の３ケ国は
金官加耶と呼んだ
任那と呼んだのは、大和朝廷
だけである

第十代・崇神天皇の時代の話

歴史学者の江上波夫氏は、韓国の金海（ミマナ）の弥生時代の遺跡を調査して北方系騎馬民族（馬具・鎧類）の出土品が多いことに気付いた。

そして、昭和二十七年「騎馬民族征服王朝説」を研究発表した。その中で、第十代崇神天皇は、任那（ミマナ）から渡来して日本を統一した天皇だと考えたのだ。

根拠は、崇神天皇が御間城入彦（ミマキイリヒコ）と呼ばれたのは、ミマナから入って来たぞ……という意味であるとしたのだ。

第十一代・垂仁天皇の時代の話

現在の福井県敦賀市の敦賀湾に、金官加耶の大加羅国の皇孫、都怒我阿羅斯等《つぬがのあらしと》がやって来た。都怒我《つぬが》がなまって敦賀《つるが》になったと言う。金官加耶に帰国のさい、あなたの国は此れからミマナにしなさいと言った。金官加耶を〔任那ミマナ〕と呼んだ始まりである。

第二十一代・雄略天皇の時代の話

六年の八月、吉備上道臣田狭《きびのかみみちのおみたさ》を任那の国司にした。

八年の二月、新羅王は高麗軍が攻めて来るので、「任那王の元につかわし、ぜひ任那日本府の将軍に援軍をお願いします」と頼んだ。

第二十三代・顕宗天皇の時代の話

三年二月一日、阿閉臣事代《あへのおみことしろ》が命令を受けて任那に使いした。

任那の紀生磐宿禰《きのおいのすくね》が、高句麗と結んで百済を攻撃したが失敗して任那から帰った。

第二十六代・継体天皇の時代の話

六年四月六日、百済が任那の四県〔高麗・百済・新羅・任那〕の割譲を願ったので、大伴金村らが認めたとある。

新羅が南加羅を侵略したので、日本の近江毛野臣《おうみけのおみ》を追討軍として送る準備をしたが筑紫の磐井《いわい》が抵抗した。

二十三年四月七日、任那王「己能末多干岐《このまたかんき》」が来朝した。

第二十八代・宣化天皇の時代の話

二年十月一日、新羅が任那を攻撃したので、大伴金村大連の子息、磐《いわ》と狭手彦《さてひこ》を救援に送り任那を助けさせた。

第二十九代・欽明天皇の時代の話

欽明天皇の時代は、多くの任那の記述がある。任那の復興策に固執している。

一、任那を何とか復興出来ないだろうか……？

一、任那を再建できないか……？

一、早く、任那を復興しろと……

再三にわたり協議している。百済王の元に加耶諸国の王様たちが、新羅に対して任那が滅んだら我が国も危なくなる……任那をなんとかできないかと……悲痛な思いが伝わってくる。

二十三年一月、新羅は任那の官家《みやけ》を討ち滅ぼした。新羅は長戟《ながいほこ》、長弩《ながいゆみ》で任那を攻めた。

第三十二代・崇峻天皇の時代の話

四年八月一日、崇峻天皇は群臣たちに任那を再建したい、任那の官家《みやけ》を復興したいと……話している。

第三十三代・推古天皇の時代の話

八年二月、新羅と任那が戦った。天皇は任那を助けようと考えた。

十九年五月五日、新羅と任那がともに朝貢した。

三十一年、新羅と任那が共に朝貢した。新羅が任那を攻撃して任那は屈した。

中臣連国《なかとみのむらじくに》は、任那は始めから我が内官家〔貢納国〕であると言う。

第三十五代・皇極天皇の時代の話

元年二月二十二日、坂本吉士長兄《さかもとのきしながえ》を任那につかわすように言った。

孝徳天皇の四年を改めて大化元年とした。大化元年秋七月十日、百済の調の使いが任那の使いを兼ねて任那の調を奉った。

※、西暦五三二年、大和朝廷の祖国だった任那は新羅によって征服され、金官加耶国（金海）の歴史は終末を迎えた。

新羅シンラ〜が憎たらしい……この野郎……新羅シラギと呼ぶようになったいきさつである。

※、韓国人は、新羅《しんら》と呼んでいる。

現在でも、韓国人は新羅《しんら》と呼んでいる。新羅《しらぎ》と呼び捨てにしたのは日本側だけらしい。

新羅が、金官加耶（任那）を征服したので、腹に据えかねたのだろう。

◇「神話の時代」とは何世紀ころを言うのか……？

神話の時代とは、『魏志倭人伝』の狗奴国が邪馬台国に勝利するまでの時代の話である。

邪馬台国は、西暦二六六年以降は狗奴国に負けて歴史上から消えてしまう。その後に、狗奴国の男王が奈良盆地で大和朝廷を始めるまでが神話の時代になる。

★、弥生時代が神話時代形成の基礎になる

神話の時代とは、狗奴国が鹿児島から～濃尾平野に移動して、邪馬台国に勝利するまでの弥生時代のことを言うのである。

国家形成に活躍した諸国の大王たちや豪族たちは、様々な神様に仕立てあげられて『古事記・日本書紀』の神話物語の主人公となったのである。神話の世界とは、四千年も～五千年もの古い時代の話ではないのである。

狗奴国には、三代の神様がいた。高千穂峰に天降りたニニギノミコトと、ヒコホホデミノミコト、ウガヤフキアエズノミコトである。

ところが、四代目は、神様から～神武天皇として人間の天皇に変わるのだ。理由は、狗奴国が邪馬台国に勝利すると、男王の卑弥弓呼が初代の神武天皇となるからである。

次に、狗奴国を分かりやすく図表にする。（一一八～一一九頁参照）

★、日本の神話時代の歴史年表作成の説明

『七王子』は金海から空に上がって消える。『ニニギノミコト』の時代になる。「西暦一八〇年代ころ」に渡来する。 ←	鹿児島の高千穂峰に天降りたニニギノミコトは、「七王子」の化身だった。金海から国分平野に渡来して狗奴国を建国する時代になる。「七王子」の古代史跡が国分平野の「国府名所七隈の古里」である。ニニギノミコトは、薩摩の阿田のコノハナサクヤヒメと国際結婚する。兄のホデリは隼人になり、弟のホオリは天皇家になる神話が作られた。
『ホオリノミコト』は宗旨変えして、『ヒコホホデミノミコト』と名乗る時代になる。「西暦二一〇年代ころ」から活躍する。 ←	ホオリは釣り針を探しに海神国に出かけた。鹿児島を離れたホオリは、「海神の宮」で美しい豊玉姫と出会って結婚する。ホオリの時代は、狗奴国が鹿児島から愛知県の濃尾平野に移動する。ホオリが太陽神に変わり、「ヒコホホデミノミコト」になった。
『ウガヤフキアエズノミコト』の時代になる。「西暦二四〇年代ころ」から活躍する。 ←	二三〇年代に入ると、奈良の邪馬台国を攻撃する態勢に突入する。神武天皇は国道一六六号線沿いに進軍して奈良の宇陀に出る。宇陀から邪馬台国と激戦が始まる。神武天皇は狗奴国の男王の卑弥弓呼であった。宇陀から神武天皇が賊軍と戦うのは、狗奴国と邪馬台国が戦う表現であった。

〔神様から人間に変わる〕
『神武天皇』の時代
「西暦二七〇年代ころ」から活躍する。

神武天皇は、最後に兄磯城を征伐する。邪馬台国の本拠地は磯城にあった。兄磯城を征伐した表現は、卑弥弓呼が邪馬台国王を征服した深い意味の表現になる。邪馬台国の跡地に、狗奴国の男王の「卑弥弓呼」の新政権がスタートする。卑弥弓呼が神武天皇となり、大和朝廷がスタートして神話時代が終わる。

※、『古事記・日本書紀』の神話の世界とは、狗奴国が邪馬台国を破り政権を握るまでの下積みの時代を指すのである。

〈コラム〉※、中国の一代の王朝史の「三十年」も、日本の一代の神代史も「三十年」と同じだった

高千穂峰に「ニニギノミコト」が天降りてから、次の「ホオリノミコト」の神様は、海神の国に釣り針を探しに行った。海神の国は、濃尾平野の名古屋の熱田区の「熱田の森」だった。(この時代は熱田の森だった。後に、熱田の宮になる)

一代目の「ニニギノミコト」は、鹿児島に渡来した七王子のことであり、西暦一八〇年代ころの神様になる。

二代目の「ホオリノミコト」は、三十年をプラスして、西暦二一〇年代ころの神様になる。

「ホオリノミコト」は、「ヒコホホデミノミコト」の二通りの神様名を持っていると歴史家が指摘している。

この謎は、鹿児島から濃尾平野の名古屋に移動した先で、「ヒコホホデミノミコト」に名義変更したからである。

火遠命(ホオリ)とは……、火山から遠くなるの意味で、鹿児島の活火山国から遠くに離れていくの意味がある。

火山の国(鹿児島の火山帯)から～名古屋に移動すると、太陽を意味する(ヒコホホデミ)に宗旨替えしたのである。

邪馬台国を倒すために、太陽崇拝国の代名詞の名前に変えたのだ。「郷に入れば、郷に従え……」である。

邪馬台国の女王の卑弥呼に似た、狗奴国の大王は卑弥呼に男王を表す「弓」を入れて「卑弥弓呼」としたのである。

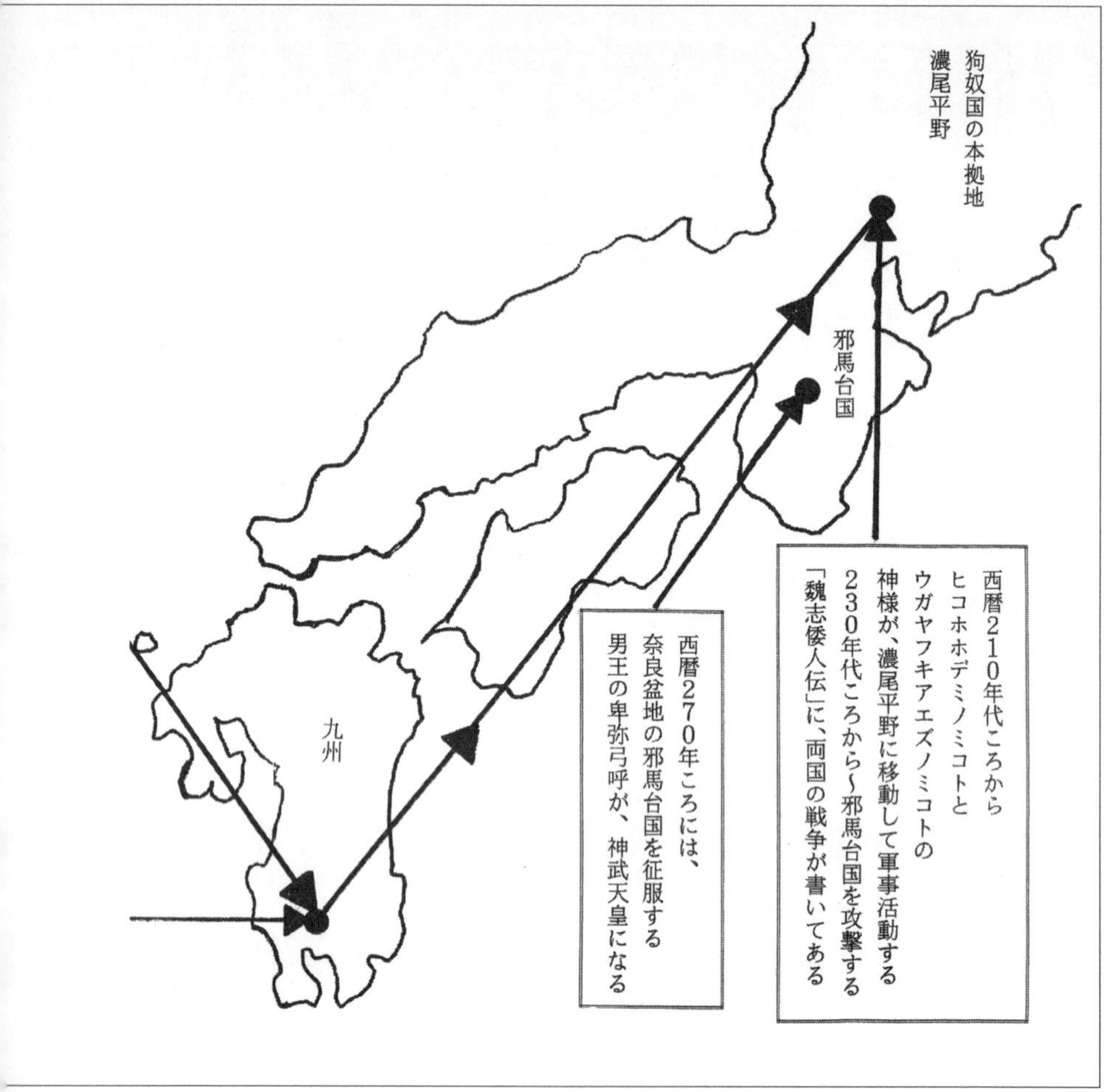
狗奴国の本拠地
濃尾平野
邪馬台国
九州
西暦２１０年代ころから
ヒコホホデミノミコトと
ウガヤフキアエズノミコトの
神様が、濃尾平野に移動して軍事活動する
２３０年代ころから〜邪馬台国を攻撃する
「魏志倭人伝」に、両国の戦争が書いてある
西暦２７０年ころには、
奈良盆地の邪馬台国を征服する
男王の卑弥呼が、神武天皇になる

狗奴国の神様の移動図

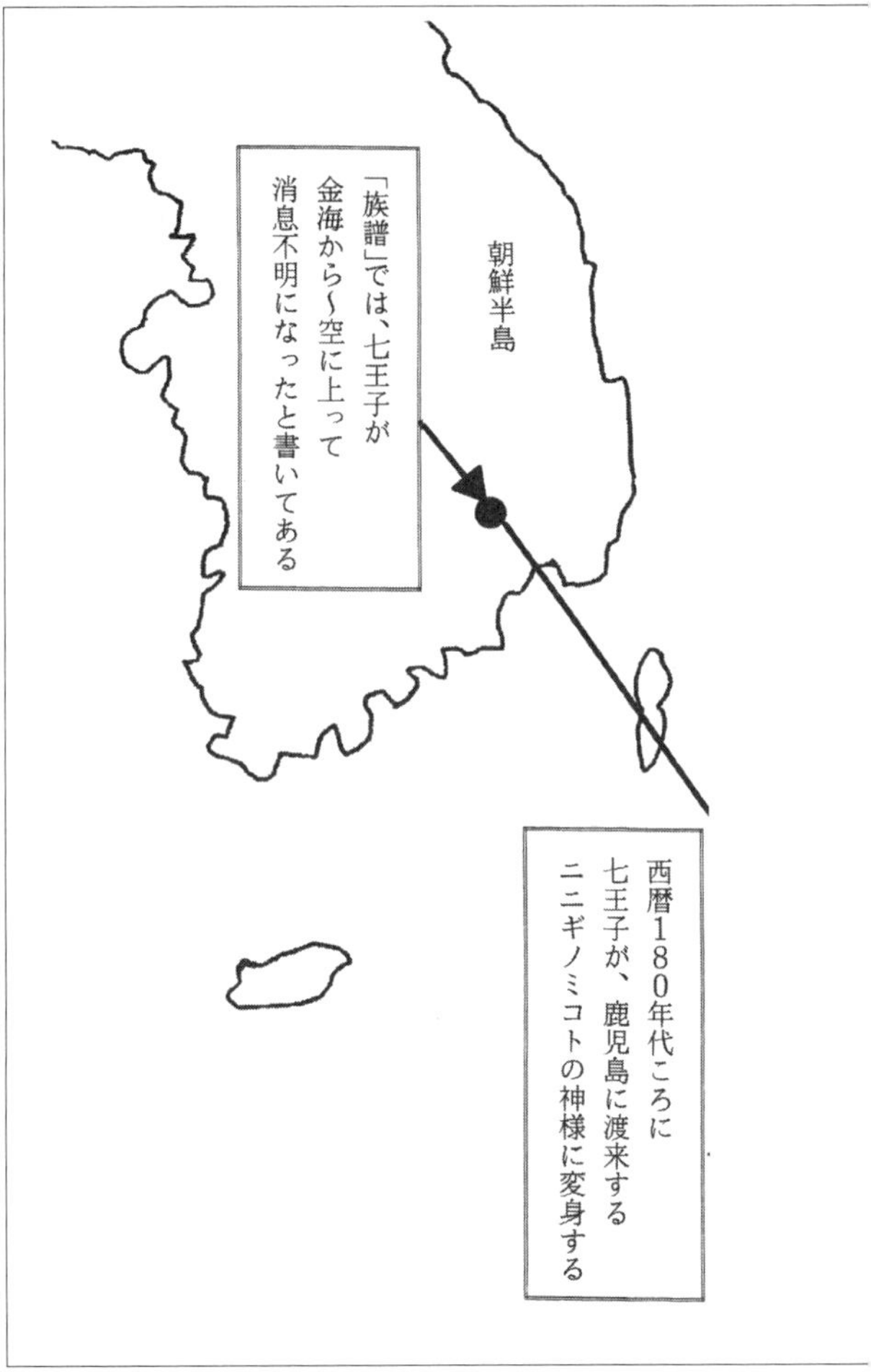
朝鮮半島
「族譜」では、七王子が
金海から～空に上って
消息不明になったと書いてある
西暦180年代ころに
七王子が、鹿児島に渡来する
ニニギノミコトの神様に変身する

〈コラム〉※、『魏志倭人伝』から、狗奴国が邪馬台国に勝利するのは西暦二七〇年ころである

「ヒコホホデミノミコト」の在位年代は、西暦二一〇年頃から～二四〇年ころの神様になる。

『魏志倭人伝』から、邪馬台国と狗奴国が戦争する時代を推察すると、「ヒコホホデミノミコト」の時代には、鹿児島から～濃尾平野に移動していたことが分かる。

三代目の「ウガヤフキアエズノミコト」は、西暦二四〇年から～二七〇年ころの神様になる。

四代目の神武天皇の正体は、狗奴国の大王卑弥弓呼である。神武天皇の誕生年代が二七〇年頃であり、狗奴国が邪馬台国に勝利した年代とピタリと一致する。

【狗奴国の歴史】

西暦	
一八〇	《日向三代史が始まる》 一代目、ニニギノミコトの世界 高千穂峰に、ニニギノミコトが天孫降臨する。〔七王子の化身である〕 鹿児島の国分平野に、狗奴国を建国する。 薩摩の阿田のコノハナサクヤヒメと結婚して、三人の王子が誕生する。 ★、ホオリノミコトは天皇家になる。 ★、ホデリノミコトは隼人の始祖になる。
← 二一〇	二代目、ヒコホホデミノミコトの世界 愛知県内に狗奴国の本拠地を移動する。
← 二四〇	三代目ウガヤフキアエズノミコトの世界 松阪に狗奴国の軍事基地を作り、奈良の邪馬台国を攻撃し始める。
← 二七〇	神武天皇の時代〔神から人になる〕 狗奴国が邪馬台国を征服する。 桜井の邪馬台国の跡地に乗り込んで、大和朝廷の新政権がスタートする。

【邪馬台国の歴史】

西暦	
一四八 ← 一七八	『後漢書』より引用する。 桓、霊の間、倭国に大乱があり攻撃しあった。 『梁書』より引用する。 漢の霊帝の光和中に、倭国に大きな戦乱が起きて、お互いの国が攻撃しあった。
← 一八八	卑弥呼を女王として共立すると、邪馬台国は平和になった。
二三八	邪馬台国が魏に朝貢する。銅鏡百枚、親魏倭王の金印をもらう。
二四三	邪馬台国が、魏に遣使する。率善中朗将の印綬をもらう。
二四五	難升米が、黄幢をうける。
二四七	倭の女王の卑弥呼と、狗奴国の男王の卑弥弓呼は敵対していた。邪馬台国は狗奴国との戦争状態を帯方郡に報告した。帯方郡の太守は、張政に詔書と黄幢を預けて激励した。卑弥呼に、狗奴国と停戦するように説得した。 その後に、卑弥呼が死に大きな塚を作る。卑弥呼の後に男王を立てたが、国中が服従せず、千余人が殺し合った。 卑弥呼の宗女の壱与を女王にして平和になった。
二六六	『晋書』倭国伝に、壱与が朝貢して以来、歴史上から邪馬台国が消える。

◇高千穂は、宮崎県と鹿児島県に二ヶ所ある

高千穂《たかちほ》の地名は、九州内の宮崎県と鹿児島県に二ヶ所ある。

①、**宮崎県の高千穂峡**…………宮崎県の高千穂町に高千穂峡がある。この一帯が、天孫降臨の高千穂であると地元はアピールする。

高千穂神社があり「天の岩戸神社」もある。さらに「天の安河原」や「天の岩戸」がある。神話の世界が広がっており、観光コースになっている。

しかし、高千穂町は峡谷である。天孫族が天降りる舞台の高千穂峰がない。

地名は同じでも、その後の歴史的なつながりが見当たらないのだ。

②、**鹿児島県の高千穂峰**……宮崎県と鹿児島県にまたがる霧島連山がある。韓国岳の隣に高千穂峰〔標高一七〇〇メートル〕がある。頂上には「天の逆鉾」の剣が立っている。坂本龍馬が登山のおり天逆矛を引っこ抜いたと言う伝説がある。

霧島連山は鹿児島県と宮崎県の県境にまたがり、高千穂峰は鹿児島県側に位置する。『古事記・日本書紀』に書かれた高千穂峰はどちらなのか判断の根拠をあげる。

一、天皇家の始祖のニニギノミコトは、高千穂峰に天降りてから、薩摩半島の大山津見の娘コノハナサクヤヒメと出会って結婚する。

一、国分平野に熊襲族が発祥している。後に熊襲から～隼人に呼び方が変わる。

一、海幸彦、山幸彦神話の中で隼人と天皇家は兄弟だと書いてある。そして、天皇家の身辺を警護している。

一、国分平野に七王子が渡来して「国府名所七隈の古里」が発祥する。

以上から判断すると、宮崎県の高千穂峡は地名が同じでも、その後の歴史的なつながりが見つからない。その点、鹿児島の高千穂峰は隼人と天皇家との密接な関係が生じていくのだ。

〈コラム〉※、古代は、霧島連峰に鹿児島県と宮崎県の区分はなかった

霧島連峰の高千穂峰は、鹿児島県になるんですか……？、宮崎県になるんですか……？、と聞かれる。高千穂峰は、宮崎県側と鹿児島県側の中央に位置している。古代は、行政区分がなかったので、どちらでもよかったわけである。

高千穂峰には、入山許可なしでいつでも登れる。霧島登山口から登ると、鹿の親子に出会ったりする。片道二～三時間ほどで山頂に至る。山頂には昔から山小屋があり、食事付の宿泊が出来る。標高一七〇〇メートルの山頂から拝める朝日は素晴らしく不思議な感動がある。山頂からは、東方に宮崎県や青々とした太平洋が視界に入る。北方は熊本県の奥深い山々の稜線が続く。南方は鹿児島県の薩摩半島の先に島々が見える。三県が一望に見渡せる絶景の地である。まさしく、天孫降臨の舞台となった荘厳な雰囲気があるのだ。山小屋に泊まり、世相を忘れて古代への物思いにふけるのも良いだろう。

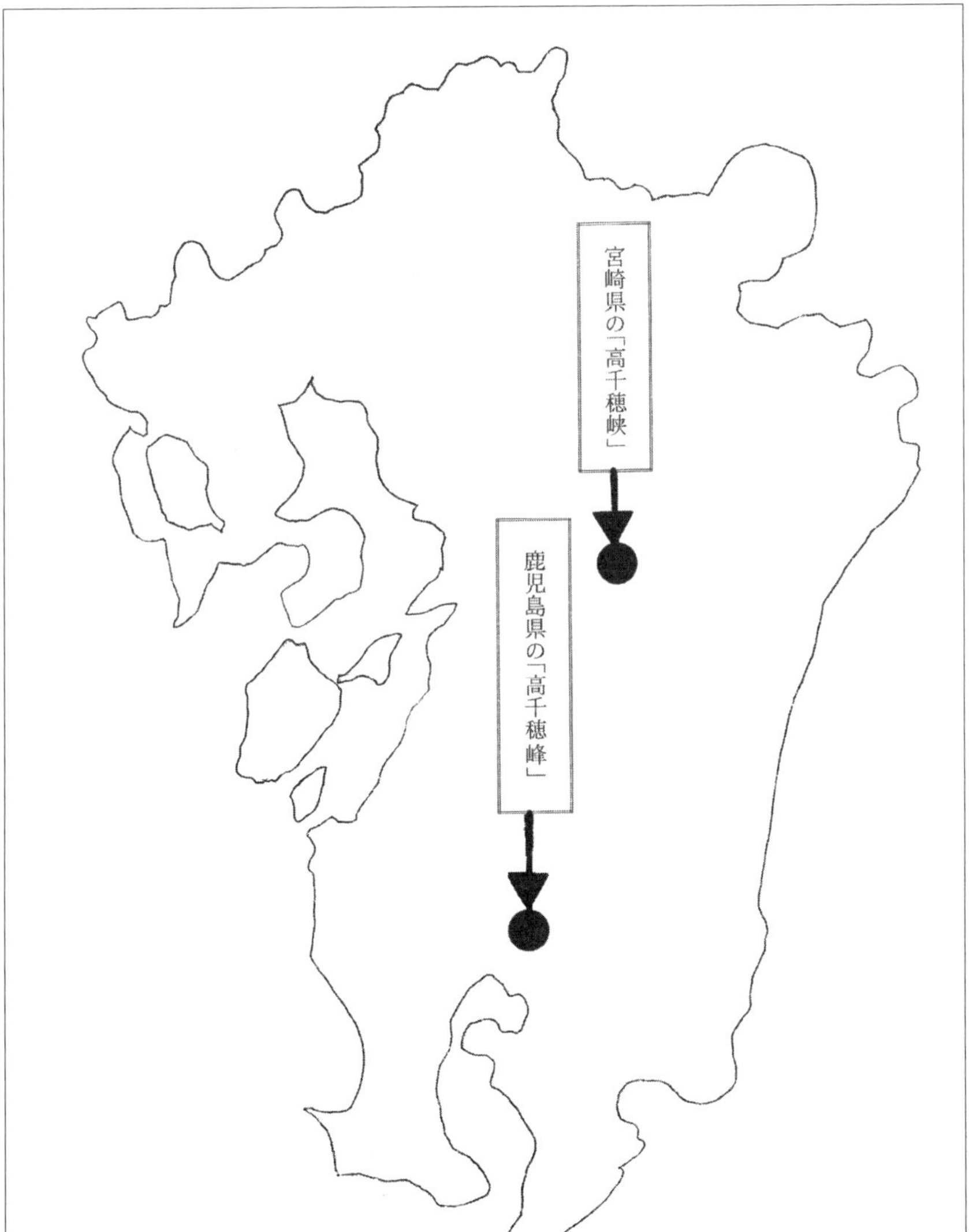

九州内に「高千穂」は2ヶ所存在する

◆「金」が母音変化して同類語が発生する

朝鮮語の金は、日本に渡来すると「KIM」を基本にして、母音〈AIUEOアイウエオ〉が交替して同類語が出来た。

金から変化した同類語〔親戚の言葉〕を上げてみると、それぞれに共通点があった。

京都の加茂社も宇陀の八咫烏神社とつながりがあるし、天皇家を守護したのも久米《くめ》である。同類語には点と線のつながりを見いだせるのだ。

金の同類語	カナの発音	発音のローマ記号	AIUEOの母音が交替しながら、同類語を構成していく
熊	クマ	K・U・M・A・	UとAの母音が交替して熊になる。熊襲や熊野になる。
加茂	カモ	K・A・M・O・	AとOの母音が交替して加茂になる。鴨、賀茂も同じになる。
隈	クマ	K・U・M・A・	UとAの母音が交替して隈になる。
神	カミ	K・A・M・I・	AとIの母音が交替して神になる。
君	キミ	K・I・M・I・	IとIの母音が交替して君になる。天皇のことを大君と言った。
雲	クモ	K・U・M・O・	UとOの母音が交替して雲になる。
亀	カメ	K・A・M・E・	AとEの母音が交替して亀になる。
竈	カマ	K・A・M・A・	AとAの母音が交替して竈になる。
久米	クメ	K・U・M・E・	UとEの母音が交替して久米になる。天皇家を守護する。

◇日本の神々の系譜は、邪馬台国と狗奴国の歴史で作成された

◆『日本の神々の系図』作成の秘密について

どこの神社でも見かける「日本の神々の系図」の作成の裏には、重要な古代王権の秘密が隠されているので、この点について説明したい。

西暦六七二年に勃発した「壬申の乱」は、天皇家の後継者争いの最大の戦乱であった。天武天皇は、約一ヵ月間に渡る戦いに勝利すると、先に取り掛かった仕事が中央集権国家の大事業だった。さらに、日本国家の歴史書として『古事記・日本書紀』の編纂事業を側近の皇族や高級官僚に命じた。

その時に、「日本の神々の系図」を作成するのに基本資料としたのが、陳寿が書いた中国の『魏志倭人伝』であった。天武天皇が、『魏志倭人伝』を基本資料としたのには重要な理由がある。

『魏志倭人伝』は、東アジアの古代文献として〔中国人にも、朝鮮人にも、日本人にも〕後世まで永久に読まれることを考慮したのだ。

当時の編纂者たちは、『魏志倭人伝』を何度も読み返して精通しており、『魏志倭人伝』の登場人物を神様に仕立て上げたのだ。

『魏志倭人伝』には邪馬台国と狗奴国の二ヵ国が書かれてある。そして最後には、狗奴国が勝利すると大和朝廷をスタートして日本を統一していく過程を知っていたのだ。

編纂者たちは「日本の神々の系譜」を作成するうえで、奈良盆地にあった邪馬台国の王族を最初に記載して、勝利した狗奴国の男王を後にする形式の二段構成で書きあげたのだった。

日本の神々の系譜の説明

邪馬台国の神様の三代史

一代目　伊邪那岐の神 ＝ 伊邪那美の神

二代目　天照大御神

三代目　天忍穂耳の命

一代目の神様、古代朝鮮の弥烏邪馬国（ミオヤマ）から
渡来した伊珍阿鼓（イジンアシ）が、変化して
伊邪那岐と伊邪那美の神になる
弥烏邪馬が、邪馬台国になった
二代目の神様、女王の卑弥呼は、天の下を照らす神様
として、天照大御神になった
三代目の神様、卑弥呼には、一人の男弟がいて
政務を助けた。男弟が天忍穂耳命となる

狗奴国の神様の三代史

天の火明の命（尾張の大隅になる）

一代目　邇邇芸の命 ＝ 神阿田津比売〔木花咲夜比売〕

火照の命（海幸彦になる・隼人の始祖になる）

火須勢理の命

二代目　火遠理の命（山幸彦になる・天皇家の始祖になる）〔日子穂穂手見の命〕 ＝ 豊玉毘売の命

三代目　鵜葺草葺不合の命 ＝ 玉依毘売の命

五瀬の命

稲氷の命

御毛沼の命

神倭伊波礼毘古命〔神武天皇となる〕 ⇦ 神様から人間の天皇になる

一代目の神様、鹿児島の高千穂の峰に天降りたニニギノミコトは
七王子の化身だった。薩摩のコノハナサクヤヒメ
と政略的な国際結婚をする
二代目の神様、火照命は、隼人の始祖になり、天皇家を守護する
火遠理命が、狗奴国から発祥した天皇家の始祖になる
釣り針を探しに、鹿児島を離れて、愛知県内に移動する
三代目の神様、狗奴国の本拠地が濃尾平野に移動して
軍事力を増強して、松阪に前線基地を造る神様になる
四代目の神様、狗奴国の卑弥弓呼が、邪馬台国を征服する
初代の神武天皇として、神様から～天皇に変わる

★、《日本の神々の系図は、邪馬台国と狗奴国の二大国で作成されたのだ》

邪馬台国の神様も三代とし、狗奴国も三代として釣り合いのとれるように作成したのである。

◎、【邪馬台国の神様の三代史の構成内容】について
奈良の大和国を本拠地とした最初の国であり、最初に書いた。邪馬台国出身の王族たちで構成された神様たちになる。

◎、【狗奴国の神様の三代史の構成内容】について
南九州の高千穂峰を発祥とするニニギノミコトの狗奴国は、大和の邪馬台国を征服して、現在の天皇家につながる重要な王族である。勝利した三代の男王たちが神々として作られた。

◆邪馬台国の神様のルーツの説明文

『古事記、日本書紀』の編纂を命じた天武天皇は、「壬申の乱」の中で太陽崇拝の儀式をしており、その部分を抜き出してみる。

「六月二十五日の朝、朝明郡《あさけのこおり》で、天照大神《あまてらすおおみかみ》に向かって遥拝した」とある。

天照大神とは、邪馬台国の女王の卑弥呼のことである。卑弥呼が眠る伊勢神宮の方角を遥拝している。天武天皇は天照大神を歴史上から重要視したのだ。理由は『魏志倭人伝』に登場する卑弥呼であるからだった。

◇、朝明の郡……現在の三重県四日市《よっかいち》市の海蔵川付近になる。

『邪馬台国出身の最初の神様の説明』〔邪馬台国が建国される西暦一八〇年以降の神様の時代に推定される〕

★、一代目の神様名

伊邪那岐命《いざなきのみこと》〔キ〕は男性神であり、
伊邪那美命《いざなみのみこと》〔ミ〕は女性神である。

【いざなぎの神様は、どこから来たのか……?】

慶尚北道高霊郡の弥烏邪馬国《みおやまこく》から来た。
始祖王は伊珍阿鼓《いじんあし》である。

◎、伊珍阿鼓《いじんあし》から→伊邪那岐《いざなぎ》に変化したと考えられる。
◎、弥烏邪馬国が日本に渡来して邪馬台国の~邪馬になったと考えられる。
◎、高霊郡の弥烏邪馬国《みおやまこく》が、北九州から~奈良の大和に渡来して邪馬台国を建国したとみられる。

★、**弥烏邪馬国の高霊は、日本の始祖神「高皇産靈尊《たかみむすひのみこと》」の神様名になった**

高皇産靈尊には「高・霊」の漢字があり、さらに「皇・産」には天皇を産んだとの漢字が組み込まれている。
高霊郡弥烏邪馬国が~奈良盆地に渡来して邪馬台国を建国して~始祖王の伊珍阿鼓が伊邪那岐となった。
◎、邪馬台国には、始祖王名〔伊珍阿鼓〕と地名の〔高霊〕と発祥地〔弥烏邪馬国〕の三点セットが揃っているのだ。

中国の『隋書倭国伝』には、邪馬台国の所在地を「邪摩堆（ヤマト）に都す……とある。すなわち、『魏志倭人伝』に書かれた邪馬壹（ヤマト）は大和（ヤマト）なり……」と書いてある。

中国の『隋書』には、邪馬台国の所在地は奈良の大和であると明確に記されているのだ。

★、二代目の神様名について

天照大御神《あまてらすおおみかみ》

出身地……奈良盆地の邪馬台国の女王である。

『魏志倭人伝』に出てくる女王の卑弥呼になる。卑弥呼は太陽崇拝のシンボルであり、「天の下を照らす神」の意味になる。

★、三代目の神様名について

天忍穂耳命《あめのおしほのみこと》

『魏志倭人伝』に出てくる、邪馬台国の女王卑弥呼の政治を支えた男弟のことである。男弟は男王でもあった。卑弥呼は宮室から出てこない……人前に姿を出さなかった……とあり、男王は卑弥呼の仕事の補佐をしていた。

忍穂には隠れて補佐した……という漢字の意味がある。

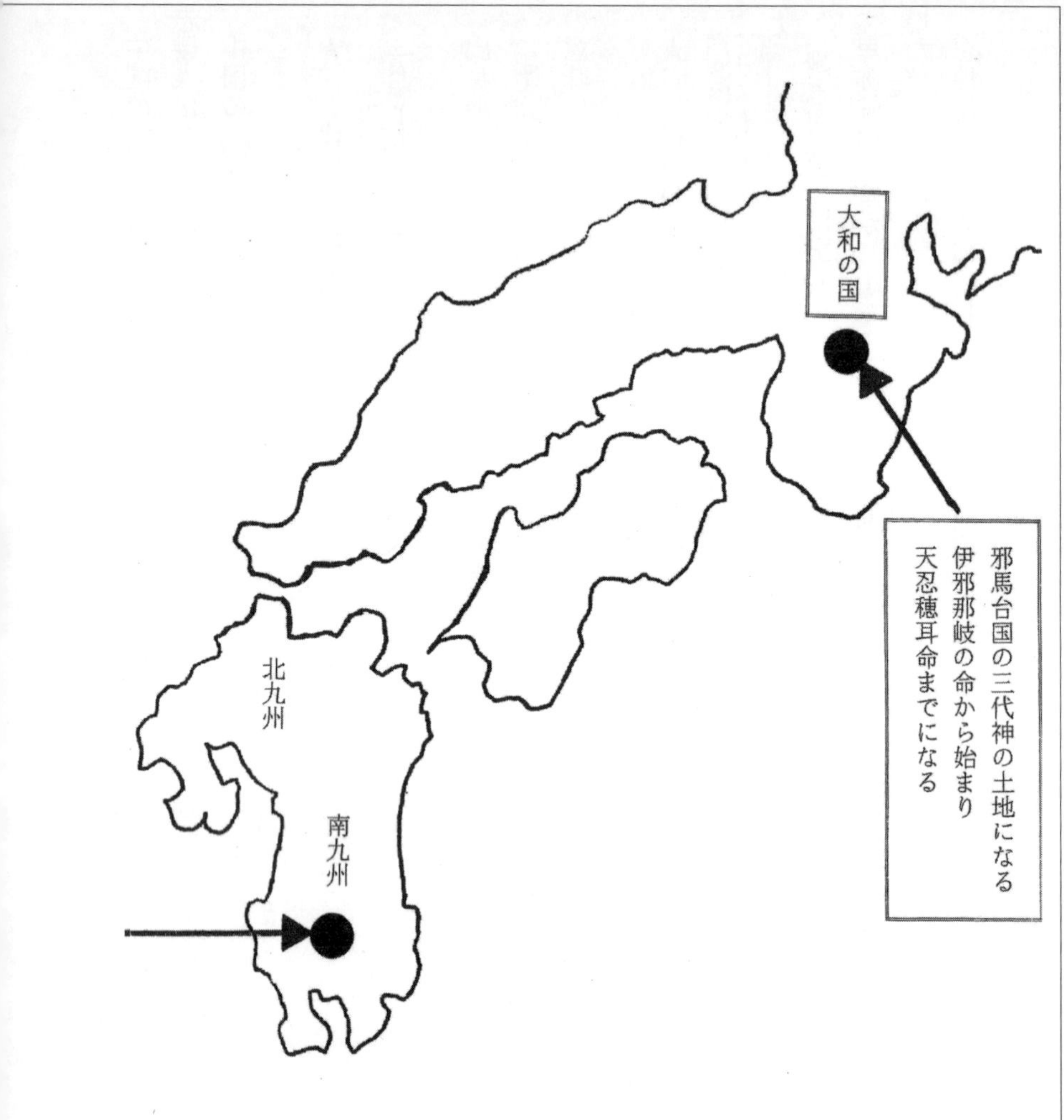
大和の国
邪馬台国の三代神の土地になる
伊邪那岐の命から始まり
天忍穂耳命までになる
北九州
南九州

邪馬台国と狗奴国の神様のルーツ

朝鮮
古代朝鮮半島の上加耶は、弥烏邪馬国と言う
日本に渡来して〜邪馬台国になった
別名を「高霊の国」と呼ばれた。
高霊は、「高皇産霊命」の皇祖神になった
始祖神の伊珍阿鼓は、伊邪那岐になった
狗奴国の三代神の発祥地になる
高千穂の峰に天降りた
ニニギノミコトから始まり
ウガヤフキアエズノミコト迄になる

二四七年ころ、卑弥呼が死に、その後、男王が立ったが国中が戦乱になり千人からが死んだとある。

二六五年ころ、邪馬台国を後方から軍事支援していた魏が晋《しん》に征服され滅亡した。

二六六年ころ、邪馬台国は中国の『晋書《しんじょ》』や『武帝本紀』に登場する。西晋の武帝の泰始二年（二六六）ころ、壱与（女王）が朝貢したと伝える。

その後、二度と歴史上に表れない。次に、中国の史書に出てくるのは東晋の安帝の義熙九年（四一三）に、狗奴国出身の倭の五王の一人、讃《さん》が朝貢するのだ。

二六六年から～四一三年の間を、「空白《くうはく》の世紀《せいき》」と呼んでいる。

◆狗奴国の神々のルーツの説明文

《高千穂峰を発祥とする狗奴国の神様たち》

★、一代目の神様名について

瓊瓊芸命《ににぎのみこと》

霧島連峰の高千穂峰に天降りた神様が、ニニギノミコトである。「日向三代史《ひむかさんだいし》」の神様の歴史が始まる。

大和の邪馬台国の三代の神様たちとは、性格と出身地が明確に違う点について注目して欲しい。


ニニギノミコトは、鹿児島の高千穂峰に天降りた神様である。嫁さんは、鹿児島の薩摩半島の阿田出身のコノハナサクヤヒメである。

高千穂峰に天降りたニニギノミコトの正体は、金海から渡来した七王子のことである。大同族譜の中で金海で空に上っていなくなった七王子が、日本の高千穂峰に天降りたのだ。どちらも天孫降臨神話の国である。

ニニギノミコトに従った神様が天児屋根命《あめのこやねのみこと》である。「児屋は加耶」の意味であり天加耶根となる。金海から随行した豪族である。

★、二代目の神様名について

火遠命《ほおりのみこと》の別名を彦穂穂出見命《ひこほほでみのみこと》と言う。

海幸彦・山幸彦神話の主人公になり、釣り針を探しに海神国に行く。この書き方は鹿児島から離れた事を意味しており、狗奴国が愛知県の濃尾平野に移動したことを意味する。

◎、ヒコホホデミノミコトには、太陽を表現する「ヒコ→日子・ヒコ→陽子・彦」が入っている。狗奴国が愛知県内に移動すると、熊崇拝から～太陽崇拝に宗旨変えしたことを証明した名称になっている。「火遠命ホオリノミコト」が、宗旨替えして「彦穂穂出見命ヒコホホデミノミコト」となり、二通りの名称を持つようになった理由である。

★、三代目の神様名について

鵜葺草葺不合命《うがやふきあえずのみこと》

ウガヤフキアエズのウガヤには、〔加耶カヤが→産ウんだ〕の意味が隠されている。加耶国とは金海のことである。ウガヤフキアエズの御陵は、鹿児島県鹿屋市吾平町にある。昔は鹿屋市はカヤシと言ったが、現在はカノヤシになっている。

鹿屋市〔当て字の加耶市〕に〔産加耶・ウガヤ〕の御陵があり、「加耶（カヤ）」につながるのは偶然の一致だろうか……？

この時代には、狗奴国が邪馬台国を征服する時代になる。ウガヤが作ったという名称の神様名になる。

★、四代目は、神武天皇となる。神武天皇は、神様から～人間の天皇になる

長男……五瀬命《いつせのみこと》
次男……稲氷命《いなひのみこと》
三男……御毛沼命《みけぬのみこと》
四男……神倭伊波礼比古《かむやまといはれひこ》（神から人間の神武天皇になる）

四男の末子が家督を相続するのは南九州の風俗習慣であった。長男は家を出て仕事を探した。三代目までは神様として書かれてあるが、四代目からは神様の世界から～人間の世界の神武天皇として変わる矛盾が発生する点に注目して欲しい。理由は、三代目の神様の時代までは狗奴国が天下をとっていなかったからである。

つまり、狗奴国が邪馬台国を倒した四代目の時から、表の舞台に出てこれたので神様から～人間となった。邪馬台国を征服した狗奴国の男王は、卑弥弓呼であり、初代神武天皇として邪馬台国の本拠地に入り橿原の土地で即位する。さらに金海の祖国にも錦を飾れたのだった。

日向三代史を神様の表現にしたのは、『古事記・日本書紀』の編纂者たちが考え抜いた末の労作であったのだ。

★、『日本書紀』の中に、見過ごすことが出来ない重要な一文がある

「一書に曰く」の条文である。

『天照大御神と天忍穂耳命は、……ニニギノミコトとは、同じ系統にあらず……』という衝撃的な事実が書いてある。

一書に曰くという書き方は、「神代史（神様の時代のこと）」を書くときに使用される用語である。

ここには、はっきりと邪馬台国の三代の神様と狗奴国の三代の神様は、系譜上では同じ系列になってはいるが、体質が全く違う神様であると述べていることに気付かなければならない。

この一文に、古代史上の最大の決戦《邪馬台国と狗奴国との戦い》が、神々の系譜の作成の秘密に隠されていることが分かるのだ。

天武天皇は、「壬申の乱」の中で、

「神武天皇の御陵に、馬及び種々の兵器を祭れ……」と命令している。狗奴国出身の神武天皇を崇拝しているのだ。

天武天皇は、「邪馬台国の女王の卑弥呼」「狗奴国の神武天皇」を平等に礼拝している。このことから、天武天皇は狗奴国が大和朝廷になった建国の秘密を当然知っていたことになる。

★、神話の時代とは、約二千年前の話になる……
中国は五千年の歴史と言う。中国が親であれば、日本は子供になる。『魏志倭人伝』は、西暦二〇〇～二七〇年頃までの出来事を書いている。現在から約千八百年前の歴史になる。日本の弥生時代は、大陸渡りの高度な文化が入り稲作などが渡来して始まった。

日本の神話の時代とは、『魏志倭人伝』よりもそんなに古くもなくわずか二千年前後からの出来事を書いたものである。『古事記、日本書紀』の編纂者たちは神話の時代を、わずか二千年くらい前の創成期の歴史なのに、いかにも何万年もの前に起きた世界のように書き表した構成力や描写力は素晴らしい。ファンタジーの世界に引き込まれて行くのだ。

中国五千年の歴史家も朝鮮の歴史家も、日本の神話の時代を書いた編纂者たちの能力には驚嘆しただろう。

★、歴史家は聞いてきた……「『魏志倭人伝』は、邪馬台国と狗奴国のどちらが勝ったか書いてないので不明じゃないかという……？」

そこで、狗奴国が邪馬台国に勝った証拠資料が「日本の神々の系譜」にはっきりと残されていることを証明する。

「日本の神々の系譜」は、一代目から～三代目までの神様は邪馬台国を発祥とする神様たちで編成されている。

そして、四代目から～六代目の神様たちは鹿児島の高千穂峰に降臨したニニギノミコトから始まっている。狗奴国を発祥する神様たちに変わる部分から、邪馬台国から～狗奴国へと政権委譲が起きたことに気付かなければならない。

『古事記・日本書紀』の中で、天皇家のルーツは南九州の高千穂峰に天孫降臨したと書いたことが、狗奴国が勝利したことを物語っているのだ。

「日本の神々の系譜」の編成上のカラクリから歴史上の事実を読み取る必要があるのだ。

◇貨泉の流れは、金首露王から～神武天皇につながる

貨泉《かせん》は中国の新《しん》を建国した王莽《おうもう》が作ったお金である。貨泉を調べて行くと、古代史の謎の解明につながっていくのだ。

新の国は、西暦八年に建国され～西暦二三年に滅亡した。王莽の在位年数はわずか十五年間という短命だった。新は漢の時代を前漢と後漢に分断した、中国の歴史上特別な国である。

23年　8年

後漢	王莽の新	前漢

漢を前漢と後漢に、わずか十五年間だけ分断して君臨した国が新の王莽である。

貨泉は考古学面で重要である……貨泉の製作年代がわずか十五年間と短いために、遺跡の年代を特定する根拠に使われる。

さらに貨泉の出土場所を調べると、中国から～朝鮮半島南部の金海の金首露王の古墳群から～日本国内の神武天皇の伝説地へとつながる共通点が浮かび上がるのだ。

本書で述べたように、金首露王の七王子が金海から～鹿児島に渡来したことを裏付ける資料となる。

★、中国国内から～貨泉のながれについて

新の国が滅亡すると、貨泉は現在の北朝鮮の平壌《ぴょんやん》市内から～韓国のソウルから～朝鮮半島南部の金海国内へと、王莽一族が中国から～朝鮮半島南部へと移動したことを証明するように出土する。

★、朝鮮国内の金首露王との共通点について

貨泉が朝鮮半島南部の金海の遺跡群から大量に出土している。王莽一族が渡来した証明である。

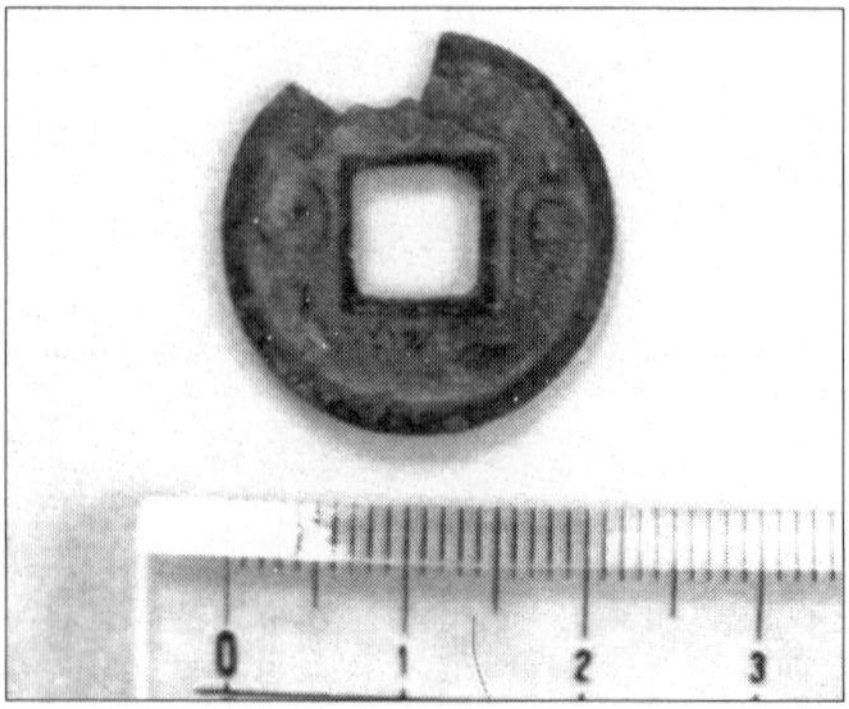

鹿児島県大隅町で出土した貨泉

★、西暦二三年に王莽の新が滅亡する。

★、西暦四二年に、金海平野に金首露王が天孫降臨する。

新の滅亡時期と金首露王が天孫降臨する両国の年代差は、わずか十九年である。

この年代差［十九年］は、王莽一族が中国国内から逃れて朝鮮半島南部の金海に来て建国するまでに要した年月だと見ていい。金海の遺跡群から大量に出土する貨泉は、王莽とのつながりを証明するものである。

さらに王莽と金首露王のつながりは、日本国内で大量の貨泉が出土することで証拠資料になっていくのだ。

★、西日本の貨泉の出土は、神武天皇伝説地と重なる

日本国内の貨泉の出土場所は重要である。理由は、神武天皇の東征コース上とピッタリと重なり、王莽～金首露王～神武天皇とつながるからだ。

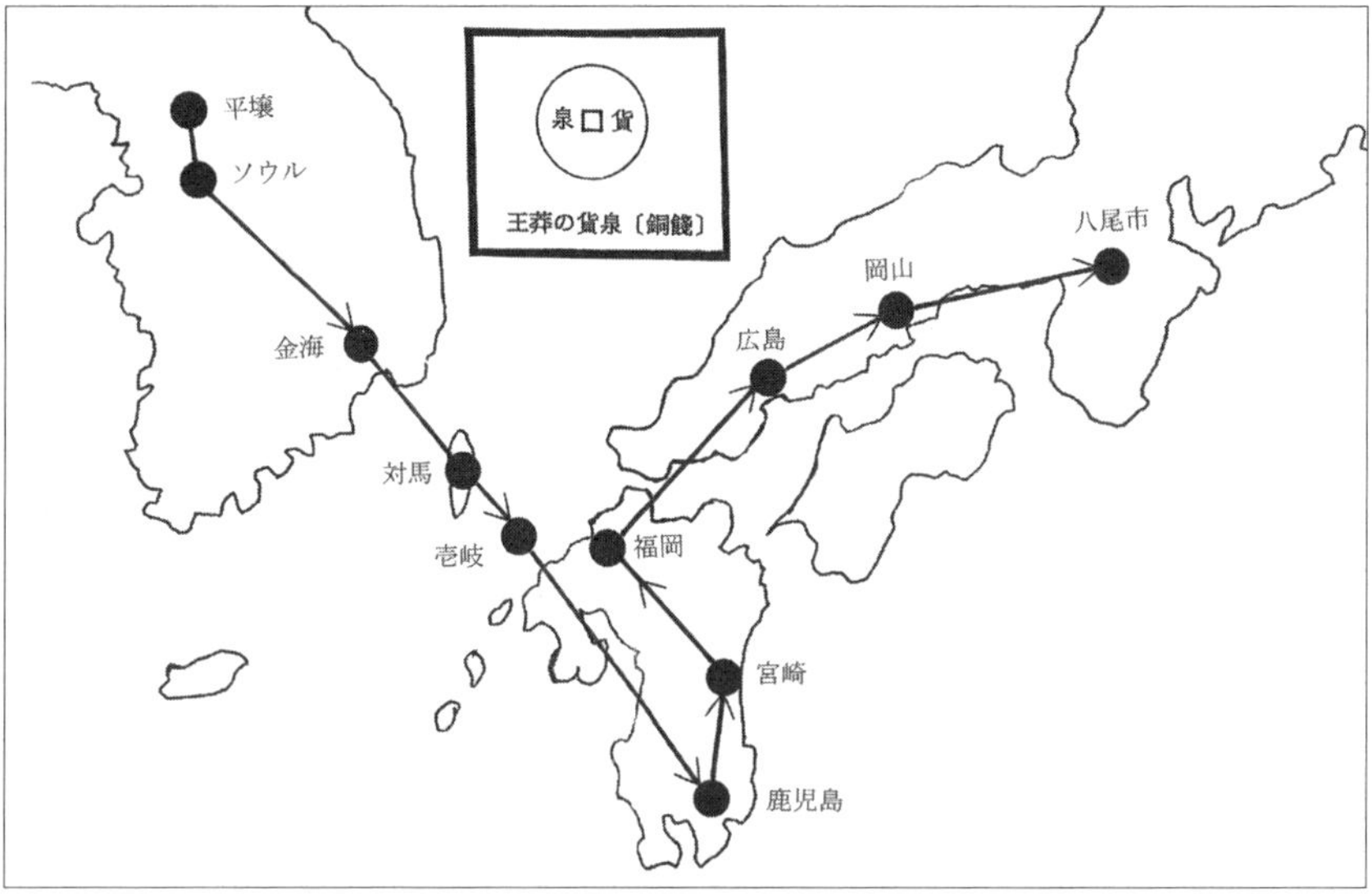

北朝鮮から大阪平野までの貨泉のコース

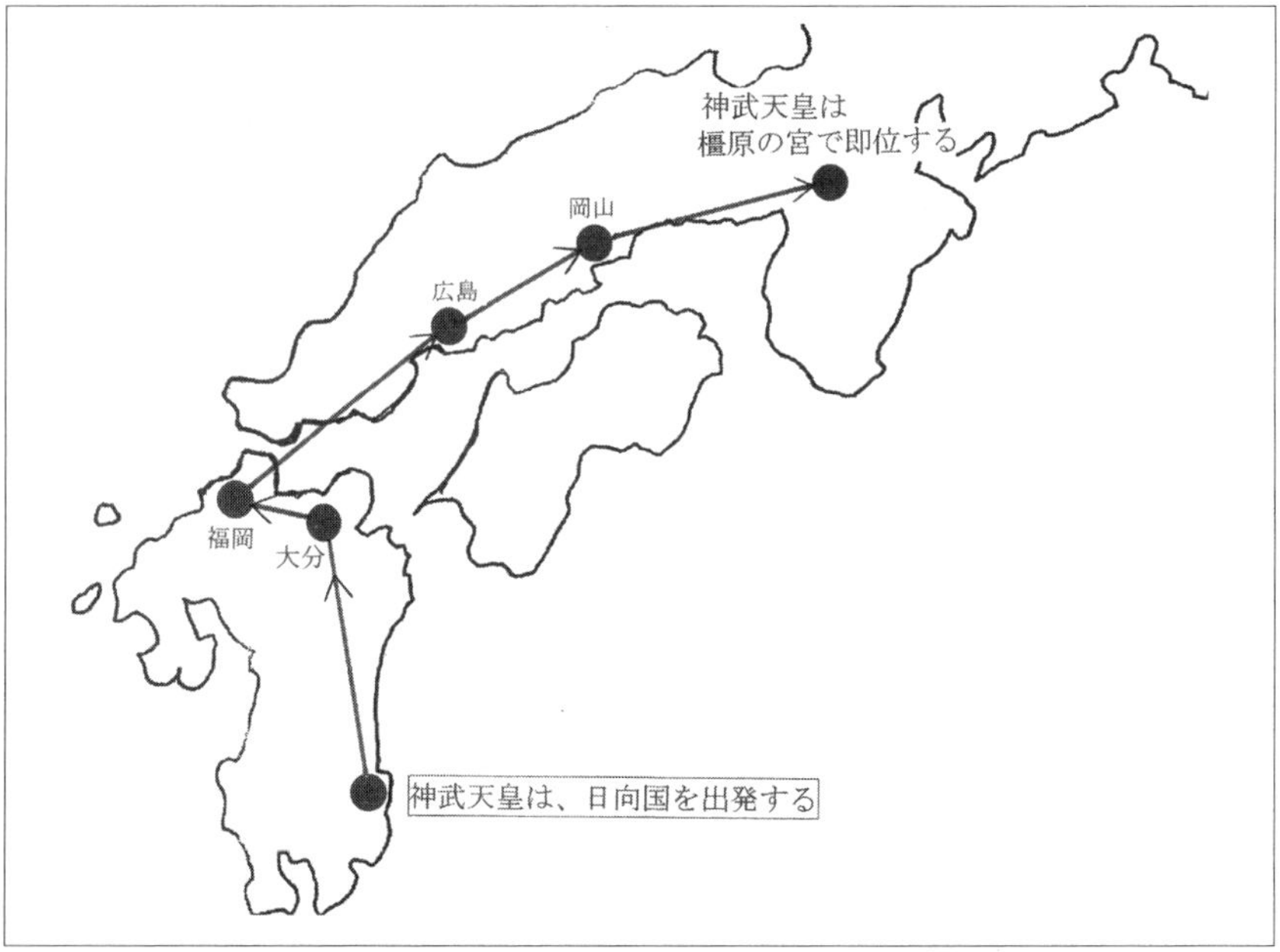

神武天皇東征コースは貨泉コースと一致する

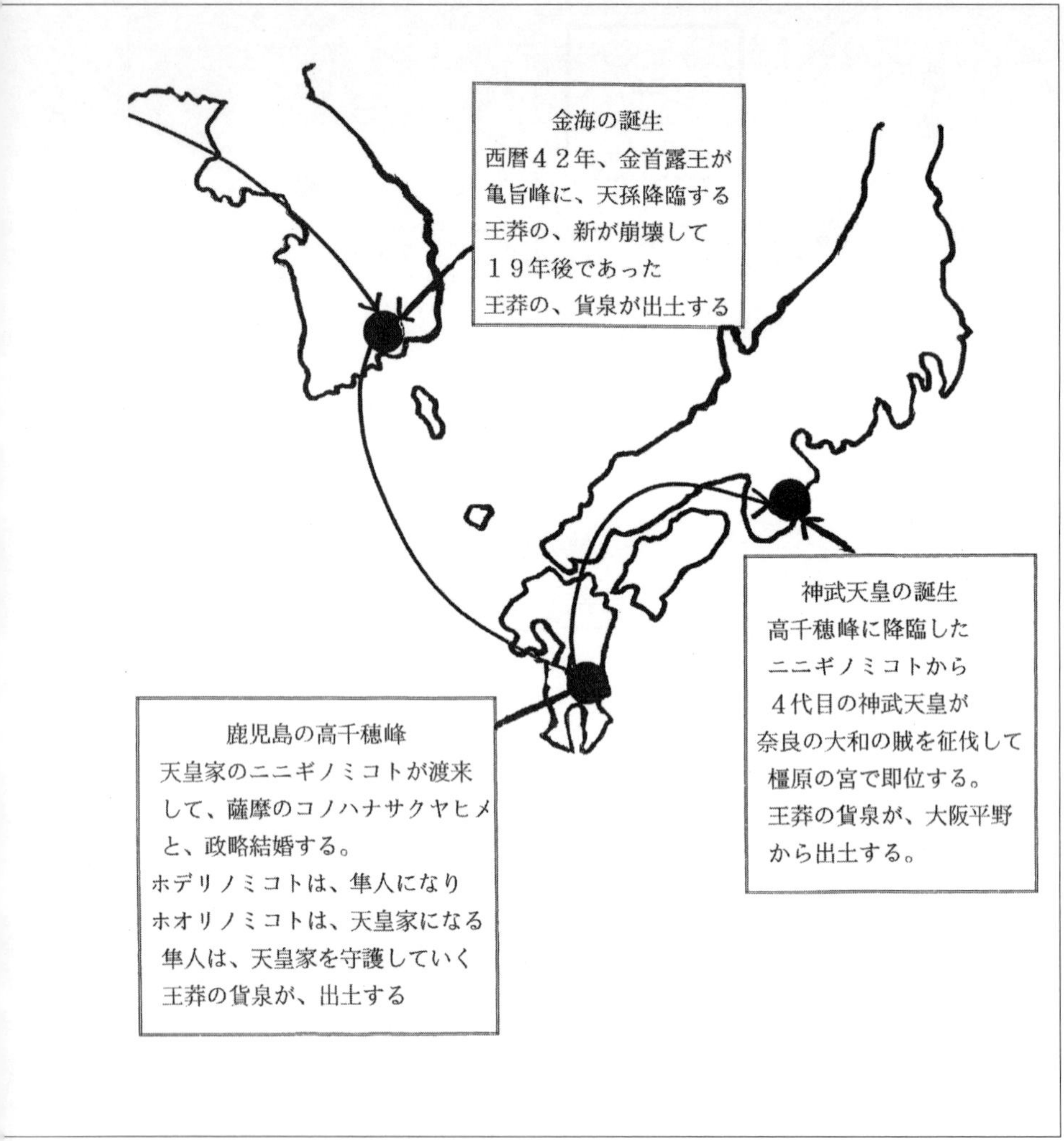
金海の誕生
西暦４２年、金首露王が
亀旨峰に、天孫降臨する
王莽の、新が崩壊して
１９年後であった
王莽の、貨泉が出土する
神武天皇の誕生
高千穂峰に降臨した
ニニギノミコトから
４代目の神武天皇が
奈良の大和の賊を征伐して
橿原の宮で即位する。
王莽の貨泉が、大阪平野
から出土する。
鹿児島の高千穂峰
天皇家のニニギノミコトが渡来
して、薩摩のコノハナサクヤヒメ
と、政略結婚する。
ホデリノミコトは、隼人になり
ホオリノミコトは、天皇家になる
隼人は、天皇家を守護していく
王莽の貨泉が、出土する

神武天皇誕生の国から日本への渡来図

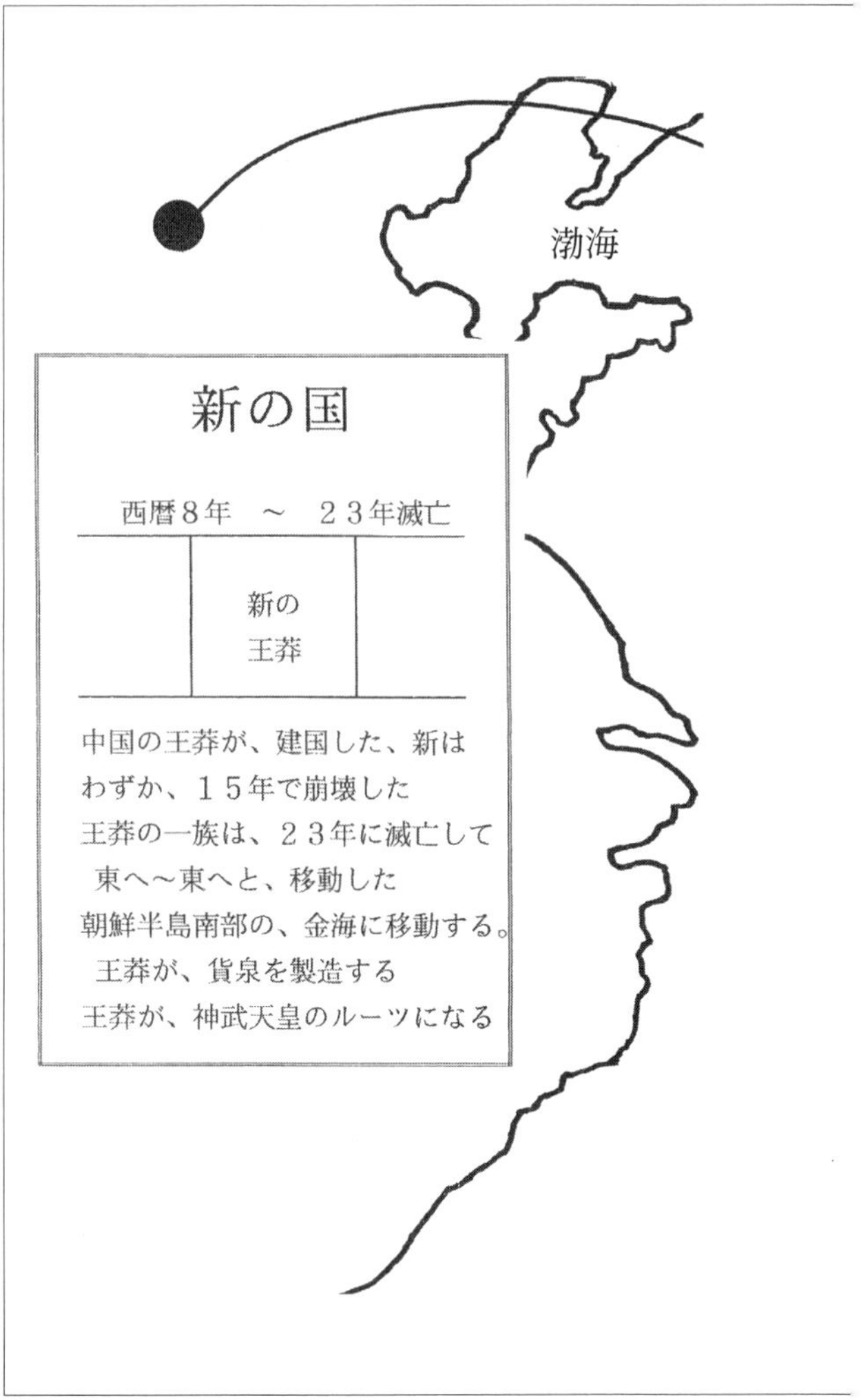
渤海
新の国
西暦８年　～　２３年滅亡
新の
王莽
中国の王莽が、建国した、新は
わずか、１５年で崩壊した
王莽の一族は、２３年に滅亡して
東へ～東へと、移動した
朝鮮半島南部の、金海に移動する。
王莽が、貨泉を製造する
王莽が、神武天皇のルーツになる

貨泉は、金海から海を渡り～日本の対馬、壱岐、九州、中国地方、近畿地方から出土している。

1．貨泉の出土場所は、神武天皇の東征神話のコースとピッタリと一致する。東日本からは出土しない特徴がある。

2．貨泉がニニギノミコトが天降りた高千穂峰の、鹿児島県大隅《おおすみ》町から出土したのが注目される。

3．王莽は讖緯思想を重要視した。神武天皇の即位年代の〔皇紀二六〇〇年〕の数字も讖緯説から計算している。

『古事記、日本書紀』の編纂者たちは、神武天皇のルーツが王葬に関係することを知っていたのだ。西日本で大量に出土する貨泉は、金海平野の古代史の真実を集約しているようで重要である。ただ驚いたのは、狗奴国の発祥地の鹿児島県大隅《おおすみ》町の馬場《ばば》遺跡から出土していることだった。

金首露王の七王子が、鹿児島に渡来したことを裏付けている。しかも、大隅町という熊襲族の本拠地からの出土である。西日本の貨泉の出土場所は、古代史の真実を物語るようである。

貨泉は約二千年も前に作られた銅銭である。腐敗せずに出土した姿は、日本の古代史のルーツを証明しているようだ。日本の古代史は不明な事だらけだ。そのなかで、わずかな出土物が、事実を物語る。

中国の王莽が貨泉を造り～韓国の金海の金首露王の国で大量に出土して～日本の神武天皇伝説のコース上で出土する。西日本の貨泉の出土場所は、古代史の謎をひもとくカギになる由縁である。

◇神武天皇は、熊崇拝から～太陽崇拝に宗旨変えした

金首露王の七王子が、南九州の鹿児島に渡来して熊襲族〔狗奴国〕が発祥する。現在も国分平野の各地に熊襲城や熊襲の洞窟などの多くの史跡を残した。

狗奴国〔熊襲族〕は、西暦二〇〇年頃から愛知県〔濃尾平野〕に移動して～三重県〔松阪〕に軍事基地を構築した。移動すると共に熊崇拝を捨てて、邪馬台国と同じ太陽崇拝に宗旨変えしたのだ。

『熊を崇拝する国を、日向の国と言った』

「太陽崇拝の国〔邪馬台国〕」に刃向かう狗奴国のことである。

※、日〔ヒ〕………〔火・灯・陽〕などに通用する太陽を表す言葉になる。邪馬台国のことである。
※、向〔ムカ〕……向かう、敵対する、刃向かう意味である。邪馬台国に刃向かう狗奴国を指す。

現在は宮崎県内に日向《ひゅうが》市の地名が残る。日向《ひむか》から～日向《ひゅうが》に変化している。朝鮮語では、熊を(コム)と言う。〔ムから～ユ〕に変化している例がある。現在の宮崎県児湯郡《こゆぐん》の地名である。

★、卑弥呼は〔ヒ陽〕〔ミ御〕〔コ子〕で、太陽を崇拝する名称である。
★、狗奴国の卑弥弓呼は〔日・火・の神子（ミコ）〕で弓がある。

太陽崇拝国の卑弥呼と同じ名称にして、男を表す弓を入れて区別した事が分かる。卑弥弓呼の弓には、「太陽を崇拝する弓の名手の男王」という意味があり、狗奴国は弓の名手の本拠地であった。

『太陽崇拝に宗旨変えした年代を考える』

南九州を出発した狗奴国〔熊襲族〕は、愛知県内に移動すると太陽崇拝に切り替えている。狗奴国が太陽崇拝に変えたいきさつを調べるには、『魏志倭人伝』を基本にして考えなければならない。

陳寿が『魏志倭人伝』を書く時代には、狗奴国はすでに鹿児島から～愛知県内に移動しており、熊崇拝から～太陽崇拝に変えていた時代である。

※、『魏志倭人伝』から考えて、熊崇拝から～太陽崇拝に変える推定年代は西暦二〇〇年前後からになる。

★、二代目の神様・彦穂穂出見命《ひこほほでみのみこと》は、鹿児島から～濃尾平野に移動すると太陽崇拝に変わった。

鹿児島時代の本名は、ホオリノミコトである。海幸彦・山幸彦神話の中で、釣り針を探しに行く時代は、ホオリノミコト名であった。だが、濃尾平野に移動してから太陽崇拝に変わると、ヒコホホデミノミコトに変えている。

◎、ヒコホホデミノミコトの名称には、太陽を表現する「日子ヒコ、彦ヒコ、陽子ヒコ」が入っているのだ。

★、ホオリノミコトとヒコホホデミノミコトは、同じ神様である。熊崇拝から太陽崇拝に変えた証拠で二つの名前を持っているのだ。

『古事記・日本書紀』から……神武天皇軍が太陽崇拝に変えた記事を引用する……。

※、神武天皇は述べた。

「我々は、日の神〔太陽崇拝〕の子孫である……太陽に刃向かって戦ったから負けたのだ……次か

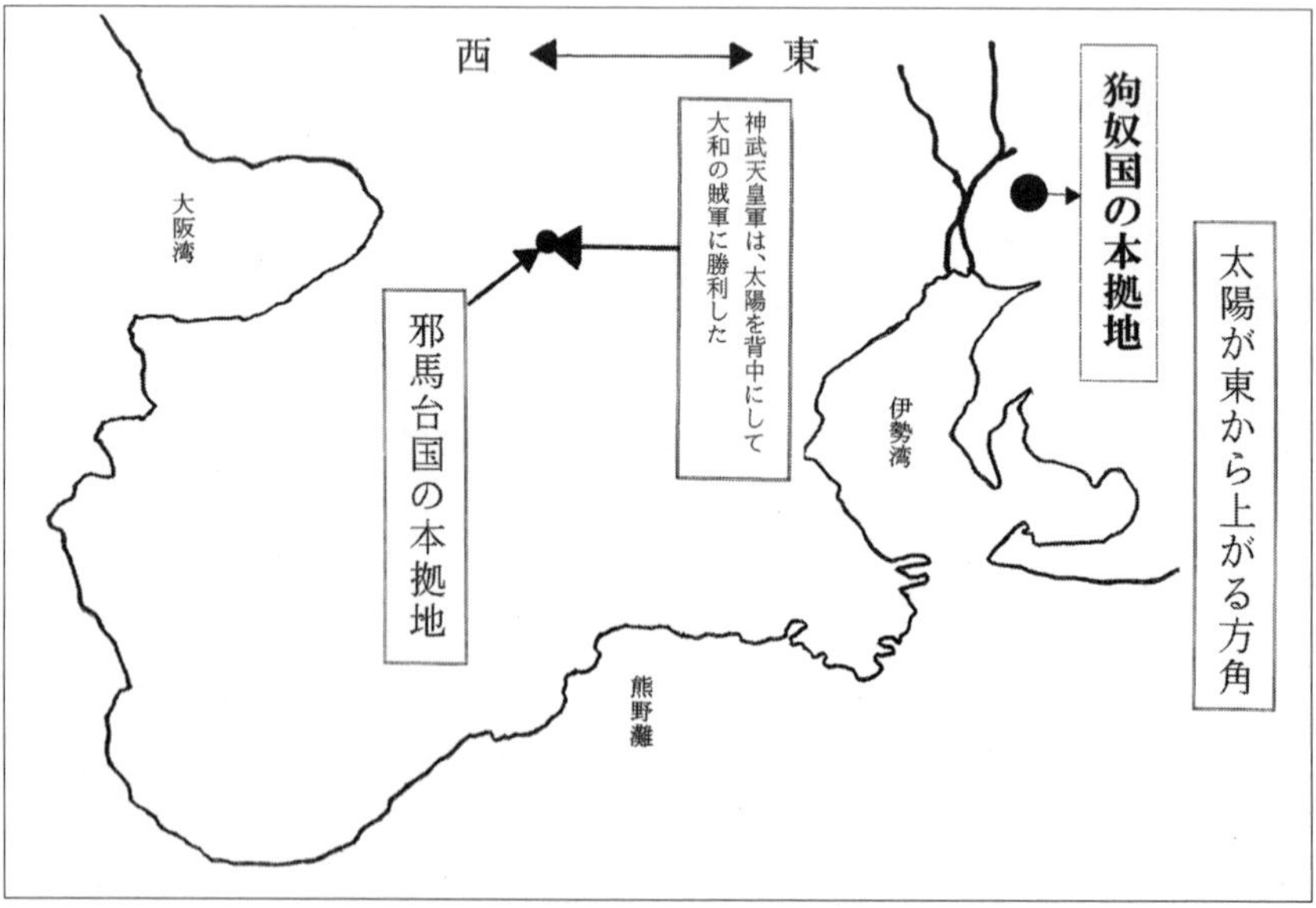

神武天皇は太陽を背中にして戦って勝利した

らは、太陽を背中にして戦おう……」と言った。日の神を背負うとは、太陽を背負って戦う意味である。

狗奴国〔神武天皇軍〕は元は熊崇拝であったが、濃尾平野に移動すると太陽崇拝に宗旨変えした記述になる。

『なぜ、熊崇拝から～太陽崇拝に変えたのか……？』

中国の魏は邪馬台国を支援していた。魏は邪馬台国に官軍を証明する黄幢を与えて鼓舞している。対する、熊を崇拝する狗奴国は敵国であったのだ。狗奴国は魏に敵国と認定されたくなくて太陽崇拝に切り替えたのだ。

◇神武天皇の皇紀二六〇〇年は讖緯説で計算した

神武天皇の皇紀二六〇〇年の数字は、中国の讖緯《しんい》説と儀鳳《ぎほう》暦を元に考案された。他稿で述べたが、神武天皇の歴史は天武天皇とセットで考えなければならない。『日本書紀』の編纂を命じた天武天皇が秘密を握っている。

★、神武天皇の即位年代を、紀元前六六〇年一月一日と計算した

このような天文学的な古い年月になった理由は、中国で流行した讖緯思想を取り入れて計算したからだった。

★、中国の讖緯説の説明

中国で讖緯思想が流行したのは、前漢と後漢の間にたった十五年間建国された新《しん》の国である。

※、新の時代……西暦八年から～二三年の、わずか十五年間だけ建国した国である。皇帝は王莽《おうもう》と言い、讖緯思想を重要視した独特な政治を行った。

王莽は新しい国家思想を掲げて、前漢の王子を毒殺して王位についた。しかし、讖緯思想を中心とした政治はことごとく失敗が続いて人民の反発をかった。最後はクーデターが起きて、わずか十五年足らずの在位で政権は崩壊したのだ。しかし、王莽は中国の歴史上に残るユニークな政治家であった。

【讖緯説の計算方法】

干支が、一巡りすると、一元になる。→一元は六十年の数字である。

一元×二十一元を＝一蔀の数字とする。→一蔀《ぼう》の一二六〇年には、大変革が起こり帝王が変わるとする。

★、讖緯説で、神武天皇を計算した理由

神武天皇を讖緯思想で計算して、皇紀二六〇〇年としたのは大きな理由があった。天武天皇即位十年、六八一年に『古事記・日本書紀』の編纂を命じた。

この年から、辛酉（シンユウ）の年〔六十年〕を基準にして逆算方式で計算すると、紀元前六六〇年になる。この年数を神武天皇元年としたのだ。

★、讖緯説の発祥と主な流れについて

西暦八年に王莽が新を建国する。貨泉を製造する……二三年に政権がクーデターで崩壊した。王莽の一族は朝鮮半島に逃げた。西暦四二年、朝鮮半島の金海平野の亀旨峰に、金首露王が天孫降臨するのは王莽の一族のことだった。

その後、金首露王の七王子が金海を離れて鹿児島に渡来する。狗奴国が国分平野に発祥して……数十年後に狗奴国の本隊は愛知県内の濃尾平野に移動する。濃尾平野の狗奴国は、奈良の邪馬台国を攻撃して征服する。狗奴国の男王の卑弥弓呼が神武天皇となる。

『日本書紀』の編纂者たちは、神武天皇のルーツが朝鮮半島の金首露王であり、さらに中国の王莽に行き着くと知っていたと思われる。それらの理由から讖緯思想を採用したのだ。

★、親が王莽であり~兄が七王子であり~弟が神武天皇となる図式である

讖緯説は、王莽と深い関係があった。だから、讖緯説で神武天皇の年代を計算して、皇紀二六〇〇年という数字を算出した。

王莽と~神武天皇を点と線で結ぶ秘密が隠されていたのだ。

中国の歴史

前漢	8年	新国	23年	後漢

王莽は八年に即位してから~二三年までの、たった十五年間だけ王権をふるったが崩壊した。

貨泉の出土は、朝鮮半島から対馬、壱岐、九州、中国地方まで出土する。

貨泉の出土分布は、神武天皇の東征コースとほぼ一致している。

神武天皇・皇紀2,600年の計算方式

天武天皇１０年〔６８１〕古事記・日本書紀の編纂を命じる	→	６８１年 ↓
天智天皇元年 〔辛酉の年〕になる	→	６６１年 ↓
推古天皇９年 〔辛酉の年〕になる	→	６０１年 ↓
欽明天皇２年 〔辛酉の年〕になる	→	５４１年 ↓
		４８１
		３６１
		３０１
		２４１
		１８１
		１２１
		６１
		０１
		紀元前０
		００
		６０
		１２０
		１８０
		２４０
		３００
		３６０
		４２０
		４８０
		５２０
		５８０
		６００
〔神武天皇の皇紀２６００年の、 辛酉の年になる 〕	→	６６０

【 讖緯説の計算方法 】

干支が一巡する、６０年を一元とする
２１元を一蔀〔ボウ〕と計算する
一蔀の年〔辛酉の年〕には、大変革が起こり、天帝が変わるとする
讖緯説から、神武天皇の皇紀２６００年を、計算した
天武天皇は、即位して１０年目の６８１年に、古事記・日本書紀の編纂を命じた
古事記・日本書紀の編纂者たちは中国の歴史に精通していたのだ

◇神武天皇東征物語は二段構成で書いた

『古事記・日本書紀』に書かれた神武天皇の東征物語は、『魏志倭人伝』に出てくる邪馬台国と狗奴国の前期と後期の二度にわたる戦争を、一つの物語に合作して書きまとめたものである。

一、第一次大戦は、西暦二四七年までに起きた邪馬台国と狗奴国の最初の戦争である。
二、第二次大戦は、西暦二六六年ころに起きた邪馬台国と狗奴国の最後の決戦になる。

邪馬台国（大和の賊軍）として、狗奴国は（神武天皇軍）として書かれたのだ。

高千穂峰に降臨した一代目の神様「ニニギノミコト」、二代目の神様「ヒコホホデミノミコト」、三代目の神様「ウガヤフキアエズノミコト」の時代は、狗奴国が邪馬台国と戦争している時代である。まだ天下を取っていない、だから神様の時代とした。

西暦二七〇年ころに狗奴国が邪馬台国を征服すると、狗奴国の男王に卑弥弓呼が神武天皇として表面に出てくる。この時から神の世から人間の世界になり、四代目の「神武天皇」として即位するのだ。

《神武天皇と、兄の五瀬命が日向を出発する》

「倭国を統一して、よい政治を行うには、東の国に行こう……」と話しあってから出発している。

東の国とは奈良の大和国(邪馬台国)であった。敵軍が邪馬台国軍だと最初から想定している書き方である。

①、**《第一次大戦の二四七年の前期の戦いの始まりについて》**

神武天皇軍は、日向から出発して～各地に寄りながら、岡山の「高島の宮」で戦争の準備を整えた。大阪湾から淀川を上り、白肩の津(現在の枚方市)から上陸して生駒(現在の生駒市)から攻撃する作戦をとった。しかし、生駒の戦いは、邪馬台国の長脛彦《ながすねひこ》軍の激しい抵抗にあい、兄の五瀬命《いつせのみこと》が戦死した。邪馬台国と狗奴国との最初の激戦地が「生駒の戦い」で大苦戦したのだ。

神武天皇軍は、紀州半島を和歌山から大きく廻り熊野にたどり着いた。これが第一回目の二四七年までの戦いである。(第一次大戦の作図、一五三頁参照)

※、生駒市……現在も、大阪府枚方市から～奈良県生駒市を走り奈良市内に入る国道がある。

奈良市富雄《とみお》には、昭和十五年に内務省が「神武天皇聖跡碑」を建立している。

《『魏志倭人伝』に書いてある停戦の条件について》

西暦二四七年、邪馬台国は魏に軍事支援を頼みに行った。魏は邪馬台国に「黄幢《こうとう》」を授けて、狗奴国と停戦するように仲裁に入った。狗奴国の軍事進攻は優勢だったが、兄の五瀬命を失っており停戦に応じた。

《第一次大戦の邪馬台国と狗奴国の戦死者について》

※、狗奴国軍(神武天皇軍)の戦死者……兄の五瀬命が戦死した。(和歌山市和田・竈山御陵は宮内庁の管理下にある)

※、邪馬台国軍(大和の賊軍)の戦死者……女王の卑弥呼の命を差し出す交換条件で停戦になった。

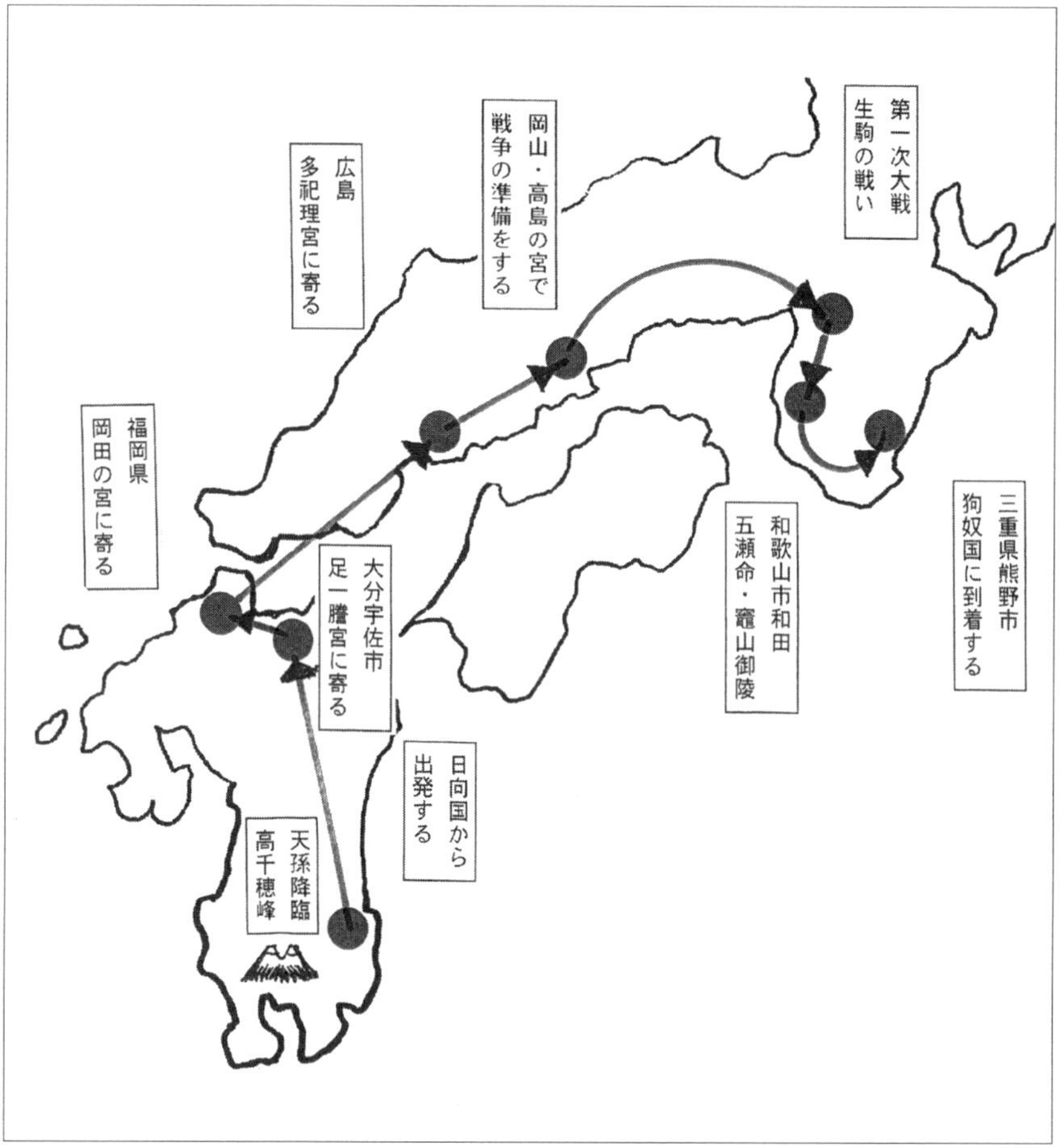

第一次大戦・神武天皇が南九州から大和に向かうコース

※、邪馬台国軍（大和国の賊軍）の女王の卑弥呼が死んだ。（桜井市纏向《まきむく》・箸墓古墳は宮内庁の管理下にある）『魏志倭人伝』にはこの時、女王の卑弥呼が「以って死す」と書いてある。「以って」は、狗奴国と停戦する条件として、「死す」の意味がある。

②、**《第二次大戦の西暦二六六年の後期の戦いの始まり》**

神武天皇軍は、狗奴国の本拠地から松阪や熊野に廻り戦闘態勢を立て直した。古代の熊野の範囲は、和歌山県から～三重県も入る広大な領域だった。熊野には狗奴国の軍事基地があった。熊野から～大和国への軍事進攻の道案内に「ヤタカラス軍」が活躍した。

神武天皇軍は、津市、久居市、松阪市、熊野市の軍事基地から～奈良県の宇陀に出て戦いを始めるのだ。

第一次大戦の二四七年の邪馬台国と狗奴国の戦いから、第二次大戦の二六六年の最後の決戦までは約十九年間ある。それまでも停戦中は奈良県と三重県の境界で、散発的な地域紛争は起きていた。狗奴国は、南九州から濃尾平野に移動してから強大な軍事力を蓄えて、長良川、木曾川、揖斐川の三川を渡り三重県側に軍事基地を造っていったのだ。

強大になった狗奴国は、三重県側の、津市、久居市、松阪市、熊野市などの軍事基地から進軍して、奈良県の邪馬台国を攻撃して倭国を統一する最後の決戦に出た。

神武天皇軍が熊野から～吉野に出て、宇陀の戦いから連戦連勝する物語は、狗奴国と邪馬台国との戦争のことであった。《第二次大戦の作図、一五六～一五七頁参照》

《「晋」に、邪馬台国が最後の朝貢をする》

西暦二六六年「晋《しん》」に、邪馬台国は軍事支援を受けるために最後の朝貢をする。ところが晋が、軍事仲裁に入る前にあっさりと狗奴国に征服されてしまったのだ。

以後、邪馬台国は狗奴国に征服されたので二度と歴史上に表れない。この時から、狗奴国の男王の「卑弥弓呼」が大和朝廷の初代の神武天皇となり即位するのである。

《熊野から~新宮市内に残る、神武天皇に関係する地名》について

※、神倉山《かみくらさん》……神武天皇の神倉神社がある。松明を手に持ち、一気に駆け降りる「お燈まつり」が有名だ。

※、千穂町《ちほまち》……神倉山の麓に、「千穂町」があり「高千穂」から付いた地名である。

※、王子町《おうじ》……神武天皇軍が「王子ケ浜」から上陸したと伝えており「王子ケ浜神社」がある。

※、渡御前社《わたりごぜんしゃ》……速玉大社の末社になる。神武天皇が駐屯した宮跡だと伝えている。

※、大河内《おおこうち》……熊野市紀宝町には、狗古智卑狗から発生した、大河内の地名が残る。

中国の「徐福《じょふく》」が新宮市に上陸したと伝えている。JR新宮駅前には徐福公園がある。現在も中国から除福の子孫が尋ねて来ると言う。

熊野の有馬村には、『日本書紀』に「一書に曰く」……とあり、「イザナミノミコト」を葬ったと伝えている。

《桑名市内に残る、狗奴国系統の地名のいろいろ》

桑名《くわな》は、狗奴国《くなこく》がなまった地名である。

※、桑名市内には、狗奴国の軍事部門の久米の地名が残っている。

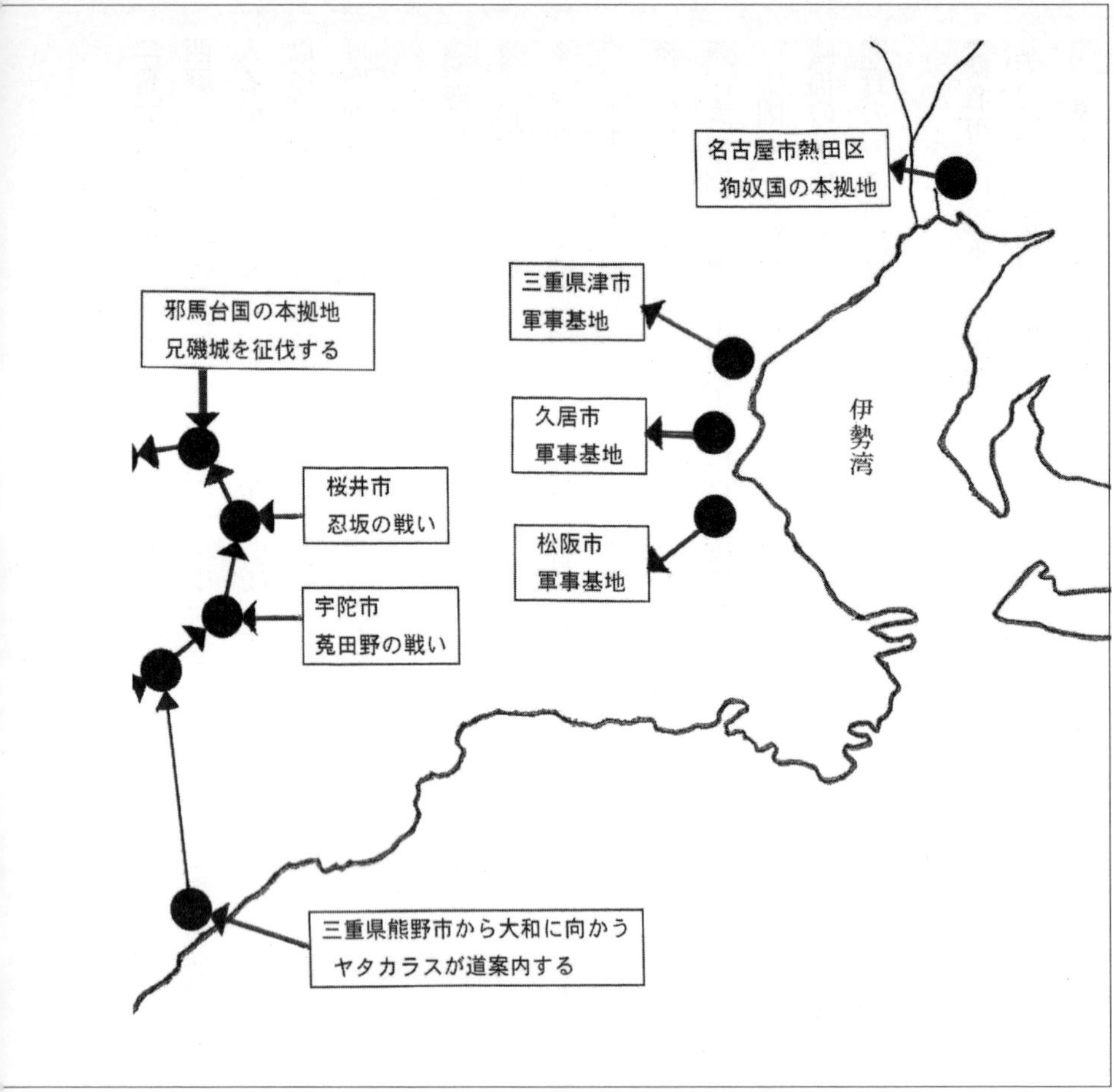

第二次大戦・神武天皇軍が熊野から大和に進軍するコース

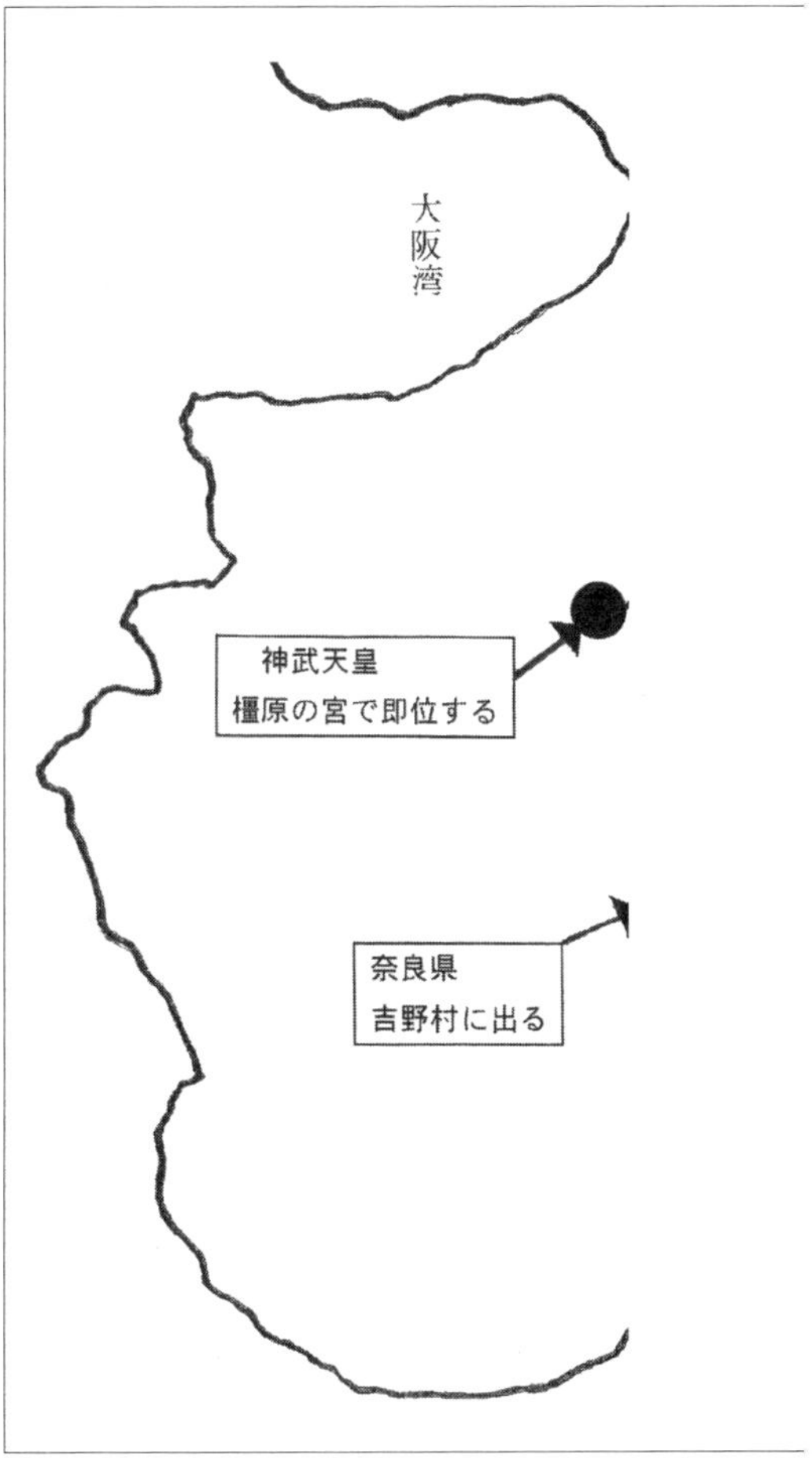

※、久米《くめ》……現在も、久米神社や久米小学校がある。久米は熊襲から発生した地名である。
※、熊口《くまくち》の郷……熊襲族に関係する郷名である。
※、桑名市内には、狗奴国を象徴する「前方後方墳」が造られている。

《桑名の隣町に菰野《こもの》市がある》

菰野《こもの》……こものは狗奴国の熊襲系統の地名である。熊襲の隠語「隠す……」を意味する。

《こもの同類語の使用例について》

☆、薦《こも》を造る……東北では、樹木を豪雪から守るために薦《こも》をかけると使う……隠す、の意味がある。

☆、籠《こ》もる……山に籠もる……世間から隠れる時に使う、隠れるという意味がある。
☆、木漏れ日《こもび》……さんさんと輝く太陽を雲が覆い隠す状態になる、隠すという意味になる。

《母音交替の法則の変化例》

一、菰（コモ・KOMO）
一、雲（クモ・KUMO）
一、熊（クマ・KUMA）
一、久米（クメ・KUME）

（KとM）は共通する、（A・I・U・E・O）の母音が交替して母音交替の法則が成立する。皆、同じ意味がある。

『古事記・日本書紀』の神武天皇東征物語は
一、第一次大戦の狗奴国と邪馬台国の戦争史を書いている。（基礎編になる）
二、第二次大戦に起きた狗奴国と邪馬台国の再戦史を書いている。（完結編になる）
狗奴国と邪馬台国の二度に渡る戦争史をまとめて書き上げたものが、『神武天皇東征物語』である。
『神武天皇東征物語』を書いた編纂者たちは、現在でいえば素晴らしい歴史小説家であろう。

◇神武天皇の正体は、『魏志倭人伝』の卑弥呼だった

◆「神武天皇」の正体は「卑弥呼」である

「神武天皇」は、架空の天皇であると言われて久しい。……ところが、百二十五代も続いてきた天皇史の中で、日本全国に伝説や史跡が豊富に現存するのは神武天皇だけである。架空の神武天皇の伝説がこんなに多く残っているものだろうか……？

……不思議な天皇である。

実は神武天皇とは、狗奴国の男王の「卑弥呼」の化身であった……次に理由を説明する。

「神武天皇」の誕生には、天武天皇が深く関係している。両天皇はセットにして考えなければならない根拠である。天武天皇の、「壬申の乱」の中に神武天皇が出てくる。さらに『古事記・日本書紀』の編纂時に神武天皇名を考えた。

★、天武天皇は、狗奴国と接点があった

狗奴国の本拠地は濃尾平野（愛知県・岐阜県）の一帯である。

天武天皇が、「壬申の乱」に勝利できたのは、狗奴国の豪族「尾張大隅」の軍事支援を受けたからである。

天武天皇を幼少時から養育した「湯淋令」が、美濃地方の「岐阜県安八郡」にあった。……旧狗奴国の領土内である。「湯淋令」とは、皇子を幼少の頃から養育する生活費を捻出する経済的な土地のことである。

「卑弥弓呼」は、『魏志倭人伝』に登場する国際的な男王である。狗奴国が、奈良盆地の桜井市の邪馬台国を征服してから大和朝廷がスタートする。

大和朝廷の天皇史を作成する時に、狗奴国から初代の天皇を出す必要になった。初代の神武天皇を作るのに、「卑弥弓呼」も男王であり一番ふさわしかったのである。

天武天皇が『古事記・日本書紀』を書けと命じた時に、「天皇」と言う中国式の名称が初めて使われている。「神」が、語源変化すると、「熊」と同じ意味になる。熊は、熊襲族とも関係するし、熊襲族から出た天皇の意味がある。

◆神武天皇の即位年表から狗奴国の勝利が分かる

二四七年	『魏志倭人伝』には、邪馬台国が狗奴国との戦争に負けている……と書いてある。魏が戦争の仲裁に入り停戦となる。次に女王の卑弥呼が「以て死す」とあり、戦争中に死んでいる。 **《説明一》** 邪馬台国は狗奴国に停戦の条件として、卑弥呼の命を差し出した。卑弥呼が死んだ年代が二四七年前後になる。箸墓古墳が築造された時期が二五〇年前後になり、年代的にピタリと一致する。
二六六年	邪馬台国はしばらく歴史に出て来なかったが、中国の「晋」に朝貢したのが最後となった。その後、邪馬台国は二度と歴史上に出て来ない。邪馬台国がどこにあったのか分からなくなった。 **《説明二》** 二五六年、仲裁に入った魏が倒れると、狗奴国がこの時ばかりに大攻撃を再開したのだ。戦争は十年近く続いたが、二六六年以降に邪馬台国は狗奴国に征服されて消滅したのだ。

二七〇年

『魏志倭人伝』に書かれた狗奴国の男王の卑弥弓呼が、倭国を統一して初代の「神武天皇」となった。理由は、『魏志倭人伝』は後世に誰にでも読まれる歴史書なので、卑弥弓呼の処遇を考えたのだ。さらに、狗奴国の初代の男王なので、天皇家の初代の天皇に仕立てあげたのであった。神武天皇の即位年代は、二七〇年ころになる。邪馬台国が狗奴国に負けた年代とピタリと一致している。

天武天皇の周囲には、「武」の付く天皇が多い。神武天皇の名称にも「神」の漢字を頭につけて「神武」とした。神武天皇が、最初に倭国を統一したことを尊敬しており、「壬申の乱」の中で「神武天皇を祭れ……」と出てくる。

天武天皇は、「壬申の乱」で桑名まで行くと、「七里の渡し」から「熱田神宮」まで戦勝祈願の船に乗った。「熱田神宮」が、狗奴国の男王の卑弥弓呼（神武天皇）の本拠地であったことを知っていたのだ。

※、海神国は狗奴国の本拠地だった。

狗奴国は、鹿児島から～濃尾平野の名古屋の熱田に移動した。

移動先の先々で、抵抗勢力との戦いが神武天皇の東征コース上の賊との戦いとして書かれたのだ。

『魏志倭人伝』で言えば、邪馬台国同盟国と狗奴国の第一次大戦と第二次大戦のことである。

天武天皇が、『古事記・日本書紀』を書くように命じた時に、神武天皇が大和国を統一した戦争を、まとめて書いたのである。

「海幸彦・山幸彦」神話で釣り針を探しに行った海神国の海部《あまべ》の史跡と、神武天皇の東征コース上に残る海部の史跡が重なりあうことで証明されている。

第二章
狗奴国の発祥から〜歴史が動きだした

◇狗奴国の意味について

邪馬台国は、女王卑弥呼の三十ヵ国からなる同盟大国である。対して狗奴国は、男王卑弥弓呼に統率された単一国家である。

狗奴国は、邪馬台国を征服するほどの史上最強の熊襲軍団を持っていた。

金海の狗邪韓国（クヤカラクニ）から七王子が～鹿児島に渡来して誕生したのが狗奴国（クナ）である。

※、狗邪韓国（クヤカラクニ）についての説明……『魏志倭人伝』に出てくる金海の狗邪韓国（別名を金官加耶国）のことである。西暦四二年に、金首露王が降臨した金海の亀旨峰には「駕洛国カラクニ」の石碑があり、当時から「カラクニ」と呼ばれたことが分かる。

※、韓国の意味について……韓国の漢字には、地方の国々という意味がある。『魏志倭人伝』に韓国が多く書かれた理由である。例えば、狗邪韓国とは金海の国だけという地域的な呼び方になる。現在は、韓国から～大韓民国と全土を指す大きな国名になっている。霧島連峰の隣に韓国岳（カラクニタケ）がある。金海の駕洛国と同じカラクニであり、千八百年前に、ニニギノミコト（七王子）が降臨した時代に付けられた名称である。韓国岳の頂上からは、朝鮮半島が見えるという伝説を土地の古老から聞いたことがある。

※、狗奴国（クナコク）についての説明………狗邪（クヤ）から→狗奴（クナ）は、邪ヤから～奴ナに

C
愛知県内の、濃尾平野に
鹿児島の狗奴国が移動
して本拠地とする
C
D
F
邪馬台国
D
狗奴国の
松阪軍事基地
になる
F
邪馬台国の
本拠地になる
B
B
鹿児島の国分平野に
七王子が渡来して
狗奴国が発祥する

朝鮮半島の狗奴国の渡来と日本の狗奴国の移動コース図

変化して通音になり古代は同じ意味である。

※、「狗ク」は……朝鮮語で大きさを表す。大国の意味がある。
※、「奴ナ」は……国の意味である。参考例で、「奈良（ナラ）」や「奴国（ナコク）」などに使われている。

※、狗奴国とは……軍事力の強い大国となる。
当時、北九州の福岡には邪馬台国同盟国の「奴国ナコク」があった。「漢倭奴国王」の金印が出土し

たことで有名である。

当時、奴国には男王が君臨していたのだ。対して、奴国よりも大きくて強いぞという意味で、南九州の田舎にありながら狗奴国（熊襲族）とふてぶてしい国名にしたのだ。まさに、国名からして邪馬台国をなめていたのである。

※、狗奴国の呼び方についての説明

古代の狗奴国の発音には、二種類があった。（参考例）
一、ＫＵＮＡ（クナ）……古代の上古音式では、クナの発音になる。
二、ＫＯＮＯ（コノ）……古代の中古音式では、コノの発音になる。

狗奴国は単一の独立国家ながら、男王の卑弥弓呼に統率された史上最強の軍事力を持っていた。鹿児島から引き連れた勇猛な熊襲族が神武天皇軍の東征神話に久米族として活躍している。狗奴国とは、猛々しい国家名だったのだ。
※、狗奴国のルーツ……金海の狗邪韓国が、狗奴国の古里であった。どちらの国も『魏志倭人伝』に登場する朝鮮半島と九州の最南端にある国である。

◇狗古智卑狗は、大河内、高知などの地名になった

『魏志倭人伝』に出てくる狗奴国の副官は、狗古智卑狗《くこちひこ》と名乗った。狗奴国の「狗」があることに気付かなければならない。狗古智卑狗は軍事長官名（熊襲族）である。狗古智卑狗が軍事基地を造った場所に「大《おお》河内《かわち》」の地名が多くあるのに気付いた。古代の地名の謎を解明するために、狗古智卑狗は重要だと判明したので、これまでの調査資料を書いていく。

★、狗古智卑狗を一、「狗」と二、「古智」と三、「卑狗」の三分類にして、古代朝鮮語で分析してみた。すると、次の七種類の意味になることが判明したので列記する。

※、狗古智卑狗から変化した七種類の地名の意味について

①、川内《かわうち》に変化する。
②、川内《かわち》に変化する。
③、大河内《おおかわち》又は、河内《こうち》に変化する。
④、高知《こうち》に変化する。
⑤、越智《おち》に変化する。
⑥、子至《こち》又は、小至《こち》、小内《こうち》に変化する。
⑦、河野《この》又は、河野《かわの》に変化する。

以上の七種類が、狗古智卑狗から発生した地名だと判明してきた。狗奴国が日本各地に移動して軍事基地を造った場所に地名として残ったのだ。

鹿児島県は、狗奴国の発祥地であり川内の地名が多く残っている。特に、七王子の渡来先の国分平野には、川内《こち》の地名が圧倒的に多く残っていたので述べていく。鹿児島県は川内が多くて、熊本県へ北上していくと川内から~河内の地名に変化していく特徴があることに気付いたのである。

※、狗古智卑狗……狗奴国を代表する独特な地名である。地名から古代史の謎解きが始まった。

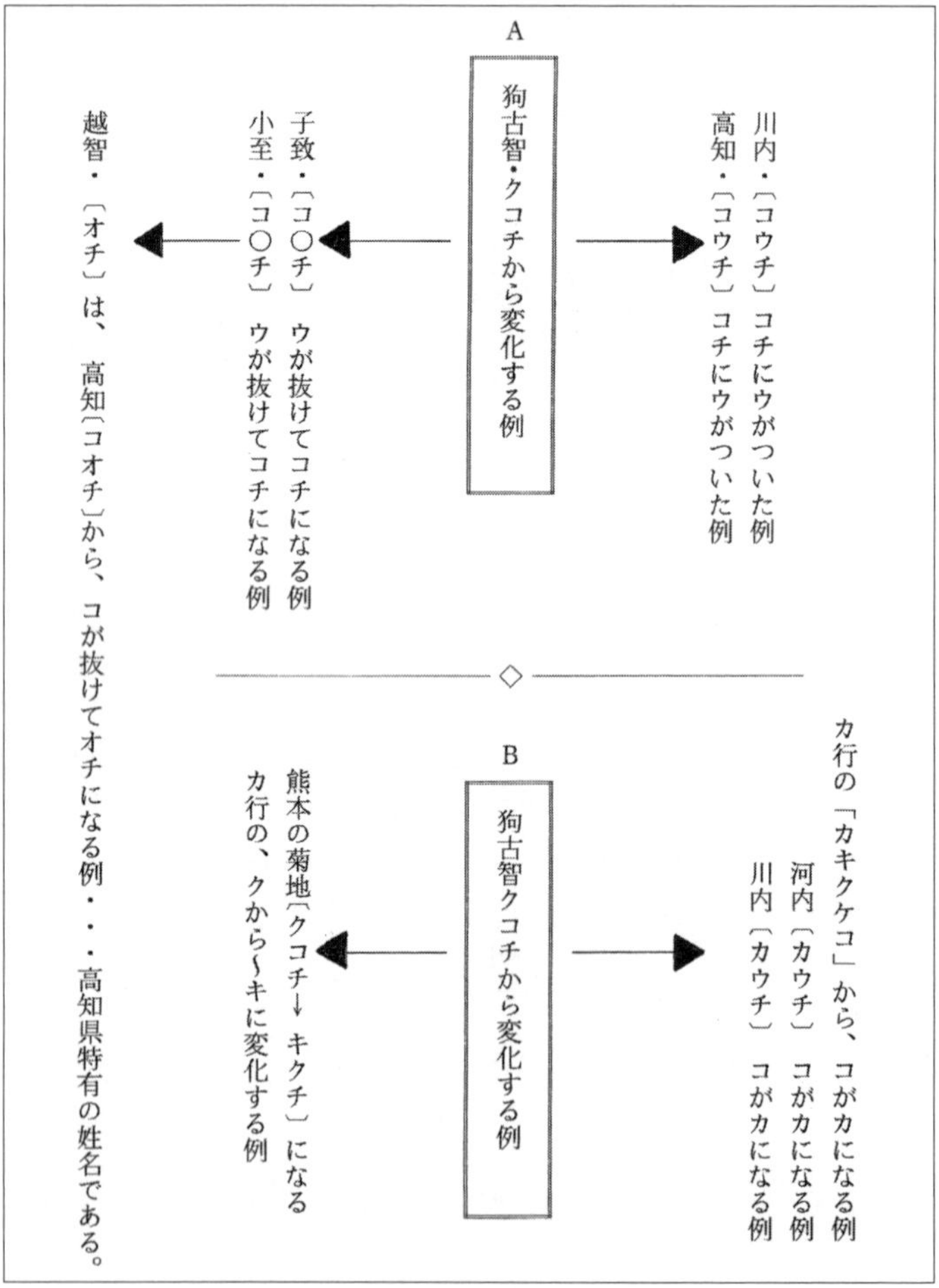
A
狗古智・クコチから変化する例
川内・〔コウチ〕コチにウがついた例
高知・〔コウチ〕コチにウがついた例
子致・〔コ〇チ〕ウが抜けてコチになる例
小至・〔コ〇チ〕ウが抜けてコチになる例
越智・〔オチ〕は、高知〔コオチ〕から、コが抜けてオチになる例・・・高知県特有の姓名である。
B
狗古智クコチから変化する例
カ行の「カキクケコ」から、コがカになる例
河内〔カウチ〕コがカになる例
川内〔カウチ〕コがカになる例
熊本の菊地〔クコチ→キクチ〕になる
カ行の、クから~キに変化する例

狗古智卑狗（クコチヒコ）の変化例

◇国分平野に狗古智卑狗の「川内」の地名があった

国分平野は七王子の渡来先であり、狗奴国の発祥地である。狗古智卑狗の古智から発生した川内《こち》の地名が多く残っていた。国分平野に残る「七隈の古里」の史跡を取り囲むように、川内《こち》の地名が集中していた。

★、国分平野に残る、川内《こち》の地名表

地名	読み方	鹿児島弁での川内の呼び方
川原	カワハラ	荒川内（アラコッ）・竹川内（タケンコッ）・下竹川内（シモタケンコッ）
上井	ウワイ	川内（コッ）
川内	カワウチ	後川内（ウシトゴッ）・板川内（イタンゴッ）・汲川内（クミカアッ）
敷根	シキネ	川内（カワウチ）
上之段	ウエノダン	後川内（ウシトゴッ）
郡田	コオリダ	下川内（シモンコッ）・上川内（カンコッ）
清水村	キヨミズムラ	川内（コッ）

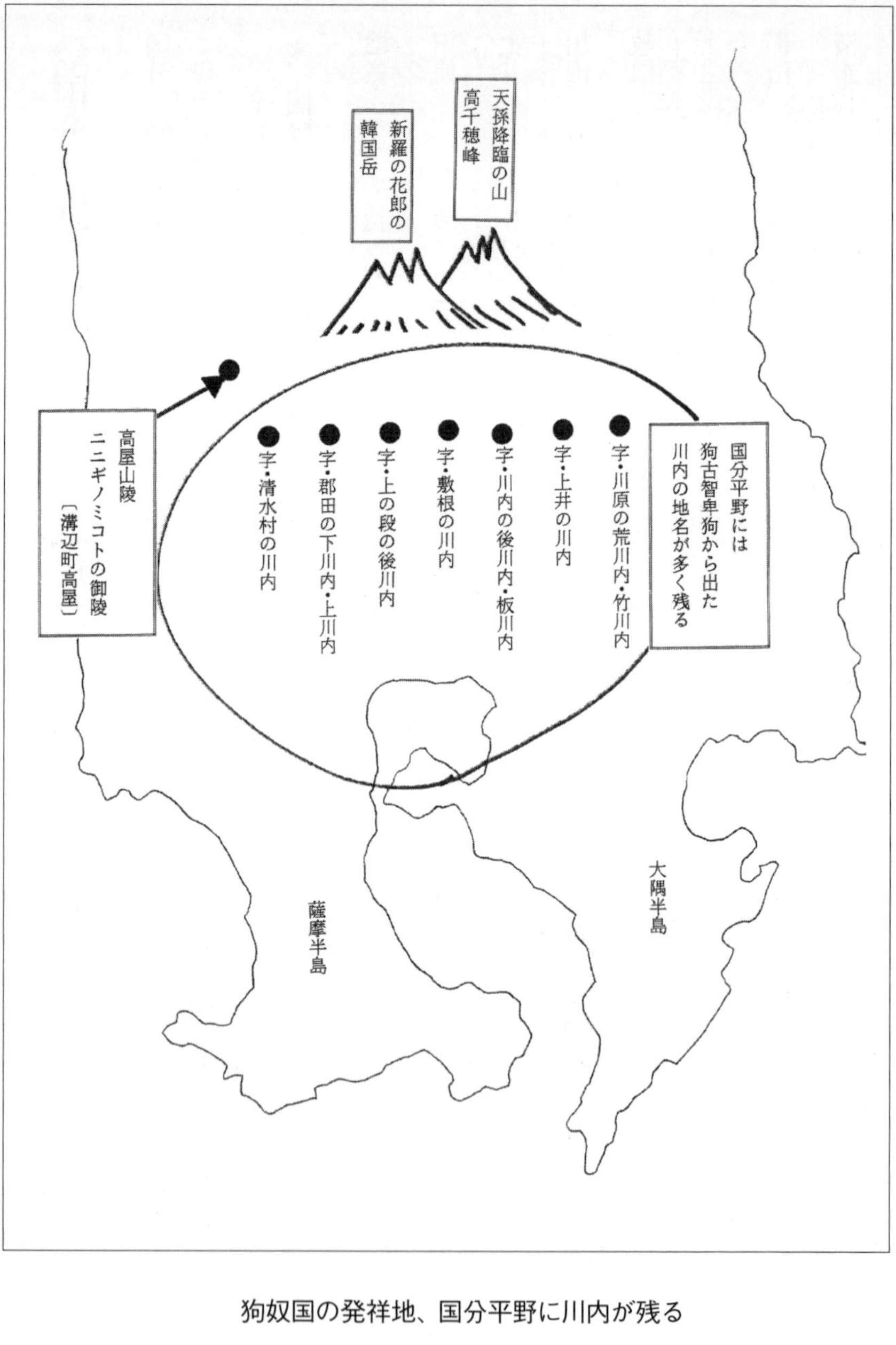

狗奴国の発祥地、国分平野に川内が残る

鹿児島弁では、川内を〔コッ〕と詰まって発音するのが特徴である。古智（コチ）を→コッと発音するのだ。

鹿児島県内では、古智（コチ）の変化が、河内ではなくて～川内の漢字で書かれることが特徴である。

川内市《せんだい》には神代三山陵の一つ、可愛山陵《えのさんりょう》がある。葬むられているのは、高千穂峰に天降りた天孫ニニギノミコトであり、宮内庁が管理して、一般人は禁足地帯である。

★、薩摩川内市には、点と線でつながる接点があった

点・川内市の地名……七王子が国分平野に渡来して、狗古智卑狗から発生した地名が川内である。
線・可愛山陵…………高千穂峰に天降りた最初の神様ニニギノミコトを葬る川内は、狗古智卑狗から発生した地名であり、ニニギノミコトは初代の神様である。川内につながるのは歴史上の意図的なものを感じるのだ。

鹿児島から～熊本方面に移動していくと、川内から～河内への漢字標記に変わって行く。葦北郡の大河内の発祥地から～熊本の河内町へと東へ～東へと拡大していく。熊本には大川内さんという姓の人もいる。狗奴国の本拠地の愛知県には「大河内」さんの姓がある。

※、狗古智卑狗から発祥した地名について

古智（コチ）の発音を追いかけると、狗奴国の地名の特徴に気付くのである。

大河内・川内・河内・高知・越智・河野・小内・久米などが狗奴国の代表格である。

◇狗奴国の「狗古智卑狗」が「大河内」の地名になっている

『魏志倭人伝』の時代、邪馬台国の官名の卑奴母離は、宮崎県小林市夷守に地名として残った。他にも、官名が地名になっているケースがある。

狗奴国の狗古智卑狗《くこちひこ》から変化した大河内の地名が残っていないか探した。

※、大河内の発祥地は……地名辞典で調べると熊本県葦北郡芦北《あしきた》町大河内になっている。狗奴国の影響が残る地域である。

《狗奴国の官名・狗古智卑狗を語源分析する》

狗（ク）	クは、古代朝鮮語で大きいの意味がある。
古智（コチ）	コチの発音から、河内（コウチ）、川内（コウチ）、高知（コウチ）・越智（オチ）などがある。
卑狗（ヒコ）	ヒコは、日子、彦で、男性用に使用される。

以上から、〔狗ク・古智コチ〕を解説すると↓〔大きな・コチ↓大河内〕となる。現在の熊本県葦北郡芦北《あしきた》町に、大河内の地名が発祥となって残っていたのだ。

大河内の地名は、神武天皇の東征コースと並行して東へ東へと拡大していく。狗奴国の発祥地の鹿児島から～愛知県の濃尾平野に移動するコース上に残っている特徴がある。

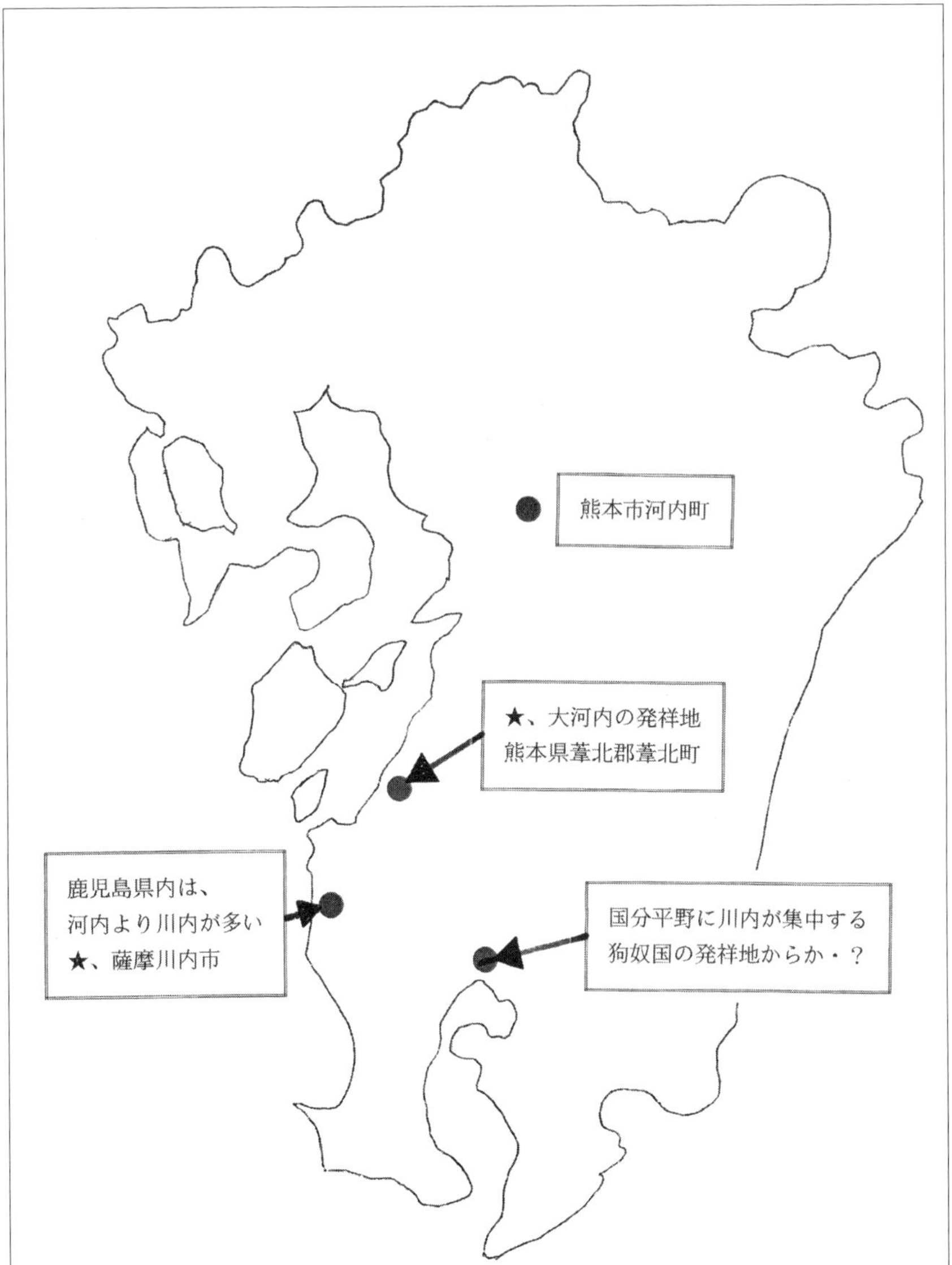

狗古智卑狗から大河内、川内になる

◇熊本に残る、狗奴国の地名について

鹿児島に発祥した狗奴国は、北へ北へと進み熊本へ向かう。鹿児島から北九州の福岡（奴国）を目指すコースは、熊本を経由しなければならない。かつて明治維新の西南《せいなん》の役《えき》のさい、西郷隆盛軍が鹿児島から福岡に向かったコースと全く同じと考えていい。（国道三号線を別名・薩摩街道とも言う）狗奴国は熊本に入ると、熊襲族に関係する地名を多く残した。

熊本《くまもと》も、熊崇拝族の最後まで残った土地だから、「熊の本」と呼ばれた。山鹿市から菊地市にかけては、狗奴国が軍事基地を構えた土地であった。そのために、現在も熊襲系統の特殊な地名が残る。

《菊地《きくち》の地名は、狗古智卑狗から発生した……？》

★、菊池の地名のルーツは、狗古智から発生したと考えられる。

『和名抄』に書かれてある。

《久久地ククチ》の地名が↓岐久地キクチになり↓現在の菊地の漢字になっている。

《カ行のカキクケコ》が入れ替わって、（ククチから↓ククチになり↓キクチ）へと変化した。狗古智（ククチ）の強い影響を受けた地名である。

《隈府《わいふ》は熊襲から発生した……》

菊池市内には隈府と書いて、（ワイフ）と読ませる地名がある。現在、隈府小学校などがある。

★、隈（ワイ）↓ワイは音読みになり、《熊》の代用漢字になる。国分平野の「七隈の古里」も、隈の漢字を使用している。

★、府（フ）↓府の意味を漢字辞典で調べると、地方公共団体の機関とある。

隈府とは、狗奴国政府の役人が、政務を執った官公庁所在地という意味になる。

《熊入り《くまい》は、熊崇拝族が入って来たぞ……》

山鹿市内には、《熊入り》の地名がある。意味はずばり、「熊襲族が入って来たぞ」という地名である。

★、熊（クマ）とは↓鹿児島の国分平野に発祥した《熊襲族》のことである。

★、入り（イリ）とは↓漢字で、「入って来たぞ……」の意味になる。ここでは、熊崇拝族が入って来たぞ……となる。

※、参考例……「入り」は、鹿児島県薩摩川内市入来町の入来《いりき》や奈良県明日香村に今木《いまき》があるように、外部から豪族又は渡来人が入って来たぞ……という意味になる。

※、熊来《くまき》の地名のルーツ

石川県の能登半島の中島町にある地名です。「お熊かぶと祭り」があるので、熊崇拝族がやって来たぞ……の地名になる。

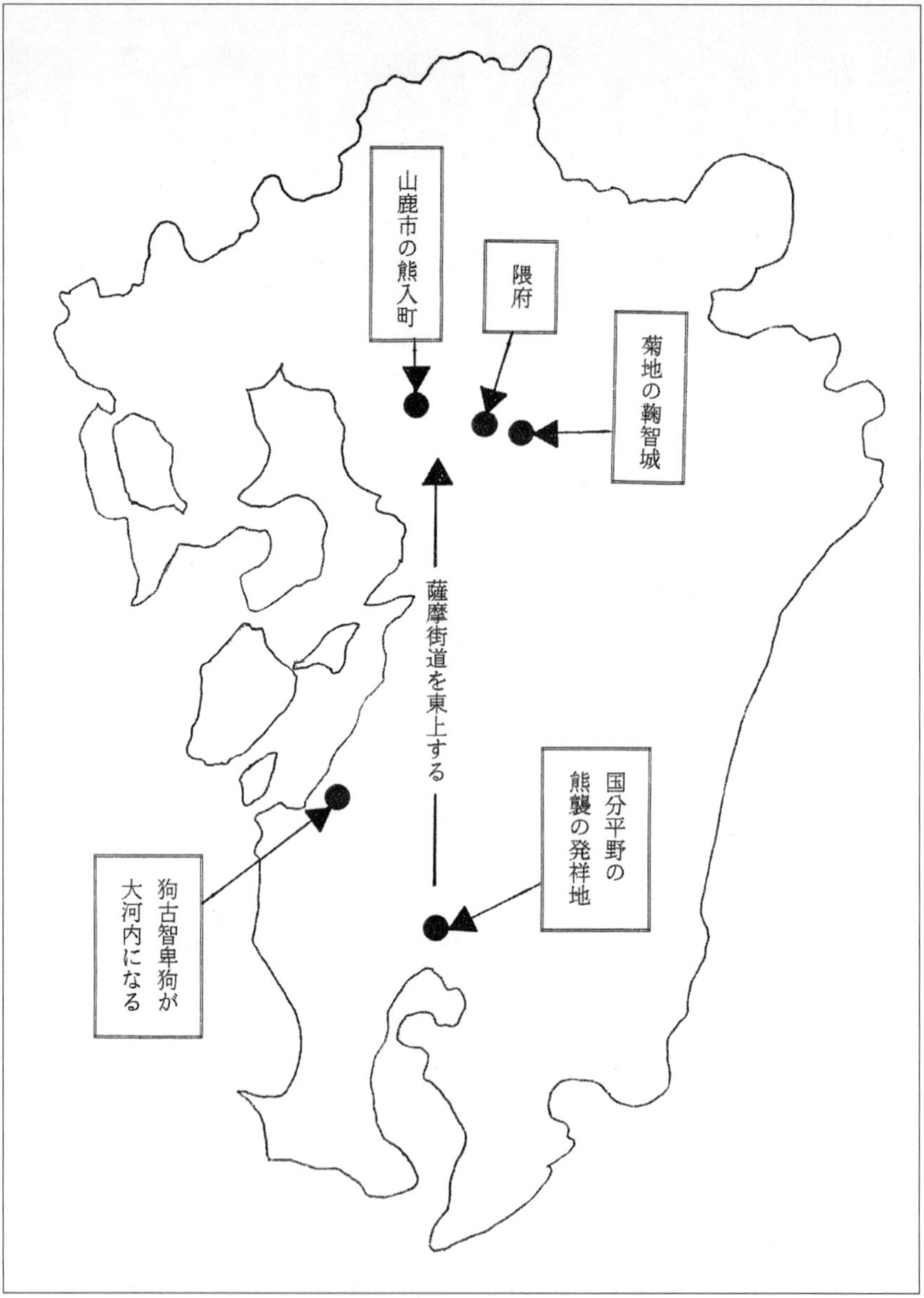

熊本県内に残る熊襲の地名

《鞠智《くくち》城は肥の君の居城であった》

★、『日本書紀』に出てくる……肥《ひ》の君《きみ》の豪族は、鞠智《くくち》城を本拠地としたと見られる。（ククチから↓ククチになる）に変化しているからだ。

『日本書紀』の景行天皇十八年四月三日の条の、熊県《くまのあがた》には兄熊《えくま》と弟熊《おとくま》の兄弟の豪族がいたとある。熊襲族が鹿児島から熊本に北上して、菊池に軍事基地を構築したのだ。それで独特な《河内、熊本、隈府、熊入り》などの地名が残ったのである。

◇狗奴国の狗古智卑狗は、古代史解明の「ヒント」になる

◆狗奴国から発生した河野の地名

★、狗奴から変化して河野になる〔クナKUNA～クノKUNO～コノKONO〕になる。

★、河野から変化して〔コノKONO～カワノKAWANO〕にもなる。

★、南九州地方は、河野を〔コウノ〕と発音する。宮崎県から鹿児島県は人名を、河野〔コウノ〕さんと呼ぶ特徴がある。

★、北九州地方は、河野を〔カワノ〕と発音する。大分県内は、河野〔カワノ〕さんと呼ぶ用例が多い。

九州圏内は北九州と南九州で、河野の呼び方が明確に変わるのだ。南九州地方は、狗奴国の発祥地に近かったからだろう。

《国学者・本居宣長が、狗奴国と考えた愛媛県の河野郷がある》

本居宣長は、三重県松阪市出身の江戸時代の歴史家である。本居宣長は、狗奴国が四国の愛媛県の河野郷《こうの》にあったと断定した。

理由は、狗奴《くの》（クノ）が変化した↓河野《この》（コノ）の発音に似ているので河野郷だと考えたのだ。

さらに、熊襲から変化した久万《くま》（クマ）や久米《くめ》（クメ）の地名が松山市内にあり、大河内久万《おおかわちくま》（クマ）高原町も残る。熊の地名が多いので狗奴国だと考えたのだ。

★、河野氏の家系図は……始祖は子致彦《こちひこ》から発祥したとある。子致は古智である。《河野（コノ）と～子致（コチ）～古智（コチ）》とつながりがあるのだ。

★、河野の姓の発祥………狗奴国から発祥した河野が愛媛県内には特に多く残っているのだ。

《伊藤博文は河野氏家系の末裔だった》

明治時代に活躍した伊藤博文《いとうひろふみ》は、元は林氏の家系の出身であった。父の十蔵が養子になって伊藤姓になっている。林氏家系は、河野氏の末裔だったのだ。

林家の家系図……伊予〔愛媛県〕の国の豪族であった河野氏の末裔になり祖先は越智氏になる。

※、越智さんについて……私は、今まで越智さんという姓の方と知り合うと、必ず四国の出身でしょうと当ててきた。高野山に行った折り、みやげ店の販売員が越智さんだったので、「四国の愛媛の出身でしょう……?」と尋ねると、「よく分りましたね……」と笑った。

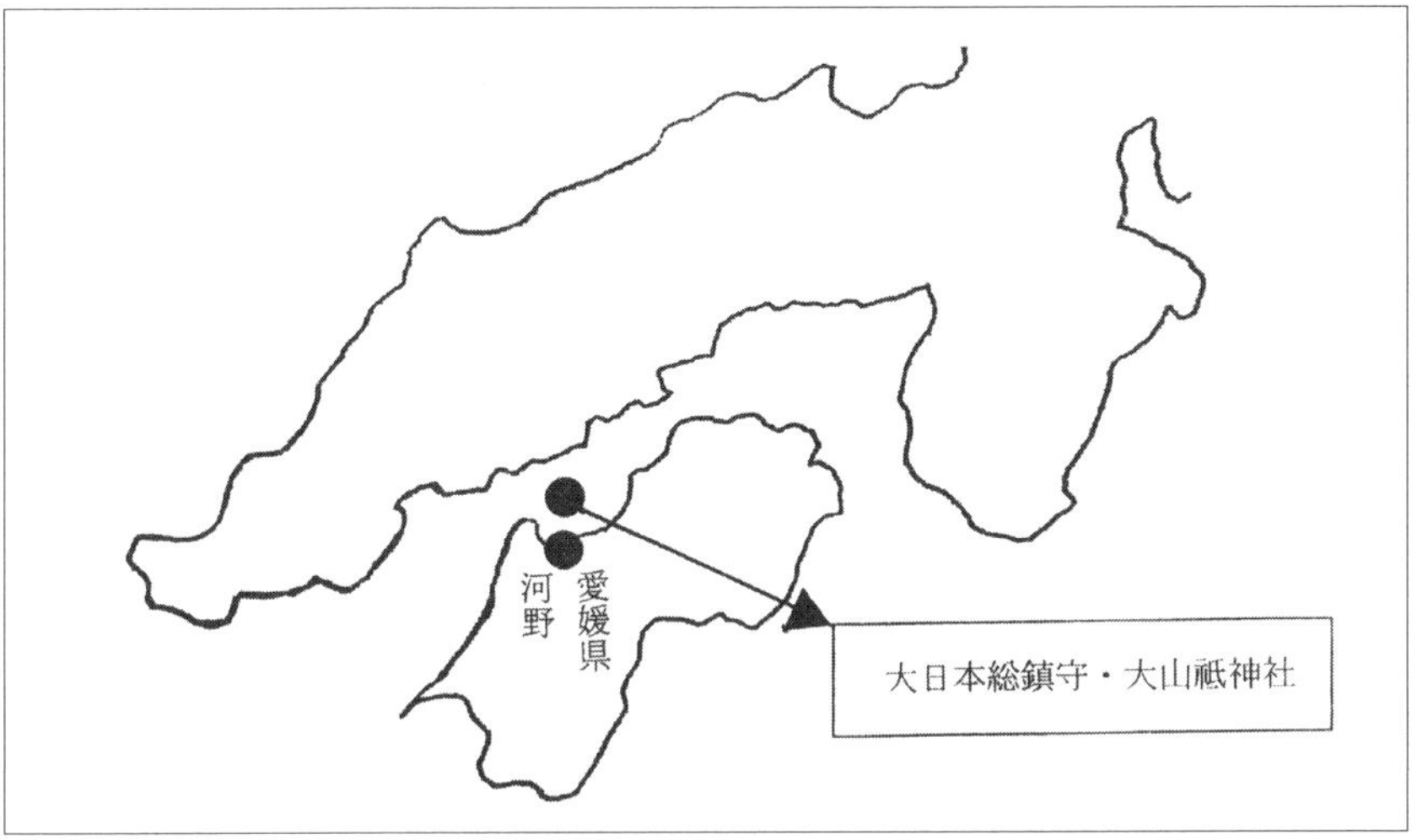
河野
愛媛県
大日本総鎮守・大山祇神社

本居宣長は愛媛県河野を狗奴国とした位置図

大分県は、河野（カワノ）と
発音するのが特徴である
宮崎県、鹿児島県は
河野（コウノ）と発音する

大分県は河野（カワノ）、宮崎と鹿児島県は河野（コウノ）の分布図

◆狗古智卑狗から発生した高知、越智について

※、越智氏（オチ）のルーツ……高知（コオチ）から→コが脱落して、（オチ）越智になる。姓名辞典で調べると、越智は、愛媛県や高知県だけにある特別な氏姓なのである。

伊藤博文が、「越智宿禰博文（オチノスクネヒロフミ）」と、署名した正式文書が発見されている。

★、大山祇神社《おおやまつみじんじゃ》は瀬戸内海の大三島にある多くの国宝を所蔵する有名な神社である。大山祇神社の始祖は、越智の国造、小千命《おちのみこと》とする。名古屋の熱田神宮と同じく狗奴国と関係の深い神社である。

「大日本総鎮守・大山祇神社」の石柱は、伊藤博文が書いている。

※、越智の国造・小千命の系図の説明……古智（コチ）から～小千（コチ）に変化する。漢字が違うだけで意味は同じである。大山祇神社の正面には、小千命が植樹したと伝える楠《くすのき》の大木がある。

小千氏は、二十一代目の「玉澄」の時代になると、越智氏に改名している。そして、玉澄の子供の「益男」が、河野氏に変えたとなっている。

★、古智（コチ）から→小千（コチ）→越智（オチ）→と変わるが、意味は同じなのである。愛媛県内には狗古智卑狗の影響が色濃く残っているのだ。

《古智〔コチ〕から～高知〔コウチ〕になった》

高知県内には、狗奴国の影響が強く残る。高知も古智から発生した地名である。高知と越智はセットで考えていい。高知市内には、隼人《はやと》神社があり近くに鹿児《かご》神社もある。鹿児島から付いた鹿児かと考えさせられた。狗奴国の発祥地である鹿児島人間と、高知人間の性格は似ている。男も女もやたらと酒が強く、豪気な気質も似ている。狗奴国の遺伝子が残ったのだろう……？

四国に狗奴国の狗古智卑狗から発生した、「高知、越智、河野」などが残っているのは、狗奴国が軍事基地を造った証拠になる。

《『先代旧事紀』に書かれたコチの使用例について》

子致コチについては、『先代旧事紀』の国造本紀に出てくる。

《コチと読ませる部分》

「小市《こち》の国造は、物部の連と同祖先で、大新川命の孫、子致命《こちのみこと》を国造に定める」とある。

コチ〔小市〕から～コチ〔子致命〕と発音は同じであり、漢字が入れ替わるだけで同じ意味である。

『日本書紀』の中では、コチが変化していろいろな漢字で書かれている。

古智〔コチ〕・河内〔コチ〕・加不至〔カフチ〕・川内〔コチ〕・高知〔コウチ〕・越智〔オチ〕などである。

全て同じ意味になる。

◇熊襲から〜久米が発祥している

熊襲《くまそ》は鹿児島に発祥した古代部族である。発祥年代は、西暦一八〇年代のころになる。

ニニギノミコト〔七王子〕は、鹿児島に渡来すると地元の南方系統の原住民を軍事教練して、史上最強の好戦的な兵士を養成した。それが、熊襲の正体である。

神武天皇の宇陀の戦いで活躍する久米の戦士たちであり、「壬申の乱」にも登場して大活躍する久米の勇士である。熊襲族から〜久米に変化する例をあげる。

※、『新選姓氏録』には、久米〔クメ〕が変化して〜久末〔クマ〕と書かれてある。

一、久米都彦〔クメツヒコ〕から↓久末都彦〔クマツヒコ〕へと変化している。

※、『出雲風土記』には、久米〔クメ〕が変化して、久末〔クマ〕と書かれてある。

一、久米社〔クメシャ〕が↓久末社〔クマシャ〕になっている。

★、久米〔クメ〕から〜久末〔クマ〕に変化する例である。熊が〜久米になり〜久米に変化する証明である。

「神武天皇軍は、宇陀の戦いに勝利するたびに、勝ちどきの久米唄を歌って進軍している」

一、宇陀の菟田野町の、兄宇賀志に勝利すると、久米唄を歌っている。

《久米唄のセリフ》

「宇陀の高城で、鴫を取る罠を張ったら大物のクジラがかかった。……こんちくしょうめ……へなちょこどもよ、腰抜けどもよ……」と唄っている。

二、桜井市の忍坂のヤソタケルを征伐すると、久米唄を歌った。

《久米唄のセリフ》

「忍坂の大きな岩穴に賊が集まっていた。久米の子らが、こぶ付き槌や石槌を手にして打ち倒してしまおうぞ。強い力の久米の子らが、打ちたおすぞ……」の力強い内容である。

三、ナガスネヒコを征伐すると、勝利の久米唄を歌っている。

四、桜井市の兄磯城、弟磯城を征伐すると久米唄を歌った。兄磯城の殺害は、邪馬台国の本拠地が陥落したことである。

★、神武天皇が宇陀からの戦いに勝利できたのは、久米の兵士たちの勇敢な活躍だった。勝利のたびに久米唄で勝ちどきの雄叫びをあげていることで分かる。

★、邪馬台国の本拠地の兄磯城を攻略する時は、さすがに苦戦している。「友よ……早く助けに来てくれ……」と援軍を求めているからだ。

《久米部が設置された分布範囲が、西日本の地域である》

一、久米部の設置範囲の特徴は、西日本にかけて設置された。この点に注目しなければならない。

一、神武天皇が活躍する西日本と、久米部が活躍する地域が重複することで分かるのだ。

神武天皇陵は橿原市の久米にある。神武天皇陵の隣に、久米族が信奉した「久米御県神社クメミアガタ」がある。ここが久米族の本拠地であった。

神武天皇を守護した熊襲族と久米は、セットにして考えなければならない。熊襲は近畿地方に出てくると、久米になり～『古事記・日本書紀』を書く時代に隼人に変わっていった。

昔の加世田市は、地名表記が変わり「南さつま市加世田」になっている。かつて日本国が市町村合併を推進して古代地名を抹殺したのは問題がある。地名は千年から～二千年と変わらずに残るからであり、地名から謎の古代史を解明するヒントを失うのだ。

〈コラム〉※、「久米」の土器が「笠沙歴史資料室」で見学できた……?。

鹿児島県南さつま市、笠沙玉林公民館の二階に「歴史資料室」があり、二十年前は「久米」と書かれた土器が展示してあった。阿田の本拠地で「久米」の土器をしみじみと見られたのだ。

笠沙は、コノハナサクヤ姫のふるさとであり、ニニギノミコトと出会った土地である。

（電話　〇九九三-六三-〇三四八番　開館時間　午前九時～五時）

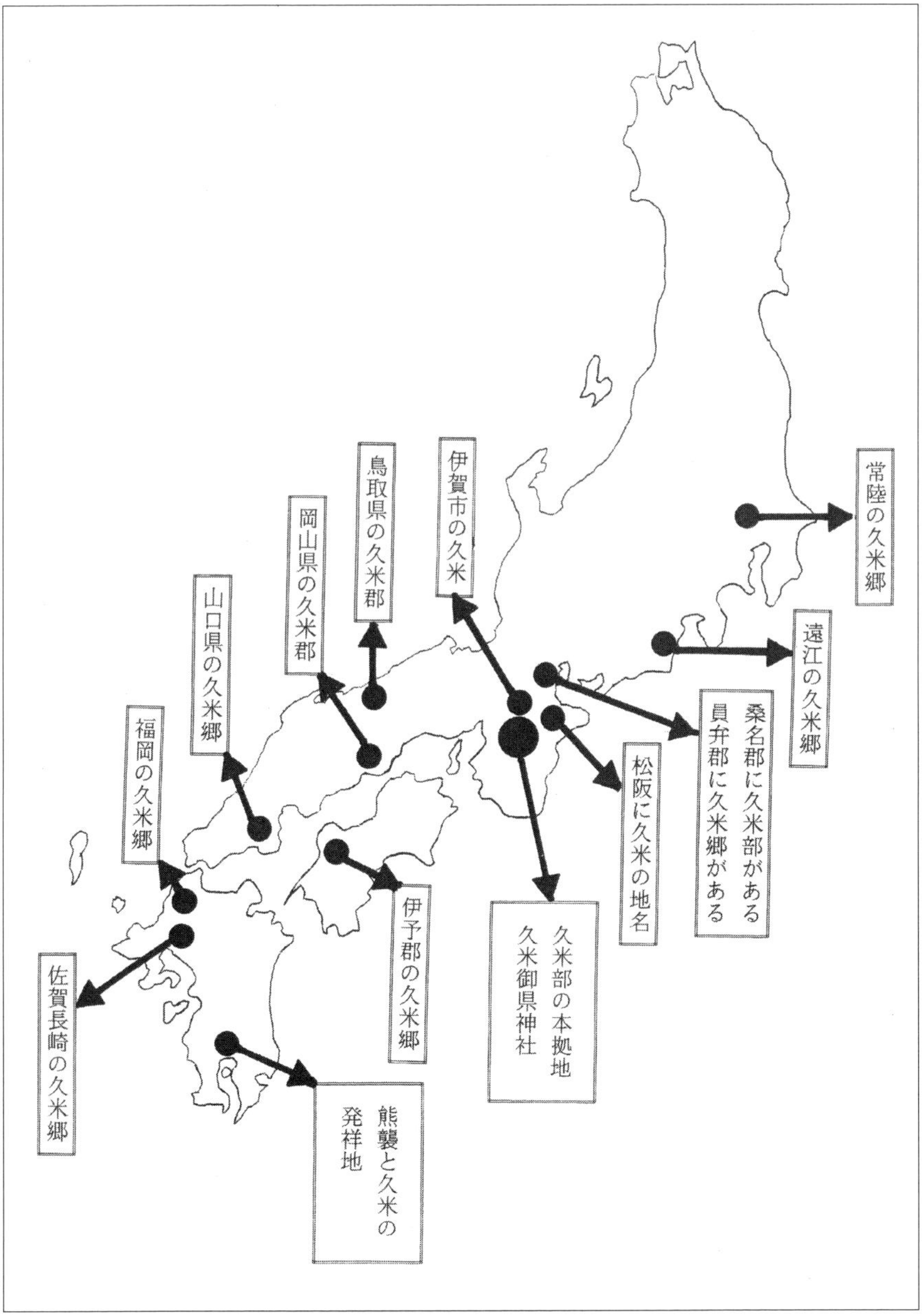

熊襲から発祥した久米の地名分布図

◇奈良県高市郡に残る古智関係の地名

奈良県の高市郡《たけち》の地域には、狗奴国の狗古智卑狗から発生した地名が多く残存している。狗奴国が、奈良盆地の邪馬台国を征服した名残りである。高市郡は古くは今来《いまき》の里と呼ばれていた。

★、今木の地名の説明……「朝鮮からの渡来人が、今やって来たぞ」と言う地名である。今木の範囲は、明日香村の檜前《ひのくま》から～大淀町の今木辺りにかけた広い範囲になる。古墳の築造技術に今木の渡来人の土木技術が生かされた。その証拠に、新木山古墳などの名称に「今木や新木《あらき》」の地名が残っている。

『東漢氏のルーツの説明』

飛鳥の桧前《ひのくま》は、東漢氏《やまとのあやうじ》の渡来地である。朝鮮半島の南部にあった、安羅加耶《あらかや》から渡来した民族という。安羅《あら》国と、加耶《かや》国のことであり、任那と呼ばれた金海地方を指す。漢〔アヤ〕は↓安羅〔アラ〕から～安耶〔アヤ〕に変化する。

総体的に、飛鳥は金海からの渡来人で占められており関係が深いのだ。

★、高市郡の領域は《東西六キロから×南北八キロ》の広大な面積である。

現在の橿原市、高取町、飛鳥村の三市町村の地域がスッポリ入る。古代は大和朝廷が本拠地とした重要な地域である。天皇家に、もしものことがあれば馳せ参じた守護集団（久米）が高市郡内にいたのだ。

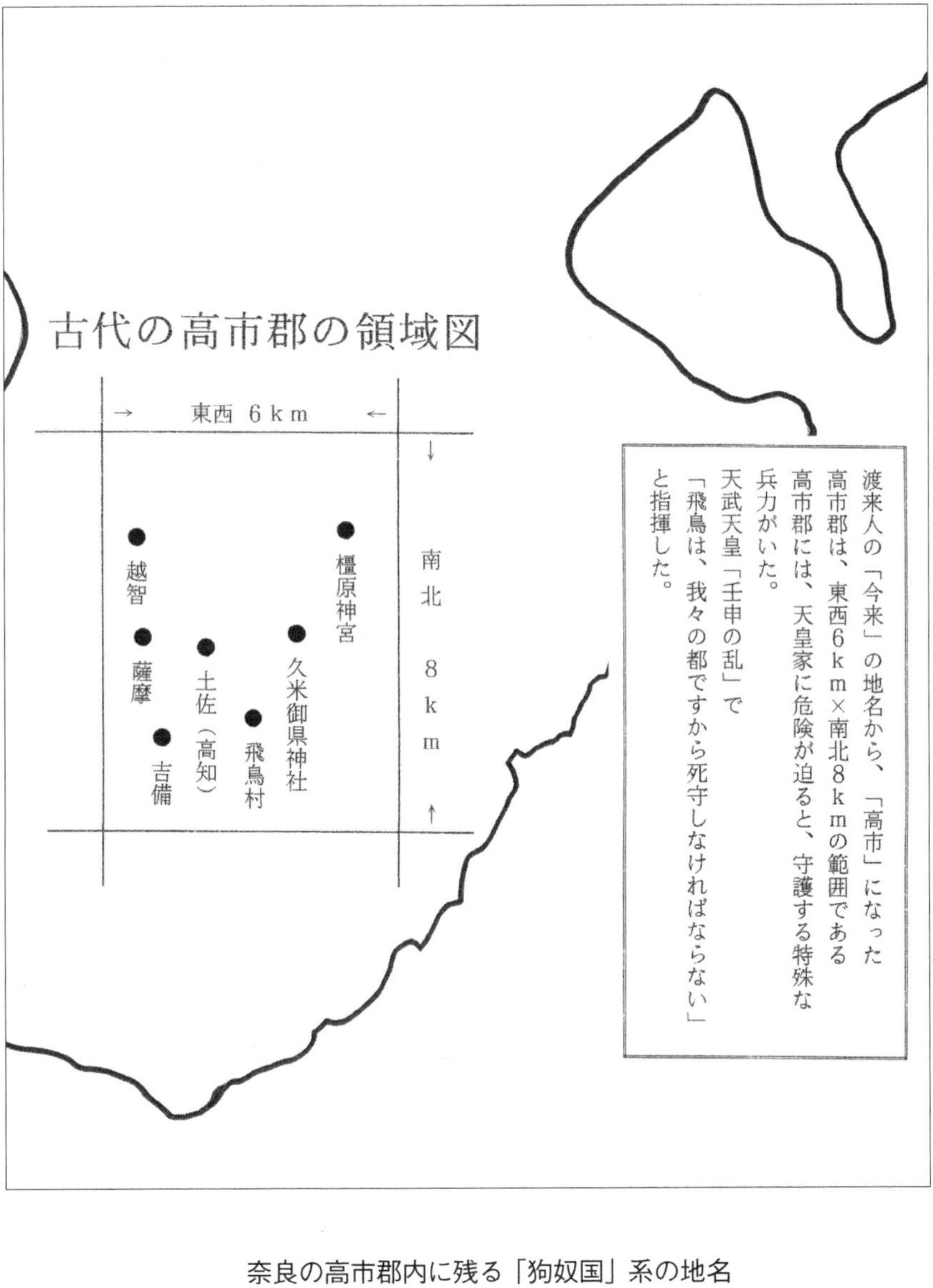
古代の高市郡の領域図
→ 東西 6ｋｍ ←
↓ 南北 8ｋｍ ↑
越智
薩摩
吉備
土佐（高知）
飛鳥村
久米御県神社
橿原神宮
渡来人の「今来」の地名から、「高市」になった
高市郡は、東西6ｋｍ×南北8ｋｍの範囲である
高市郡には、天皇家に危険が迫ると、守護する特殊な
兵力がいた。
天武天皇「壬申の乱」で
「飛鳥は、我々の都ですから死守しなければならない」
と指揮した。

奈良の高市郡内に残る「狗奴国」系の地名

高市郡の橿原には、邪馬台国を征服した狗奴国の男王、卑弥呼が初代の神武天皇（カムヤマトイワレヒコ）として即位した橿原神宮がある。高市郡内は、狗奴国が新政府を開いた建国の土地であるために、古智（コチ）から発生した地名が色濃く残っているのだ。奈良盆地の東南部にあった邪馬台国に対して、狗奴国の政権は西南部に本拠地を構えた。

【高市郡内に残る狗奴国系統の地名一覧】

《地名》	《読み方》	《説明文について》
橿原市久米町	クメ	久米は熊襲から発生している。神武天皇を祭る橿原神宮の隣に久米の地名がある。久米御縣神社〔クメミアガタ〕は、〔熊・久米〕族の本拠地になる。神武天皇の中で、久米が活躍して勝利すると久米唄を歌う。
高取町吉備	キビ	桜井市にも吉備の地名が残る。岡山県の吉備の地名と深い関係にある。神武天皇は、吉備の高島の宮に八年間滞在したとある。吉備は、熊の同類語である。狗奴国と密接な関係がある。（他稿で述べる）
高取町薩摩	サツマ	加耶国の走漕馬国〔ソゾマ〕が渡来して、薩摩〔サツマ〕の地名になっている。高取町の薩摩は、隼人の時代に鹿児島から移動したものと考えられる。
高取町兵庫	ヒョウゴ	兵庫とは読んで字のごとく、戦争用の武器庫であった。天皇を守護する豪族たちの武器庫である……。

高取町　越智	オチ	高知（コウチ）の（ウ）が脱落して越智（オチ）になる。姓名辞典では、越智（オチ）さんのルーツは高知県を発祥するとあり、一致する。
高取町　土佐	トサ	高取町内に、上土佐、下土佐の高知県の地名がある。高知県の土佐が移動したものである。
高取町　小市	コチ	古智（コチ）と小市（コチ）は同じである。『日本書紀』に、第三十七代の斉明天皇の御陵が、高市郡の小市岡（オチオカ）にある。小市岡（オチオカ）が、現在は越智岡（オチオカ）の漢字に変化して書いてある。小市と越智は同じ意味である。

高市郡は大和朝廷が発祥した重要な土地である。天武天皇は『壬申の乱』の中で、「古京（飛鳥）は、我々の本拠地であり固守しなければならない」と言い、……荒田尾値赤麻呂《あらたのおのあたいあかまろ》らは守備態勢に入っている。

高市郡をタケチと読んでいるが、クコチヒコから発生した～コチ〔高市〕とも呼べるのだ。

〈コラム〉※、高市郡内には、橿原神宮の神武天皇陵を中心に、大和朝廷の政治機関が集中した

天皇家から出動要請があると、久米神社の軍事部隊が守った。吉備は、久米族（熊襲又は隼人）の変化した地名である。吉備の地名は、宇陀の大熊にもあり軍事基地があった証明である。天武天皇が明日香村で、隼人を接待している。紀路の薩摩は、薩摩隼人の軍事基地だったので地名が残った。薩摩隼人たちは、五條市の阿田（薩摩の阿田から移住した）や～かつらぎ町の笠田（薩摩の加世田から移住した）や、和歌山方面から紀州半島を中心に守衛した。

◇国道一六五号線に残る狗奴国系統の地名

国道一六五号線は、古代の奈良県桜井市の邪馬台国と三重県側の狗奴国を結ぶ重要な幹線国道であった。狗奴国系統の地名が多く残っている。

桜井市出雲《いずも》の地名について

◎、出雲の意味……雲クモ〔KUMO〕は熊クマ〔KUMA〕に通じる。〔モMOが~マMA〕に変化している。母音の〔Oから↓A〕に変化する母音交替現象である。出雲を解釈すると、熊が出たとなる。この熊とは、熊を崇拝した狗奴国のことになる。例えば、サンサンと照りつける太陽を、いとも簡単に隠すのが雲である。太陽が雲隠れしたとかの表現に使用される。太陽は邪馬台国のことであり、隠す雲は、狗奴国の表現になる。

桜井市長谷は、隠口〔コモリク〕と呼ばれた。

◎、桜井市長谷〔ハセ〕の長谷寺の辺りを隠口という。長谷は、古くは、初瀬〔ハツセ〕と書かれた。

隠口の説明……隠れるを〔コモKOMO〕と読ませる。
コモル…………隠れることや穴にこもることに……使う。
薦・コモ………雪国では冬になると樹木にコモをかけて、雪から隠すことに使う。
コモの意味は隠すことを意味するのだ。隠口とは、隠れる入り口となる。

『日本書紀』に
「天武天皇、二年〔六七四〕四月、大来皇女〔オオク〕を伊勢につかわすにあたり、初瀬の土地に斎宮を設けて、皇女に潔斎せしめた」と書いてある。
伊勢の斎宮に送る大来皇女が、初瀬川〔長谷〕で「禊ミソギ」をしたことである。
★、禊の説明……川原で汚《けが》れを祓うために水を浴びて身を清めることである。
★、長谷の土地から～西峠を上り～名張に向かう街道は、隠口《こもりく》〔狗奴国・黄泉の国・熊野国〕への入り口だった。

◎、吉隠〔ヨナバリ〕の地名の説明
長谷から数キロ進むと吉隠に着く。吉に隠れると書いて、ヨナバリと読ます。一般人にはとても読めない、吉は吉野などの地名で使用例があり読めるが、隠〔ナバリ〕は、難しい当て字である。

隠は隠れるの漢字である。人間が隠れることはこの世から死ぬことを意味する。隠〔ナバリ〕とは、〔人が死んだ又は黄泉の国〕にいった意味があるのだ。

◎、角柄〔ツノガワラ〕の地名について
吉隠から数キロで角柄に入る。古くは角柄〔スミガワラ〕と言った。神武天皇軍が陣地を張った地名だという。

角柄の説明……角はスミと発音する。角柄をスミガワラと呼び、この近くには墨坂〔スミサカ〕というスミの付く地名が集中する。〔角スミと墨スミ〕は同じ意味である。別項で述べたが、鹿児島の熊襲族の発祥地を大隅半島、大住、大墨、大角の漢字で書いた用例がある。

★、高角神社〔タカスミ〕……角をスミと読ませる。奈良県と三重県の県境にそびえる高見山〔タカミヤマ〕の頂上に、高角神社が鎮座して、神武天皇を祭っている。神武天皇が、大和の国を攻撃するさいに、高見山から国見をしたと伝えているのだ。

★、加茂建角身命〔カモタケツノミコト〕……神武天皇を熊野から道案内した八咫烏〔ヤタカラス〕の正体は、加茂建角身命であった。ここに「角（スミ）」という漢字が使用されている。

「神武天皇」の条項に

「墨坂に炭をおけり、……墨坂の地名はここより起これり……」とある。墨坂となった地名の由来が書いてある。

★、墨坂神社〔スミサカ〕……八咫烏神社と共に、宇陀を代表する神武天皇ゆかりの神社である。

★、スミの意味の説明……角と墨は同じ意味になる。神武天皇と密接に関係する隠語漢字に入る。

★、スミに共通するのは、すべて黒色なのである。

①、熊の毛皮の色は黒い。

②、墨汁の色も黒い。

③、角っこは暗くて黒い。

神武天皇と関係の深い一六五号線沿いに、邪馬台国を攻撃するために狗奴国が進軍したコース上に、炭や墨の地名が多く残っている。特に、隠口や吉隠や角柄は、熊襲族と特に関係の深い地名になる。

『万葉集』に歌われた句〔巻四・五〇四〕

「我が家に、我が住阪の、家道をも、吾は忘れじ、命しなずは……」

翻訳文「住阪〔墨坂〕の家も、あなたのことを忘れまい。生きている限りは……」となる。万葉集では、住の漢字を使用している。

《名張の地名は、隠口の意味と同じだった》

★、三重県名張〔ナバリ〕は、大和国との国境だった

現在は名張市と書く。「孝徳天皇」の条項には、名墾〔ナバリ〕の漢字で書いてある。天武天皇の条項には、隠郡〔ナバリ〕と書いてあり、隠口〔コモリク〕の漢字が使用されていることに気付くのだ。

古代の名張は、一六五号線上の伊勢国の領域にある。宇陀川と名張川が合流する地点の「名張の横河〔ヨコガワ〕」が、大和の国と、伊勢の国〔三重県〕との国境であった。古代からこの土地は重要視されていたのだ。天武天皇は「壬申の乱」の中で、「名張横河」に差しかかると「天空に黒雲を見つけて、我らに勝運ありと占い士気を高めた」と書いてある。運よく名張横河で黒雲が登場するのが興味ぶかい。なぜなら、黒色〔墨〕は、神武天皇軍を象徴する色であるからだ。天武天皇が神武天皇を尊敬していた接点がここにもあった。

★、名張〔ナバリ〕の語源

『播磨国風土記』に、名張の語源を「隠（ナビイル）」と書いた使用例がある。隠（ナビイル）とは、隠れ

る事である。人が死んで隠れる「黄泉の国《よみのくに》」の意味になる。

◎、「ナビ・いる」は一般的に人が死んだことを表現する。死ぬことを人が隠れることにも使うので、隠〔ナバリ〕の漢字を使用した。

◎、「ナビ・いる」が↓「ナバるから～ナバリ」になり、名張の漢字になったのだ。

大和の、長谷の隠口（コモリク）の川で体を清めて↓黄泉の国〔伊勢の国・名張〕に向かう場所であった。桜井の西峠の吉隠〔ヨナバリ〕は、三重県側の名張横河に入ると、名張〔ナバリ〕の漢字に変化する。隠口から↓吉隠になり↓名張になり漢字の表記が変わるだけで意味は同じなのである。

◎、吉隠と書いた理由……大和の国は、吉に隠れると書いた。吉野に吉を付けてるように、吉を付けて吉隠として大和特有の地名で表記したのだ。

★、雲出〔クモズ〕の地名……国道一六五号線の三重県側の最終地点が雲出である。奈良県桜井市は出雲で始まり～三重県津市は雲出で終わる。出雲を反対にすると雲出になるのだ。

《雲出の近くにある狗奴国系の地名》

★、香良洲町（カラスチョウ）の地名……発音からすると、元々は韓国の中州と書いて韓洲〔カラス〕、又は唐洲〔カラス〕だったと考えられる。

★、三雲町（ミクモチョウ）……雲出と同じく雲が使われており、狗奴国の影響が感じられる。

近くには、狗奴国特有の前方後方墳が集中する嬉野町があり、久米の地名も存在して、関係が深い地域である。

奈良県の桜井市の出雲から出発して～一六五号線を三重県側の最終地点に来ると、出雲の反対の雲出に到着する。

桜井の出雲から長谷寺付近は、熊野国（黄泉国の意味）に入る清めの場所だったのだ。長谷寺の創建のルーツへとつながるのだ。

宇陀の西峠の吉隠《よなばり》から～三重県の名張市に進む国道一六五号線は、黄泉国街道だったのだ。だから名張の地名には死後の世界の意味があったのである。

※、宇陀の西峠は、邪馬台国との前線基地になった。

狗奴国軍は邪馬台国軍との宇陀の激戦を勝利した。次のターゲットは西峠を下りた邪馬台国の本拠地への総攻撃である。西峠の鳥見山からは桜井市が下方に見えて、邪馬台国の動きが見て取れるのだ。宇陀の西峠から～東の逢坂峠（大坂峠）に通じる国道の完全征圧は邪馬台国城の陥落を意味した。

〈コラム〉※、宇陀市榛原の鳥見山は、狼煙台だった

榛原の鳥見山には、「神武天皇の聖蹟碑」がある。展望所からは、三重県名張市方面や、宇陀から～奈良県吉野地方の山並みが視野に入る。さらに、邪馬台国の奈良盆地の大和三山も眼下に入る。

鳥見山に、神武天皇の伝説が残る理由は、邪馬台国と狗奴国の戦争時代に、大和三山～宇陀・吉野方面～三重県名張方面に緊急連絡の軍事用の狼煙《のろし》台が造られいたからである。

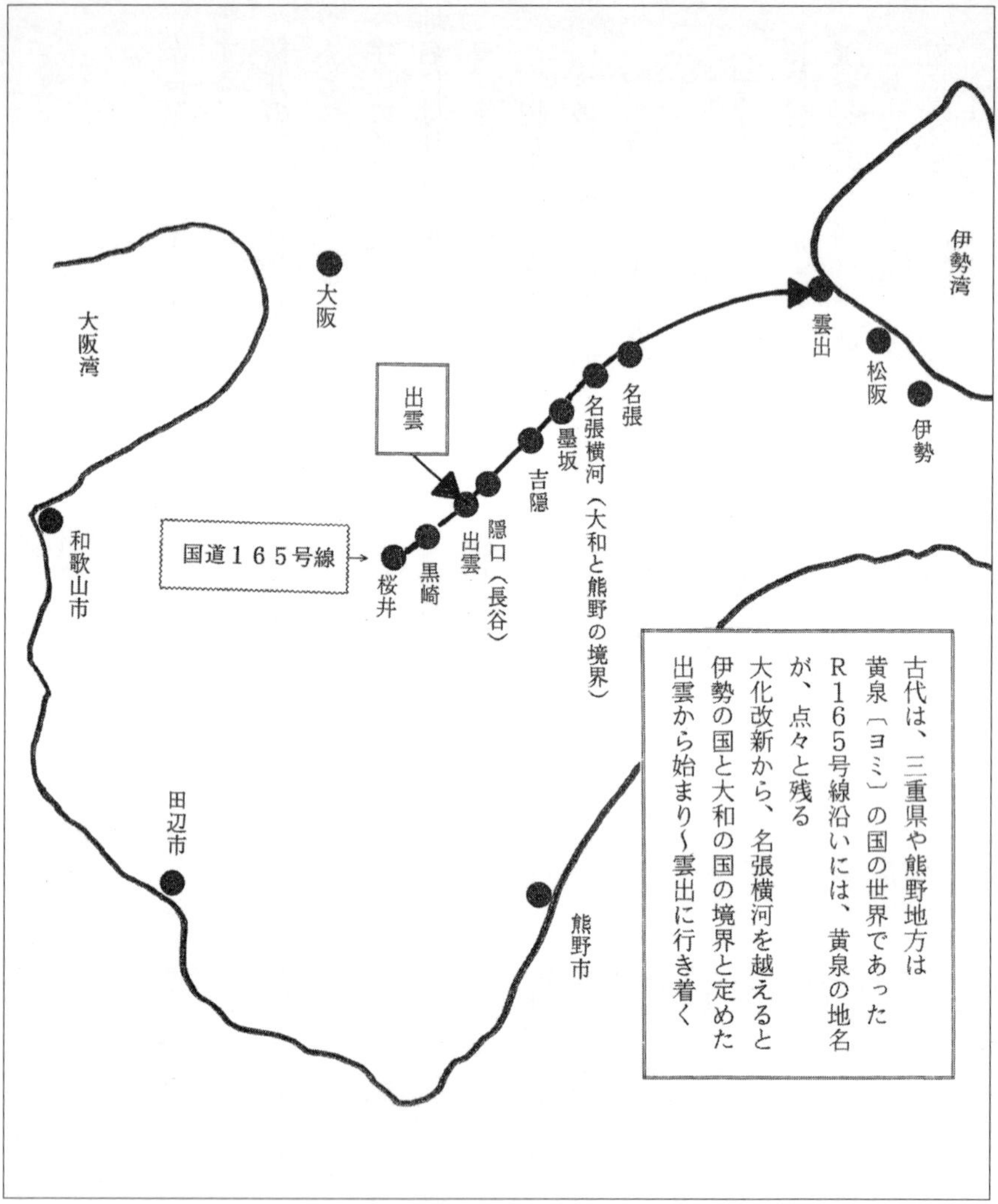
大阪
大阪湾
伊勢湾
雲出
松阪
伊勢
出雲
名張
名張横河（大和と熊野の境界）
墨坂
吉隠
隠口（長谷）
出雲
黒崎
桜井
国道１６５号線
和歌山市
田辺市
熊野市
古代は、三重県や熊野地方は
黄泉〔ヨミ〕の国の世界であった
R１６５号線沿いには、黄泉の地名
が、点々と残る
大化改新から、名張横河を越えると
伊勢の国と大和の国の境界と定めた
出雲から始まり～雲出に行き着く

国道165号線は黄泉の国への道だった

◇狗奴国が信奉した、熱田神宮と真清田神社

狗奴国は、鹿児島から～濃尾平野に移動して本拠地を構えた。濃尾平野を代表する熱田神宮と真清田神社は、狗奴国が祭った神であった。

※、熱田神宮の始まり……天皇家と関係する神社である。ヤマトタケルの三種の神器の「草薙《くさなぎ》の剣《つるぎ》」を神宝とする。熱田神宮の近くの高蔵古墳群からは釣り針が出土している。「海幸彦・山幸彦」神話のホオリノミコトが、釣り針を探しに行った海神国は、ここかも知れない。狗奴国が、鹿児島から～濃尾平野に移動した場所と一致するからだ。

※、橿原神宮の始まり……狗奴国は、奈良の大和盆地の邪馬台国を征服すると、男王の卑弥弓呼が、神武天皇として橿原の宮で即位した。橿原神宮の隣にある久米御県神社は、濃尾平野から随伴した久米〔熊襲〕軍団の本拠地である。橿原は朝鮮語で国家という意味がある。

※、愛知県一宮・真清田神社の始まり……愛知県一宮市にあり、濃尾平野を代表する狗奴国系の神社である。昔は真墨田と書いたが、現在は真清田に変わっている。墨《すみ》から清《すみ》に変化した理由に気付かなければならない。

墨は、宇陀の墨坂神社の墨につながり、熊襲や大隅の墨であり神武天皇を表現する墨になるからだ。

真清田神社は、天皇家の一世一代の世継式「大嘗祭」に踊る「久米舞い」を伝承している。橿原神宮も、毎年の建国記念日には「久米舞い」が踊られている。天皇家との関係を証明するものである。月読神社でも、毎年の秋の例大祭で隼人舞いが踊られる。〔場所・古代の隼人の移住先、京都府京田辺市大住〕

★、『久米舞い』の、始まりの説明文

「海幸彦・山幸彦」神話の中で、ホオリノミコトは、釣り針を探しに海神国に行く。塩乾玉《しおひるたま》と塩満玉《しおみつたま》で、ホデリノミコト〔隼人のこと〕を苦しめた。

隼人は、今後は昼も夜もホオリノミコト〔天皇家〕を守護していきますと誓った。その時の海で苦しみもがいた姿が「久米舞い」の踊りとなった。「久米舞い」または「隼人舞い」と言う。その後は、隼人と天皇家の密接な関係が『古事記・日本書紀』に書かれてある。神武天皇の条項で、賊軍との戦いで勝利すると勝ちどきの唄「久米唄」で鼓舞している。久米の軍事力で、賊軍に連戦連勝したので、功績を大いにたたえたものである。

天皇家の「大嘗祭」に踊られてきた事は、久米の軍事力で賊軍に勝利できたことに感謝したものである。

★、真清田の語源の説明文

真……真実の、又は本当の意味が含まれている。

清……スミは、墨〔スミ〕に通じて、神武天皇や熊襲族の表現に使用される。昔は清が墨と書かれた。

一、スミは、鹿児島の大隅町〔オオスミ〕に通じる。熊襲族の出身地である。

一、スミとは、「壬申の乱」で天武天皇に軍資金を差し出した「尾張の大隅」に通じる。熊襲族の子孫になる。

一、スミは、奈良の宇陀で神武天皇の東征物語にちなんだ墨坂神社《すみさかじんじゃ》にも通じる。

※、東之宮古墳……濃尾平野を代表する犬山市の最古の前方後方墳である。濃尾平野を一望できる場所に造られた。

奈良の橿原で即位した、神武天皇の王族クラスの古墳だと考えてよいだろう。

王族たちは、濃尾平野に残り犬山市に前方後方墳を造ったのだ。

※、天皇家のシンボル、古代から伝わる「三種の神器」は、濃尾平野の狗奴国に関係する神社に祭られた。

三種の神器とは、①、「八坂瓊曲玉」②、「八咫鏡」③、「草薙剣」である。

一、東京の皇居は、「八坂瓊曲玉《やさかにのまがたま》」を所蔵する。

二、狗奴国が信奉した熱田神宮は、ヤマトタケルの「草薙剣《くさなぎのつるぎ》」を神宝とする。

三、橿原神宮は、狗奴国出身の卑弥呼を神武天皇として祭る。奈良盆地の邪馬台国を狗奴国が征服した証明である。

四、真清田神社は、「久米舞い」を伝承している。奈良の橿原神宮は「久米舞い」を奉納している。天皇家の世継ぎ式にも、「久米舞い」が踊られる。

熱田神宮や真清田神社や東之宮古墳は、狗奴国の本拠地を証明するものである。

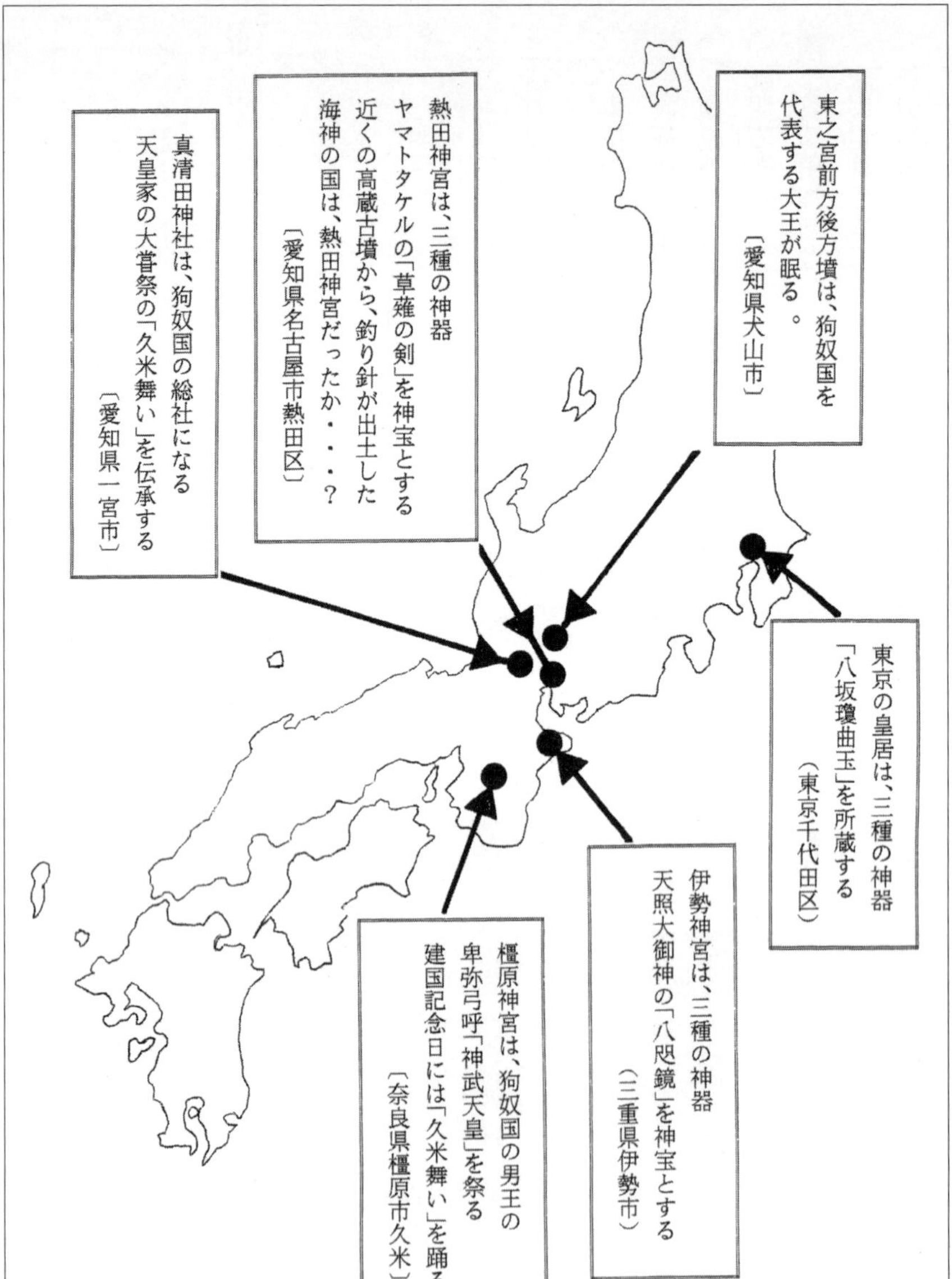
東之宮前方後方墳は、狗奴国を
代表する大王が眠る 。
〔愛知県犬山市〕
東京の皇居は、三種の神器
「八坂瓊曲玉」を所蔵する
（東京千代田区）
熱田神宮は、三種の神器
ヤマトタケルの「草薙の剣」を神宝とする
近くの高蔵古墳から、釣り針が出土した
海神の国は、熱田神宮だったか・・・？
〔愛知県名古屋市熱田区〕
真清田神社は、狗奴国の総社になる
天皇家の大嘗祭の「久米舞い」を伝承する
〔愛知県一宮市〕
伊勢神宮は、三種の神器
天照大御神の「八咫鏡」を神宝とする
（三重県伊勢市）
橿原神宮は、狗奴国の男王の
卑弥弓呼「神武天皇」を祭る
建国記念日には「久米舞い」を踊る
〔奈良県橿原市久米〕

狗奴国の神を祭る熱田神宮と真清田神社

◇愛発の関・不破の関・鈴鹿の関の発祥と狗奴国

北陸の愛発《あらち》の関所、中山道の不破《ふわ》の関所、三重県の鈴鹿《すずか》の関所は古代に発祥した三関所と言われている。古代人は、近代的な測量器械もない時代でも、厳しい自然界を生き抜く経験と知識と人間的な本能を持ち合わせていた。国内の地形や地理や自然には精通していたのである。科学に汚染された現代人にとっては驚きであるが、古代人には普通の事であった。

★、三関所から東日本地方は、狗奴国の勢力地になる。
★、三関所から西日本地方は、邪馬台国の勢力地になる。
◎、西日本と東日本の中央部に、三関所が作られたのだ。
◎、有事の際は、相手より先に三関所を押さえて交通を遮断した方が、勝利の行方を左右した。天武天皇は「壬申の乱」の中で、鈴鹿の関と不破の関を先に押さえて戦いを有利に運んでいる。

★、三関所がいつ頃作られたのか……？
古代の邪馬台国と狗奴国の時代まで考えられるのだ。理由は、邪馬台国は西日本が本拠地であり、東日本が狗奴国の本拠地になり、両国の境界線に三関所が存在するからである。

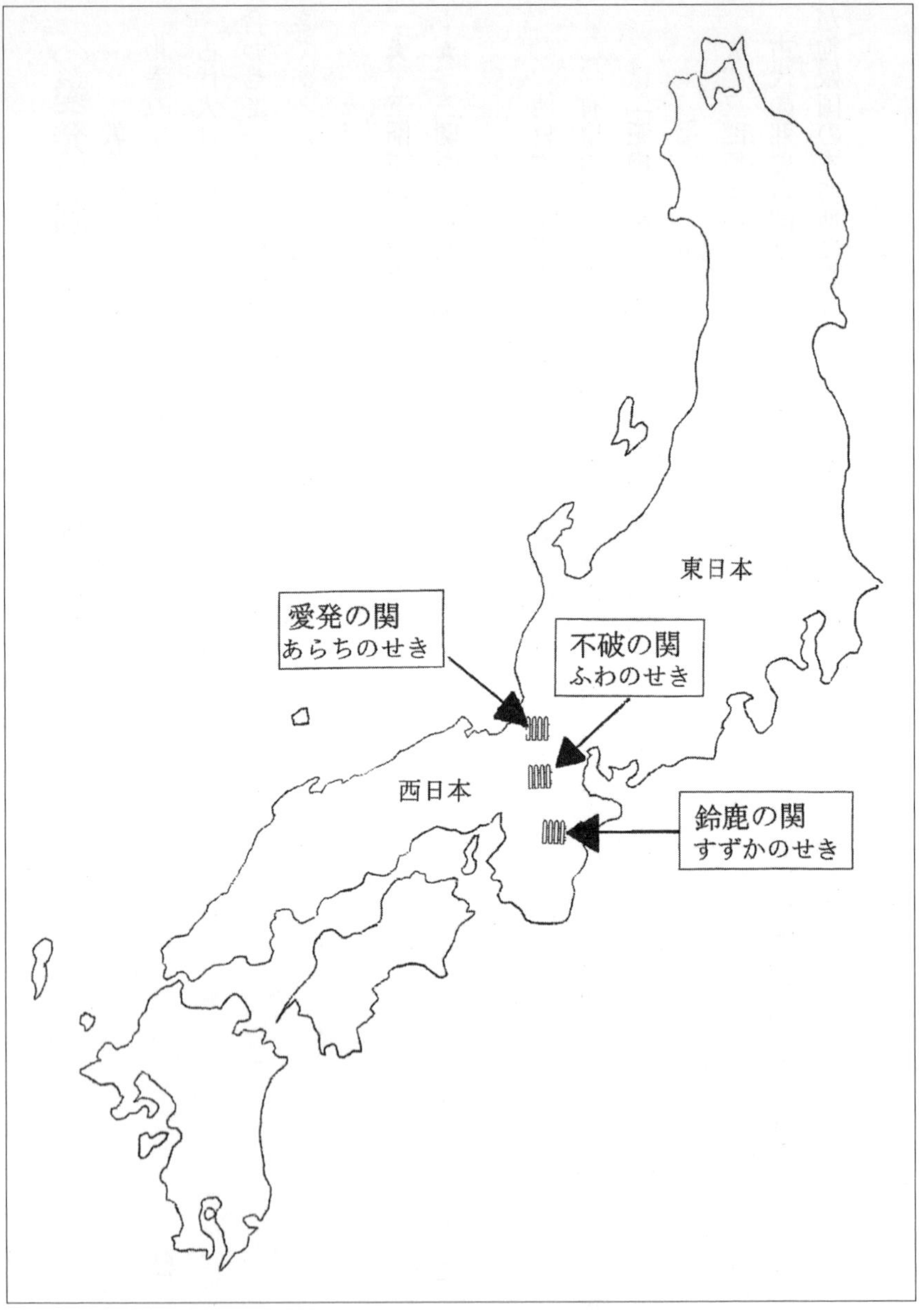

古代の三関所の位置は西日本と東日本を分断する位置図

『三関所の特筆事項』

①、愛発の関所について

福井県敦賀市愛発にある。敦賀市内から～琵琶湖に出る街道沿いに作られた。愛発の関所は、北陸方面を押さえる軍事的な検問所として発達した。西暦七六四年の恵美押勝《えみのおしかつ》の乱の時は、北陸の越前の「息辛加知」と合流しようとした恵美押勝の軍を防いだことで知られる。「壬申の乱」でも、大海人皇子軍は、愛発の関所を封鎖している。

②、不破の関所について

岐阜県不破郡関ヶ原町松尾の場所にある。東日本〔岐阜県側の美濃平野〕から、西日本〔滋賀県側の近江〕に出る幹線道路上に位置する。

「壬申の乱」で、不破の関を押さえて戦場となっている。西暦一六〇〇年、徳川家康軍と石田三成軍が関ヶ原で天下分け目の決戦場として有名である。

③、鈴鹿の関所について

三重県亀山市関町にある鈴鹿峠は、関西方面から三重県地方に出るのに一番の近道であるが、けわしい坂道を延々と越える交通の難所であった。

《鈴鹿峠の山賊の話について》

終戦後の話として、鈴鹿峠で起きた米泥棒軍団の話を聞いたことがある。内容は、大阪商人が木炭車で三重県の津市に行き、米を買い込んで木炭車に積み上げたまま鈴鹿峠に差しかかると、急な坂道で木炭車は人間が歩くほどのスピードにガクンと落ちる。

道路わきに潜んでいた泥棒たちは、スピードの落ちた荷台に一斉に飛び乗り、運転手に分からないように、次から次へと米俵を落として行く。道にはリヤカーを引いた仲間たちが待っており、素早く米俵をリヤカーに積み込んで行く。運転手は急な鈴鹿峠を越えるのに必死で、荷台の米俵に気がつかない。やっと鈴鹿峠を越えた頃には、荷台の米俵は半分に減っていたという。

鈴鹿峠は、泥棒や追いはぎや山賊がよく出たという話で有名であった。

★、三関所は、邪馬台国と狗奴国のどちらが作ったのか……？

三関所の発祥を考える上で、邪馬台国と狗奴国のどちらが先に作ったのだろうかを考えると、三関所を作る必要に迫られたのは江戸時代を参考にすると「入り鉄砲に出女」ではないが、邪馬台国が先であろう。邪馬台国にも、狗奴国にも日本全国の地形や地理を調査して地図を作成する部門があった。そして、国々の境界や戦争用の実戦地理作成部隊が三関所を作ったと考える。

★、天武天皇、「壬申の乱」に出てくる三関所

「壬申の乱」の中で、不破の関と鈴鹿の関に真っ先に軍兵を配置して敵軍の通過を阻止している。
☆、不破の関では、戦闘に有利な土地を選んで、美濃からの強弓隊を配置している。この時の強弓兵は、狗奴国時代から引き継がれてきた強弓を射る精鋭たちであった。（別項で述べた）
☆、鈴鹿の関には五百の兵を配置したとある。

☆、愛発の関所も、北陸の兵力によって封鎖されていた。
天武天皇は、不破の関の近くに野上宮（ノガミ・不破郡関ケ原町野上の場所）を置いて陣頭指揮をとっている。

★、三関所は、いつ頃作られたか……？
三関所を封鎖すると、西国から東国への交通が遮断され、戦争を有利に展開することになる。西日本は邪馬台国の本拠地であり、東日本は狗奴国の本拠地である。西の邪馬台国と東の狗奴国が戦争を開始した時代に三関所は作られたと見ていい。その根拠を次に述べる。

狗奴国は、邪馬台国を征服すると桜井の本拠地に乗り込んだ。時期は西暦二六六年以降になる。邪馬台国の跡地に大きな変化が見られるのだ。

東海地方の土器や、北陸方面の土器が大量（六〇～七〇％）に大和の邪馬台国（桜井市纏向）に流入している。山陰・北陸地方から、纏向出土の一七％の土器の流入は北陸方面の狗奴国の兵隊が邪馬台国に移動したことを意味する。

★、邪馬台国と狗奴国の戦争時代に三関所が作られた
①、不破の関は、狗奴国の美濃平野の強弓隊が守衛していた。
②、鈴鹿の関は、狗奴国の松阪軍事基地の強弓隊が守衛していた。
③、愛発の関は、北陸方面の軍事組織が守衛していた。

★、北陸の愛発の関を、都怒我阿羅斯等《つぬがのあらしと》の一行が通過した

『日本書紀』の垂仁天皇の条項に、古代朝鮮半島南部の金海から都怒我阿羅斬等の一行がやって来た事と、任那《みまな》と新羅《しらぎ》との抗争が始まった原因が書いてある。

第十代の崇神天皇《すじんてんのう》の時代に、額に角《つの》の生えた人が船に乗って越の国の笥飯《けひ》の浦《うら》に着いた。そこを名付けて角鹿《つぬが》と言う。現在の福井県敦賀市《つるがし》は角鹿《つぬが》がなまったもので、気比神宮《けひじんぐう》がある。神宮は皇族に関係する名称に使われている。「どこの国の人か……?」と尋ねられて、「大加羅国の王の子、名前は都怒我阿羅斯等《つぬがのあらしと》」と名乗っている。

「日本の国に、聖王がおられると聞いてやって来ました。……道が分からずに島浦を歩いて、出雲国を経て来ました」とある。

★、都怒我阿羅斯等の説明

大加羅《おおから》国は……古代朝鮮半島南部の金海地方の加耶国である。〔加羅カラ=加耶カヤ〕は通音になり古代は同じ意味になる。任那《みまな》は任那日本府と呼ばれた金海国である。

☆、崇神天皇の在位年代は、西暦三〇〇年頃から~三三〇年頃にかけて実在した天皇である。ツヌガノアラシトはルーツが金海出身の皇族になる。……それが理由で会いに来たようだ……。

☆、都怒我阿羅斯等の意味……角のある冠をかぶった、阿羅《あら》加耶の王子となる。

ツヌガノアラヒトは崇神天皇の時代に来て、次の垂仁天皇の時代に本国に帰ることになった。敦賀に狗奴国系の軍事組織があることを知っていたのだ。船で来たのは一人ではなく、数十名の随行員（貴族）がいただろう。

敦賀に上陸して琵琶湖に抜けるには、どうしても愛発の関所（検問所）を通過しなければならない。琵琶湖沿いに大和の国に入り、崇神天皇に謁見したと考えられる。

垂仁天皇の纏向珠城宮《まきむくのたまきみや》は（現在のＪＲ線纏向駅の東にある）元邪馬台国の本拠地を見下ろす台地に宮都を構えている。

ＪＲ敦賀駅前には、ツヌガノアラシトの銅像が立っている。

※、愛発（アラチ）の地名について

愛発の関所は、関西と関東を分断する三大関所である。

古代から「アラチ」と呼ばれて来たが、明治時代の廃藩置県から現在の「愛発」の漢字で表記している。

古文献には、荒地（アラチ）、有乳（アラチ）、などの当て字で書かれている。

※、疋田村（ヒキタ）の地名のルーツ

敦賀市内から～琵琶湖に向かう峠の中ほどに、「愛発の関所」が置かれた疋田村の集落がある。

疋田村の地名のルーツは、西暦六六〇年斉明天皇の時代に、「阿部引田比羅夫」が海軍大将となり、東北の蝦夷族（エゾ）の征伐に敦賀港（角鹿港）から出兵して、多くの蝦夷族を殺害した。敦賀港は蝦夷征伐の出港地だったのだ。阿部の「引田から～疋田」に変化して地名になっている。

※、愛発（アラチ）の地名のルーツ

「愛発の関所」の所在地は、疋田村のどこにあったのか未だに不明である。例えば、（一）、鈴鹿の関所跡、（二）、関ヶ原の関所跡は当時のモニュメント史跡や看板が現在も残されており分かるのだ。

愛発アラチの地名の（アラ）は、朝鮮の王子様のアラシトの（アラ）から付いたと考えられる。

※、『新撰姓氏録』には、三間名公（ミマナ）は、太市首、辟田首（疋田）の先祖になるとある。「角鹿（ツヌガ）は敦賀に、辟田は疋田に、アラシトは愛発の地名になっているのが特徴である。

敦賀市内には、狗奴国の海軍基地があったと考えられる。

◇熊崇拝から発生した熊来の地名がある

★、石川県中島町熊来の地名の由来について

日本海側の能登半島の中央部に中島町がある。特産物は、海の入り江を生かした海カキの養殖業が盛んな町である。中島町が力を入れた、「御熊兜祭り《おくまかぶと》」〈国指定〉は有名であり歴史資料館も造られている。熊がやって来たと言う熊来《くまき》の地名が残っている。『和名抄』には熊来郷《くまきごう》の地名で見える。

◎、御熊兜祭り……毎年の秋、十月の第三日曜日に行われる。祭りは、朱色系統の長い旗竿に漢字文が書いてあり、数十人で町中を引いて歩く。中国の『三国志』に出てくるような旗竿であり、日本の祭りとは到底思えない。

御熊が入っており、熊崇拝との関係がある。恐らく日本海側から能登半島に熊崇拝族が上陸して、熊来の地名が残ったと推測できる。御熊兜祭りは、熊崇拝族から発祥した祭りである。

★、西尾市熊来の地名の由来

『和名抄』参河国幡豆郡に、「熊来郷《くまき》」が残っている。現在の、愛知県西尾市久麻久《くまく》の地域になる。神社神名帳には、「久麻久神社《くまく》」が書いてある。

熊来の地名は、熊族が参河国《みかわ》に上陸したときに発生した地名と考えられる。久麻久《くまく》は、「熊が来る」の意味である。

※、熊は……熊崇拝のシンボルの動物の熊である。
※、来る……やって来る又は来たの意味になる。

◎、「来る」は、一般的に渡来人がやって来たに使われている。奈良盆地の高市郡にやって来た渡来人も「今木《いまき》」の里と呼ばれた。古墳の築造技術も渡来人の土木技術が生かされた。阿羅から来た「新木《あらき》」の渡来族は古墳の近くに多いのが特徴である。

〈コラム〉※、「熊」の地名が全国にあるルーツ

日本各地に熊の付く地名があるが、八割方が熊信仰との関係から付いている。福岡県内は、熊襲族の影響が強く残る。熊が「隈」の地名になり集中している。

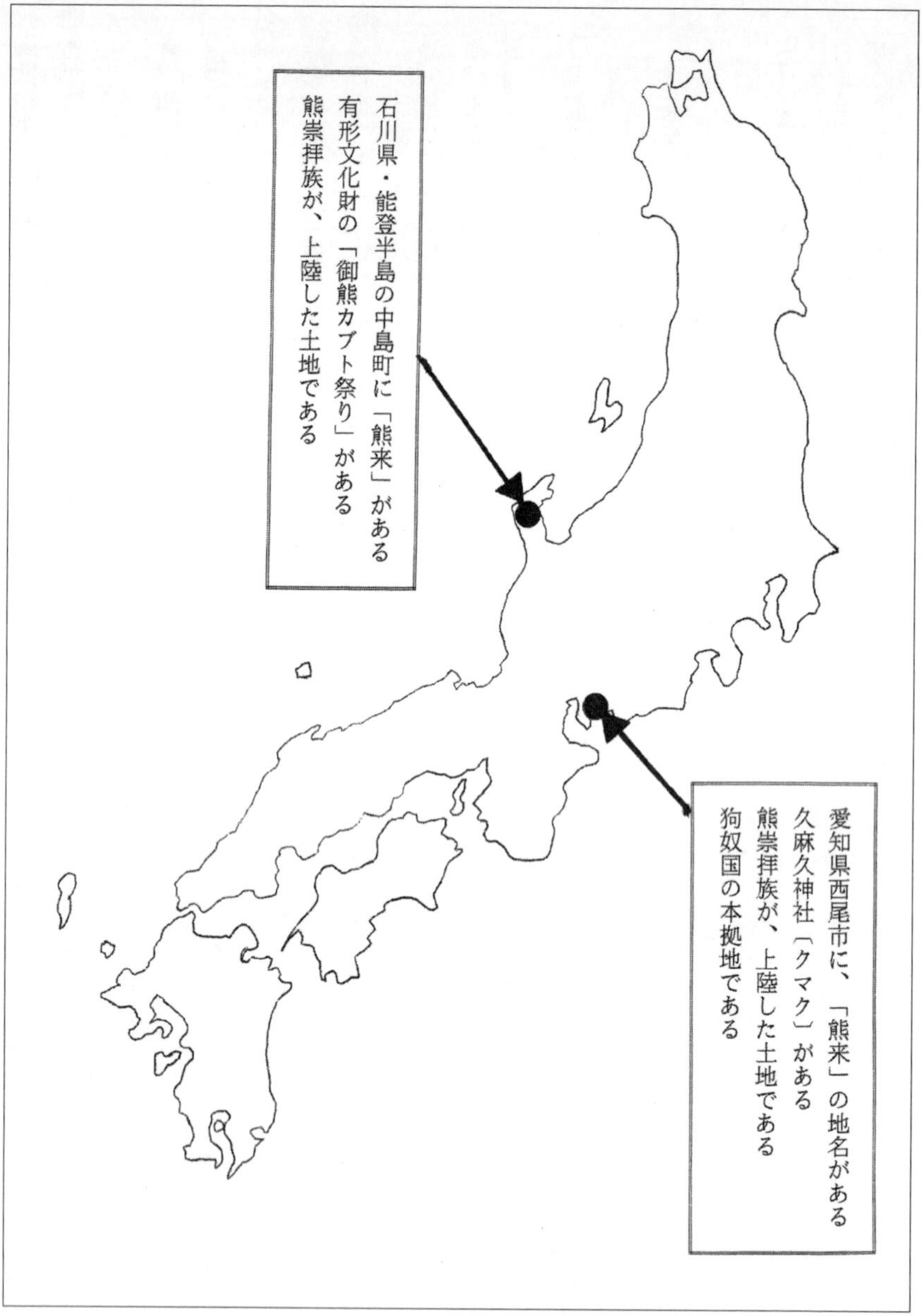
石川県・能登半島の中島町に「熊来」がある
有形文化財の「御熊カブト祭り」がある
熊崇拝族が、上陸した土地である
愛知県西尾市に、「熊来」の地名がある
久麻久神社「クマク」がある
熊崇拝族が、上陸した土地である
狗奴国の本拠地である

熊来から熊崇拝族が上陸した

★、福島県双葉郡の「大熊」は、熊襲族からついた

『続日本紀』養老二年（七一八）の条項に、陸奥国の標葉《しねは》郡が初めて出てくる。『国造本紀』には、染羽《しねは》国造で出てくる。標葉が染羽と書かれてある。

大和朝廷は、東北の福島県の浪江町や大熊町の支配地の境界線に標識を立てた。それを標葉《しねは》と言った。

※、標葉の意味……大化の改新(六四五年)より以前に使われた古い言葉である。〔標識の端っこ〕の意味で、端《は》が葉になった。宇陀の大熊と同じく双葉郡の大熊の地名は狗奴国の熊襲族（狗奴国）が軍事基地にした所から付いた地名である。

◇鹿児島の熊襲の発祥地には、特殊な地名が残る

◆鹿児島県大隅地方に残る熊襲の地名

鹿児島県の、大隅半島中心に熊襲関係の地名と史跡が集中している。……ということは、大隅半島が熊襲族の発祥地であり、本拠地だった証拠である。

《熊襲の名称の起こり……》

熊（クマ）とは……動物の熊のことである。東アジア地方に古くから発祥した、熊をトーテムとする原始宗教である。朝鮮半島の建国神話は、熊と虎が戦って熊が勝利したとしている。さらに、熊襲族は朝鮮半島南部の加耶から～鹿児島の国分平野に渡来した。大隅一宮「鹿児島神宮《かごしまじんぐう》」は熊襲族の神宮である。

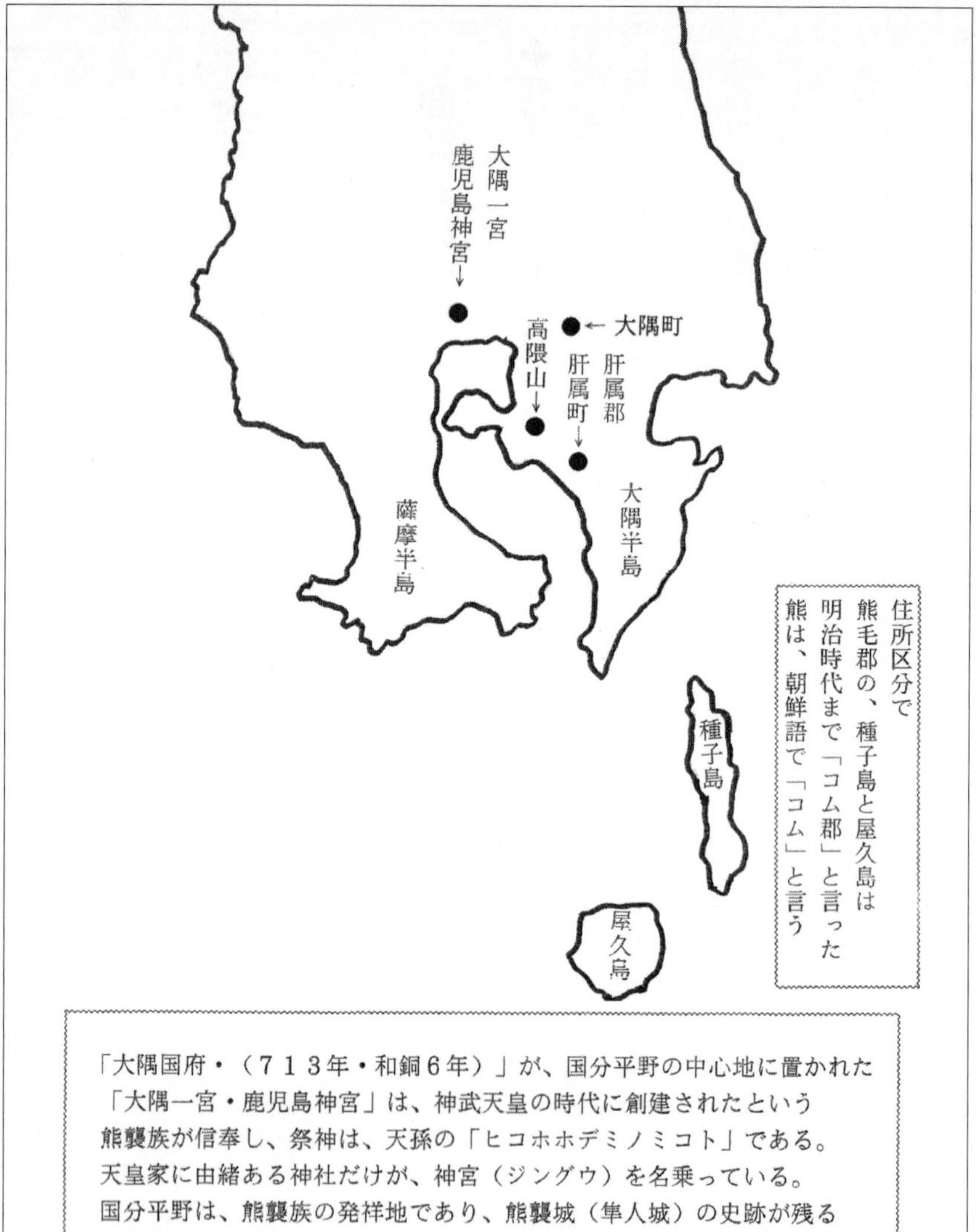

「大隅国府・（713年・和銅6年）」が、国分平野の中心地に置かれた
「大隅一宮・鹿児島神宮」は、神武天皇の時代に創建されたという
熊襲族が信奉し、祭神は、天孫の「ヒコホホデミノミコト」である。
天皇家に由緒ある神社だけが、神宮（ジングウ）を名乗っている。
国分平野は、熊襲族の発祥地であり、熊襲城（隼人城）の史跡が残る
鹿屋市の、高隈山（タカクマヤマ）の山頂からは、種子島が視界に入る
地名の残存率は、2千年たっても9割方が残るという。
熊襲族の地名が、大隅町や肝属郡などに変化して今日まで伝わっている。

鹿児島県大隅地方に残る熊襲（クマソ）系の地名位置図

★、神社と神宮の違いがある。神宮とは皇室に関係する呼び方になるのだ。

熊襲は、七王子が国分平野に渡来して発祥した時に誕生した部族で、最も古い呼び方になる。天武天皇が、『古事記・日本書紀』を書くように命じたころから、意図的に熊襲から〜隼人へと呼び方を変えるのだ。理由は、熊襲族という野蛮な名称を嫌ったからである。

◎、熊襲から発生した〔同類語〕が鹿児島に残っている。
★、大隅《おおすみ》の地名………熊襲から発生した地名になる、熊の毛皮は黒い〜隅っこも黒い。大隅とは、大きな隅っことなり、偉大な熊襲族の意味になる大隅半島の中に、大隅町がある。
★、「肝属・又は肝付《きもつき》」も熊襲から発生した地名になる。熊襲族に↓付属するという意味から発祥している。

◆熊襲から〜肝属になる

★、肝属の地名は……地名事典で調べると、大隅半島の真ん中の肝属郡肝付町から起こるとある。
★、〔肝付さん〕の姓名は、……姓名事典で調べると、肝付氏一族は大隅の肝属郡の地名から発祥した一族としている。

肝属郡内には、現在も「肝付さん」の姓名が見られる。肝付さんのルーツは鹿児島の古代氏族の熊襲族に行き着くのだ。大隅地方は熊襲族の本拠地だった証明である。

★、熊襲から~肝属に変化する例。熊〔クマ〕から~肝〔キモ〕へ変化する法則がある。
〔変化前〕熊↓KU MA クマ↓UとAの母音が入れ替わる。（母音交替の法則という）
〔変化後〕肝↓KI MO キモ↓IとOの母音が入れ替わる。（母音交替の法則という）

◎、熊が、母音交替（A・I・U・E・O）して、肝になる変化例である。熊襲から発生したことを証明しているのだ。

★、鹿児島県熊毛郡（クマゲ）には、屋久島（ヤクシマ）と、種子島（タネガシマ）が入る。

★、熊毛郡には〔熊〕の漢字が入っている。熊毛郡は明治時代の地名改正までは〔熊↓KOMU↓コム〕郡と呼んでいた。

★、朝鮮語で熊はコムと発音する。

◎、熊↓コム↓KOMU

★、日本語で、熊はクマと発音する。

◎、熊↓クマ↓KUMA

※、朝鮮語のKOMUから~日本語のKUMAに変化する。KとMは変わらずに〔AIUEO〕の母音だけが交替している。

鹿児島の人間は、熊毛郡〔KOMU↓コム〕を、朝鮮語の発音とは知らずに〔コム〕郡と呼んでいたのだ。

これも、鹿児島に残った熊襲族の名残りの地名だったのだ。

※、大隅の地名の意味について……大隅は、大きな熊襲族の意味になる。隅の色は黒で、熊の毛皮も黒だからである。泣く子も黙る熊襲族は、大きな隅族と言われたのだ。

※、鹿屋市の地名の意味について……昔は、カヤと呼んだ。韓国の金海が加耶（カヤ）である。天孫族が渡来して祖国の加耶がついた。鹿屋市と肝属郡は兄弟の地名である。

◇朝鮮語のアクセントは、鹿児島弁そっくりだった

◆鹿児島弁と朝鮮語はなぜ似ているのか……？

鹿児島語の独特なアクセントは朝鮮語によく似ている。

他府県人が鹿児島人同志の会話を聞くと全く分からないと言う、さらに続いてまるで朝鮮語みたいだ……と言う。

『第二次世界大戦後の話である』

東京の上野駅に朝鮮人がいるとの通報で、「MP（ミニタリィポリス）」が尋問したら、二人とも鹿児島県人だったという笑い話がある。鹿児島語が、朝鮮語のアクセントによく似ているから東京人から間違われたのだ。

韓国に旅行して数ヵ月滞在した時に、気づいた事があった。韓国の南部地方の釜山地域の韓国人の会話と、鹿児島人が話す会話の雰囲気が似ていることに気づいたのだ。

★、朝鮮半島南部の韓国語会話の特徴……会話が荒く聞こえる、会話の語尾のアクセントに独特の上り下りの強弱がある。
★、九州の南部の鹿児島弁会話の特徴……会話が荒く聞こえる、会話の語尾のアクセントに独特の上り下りの強弱がある。

鹿児島弁と韓国語は、言語の内容は違えども会話の響きやアクセントが似ているので、鹿児島弁が朝鮮語に聞こえる理由である。地元の鹿児島県人でさえ、朝鮮語とよく似ていると思っているのだ。

★、文法上の区別について
◎、韓国語と日本語は、文法が同じである。
◎、中国語と英語は、文法が同じである。

現在まで鹿児島弁のルーツについて、いろいろと言われてきた学説を検証してみる。

★、鹿児島弁が、特別に作られたとの説があった。
今日まで云われてきたのは、江戸時代の頃、鹿児島の島津藩が外部から侵入してくる「間諜（スパイ）」や不審者をすぐに「話し言葉（ホウゲン）」で見破るように、独特なアクセントの鹿児島弁を作ったとする説が真《まこと》しやかに信じられてきた。

しかし、この説は間違いである。スパイが鹿児島弁を覚えようとしても、長い年月を必要とするし、方言やアクセントの修得は特に難しいからだ。鹿児島で産まれ育った鹿児島人が、大阪に移住して何十年間住んでもアクセントは中々抜けきれないのだ。

たとえば、テレビで東京生まれの役者が、鹿児島弁で話すシーンになると、どうしてもアクセントがうまく話せない。地元の鹿児島人にはよく分かるのだ。

◆、鹿児島弁は訳語〔通訳者〕が必要だったのだ！

「『日本書紀』の雄略《ゆうりやく》天皇七年の条項」通訳者の記述がある。

「新漢《いまきのあや》新しくやって来た渡来人のことである……「訳語卯安那《おされうあんな》」などの数人を、上桃原、下桃原、真神原に住まわした……」と書いてある。訳語卯安那とは朝鮮語の通訳者のことになる。


『訳語〔通訳者〕の設置の記述について』

訳語《おさ》とは、諸外国から来る要人との通訳担当者である。朝鮮や中国からの来客との通商交渉には、こまかな取り決めの会話を必要としたからである。

中国に行く、遣隋使や遣唐使などにも通訳者が随行して活躍している。

西暦八一一年十二月に、対馬に新羅船が漂着している。以後、新羅方言の分かる通訳者を一人置くようになっている。


『隼人との会話にも、訳語〔通訳者〕を必要とした』

新羅
百済
釜山
任那
広島
四国
太宰府
九州
対馬に、訳語（新羅語）が置かれた
西暦８１１年１２月に新羅船が漂着する
鹿児島の隼人の会話にも訳語が必要だった

中国・朝鮮対策に訳語が置かれた対馬

「『延喜式《えんぎしき》』・九二七年に編纂された律令の法律書」

通訳担当官名『漢語《かんご》師・新羅《しらぎ》訳師・渤海《ぼっかい》語生』などの中国大陸や朝鮮半島との外国交渉に専門の通訳担当官を置くように規定している。

通訳者〔訳語〕を置くのは、外国人との会話でこまかい意志の疎通をはかることが目的である。ところが隼人との会話にも、訳語（通訳者）を必要としたことは、鹿児島弁は外国語同様に見なされていたことが分かる。※、江戸時代に鹿児島は、独立国のようだ……と言われた理由が存在する。

★、「『続日本紀』・聖武《しょうむ》天皇の時代・天平二年三月の条」（西暦七三〇年のころの話である。）
「諸蕃異国《しょはんいこく》は地域を異にし、風俗も同じではない……訳語（通訳者）がいないと通じるのが難しい陽胡史真身《やこのふひとまみ》と、その他に……漢語を習わせたい……」とある。

諸蕃異国には、南九州の最南端の鹿児島県も入っている。通訳者〔訳語〕を置かないと隼人族との会話が難しく、意志の疎通が出来なかったのだ。当時から鹿児島弁は難解な言語であった証明である。

★、さらに重要な人物「陽胡史真身」に、鹿児島弁を勉強させたいとある点に注目しなければならない。

★、『元正《げんしょう》天皇』の時代・〔養老四年二月二十九日〕・〔西暦七二〇年〕
九州の太宰府から早馬の緊急連絡が奈良の平城京に入った。
「隼人が反乱を起こして、国分平野の大隅《おおすみ》の「国守《くにのかみ》」の「陽侯史麻呂《やこのふひとまろ》を殺害した」という、衝撃的な報告だったのだ。

隼人族が殺害した「陽侯史真身」と「陽侯史麻呂」は同族の、陽侯氏一族の渡来人であった。「陽胡史真身」に鹿児島弁を習得させようとした理由がこの事件にあった。

鹿児島県は古代から封建的な国である。短気な性格の隼人族は、「国守」として赴任して来た渡来人系の「陽侯史麻呂」の政治手法に反感を持ったのだ。陽侯史麻呂は鹿児島弁が話せず分からずで、意志の疎通が出来ずについに殺害されたと推測される。

「国守」とは県知事クラスの人物である。現在でも県知事クラスが殺害されると大事件である。

隼人族の征伐のために、一万二千人からの軍隊を派遣して、事件の鎮圧と首謀者の処罰まで一年からかかっている。

★、『肥前風土記《ひぜんふどき》・七一三年の条』に、隼人が出てくる

『肥前国風土記』松浦郡値嘉島《まつうらぐんちかのしま》の条文に
★、『水人は、容貌が隼人に似ており、つねに騎射を好み、言語が俗人と異なる……』とある。

鹿児島から値嘉島に移住した隼人族が鹿児島弁（隼人語）を話していたとある。隼人の話す言葉は、土地（長崎県値嘉島）の住人の言語とは異なっていたのだ。値嘉島には、南九州（宮崎県や鹿児島県）に造られた、隼人特有の地下式横穴古墳が存在しており、点と線で結ばれる土地である。

『第二十二代・清寧天皇《せいねい》の冬・十月九日の条』
雄略天皇を「丹比高鷲原陵《たじひのたかわしのはらのみささぎ》」に葬った時に隼人が出てくる。現在の大阪府羽曳野市島泉字高鷲原になる。

「天皇が死ぬと、近習の隼人たちは、昼夜、御陵のそばで大声で泣き悲しんだ。食べ物を与えても食べず、七日目には死んでいる。役人たちは、御陵のそばに隼人の墓を造り礼をもって葬った……」とある。

雄略天皇と隼人たちとの密接な関係が書かれてある。雄略天皇の側近に仕えていた隼人たちが殉死して後を追った話である。

この時、隼人たちがなげき悲しんだ言葉が「オラブ」である。現在でも、鹿児島や宮崎では「オラブ」と言う言葉が年配者に残っている。

★、オラブの意味……大声で泣き悲しみ叫ぶことである。最近の若い人たちには使われなくなった言語になる。

鹿児島弁〔隼人語〕のルーツは、雄略天皇の時代（西暦五～六世紀）にまでさかのぼれることが分かるのだ。

◎、鹿児島人〔隼人族〕は、古代から難解な鹿児島弁を話していた。そのために訳語〔通訳者〕を必要としたのだ。

中央政府からすれば、鹿児島は地形的に隔絶されて閉鎖的であり、言葉が壁となり封建的な風土を形成してきた、難解な鹿児島弁が誕生した要素である。他府県人からすれば、鹿児島弁は朝鮮語に聞こえる理由が存在したのだ。古代から、鹿児島は一種独特な国だったのである。

七王子たちが国分平野に渡来してから荒々しい金海言葉（朝鮮語）と、鹿児島の原住民語がミックスして出来あがったのが、独特な鹿児島弁だと考えられる。だから、朝鮮語とアクセントが似ているのだ。

鹿児島県の離島に行くと、又独特な琉球言葉が存在する。

◇熊襲族は、七王子が養成した最強軍団だった

◆熊襲の征伐で分かる真相

『古事記・日本書紀』には、熊襲征伐がたびたび書いてある。戦争は勝てば官軍、負ければ賊軍の勝者の論理がまかり通る。果たして、熊襲の征伐が正しかったのか調べてみると意外な真相が分かってきたのだ。

★、熊襲から発生した「大伴氏→大久米氏→久米氏」は、同類語〔親戚〕の言葉になる。

『隼人《はやと》の説明について』

★、隼人《はやと》の意味……隼《はやぶさ》のように動きが早い部族の意味になる。

天武天皇〔六八一年〕が、『古事記・日本書紀』を書くように命じた時代から～熊襲が隼人に変わっている。

★、「海幸彦・山幸彦」の時代は、西暦二〇〇年前後の話になる。

ニニギノミコトが鹿児島に渡来してコノハナサクヤヒメと結婚して、「海幸彦・山幸彦」が誕生する時代である。この頃は、まだ熊襲と呼ばれた時代である。「海幸彦・山幸彦」の時代は、ホデリノミコトは隼人になる……ではなくて、熊襲と書かなければならない時代である。隼人の表現は、七世紀からの使用になるからだ。この点に気づいて欲しいのだ。

★、「海幸彦・山幸彦神話」は、『古事記・日本書紀』の編纂の時代に書かれた。

熊襲と呼ばれた時代に、「海幸彦・山幸彦神話」の下地は出来ていた。それから約五百年近くの年月が流れて、『古事記・日本書紀』を編纂する時代になると、呼び方が熊襲から~隼人に変わった。

そのために、ホデリノミコトは熊襲として書かなければならないのに、隼人になると書いてしまったのだ。ここに、編纂者たちの時代考証のミスが露呈している。

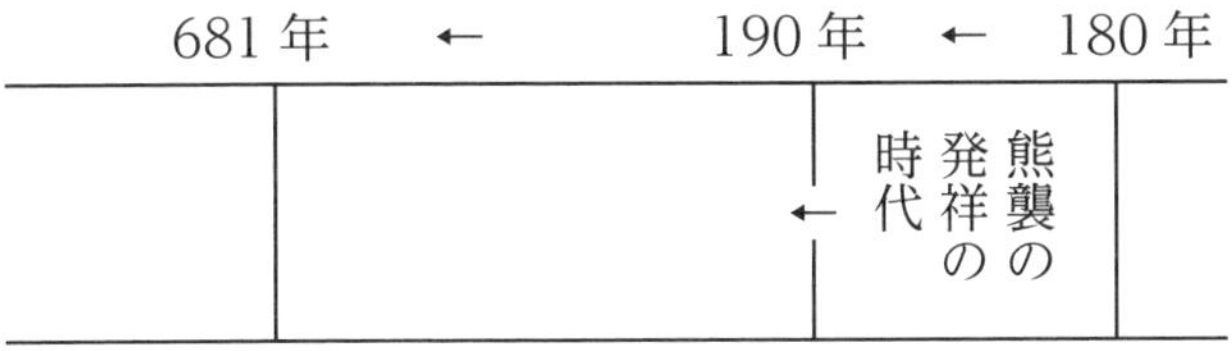

ニニギノミコトが天孫降臨〔渡来〕して、コノハナサクヤヒメと結婚して狗奴国の時代がスタートする。

ホデリノミコトとホオリノミコトの時代になる。

海幸彦と山幸彦の神話が発生する。

ホオリノミコトは天皇になる……。

ホデリノミコトが隼人になるは……熊襲になるが正しい。熊襲と呼ばれた時代に作られたからだ。


天武天皇が、『古事記・日本書紀』の編纂を命じる。

熊襲の表現が、隼人に変わる時代である。

海幸彦・山幸彦神話が書かれた。熊襲の時代の話を、ホデリノミコトは隼人になると書いたミスを犯している。

◆熊襲の征伐から判明した事実

『第十二代・景行天皇の時代に熊襲征伐が起きた』

★、西暦三三〇年ころの話になる〔私製の古代歴史年表から計算した〕

景行天皇の条項に、熊襲の征伐の話がある。鹿児島県国分平野の拍子橋に、熊襲タケルが征伐された伝承地が残っている。

景行天皇は、「聞くところによると、熊襲国に二人のタケルがいて手下も多い、勢いが盛んでかなう者がいない……なんとか平らげることが出来ないか……」と相談している。ヤマトタケルは、酒を飲まして油断した熊襲タケルを討伐している。

『熊襲国に、二人の熊襲タケルの豪族がいた』

★、一人の熊襲タケルの名前は・厚鹿文〔アツカヤ〕と名乗った。

★、二人目の熊襲タケルの名前は・迮鹿文〔サカヤ〕と名乗った。

『さらに、熊襲タケルには、容姿端麗の姉妹が二人いた』

★、姉を、市乾鹿文〔イチフカヤ〕と言った。

★、妹を、市鹿文〔イチカヤ〕と言った。

★、熊襲タケルを討伐した拍子橋……鹿児島県国分平野の拍子《ひょうし》橋の付近が、熊襲タケルを討伐した場所と言う。尋ねて見ると伝説地には、大きな記念碑が建ててあった。

★、国分平野は熊襲族の本拠地だった……国分平野には、熊襲の洞窟や、熊襲城などの、熊襲に関係する伝説と史跡が集中している。熊襲族の発祥地であり、本拠地だったと推定出来る。隼人町が隣にあるから、昔は熊襲町だったと考えていい。〔熊襲から～隼人に変わる過程からである〕

大隅半島は、加耶系統の地名が多い。国分平野は、狗奴国の政治の中心だったからである。

〈コラム〉※、**熊襲の男王は、加耶（カヤ）族だった**

熊襲の男王と、二人の娘はカヤと名乗った。アツカヤ、サカヤ、イチフカヤ、イチカヤは、金官加耶（金海）から渡来した一族である。

熊襲の男王。取石鹿文を斬殺した場所（国分市拍子橋）

◆熊襲タケルの娘は加耶（カヤ）の名称を名乗った

★、カヤは、加耶（カヤ）だった

熊襲タケルや二人の娘の四人には「カヤ」の名称が付いている。カヤは、加耶のことである。国分平野に渡来した七王子の古里は、金官加耶（キンカンカヤ）であった。金海とのつながりがあった。

★、カヤ〔加耶〕は熊崇拝国だった

金海から～七王子が国分平野に渡来して～熊襲族が発祥した。このカヤが、大隅半島の鹿屋市〔カヤ〕になった。鹿屋市内にウガヤ・フキアエズノミコトの御陵があるのは偶然の一致だろうか……？ ウガヤに、加耶〔カヤ〕が産〔ウ〕んだが入っているからだ。

★、国分平野には、新羅の花郎制度があった

朝鮮の新羅の花郎制度が、稚児さんの風習として残った。国分平野は、危急の時はいざとなると結集して稚児さんを擁して外敵に立ち向かった風習があった。高千穂峰の隣は、韓国岳〔カラクニタケ〕と言う。花郎制度の若衆が、稚児さんを擁して一番乗りを競って韓国岳に登った名残りが、韓国岳の由来となったらしい。

★、国分平野から、加耶の三累環頭太刀が出土した

国分平野中央の亀ノ甲遺跡〔カメノコウ〕から、三累環頭太刀が出土している。

三累環頭太刀のルーツは、朝鮮半島南部の加耶地域にある王族クラスの古墳から大量に出土する太刀である。

加耶と～国分平野を結ぶ考古学資料である。

◆熊襲・隼人の反乱が起きた理由

狗奴国が邪馬台国を征服出来たのは、熊襲族が勝利に貢献した最大功労者である。

《久米御県神社のルーツ》

神武天皇に従軍した〔熊襲・久米〕族は、神武天皇を祭る橿原神宮の隣に本拠地を与えられた。それが久米御県神社《くめのみあがた》である。

大和朝廷は政権運営の組閣人事に入った。戦争が終結した時点ではまだ国内は平和ではない。

ここで、一つの問題点が浮上してきた。

大和に移住した熊襲族は天皇家の近くに居住しており、大和朝廷の政治の恩恵を受けられた。

しかし、田舎の鹿児島に残された熊襲族には、意志の疎通がうまくいかずに冷遇されて不平不満が生じていたのだ。不満分子の処遇が、権力者の頭痛の種となった。

天皇家に尽くした熊襲族〔隼人〕が厚遇されれば……反対に大和朝廷の政策に冷遇されて不満を持った熊襲族は反抗したので、征伐の対象となっていった。それが熊襲の反乱事件である。又は、隼人の反乱であった。

『明治維新の、西郷隆盛の戦いと似ている』

鹿児島の西郷隆盛は、江戸幕府から~明治維新への政権交代の最大功労者であった。ところが、数年後には新政権から仲間割れするように分裂してしまい部下を引き連れて、郷里の鹿児島に帰った。同郷の大久保利通とは政策の食い違いから、戦争をするようになってしまった。

新政府の最大功労者だった西郷隆盛は今なお人々から、尊敬と親愛の情をうけている。

『熊襲・隼人の反乱と、全く同じ歴史が発生したのだ』

熊襲・隼人は、狗奴国の天皇家の誕生に命をかけて尽力した。しかし、鹿児島に残された熊襲・隼人族は冷遇されて不平不満が高まり、食い違いが生じた。

そのために、天皇家に仕える側近の〔熊襲・隼人〕たちに討伐されたのだ。これが歴史の真相である。歴史は繰り返すである。

〈コラム〉 ※、**熊襲は**、**朝鮮語**だった……動物の熊を崇拝する部族の意味である。
熊は ＝ 動物の熊が神様であり、男王は熊の毛皮をまとって祭りをした。アイヌ民族の熊祭りが参考になる。
襲は ＝ ソと発音する。朝鮮語の部族（ジョク）の言葉から発生した同類語になる。ジョクが ＝ ソクになり ＝ クがとれて「ソ」が残った。「ソ」の当て字が「**襲**」である。

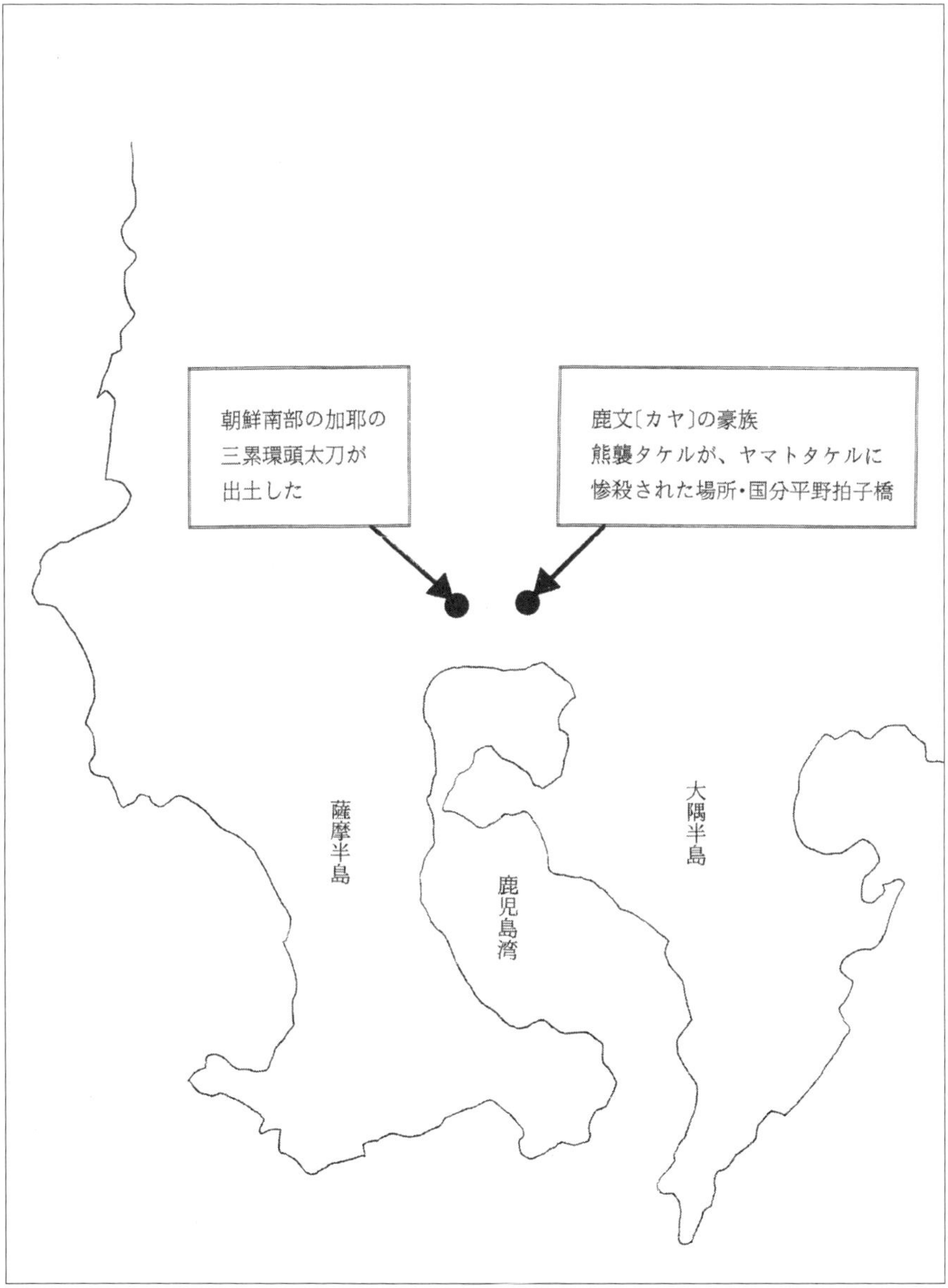
朝鮮南部の加耶の
三累環頭太刀が
出土した
鹿文〔カヤ〕の豪族
熊襲タケルが、ヤマトタケルに
惨殺された場所・国分平野拍子橋
薩摩半島
鹿児島湾
大隅半島

カヤ一族・熊襲タケルが惨殺された拍子橋付近になる

◇垂仁天皇に出てくる、熊の神籬の土産品

『第十一代……垂仁天皇《すいにんてんのう》の条項に、熊崇拝に使う熊の神籬《ひもろぎ》が書かれてある』

垂仁天皇は、〔イクメイリヒコイサチ〕と言う。

イクメ↓入久米になり、久米の意味がある。
イリヒコ↓入彦になる。イリは、古代朝鮮語の意味もある。

イクメイリヒコを訳すると、久米〔熊襲の血をひく〕天皇とでもなろうか……。

垂仁天皇のクメは、久米や熊と関係があり、『日本書紀』の中に〔熊の神籬〕の記述がある。

「三年の春三月の条項・新羅の王子の、天日槍《あめのひぼこ》が、七つの土産品を持ってやって来た……」と書いてある。

その中の一つに、熊の神籬があった。

《天日槍の七つの土産品の種類です》

①、羽太（ハフト）の玉ひとつ。
②、足高の玉ひとつ。
③、鵜鹿鹿（ウカカ）の赤石の玉ひとつ。
④、出石の小刀ひとつ。
⑤、出石の牟（ホコ）ひとつ。
⑥、日鏡ひとつ。
⑦、熊の神籬（ヒモロギ）を一具とある。（熊の神籬とは、熊祭りに使用する道具である）

熊の神籬の一具とは、熊崇拝祭りに使用するものであり、熊祭りが存在したことを証明している。垂仁天皇は、崇神天皇の後になり、狗奴国出身の天皇として政権が安定し始める時代に入る。

◇薩摩の地名が、高取町にあった

「薩摩サツマ」の地名が、高市郡の奈良県高取町の「紀路」にある。

古代の高市郡内は、天皇家が危急の時に守護する久米の軍団がいた。本拠地は橿原神宮の近く、久米御県神社周辺である。
※、紀路《きろ》の説明……紀路とは、紀ノ川の河口から上り～大和国に入る古代の「紀ノ川街道」のことである。
紀ノ川から大和国に入る重要な場所に「薩摩」が位置する。外国からの渡来人たちもこの道を通り、大和国の都に入った。
※、吉野川が紀ノ川へ変わる……近畿で一番高い大台《おおだい》山脈から流れ出た吉野川は、延々と流れて奈良県五條市から橋本市に入ると、吉野川が「紀ノ川」に呼び方が変わる。二つの名称を持った川である。

《天武天皇の前で、天覧相撲をとる。薩摩隼人は、負けて死んだか……？》
『日本書紀』天武天皇の条項に、天武天皇の前で、大隅隼人と薩摩隼人がお互いのメンツをかけて御前相撲をとっている。

試合は、激闘の末に大隅隼人が勝った。恐らく負けた薩摩隼人は、撲殺されたかも知れないのだ。

なぜなら、崇神天皇の時代に、桜井市穴師で、当麻蹶速《たいまのけはや》と野見宿禰《のみのすくね》が試合をしている。負けた当麻蹶速は、肋骨を折られて踏み蹴られて死んだ。現在の相撲神社の場所である。

古代の相撲は決闘方式だから、負けた薩摩隼人も死んだかも知れないのだ。相撲の漢字は、相手を撲殺する熟語から出来ているので、生死をかけた試合だと分かるのだ。

天武天皇は以後、大隅隼人の力量をかって各方面の仕事に重用した。

大隅隼人の活躍で、熊《くま》襲族の出身地は～偉大な大隅《おおすみ》族と称されて、「大隅《おおすみ》」に呼び方が変わっている。

《薩摩の地名は、古代朝鮮半島からやってきた……!》

※、薩摩の地名はどこから来たのか……? 古代朝鮮半島の「卒麻《そつま》」から～鹿児島の薩摩に渡来した地名だという。
「卒麻から → 薩摩」に変化した。サ行の（ソから～サ）に変化して薩摩の地名になっているのだ。

《大隅隼人と薩摩隼人は、二区分される》

大隅隼人軍と薩摩隼人軍の警護区域は、大まかに二分類に区別できるようだ。
①、大隅隼人軍は、大和盆地の警護を主に担当していた。
高市郡の久米御県神社を中心にして、奈良盆地は大隅隼人軍が主に警護している。近畿地方には大隅隼人軍の常駐地が多い。
②、薩摩隼人軍は、紀ノ川流域から紀州半島にかけての警護を主に担当していた。

和歌山県内は、紀ノ川を上り～奈良盆地の入り口の薩摩の辺りまで、薩摩隼人軍が主に警護した。熊野市内に「阿田和」の地名がある。地区の住民は鹿児島弁のアクセントを話している。

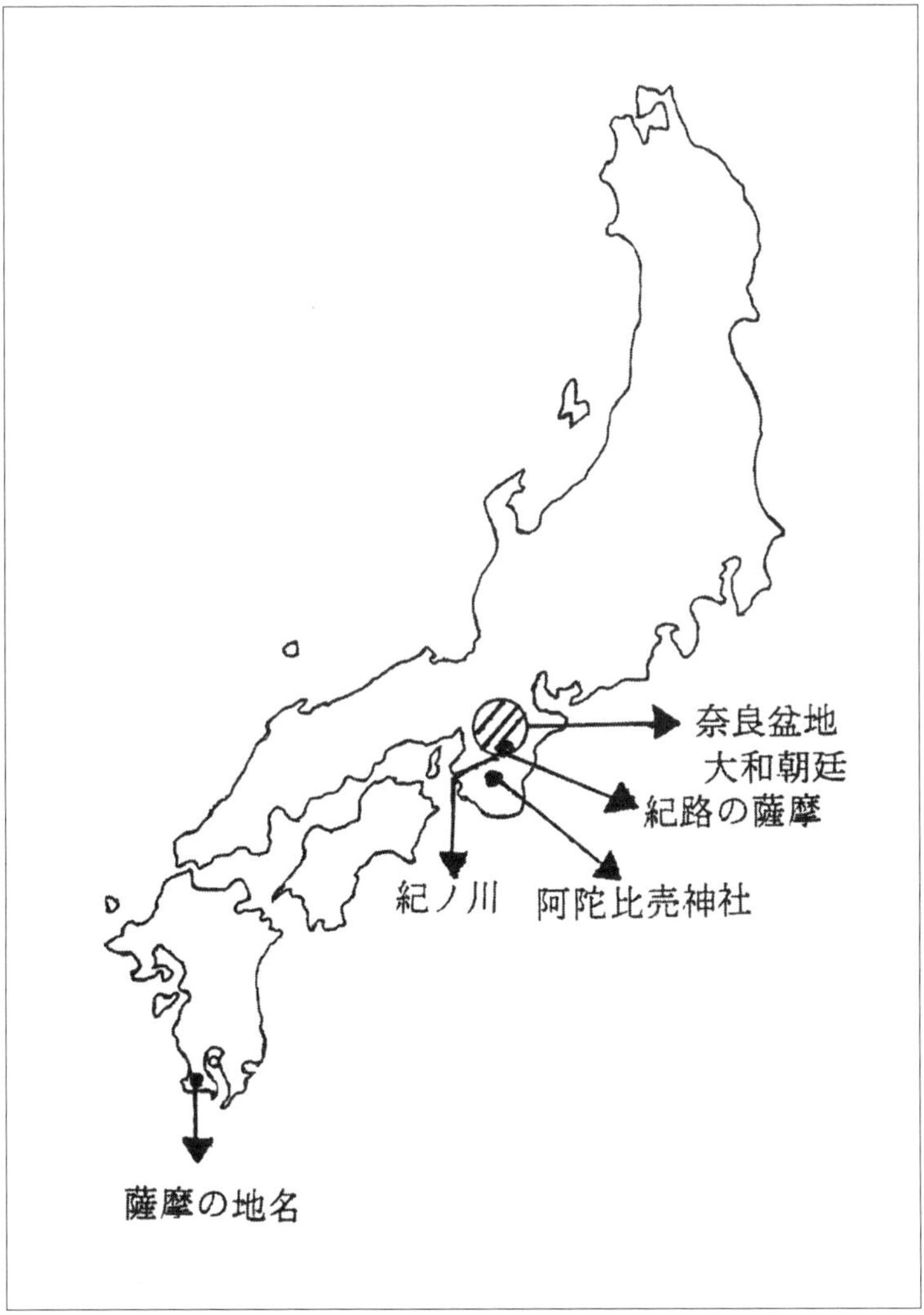

高取町の薩摩の地名位置図

《紀ノ川ぞいには～薩摩半島の地名が残る》

和歌山県かつらぎ町には、笠田《かせだ》の地名があり、JR笠田駅がある。

鹿児島県南さつま市には、加世田《かせだ》市がある。『古事記』の中でニニギノミコトが降臨する時に、「笠沙の岬を真来通りて……」に出てくる。

さらに、ニニギノミコトの嫁さんのコノハナサクヤヒメも加世田市出身である。地元の『加世田郷土史』には、「笠沙の地名から～加世田に変化した」と書いてある。つまり、現在の加世田市は元々「笠沙」だったと述べている。「かささ」の（さ行）から～「かせだ」に（た行）変化したものである。加世田から～笠田になった理由である。

奈良県五條市の南阿田には、「阿陀比売《あだひめ》神社」がある。祭神は、彦火火出見命・火明命・火闌降命である。古代に、南さつま市の阿田隼人が移住して崇拝した神社で、阿田の地名がついている。

南さつま市に、阿田と呼ばれる地域がある。現在の金峰町《きんぽうちょう》の阿田で、阿田隼人の発祥地になる。阿田比売神社には、金峰町から民間の歴史交流団体が訪問して記念植樹している。

神武天皇が宇陀の伊那佐山の条項で、「鵜飼いの友よ……早く助けに来てくれ……」という下りがある。

神武天皇を守護する鵜飼いの薩摩隼人軍が、吉野川の南阿田に常駐していた証明である。

大塚山古墳群が、南阿田にある。吉野川での鵜飼いの漁法を裏付けるように、「釣り針」が出土して注目されている。

《和歌山県有田市に、阿田隼人の移住地があった》

和歌山県有田市一帯には、薩摩から阿田隼人が移住した土地がある。

第四十代・持統天皇三年（六九八年）の条項に、「阿提郡《あてぐん》」の地名が出てくる。

◎、阿提郡の説明……現在の和歌山県有田市のことである。「地理志料」では、有田市の「英多《あた》郷」は、
古代に薩摩国の阿田《あた》隼人族の移住地だと書いている。「阿田」は「英多」の漢字の
当て字で書かれたのである。

《有田市には、吉備《きび》の地名がある》

◎、吉備の地名の説明……吉備は熊襲族から変化した地名であると別稿で述べた。古代、有田の「吉備」や「阿
多」は、阿田隼人族（熊襲族）が移住した証拠として残った地名である。
宇陀の大熊にも吉備の地名があり、関連性がある。

以上から高取町薩摩の地名は、鹿児島の薩摩隼人軍の移住地である。

〈コラム〉※、日本海側の鳥取県内に「阿太」があった

『和名抄』に出てくる鳥取県内の「阿太郷」は、現在の日野郡日南町になる。
薩摩の「阿田」が、「阿多」又は「阿太」と書かれた。
鳥取県倉吉市内には、狗奴国の軍事基地なる「久米郷」が置かれた。
鳥取市御熊《みくま》には、「阿太」の付く「阿太賀都健御熊命《あたかつたけみくまのみこと》神社」がある。
祭神は、三熊之大人命《みくまのうしのみこと》を祭る。「阿太」や熊襲の地名が残っている。

第三章　『魏志倭人伝』は、邪馬台国と狗奴国の歴史書である

◇『魏志倭人伝』は、邪馬台国と狗奴国の歴史書である

◆「『魏志倭人伝』は日本古代史の基礎である」

中国の『三国志』『魏志倭人伝《ぎしわじんでん》』は作者が「陳寿《ちんじゅ》」という史官である。陳寿は、西暦二三三年～二九七年まで生きた人物で、当時の日本国内の状況を詳しく書いてある。『魏志倭人伝』は、日本の大和朝廷の始まりを研究するうえで、決定的な基礎資料になる。そして注目しなければならない重要な部分について述べる。

①、『魏志倭人伝』は、邪馬台国と狗奴国は建国当初から仲が悪く、戦争していたことをなぜ書いたのか……？

②、『魏志倭人伝』には、邪馬台国の終末時期から～狗奴国の大和朝廷の始まりが書いてある。

③、邪馬台国の所在地論争が、九州説か大和説かでいつもマスコミをにぎわしている。理由は、方角や場所や地名が特定しにくい書き方であるからだ。しかし、『魏志倭人伝』に出てくる他の国々も所在地が分かりにくい書き方である。邪馬台国や狗奴国だけではないのだ。

④、邪馬台国の「女王の卑弥呼」は有名である。対して、狗奴国は地名度が低く「男王の卑弥弓呼」は無名で知られていない。さらに、邪馬台国と狗奴国が戦争していると書いてある。しかし、どちらが勝ったのか……結末が書いてないのだ。筆者の陳寿は、生きており知っていたと思われるが、魏が消滅した為に書けなかったのだ。

⑤、狗奴国については知名度が低く知られていないのが現状だが、実はこの狗奴国が日本古代史の重要な

カギを握っていたのだ。

西暦二六六年に邪馬台国は、晋に朝貢している。それが邪馬台国の最後になる。

西暦二七〇年以降から、邪馬台国跡地に狗奴国の男王の卑弥弓呼が神武天皇となり、大和朝廷がスタートする。

神武天皇の活動年代は二七〇年以降になる。狗奴国の「男王の卑弥弓呼」が邪馬台国を征服した年代とピタリと一致する。
★『魏志倭人伝』から~日本の天皇家の始まりが分かる。邪馬台国の終わりは~狗奴国の大和朝廷の始まりであった。
この点を見過ごしてはならない。日本古代史の基礎となる所以である。

◆①、相攻伐する　②、相攻撃する　③、相誅殺する

★、『魏志倭人伝』の中に「相攻伐」「相攻撃」「相誅殺」の三通りの書き方がある。それぞれ表現が違い重要である。

①、**《相攻伐》と書いてある**
本文「其国本亦以男子為王、住七八十年、倭国乱、[相攻伐]歴年、乃共立一女子為王、名曰卑弥呼」
邪馬台国の女王が共立されるまでに、国々に男王が君臨していた。しかし王族間で戦争が絶えなかったのだ。当時の豪族たちが、主導権をかけて殺し合う戦国状態が「相攻伐」と表現された。攻伐とは同盟国間同志の戦いを表現している。

②、《相攻撃》と書いてある

本文「倭女王卑弥呼与狗奴国男子卑弥弓呼素不和、遣倭載斯、烏越等詣郡説〔相攻撃〕状。遣塞曹掾史張政等因齎詔書、黄幢、拝仮難升米為檄告喩之。卑弥呼以死、大作冢、徑百餘歩、徇葬者奴婢百餘人。」

「相攻撃」とは、女王が率いる邪馬台国軍と男王が指揮する狗奴国軍〔神武天皇軍〕が攻撃しあって戦ったことを表現している。

③、《相誅殺》と書いてある

本文「更立男王、国中不服、更〔相誅殺〕、常時殺千餘人。復立卑彌呼宗女壹與、年十三為王、国中遂定」

相誅殺と書かれた意味は、邪馬台国同盟国間どうしで主義主張が食い違って殺しあう状況を意味している。新撰組が天誅を加える……と使った例で分かる。

以上の三通りの書き方は、お互いが殺し合う状況でも内容が違ってくる。その辺のニュアンスを感じ取る必要がある。

『魏志倭人伝』は日本国内の政情異変を見事にとらえており、日本古代史の重要な基礎である所以である。

【邪馬台国と狗奴国の比較表】

『魏志倭人伝』には、邪馬台国と狗奴国は建国当初より仲が悪く、「相攻撃している」状況を書いている。二四七年に、女王の卑弥呼は死す。その後は国中が乱れて千人以上が戦死する。二六六年に、壱与が晋の国に朝貢してから邪馬台国は歴史上から消滅する。邪馬台国の卑弥呼は天照大御神になり、狗奴国の卑弥弓呼は神武天皇になった。邪馬台国と狗奴国の特徴を分かりやすく分類して比較する。

邪馬台国の特筆事項	狗奴国の特筆事項
女王は、卑弥呼《ひみこ》と呼ばれた。	男王は、卑弥弓呼《ひみきこ》と呼ばれた。男を表現する「弓」が入っている。
三十ヵ国からなる連合国家である。	男王が統率する強力な単一国家であった。
長官は、伊支馬《いきま》という。	狗古智卑狗《くこちひこ》という。
次官は、弥馬升《みましょう》という。	次官は……いない。
副官は、弥馬獲支《みまかき》という。	副官は……いない。
邪馬台国の本拠地は、奈良県内の桜井から～天理市内の磯城郡内にあった。	狗奴国の本拠地は、愛知県内の濃尾平野にあった。三重県松阪に軍事基地がある。
太陽を崇拝する国家である。	熊崇拝から濃尾平野に移動してから～太陽崇拝思想に変える。

邪馬台国は磯城郡《しきぐん》にあった。神武天皇が兄磯城《えしき》を征伐したことは、邪馬台国が征服された事になる。	神武天皇軍は、宇陀の兄宇賀志や～兄磯城を征伐する。邪馬台国の本拠地に大和朝廷を建国する。

◇『魏志倭人伝』の方角は、南は東の間違いだった

『魏志倭人伝』の書き方は、邪馬台国がどこにあったのか明確でない。さらに、邪馬台国の約三十ヵ国からなる同盟国も不明な点が多い、邪馬台国だけではない。邪馬台国と敵対した狗奴国もどこにあったのか詳しく書いてないのだ。分からずずくめが多い『魏志倭人伝』の書き方を、まず頭に入れる必要がある。

★、所在地が判明している国について

対馬と、壱岐と、北九州の末盧国（現在の松浦）と、伊都《いと》国と、奴《な》国と、不弥《ふみ》国だけが所在地が分かる。

★、九州説の根拠について

不弥国〔福岡県〕から南に進んで水行（海路）の二十日ほどで投馬国だとしている。さらに邪馬台国に行くまでは、南の方角に水行で十日間と陸行（陸路）で一ヶ月かかるとしている。（当時も、一日も一ヶ月も日数は同じである。）

実際に不弥国〔福岡県〕から～南の方角に進んで行くと、南九州地方の熊本や鹿児島へと南下してゆくのだ。これが、邪馬台国は九州県内にあったとする九州説の根拠になっているのだ。

★、近畿説の根拠について

対して、邪馬台国は大和にあったとする研究者たちは、「南は東」の方角の間違いであると主張してきた。不弥国〔福岡県〕から、「南を東に書き換える」と、奈良の大和の国に行き着くからである。『魏志倭人伝』の作者『陳寿《ちんじゅ》』は、倭国に来たことがなく聞き伝えだけで書き上げている。だから東を南に書き間違えても仕方ない。しかし、南を東の間違いだと主張するには今まで確実な根拠がなかったのだ。

★、南は、東の間違いだった証拠を見つけた

邪馬台国の所在地がどこなのか証明するには、敵対していた狗奴国の所在地を明確にすればおのずと分かってくるのだ。『魏志倭人伝』には、『邪馬台国の女王国の境界の南に、狗奴国がある……』と明確に書いてあり、さらに邪馬台国と狗奴国が「相攻撃している……」と、邪馬台国と狗奴国が隣接して戦っている表現がある。邪馬台国と狗奴国は隣接した国だったのだ。

★、『邪馬台国の東方に、狗奴国があったのだ』

『魏志倭人伝』には

◎、『女王〔邪馬台国〕の境界の尽きる所、その南に狗奴国〔濃尾平野になる〕があり、男子〔卑弥弓呼になる〕を王となす、その官に狗古智卑狗あり、女王国に属せず』と書いてある。ここが注意点である。

名古屋の狗奴国から見ると、奈良の邪馬台国は太陽が沈む方角になり西の方角になる。対して、奈良盆地の邪馬台国から見ると、名古屋にあった狗奴国の本拠地は、東の方角になるのだ。『魏志倭人伝』の、「南は東」の間違いであったことが分かるのだ。

★、**『狗奴国の本拠地は東方だった』**

◎、不弥国〔福岡県〕から~投馬国に行くには、まず「南の方角を ↓ 東の方角に進む」と変えなければならない。

◎、さらに、投馬国から邪馬台国に行くにも「南の方角を↓東の方角に進む」と変えなければならない。不弥国〔福岡県〕から~方角を「南を東に書き換えて進む」と、奈良盆地の邪馬台国に自然と行き着くのである。

※、狗奴国の本拠地が、東方の名古屋にあったことを証明することにより、「南は東の間違い」であったことが分かるのだ。

★、**神武天皇は太陽を背中にして戦おう……と誓った**

『古事記・日本書紀』の記述……神武天皇軍は、ナガスネヒコとの戦いで兄の五瀬命《いつせのみこと》が戦死した。神武天皇が、戦いに負けたのは太陽に向かって進軍したのが原因だったのだ。次の戦いからは太陽を背中に背負って戦おうと……と命じている。

★、初戦（第一次大戦）〔奈良県北部〕から……太陽に向かって戦ったので、ナガスネヒコ軍に敗北している。

★、次戦（第二次大戦）〔狗奴国の本拠地名古屋〕から………太陽を背中にして西の邪馬台国と戦ったので、大和の賊軍に勝利出来たのだ。

狗奴国の本拠地
女王国の東に狗奴国がある
投馬国（出雲説）
東へ
東へ
女王国
邪馬台国の本拠地
魏志倭人伝の南は東のあやまりだった
女王国の境界の南に狗奴国が接するとある
狗奴国は、奈良の邪馬台国から東になる
南を東に書き換えなければならない
奴国
不弥国説
伊都国
不弥国から南に行くと投馬国に着く
投馬国から、さらに南に行くと
邪馬台国に行き着くとある
不弥国から南を東の方角に変えて進むと
邪馬台国に行き着くのである
狗奴国の発祥地

帯方郡から邪馬台国までの道のりと狗奴国の位置

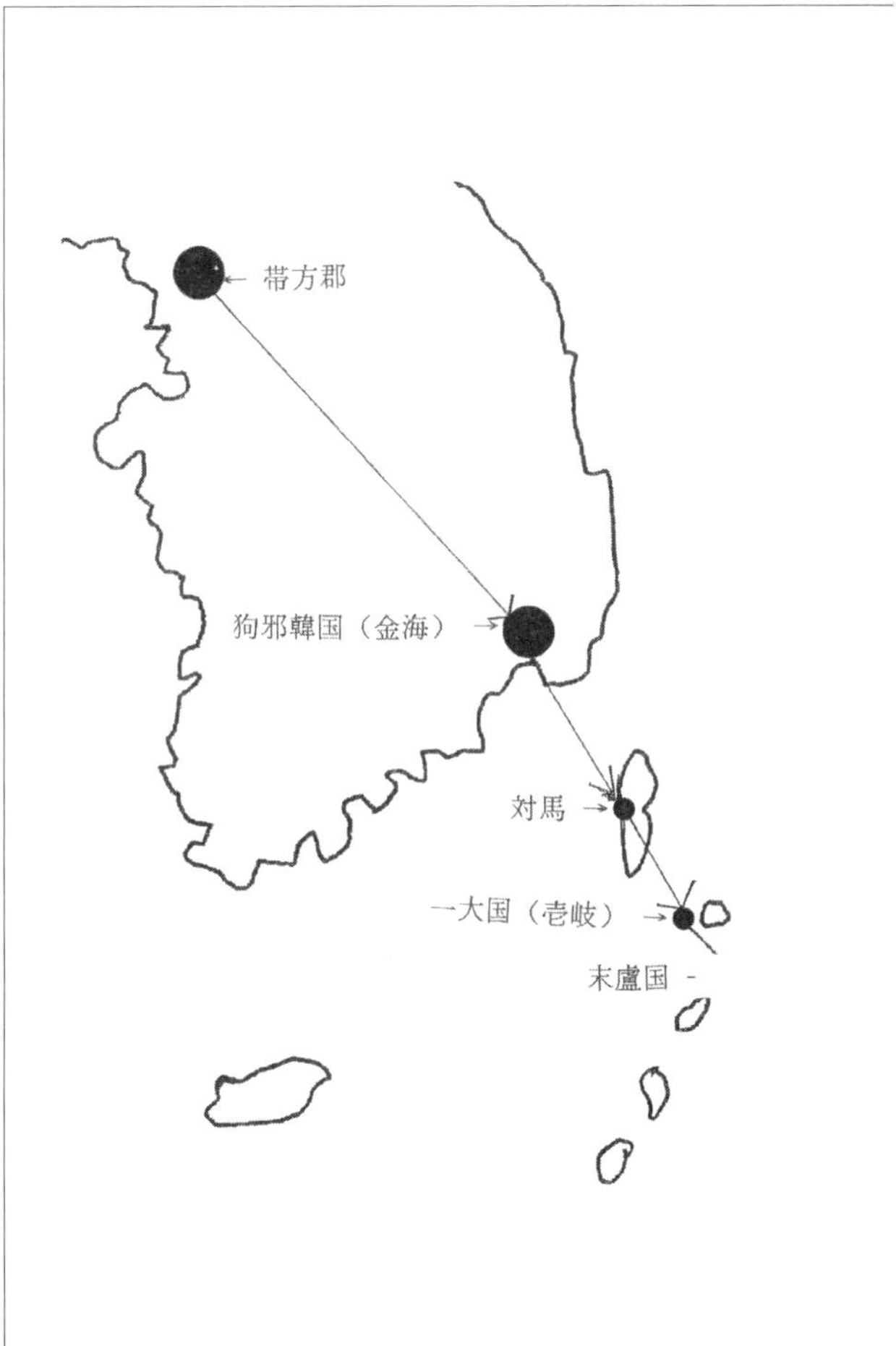

狗奴国の本拠地は、太陽が上がる東の名古屋にあった。奈良盆地の邪馬台国は、西の方角にあった。太陽を背中にして戦う表現は、東方の狗奴国が、西方の邪馬台国を攻撃したことを意味するのだった。

〈コラム〉『魏志倭人伝』は、国際的な歴史書だったのに……

作者「陳寿」は、邪馬台国や狗奴国などの国々がどこにあるのか不明な書き方になったことを知らない。後世、読者が邪馬台国の所在地でもめるとは、夢にも思わなかっただろう。

帯方郡から〜邪馬台国へのコース

帯方郡　魏が置いた郡・現在のソウル付近になる。
↓
狗邪韓国　現在の金海・任那と呼ばれた国になる。
↓
対馬　現在の対馬になる。
↓
一大　現在の壱岐になる。
↓
末盧　現在の、唐津付近になる。
↓
伊都国　現在の、糸島付近になる。
↓
奴国　現在の、博多付近になる。
↓
不弥国　現在の、飯塚〜宇美町〜宗像になる。
↓　南に、水行で二十日かかり投馬国に着く。

不弥国から、南方を東方に置き換えて進むと邪馬台国に到着する。

投馬国　現在の、島根県出雲付近になる。
↓　南を東に変えて、水行で二十日、陸行一ヶ月で到着する。
邪馬台国

邪馬台国は、現在の奈良県桜井市から〜天理市付近にあった。

◇狗奴国の勝利と空白の世紀の発生の秘密

日本の古代史には、「空白《くうはく》」の世紀」と呼ばれる時代がある。

空白の世紀とは、中国に対して倭国が朝貢しなかった音信不通の時代である。朝貢しなかったのは深い理由があった。

★、空白の世紀とは……中国の歴史書に登場しない〔百四十七〕年間に及ぶ時代の事である。

◎、『二六六年』……邪馬台国は、『晋書・四夷伝・倭人の条』に女王壱与が最後に登場して以来、歴史上から姿を消す。その後は消息不明になる。

◎、『四一三年』……東晋の、安帝義熙九年（四一三）に、倭王の讃《さん》が朝貢する。讃は、倭国の五王の一人である。

この間、百四十七年間の空白があった。

★、空白の世紀の計算例・二六六年から－四一三年を引くと＝百四十七年となる。

◎、百四十七年間のあいだ、なぜ中国に朝貢しなかったのか……？

空白の世紀の発生は、邪馬台国と狗奴国の戦争が原因であった。邪馬台国は、魏の国の傘下国であった。『魏志倭人伝』には、邪馬台国は官軍、狗奴国は賊軍として書かれている。二四七年には魏が認めた、官軍である証明の「黄幢《こうとう》」を邪馬台国に授けて、檄を飛ばしている。

◎、黄幢(官軍を証明する黄色い軍旗である)……邪馬台国は狗奴国に黄幢を示して停戦に持ち込んだのだ。

魏の国が邪馬台国に与えた黄幢の意味を、狗奴国の男王は、十分に分かっていた。『魏志倭人伝』は、後の世まで中国人にも、朝鮮人にも、韓国人にも、日本人にも永久に読まれていくことを理解していたのだ。狗奴国の文官たちは、賊軍として書かれることを心よく思っていなかったのだ。

◎、二六六年から……数年後には賊軍と書かれた狗奴国が、邪馬台国を征服して奈良盆地に乗り込んだ。狗奴国の男王の卑弥弓呼が初代神武天皇に即位して、大和朝廷の新政権がスタートしたのだ。

簡単に言うと狗奴国の男王は、邪馬台国を征服したことを中国側に知られたくなかった。だから、すぐに中国に朝貢するとばれるので、百四十七年間という冷却空間を置いたのだった。

『魏志倭人伝』の書き方には、幸いにも狗奴国が勝利したことを隠し通せる三点の理由があった。

一番目は、邪馬台国と狗奴国の所在地が、どこにあるかはっきりとは書いていないことだった。

二番目は、邪馬台国と狗奴国の戦争は、最後にどちらが勝ったのかうやむやで明確に書いてないことだった。

三番目は、邪馬台国の女王卑弥呼と、狗奴国の男王も卑弥弓呼として同盟国であるかのような似た名称だったからだ。

★、四一三年に、東晋に倭国の「五王」が朝貢して空白の世紀が終わったのだ

「倭国の五王〔五人の天皇のこと〕説明」

一、讃（サン）……十六代、仁徳《にんとく》天皇か、十七代履中《りちゅう》天皇とみられる。

二、珍（チン）……十八代、反正《はんせい》天皇とされる。

三、済（セイ）……十九代、允恭《いんぎょう》天皇とされる。

四、興（コウ）……二十代、安康《あんこう》天皇とされる。

五、武（ブ）………二十一代、雄略《ゆうりゃく》天皇とされる。

一、四二一年……倭王・讃が、朝貢する。

二、四四二年……倭王・珍が、遣使朝貢する、安東将軍となる。倭国王に任命される。

三、四四三年……倭王・済が、遣使朝貢する、六国諸軍事の安東将軍となる。

四、四六二年……倭王・興が、安東将軍となる。

五、四七八年……倭王・武が、新羅、任那、加羅、秦韓、慕韓、六国諸軍事、安東大将軍となる。倭国王に任じられる。

「宋から、倭国王に任命される……とある」狗奴国が中国から正式に認められた一文である。

この時代には、いまだ天皇の称号は使用されていない。「大王」の称号で書かれた。天皇の称号は天武天皇が命令した、『古事記・日本書紀』の編纂時〔七世紀〕からである。

★、《倭の五王と、隼人との関係》

◎、十八代の反正天皇〔珍と呼ばれた〕は、側近の「隼人のソバカリ」の殺害事件があったことで知られる。

◎、二十一代の雄略天皇が死んだ時には、隼人が絶食して殉死している。

◎、百四十七年間の冷却期間を置いて、狗奴国の血筋を引く天皇が中国の歴史上に突然出てくる。この時の倭国はすでに軍事大国となっており、朝鮮半島に積極的に進出していったのだ。

★、空白の世紀の百四十七年間は長いのか……？

参考資料として、韓国の金海の金首露王の事例がある。

◎、金首露王の天孫降臨の時代を、西暦四二年としている……そして死んだ時代を西暦一九九年としている。その間の在位年代が、百五十七年と長いのだ。

> **※、金首露王の年代は、百五十七年である。**
> **※、空白の世紀が、百四十七年である。**

金首露王が金海に降臨して加耶国を建国してから、七王子が鹿児島に渡来するのに百四十年からの年月がかかっている。（二五五頁参照）

ここで気づいてほしいのは、狗奴国が邪馬台国を倒して日本を統一してから、中国に正式に朝貢する迄に百四十七年もの長い年月を必要としたのだ。倭の五王たちは、空白の世紀〔年月〕を中国の王朝に気をつかって、故意に朝貢しなかった節がある。

【空白の世紀の147年間の説明図】

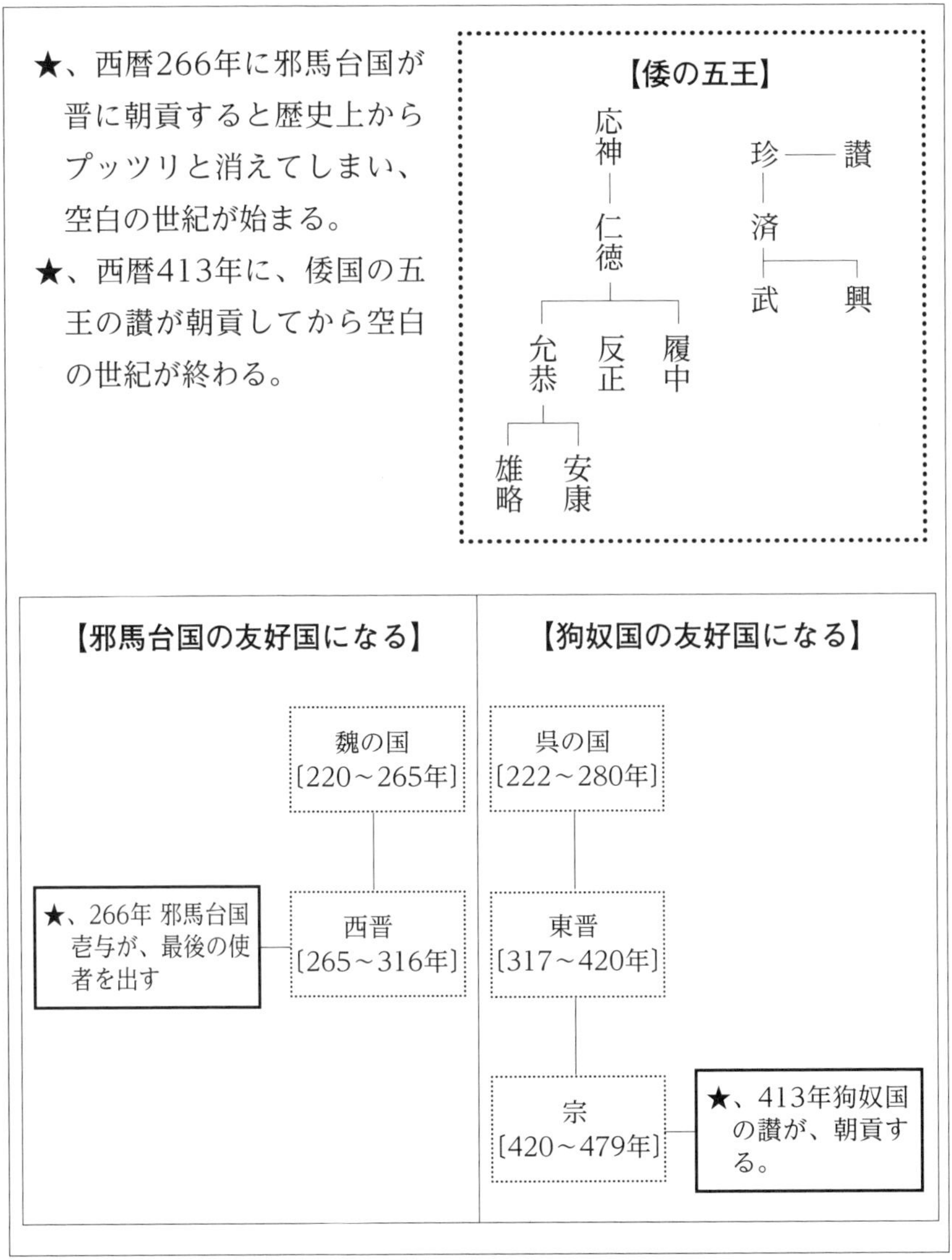
★、西暦266年に邪馬台国が晋に朝貢すると歴史上からプッツリと消えてしまい、空白の世紀が始まる。
★、西暦413年に、倭国の五王の讃が朝貢してから空白の世紀が終わる。
【倭の五王】
応神
仁徳
履中
反正
允恭
安康
雄略
讃
珍
済
興
武
【邪馬台国の友好国になる】
魏の国〔220～265年〕
西晋〔265～316年〕
★、266年 邪馬台国壱与が、最後の使者を出す
【狗奴国の友好国になる】
呉の国〔222～280年〕
東晋〔317～420年〕
宗〔420～479年〕
★、413年狗奴国の讃が、朝貢する。

◇日本天皇史・欠史《けっし》八代の秘密について

★、**欠史八代の説明について**

日本の天皇史のなかで、第一代の神武天皇から～十代目の崇神天皇までの間で、二代目の綏靖天皇から～九代目の開化天皇までの八代の天皇は実在しなかったとする考え方が欠史八代である。なぜ八代の天皇は実在しなかったのか……？　理由をあげる。

①、各天皇が在位した時代の事業内容や、いろいろな功績などが記載されていないことである。

②、各天皇の系譜や、宮の所在地が簡単に記されているだけであり、実在性に欠ける。

③、神武天皇や綏靖天皇などは、中国風のおくり名であり後世になって作られたものであるとする。

④、神武天皇から～開化天皇までの天皇の宮と御陵の所在地が、大和盆地の南西部に集中しているので葛城王朝説が存在する。

以上が、欠史八代の根拠となる理由である。

〈コラム〉欠史《けっし》の説明 ＝ 読んで字のごとく、天皇家の歴史が欠ける意味になります。
日本の天皇史は、欠史八代があった。同じく兄弟の国、金海の金首露王にも欠史八代があった。

★、**一代から～十代目までの天皇陵の所在地について**

◎、一代・神武《じんむ》天皇の所在地　　橿原市大久保町・畝傍山東北陵《うねびやまのうしとらのすみのみささぎ》

《天皇名》	《御陵の所在地》
二代・綏靖《すいぜい》天皇	橿原市四条町・桃花鳥田丘上陵《つきだのおかのえのみささぎ》
三代・安寧《あんねい》天皇	橿原市畝傍山西南御陰井上陵《うねびやまのひつじさるのみほどのいのうえのみささぎ》
四代・懿徳《いとく》天皇	橿原市西池尻町・畝傍山南繊沙渓上陵《うねびやまのみなみのまさごのたにのえのみささぎ》
五代・孝昭《こうしょう》天皇	御所市大字三室・腋上博多山上陵《わきのかみのはかたのやまのえのみささぎ》
六代・孝安《こうあん》天皇	御所市大字玉手・玉手丘上陵《たまてのおかのえのみささぎ》
七代・孝霊《こうれい》天皇	北葛城郡王子町本町・片丘馬坂陵《かたおかのうまさかのみささぎ》
八代・孝元《こうげん》天皇	橿原市石川町・剱池島上陵《つるぎのいけのしまのえのみささぎ》
九代・開化《かいか》天皇	奈良市油阪町・春日率川坂上陵《かすがのいざかわのさかのえのみささぎ》

◎、十代・崇神《すじん》天皇　天理市柳本町向山・山辺道勾岡上陵《やまのべのみちのまがりのおかのえのみささぎ》

★、欠史八代はどうして作られたか

別項で述べたが、神武天皇は狗奴国の卑弥呼のことであり、西暦二七〇年ころの実在の天皇になる。次に崇神天皇の活躍する時代は、西暦三〇〇年ころからである。一代目の神武天皇（二七〇年）から～十代目の崇神天皇〔三〇〇年〕までは、わずか三十年間の開きしかない。ここが重要である。わずか三十年の間に、欠史八代〔八人の天皇史〕が入りこむ余地があるだろうか……？

古代中国の王朝交替史でも、一代の王朝在位年数を平均三十年としているのだ。（八代の三十年は、

わずか三十年の中に、八代の二百四十年を入れ込むのはまず無理である。

（二百四十年になる）

★、**神武天皇二七〇年から—崇神天皇三〇〇年までは＝三十年である**

◎、二代目の綏靖天皇から～九代目の開化天皇までの八代の在位年数（二百四十年）が、……三十年の間に入りきらないのだ。

『欠史八代の天皇はどこから来たのか……？』

欠史八代の天皇の宮の所在地は、奈良盆地に集中している。さらに嫁さんの実家もそうであり御陵もそうである。この点がカラクリを解明できる根拠である。

『魏志倭人伝』には、邪馬台国は「歴代の男王たちが存在した後に、卑弥呼を擁立した……」と書いてある。

さらに、卑弥呼が死んだ二四七年以降にも、男王が立ったが国中が乱れて千人以上が死んだとある。

★、**欠史八代の天皇の正体は、邪馬台国に実在した八代の男王の王朝史を組み入れたものである**

◎、邪馬台国に、実在した歴代の男王たちが、欠史八代の天皇史に組み込まれたのだ。

八代×三十年＝二百四十年になり、卑弥弓呼の在位年数をプラスしたのが、邪馬台国の建国されていた時代になる。

欠史八代の天皇は、邪馬台国の男王から組み込まれたのが判明するのだ。

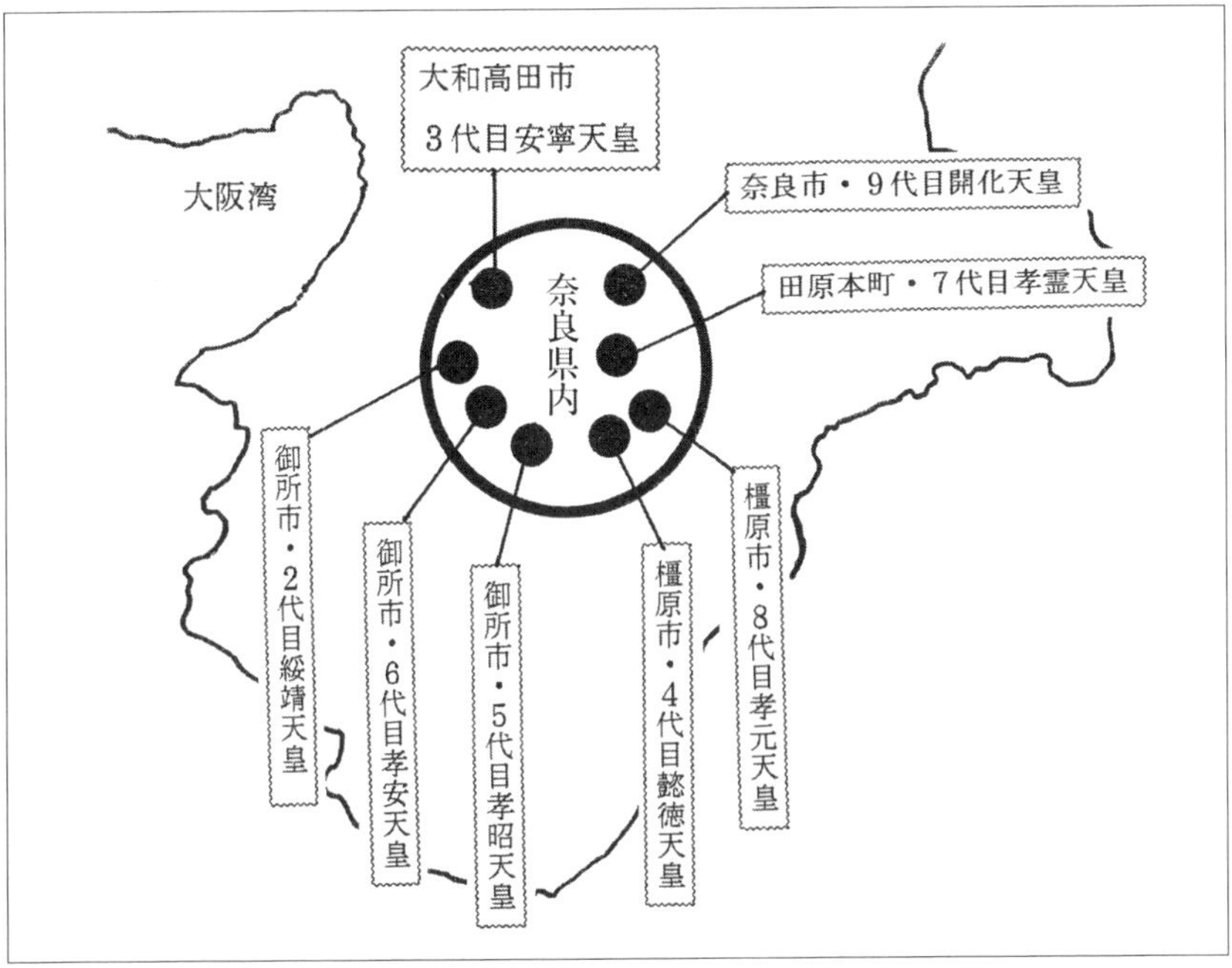

欠史八代の天皇の都は大和「邪馬台」にあった

★、ハツクニシラス・スメラミコトの天皇は二人いた

『一代目・神武天皇』は、「始馭天下之天皇（ハツクニシラス・スメラミコト）」と名乗る。意味は、狗奴国が邪馬台国を苦労して征服して、初めて奈良盆地の狭い地域で大和朝廷をスタートさせた天皇の意味になる。

『十代目・崇神天皇』は、「御肇国天皇（ハツクニシラス・スメラミコト）」と同じく名乗る。神武天皇の後を引き継いだ天皇である。奈良盆地が安定してくると軍事力も充実してくる。濃尾平野の狗奴国の軍事支援を受けながら、日本全国の平定へと軍事作戦を開始していく広大な意味の名称になる。

第十二代の景行天皇の息子、ヤマトタケルノミコトが、名古屋の狗奴国から、弓の名手を連れて全国平定に向かっているので分かる。

神武天皇と崇神天皇は、同じハツクニシラス・スメラミコトと発音した。

二人の、「ハックニシラス・スメラミコト」は、発音は同じでも意味は大きく違っているのだ。

韓国の金海市内の天孫降臨神話を持った国、金首露王の王朝史は八代からの王様が欠けている。これは、日本の欠史八代と酷似している。（別項、二五九頁参照）確実に歴史的な意図が隠されているのだ。

◇饒速日命は邪馬台国の大王だった

高千穂峰に降臨したニニギノミコトから～四代目が、神武天皇となる。神武天皇は東国にいとよき所があるとして東征を開始した。ところが大和の国には、すでに天から降りてきた饒速日命《にぎはやひのみこと》が大王として君臨していたのだった。

ニギハヤヒノミコトは、大和の豪族の長随彦《ながすねひこ》の妹になるトミヤヒメと政略結婚していた。トミヤヒメには地名の奈良県の登美（トミ）地方が入っている。

ニギハヤヒノミコト
トミヤヒメ
　―ウマシマジ
　　　物部氏《もののべし》の先祖になる。
　　　穂積氏《ほづみし》の先祖になる。
　　　采女氏《うねめし》の先祖になる。

★、『旧事本紀・天神本紀』より

「ニギハヤヒノミコトが天磐船《あまのいわふね》に乗り、河内の河上の哮峰《いかるがのみね》に天下った。さらに、大倭国の鳥見《とみ》の白山に移った」と書いてある。

ニギハヤヒノミコトは天上から降りてきて、豪族の長随彦の妹と政略結婚している。ニギハヤヒノミコトは、天孫族（天皇家）を象徴する「天つ瑞（シルシ）・三種の神器（鏡・勾玉・剣）」を持っていたのだ。

★、この結婚の形態は、ニニギノミコトが、鹿児島の薩摩半島の阿田の豪族の娘の、コノハナサクヤヒメと政略結婚した形態と酷似している。渡来人たちが、地元の豪族に溶け込む方法は、政略結婚であった。

★、『古事記』では、邇芸速日命《にぎはやひのみこと》の漢字で書く

神武天皇が、兄磯城《えしき》、弟磯城《おとしき》を征伐すると、ニギハヤヒノミコトが、天つ神の子の印である宝物を献上して白旗を上げて降参してくるのだ。

★、『日本書紀』は、饒速日命《にぎはやひのみこと》の漢字で書く

★、『古事記』と少し違う点がニギハヤヒノミコトは、ナガスネヒコを討伐して神武天皇に降伏している。

★、ニギハヤヒノミコトが天孫降臨したと伝える場所がある

大阪府交野市私市《かたのしきさいち》に、ニギハヤヒノミコトが天降りた磐船《いわふね》神社がある。うっそうとした樹木の中にあり巨大な岩石を御神体としている。磐船神社は、奈良県の生駒《いこま》から～交野市に走る国道ぞいに位置する。ニギハヤヒノミコトは磐船神社に降臨して、大和の国に入ったのだ。

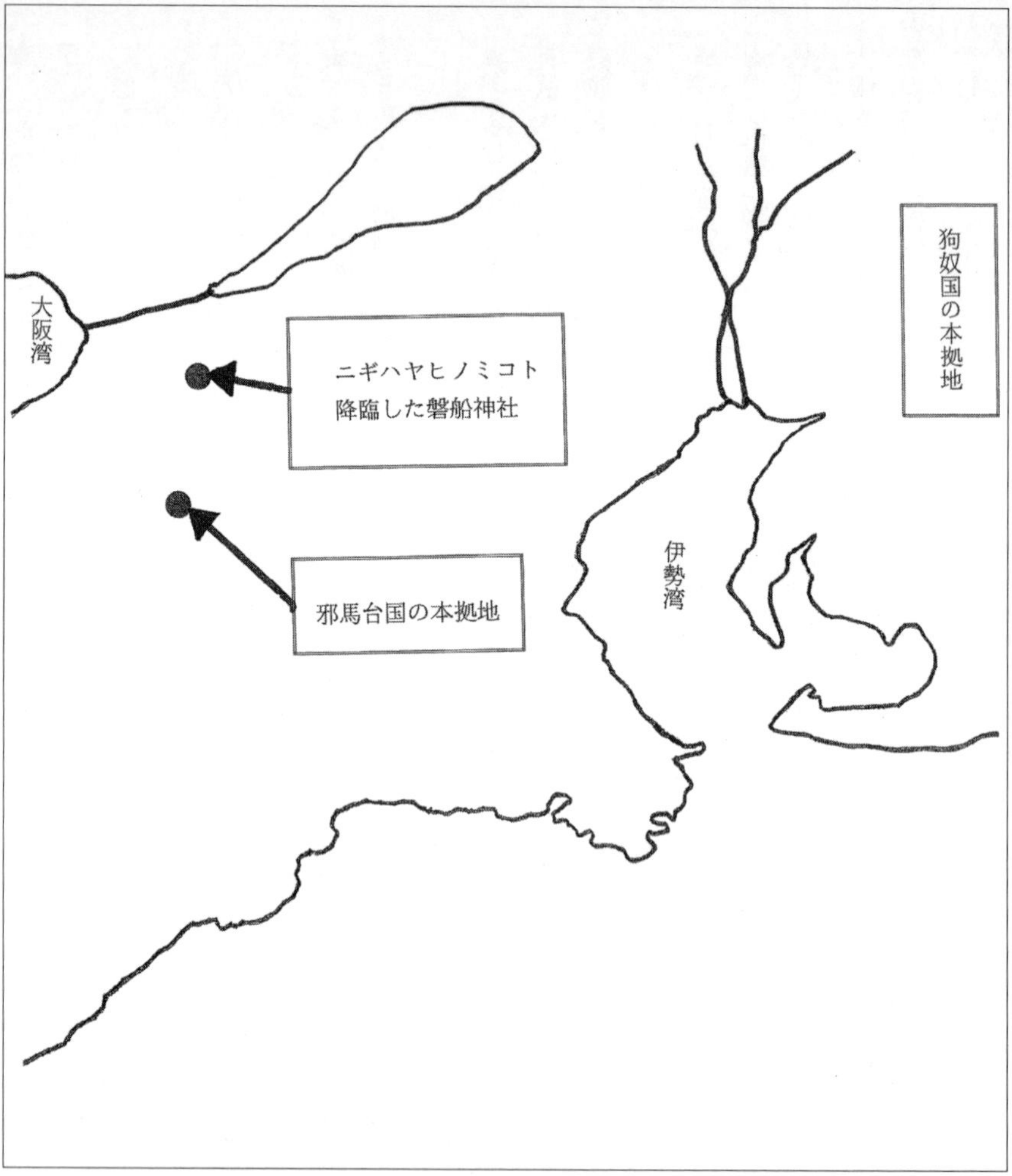

ニギハヤヒノミコトが天降りた磐船神社

◎、枚方から～交野を抜けて生駒に出るコースは、神武天皇が大和の国を攻撃する進軍路にも使われている。

★、注意しなければならない点について

◎、ニギハヤヒノミコトは、邪馬台国側の大王であること。

◎、ニギハヤヒノミコトは、神武天皇軍に抵抗せずに降伏したので、新政権〔大和朝廷〕に参加できた。

◎、邪馬台国の建国の歴史は、狗奴国よりも数十年早かったのだ。

◎、邪馬台国の建国年代………推定・西暦一八〇年代になる。

◎、狗奴国の建国年代〔濃尾平野に移動した年代は〕……推定・西暦二〇〇年代になる。

※、狗奴国の建国年代の算出方法は、『魏志倭人伝』から算出した。

★、ニギハヤヒノミコトの名称の意味

◎、〔ニギ〕……〔ニ〕は日本〔ニホン〕のニである。〔キ〕は男性を表す。ニニギとは日本の男王（大王）となる。

◎、〔ハヤ〕……〔ハヤ〕は速い又は早いであり、訳すと日本の最初の大王となる。ニニギノミコトよりも、早く（先に）大和国で大王になったとの名称である。

ニギハヤヒノミコトとは、ニニギノミコトよりも早い時代に邪馬台国の大王になった意味なので、「ハヤヒ」が入っているのだ。

磐船神社

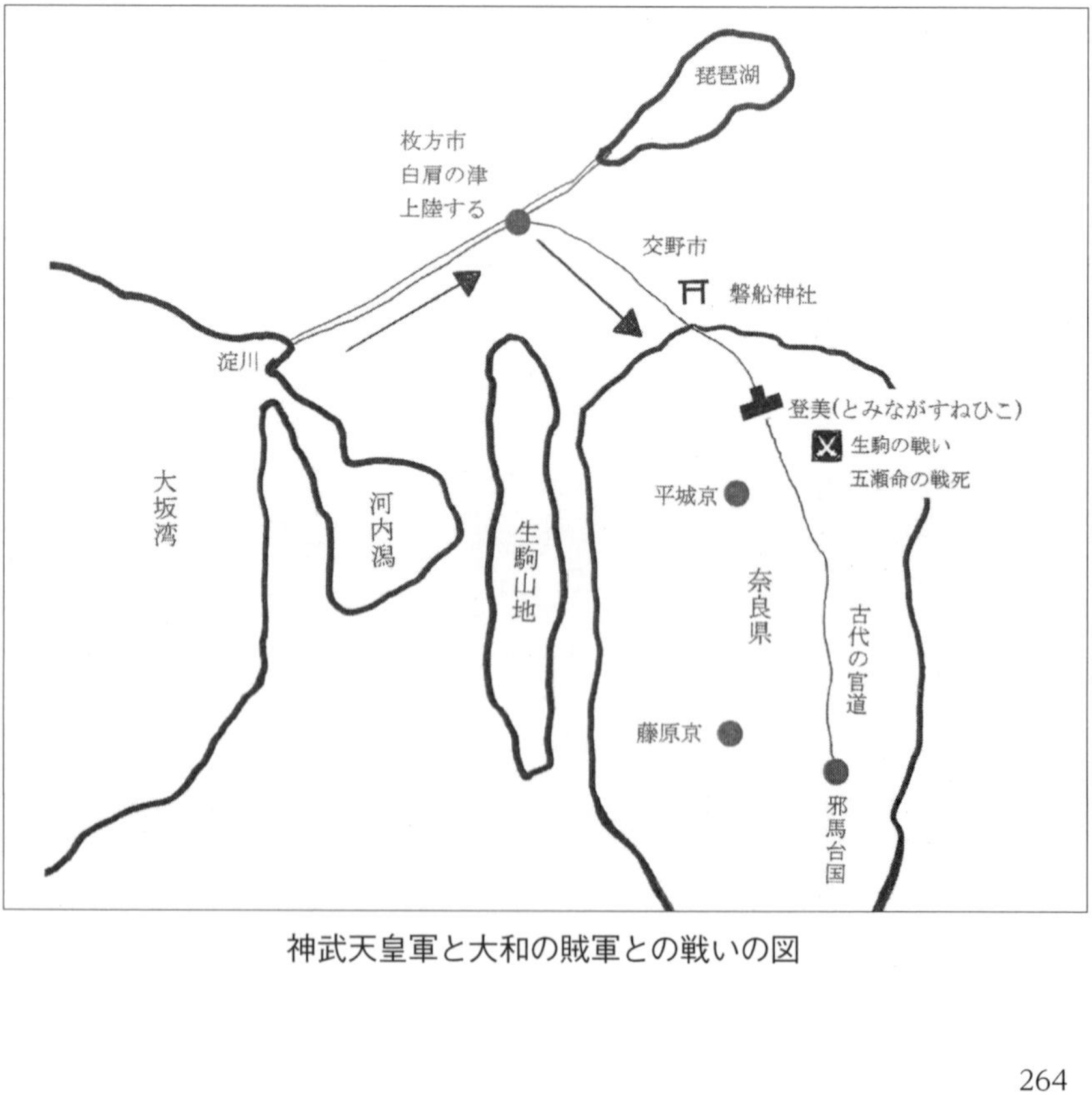

神武天皇軍と大和の賊軍との戦いの図

◇宝塚古墳の舟形埴輪が結ぶ、国道一六六号線

三重県松阪市内の宝塚《たからづか》古墳から、舟形埴輪が出土して反響を呼んだ。宝塚古墳の場所は住宅街の中にあるが、古墳公園として整備されている。古墳の高台からは前方に伊勢湾の景観が広がり素晴らしい。

松阪は狗奴国の軍事基地があった場所である。松阪には狗古智卑狗から発生した「大河内」の地名が残り、大河内城がある。さらに久米や、佐久米の地名も残っている。狗奴国の古代史跡が集中して残っているのだ。

★、松阪の文化財センターの「はにわ館」には、宝塚古墳の出土品を総合展示してあるので見学をおすすめしたい。

《舟形埴輪の特徴》

◎、全長一四〇センチ・高さ九二センチ・全国の出土品より最大級の大きさになる。

『奈良県天理市内の東殿塚古墳から出土した~舟形線刻図のルーツ』

奈良県天理市中山町にある東殿塚古墳からは、船の絵が刻まれた円筒埴輪が出土している。松阪の宝塚古墳の舟形埴輪とそっくりである。松阪の宝塚古墳と~天理の東殿塚古墳は狗奴国同志のつながりを考える必要がある。

松阪の軍事基地から~国道一六六号線を経由して~邪馬台国跡地に進出した、狗奴国の大王〔天皇家〕を支えた豪族クラスの古墳である。

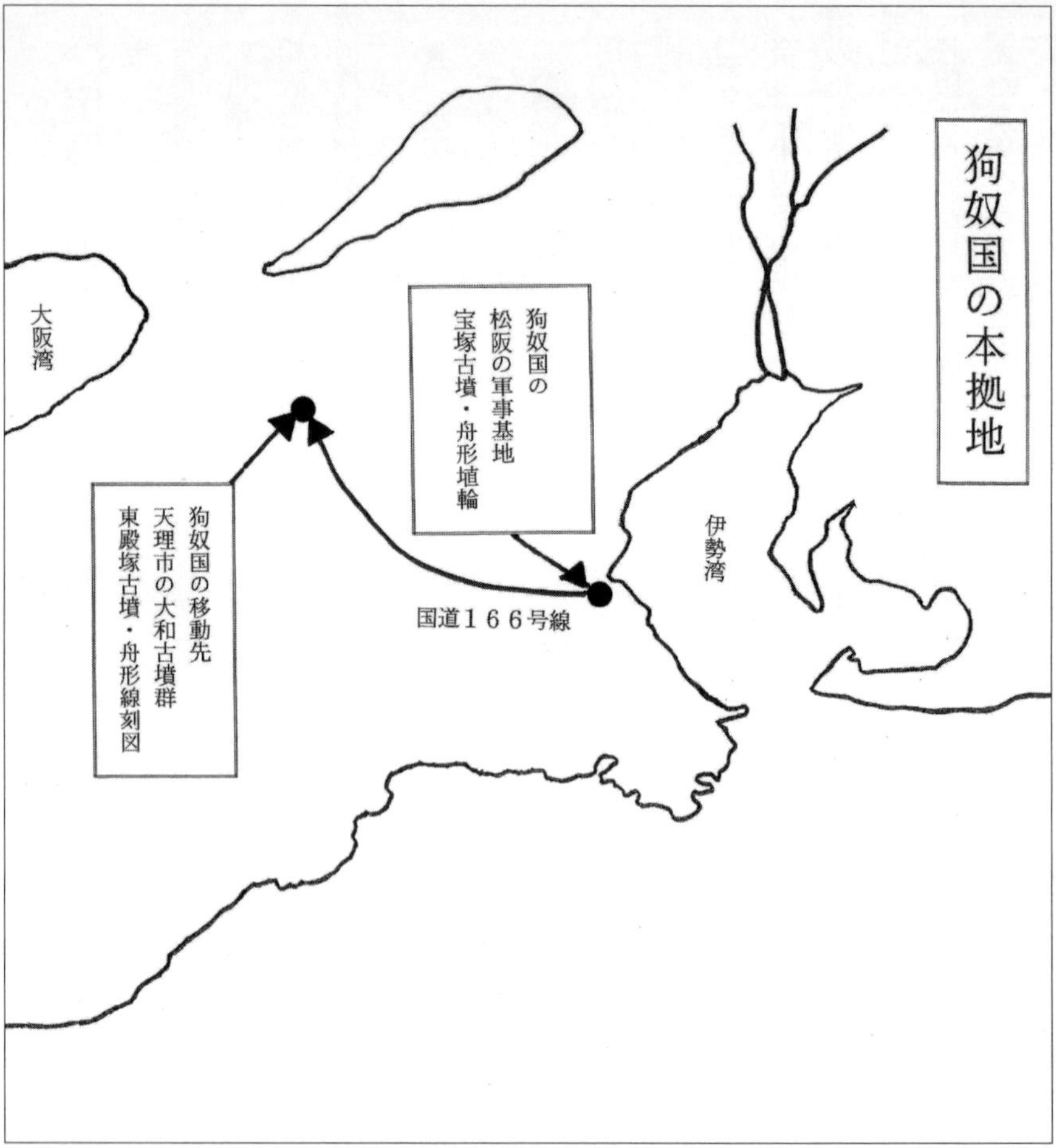

東殿塚古墳から宝塚古墳を結ぶ舟形埴輪

宝塚1号墳から出土した舟形埴輪を作図したもの〔三重県松阪市内〕

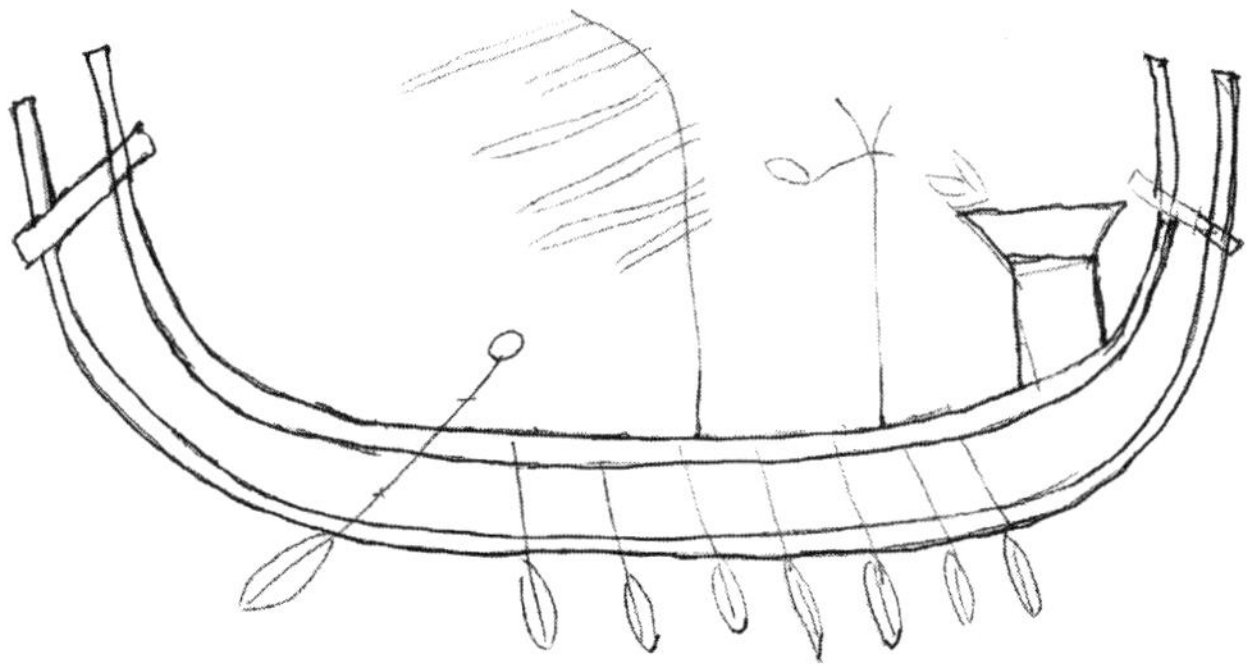

東殿塚古墳の円筒埴輪に描かれた船の船刻図〔奈良県天理市〕

東殿塚古墳と宝塚古墳を結ぶ舟形埴輪絵図

『天理市内に造られた狗奴国の前方後方墳について』

狗奴国を象徴する前方後方墳のルーツは濃尾平野にある。天理市内の大和古墳群には狗奴国と関係する前方後方墳が造られている。東殿塚古墳の一帯には、大和朝廷の豪族になる波多子塚古墳の前方後方墳がある。

大和朝廷の建国を支えた狗奴国の豪族の古墳になり、舟形埴輪がさらに証明している。

◇邪馬台国跡地に狗奴国の土器が流入した割合数

邪馬台国の本拠地は、奈良県桜井市纒向《まきむく》地方から天理市内にかけて存在した。『魏志倭人伝』には、邪馬台国と狗奴国との戦争が書いてある。しかも、邪馬台国は魏に軍事支援を求めるほど劣勢だった。卑弥呼が死んで後を継いだ「壹与」が、西暦二六六年に晋に朝貢してから、数年後に狗奴国に征服されてしまったのだ。

★、このころ奈良県桜井市纒向の邪馬台国の跡地には、大きな変化が起こりつつあった。邪馬台国が戦争に負けると狗奴国で造られた生活用土器が大量に流入してきたのだ。この現象は、狗奴国が邪馬台国を征服した証拠である。

桜井文化財センターが邪馬台国の纒向遺跡を発掘調査して、外部から流入した生活土器数の分析図を作成している。生活用土器を国別に分析すると、当時の政権交代が見事に判明してくるのだ。

『邪馬台国の跡地に流入した、生活用土器の地方別分析数・桜井文化財センター作成による』

第一番目、東海地方からの生活用土器の出土割合数…………約四九％になる
第二番目、山陰、北陸地方からの生活用土器の出土割合数…約一七％になる
第三番目、河内地方からの生活用土器の出土割合数…………約一〇％になる
第四番目、吉備地方からの生活用土器の出土割合数…………約七％になる
第五番目、関東地方からの生活用土器の出土割合数…………約五％になる
第六番目、近江地方からの生活用土器の出土割合数…………約五％になる
第七番目、瀬戸内地方からの生活用土器の出土割合数………約三％になる
第八番目、播磨地方からの生活用土器の出土割合数…………約三％になる
第九番目、紀伊地方からの生活用土器の出土割合数…………約一％になる

邪馬台国の跡地に流入した生活用土器を、地方別の割合で分析すると、はっきりと政権交替があったことを示している。

★、狗奴国の軍人が、邪馬台国の跡地に自分たちの出身地の生活用土器を持ち込んだものである。
★、東海地方からの生活用土器の大量の流入は、狗奴国の本拠地が東海地方に存在したことを証明している。

第一番目・東海地方（狗奴国の本拠地）の生活用土器が四九％と群を抜いて大量に出土している。生活用土器の地方別出土数の割合が、狗奴国の地方勢力図を見事に証明している。

第二番目・北陸地方は出土数が一七％と東海地方に続いて多い。

第三番目・河内地方の一〇％も多い。河内の地名は、狗奴国の狗古智卑狗から発生した地名であり、準本拠地でもあった。

第四番目・吉備地方も、狗奴国の同盟国である。

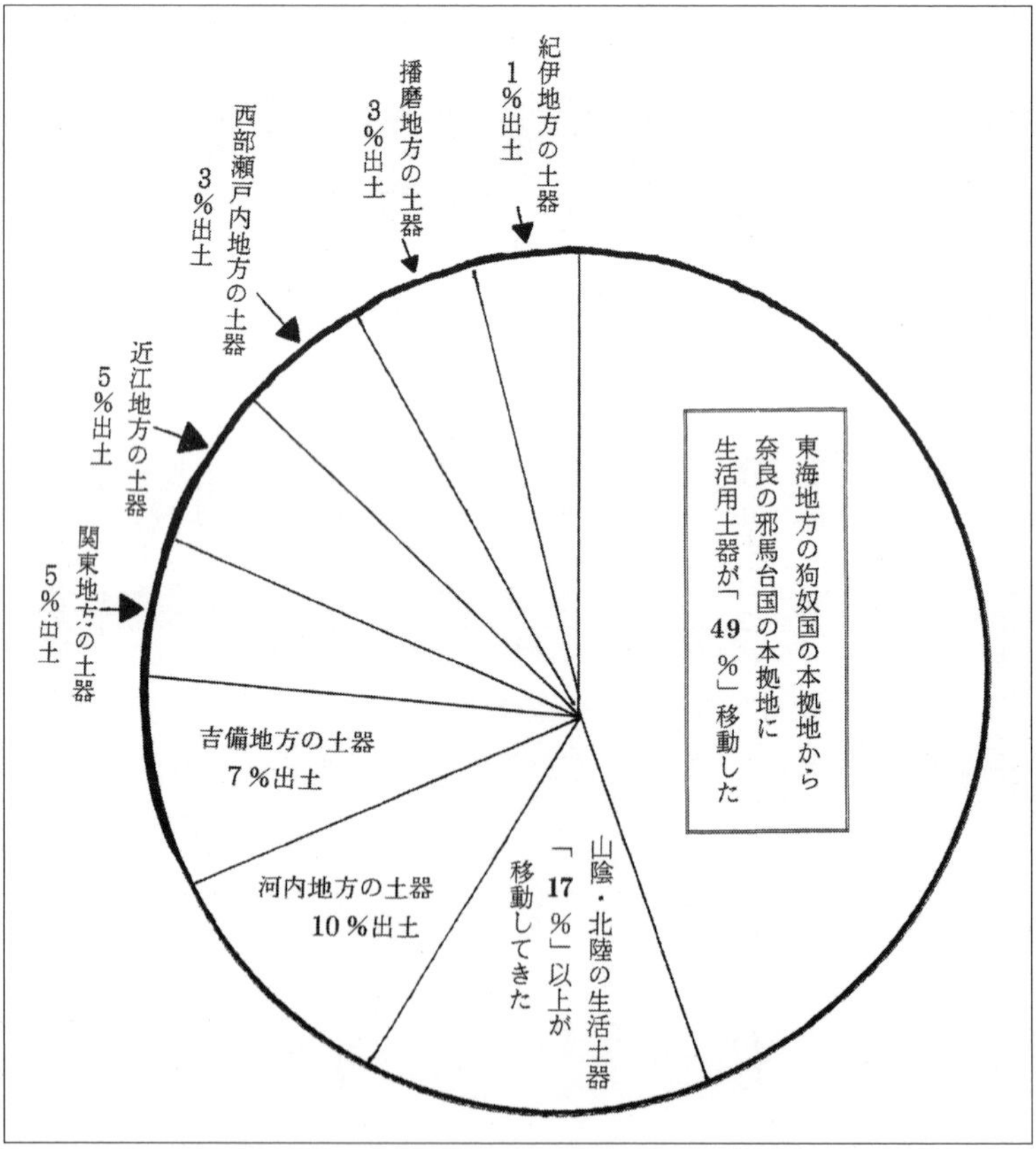

東海地方の狗奴国の本拠地から奈良の邪馬台国の本拠地に生活用土器が「49％」移動した
山陰・北陸の生活土器「17％」以上が移動してきた
河内地方の土器 10％出土
吉備地方の土器 7％出土
関東地方の土器 5％出土
近江地方の土器 5％出土
西部瀬戸内地方の土器 3％出土
播磨地方の土器 3％出土
紀伊地方の土器 1％出土

邪馬台国跡に移動した狗奴国の生活土器の割合
（桜井市文化財センターの資料より引用）

★、《吉備の語源の説明》

吉備↓キビ↓KIBIから↓KIMIに変化する〔キビは↓キミと同じ意味である〕

吉備（キビ）は、〔君キミ・金キム・熊クマ・神カム・加茂カモ・〕などと共通する。吉備には熊襲族の意味がある。

〔マ行は～バ行に変化する・アイウエオの母音交替の法則が発生している〕

◎、変化例……馬鹿↓マが、バカのバ行に使用されている。馬は、マ行にもなり、バ↓マは共通することが分かる。

★、奈良県宇陀市に、国指定の「水分神社」がある。「スイブン」さんと読ませているが、「ミクマリ」とも読んでいる。

「分ブンを分マリ」と読ませている。ここに「バ行から～マ行」に変化する法則が証明されている。

第七番目の瀬戸内地方は三％と続く。愛媛県内は、狗奴国から変化した～河野の地名が残る地域である。江戸時代の学者、松阪の本居宣長は、狗奴国の本拠地を愛媛県の河野だと考えている。現在も久万や久米の地名が残っており「大河内《おおこうち》」もある。狗奴国が、邪馬台国との戦争に動員した兵力数が邪馬台国の跡地に流入した生活用土器数に表れているのだ。

※、生活用土器の説明……当時の人々は、国々によって日常の生活に愛用する食器を持っていた。考古学の世界では、使用された土器を地方別に分類して学問的に説明していることで分かる。

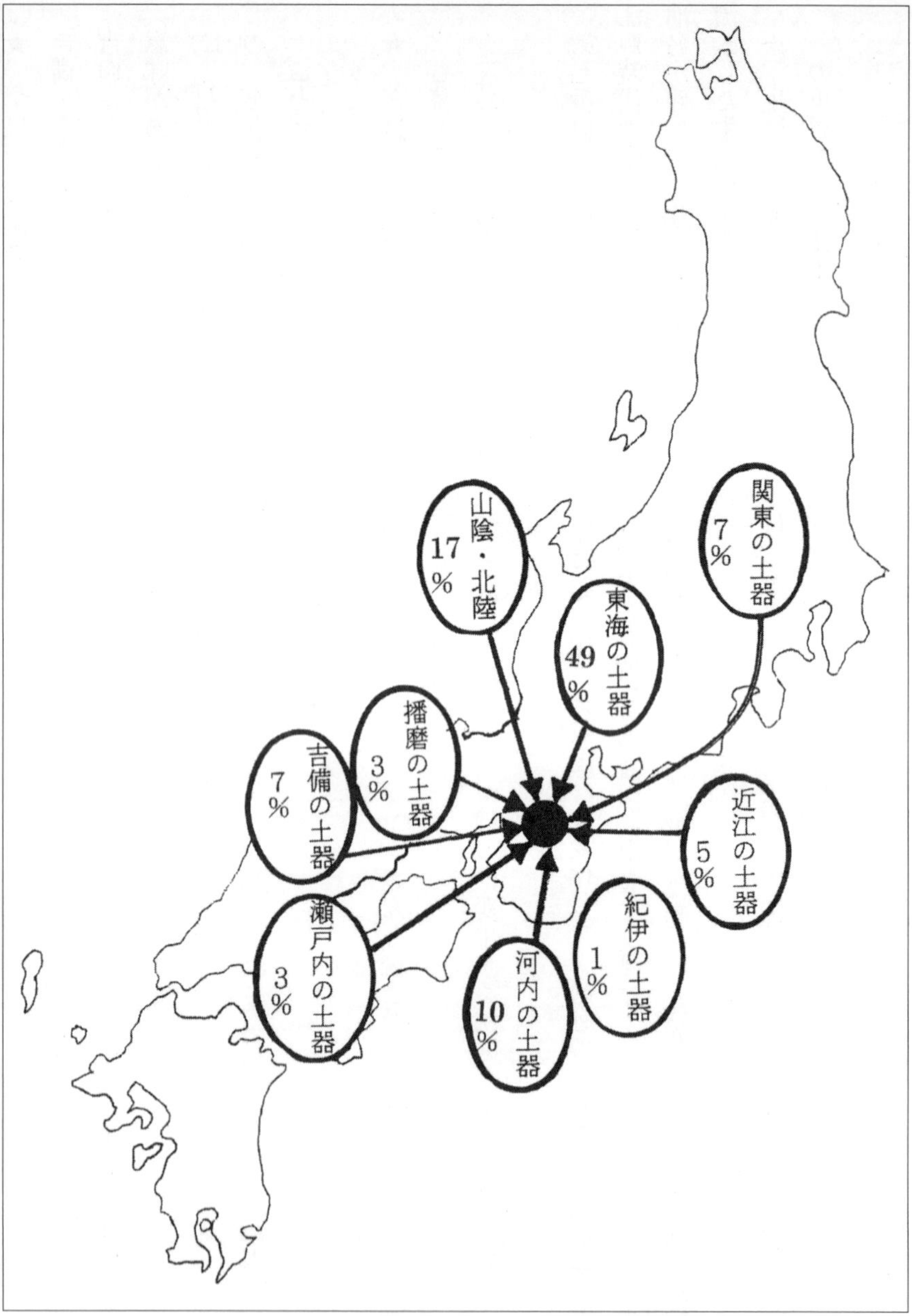

邪馬台国に移動した狗奴国の生活土器

◇『魏志倭人伝』は「女王国の南に、狗奴国がある」と書いた

『魏志倭人伝』の漢文には、狗奴国の所在地について

《……此女王境界所尽、其南有狗奴国、男子為王、其官有狗古智卑狗、不属女王……》と書いている。

「漢文」を翻訳すると

《女王国の境界の尽きる所、その南に狗奴国がある。そこは、男子が王になっている、そこの長官は狗古智卑狗であり、女王国に属していない……》と、「服属」の漢字を用いており、敵対関係と書いている。

※、「女王国」とは、奈良県桜井市の邪馬台国の「女王卑弥呼」のことである。男王国とは、敵対する狗奴国の卑弥弓呼のことである。

《女王国の南に、敵対する狗奴国があったと……》と書いている

奈良県桜井市の邪馬台国を基点にして南の方角に下ると、三重県熊野市（狗奴国の熊野軍事基地）に行き着くのである。古代の熊野の領域は、和歌山県から~三重県まで入る広大さだった。

《熊野は、狗奴国の軍事基地だった》

神武天皇軍は、「生駒の戦い」で、兄の五瀬命が戦死した。軍事態勢を整える為に、紀州半島沿いに南下して熊野を目指した。熊野には、狗奴国の軍事基地があったのだ。

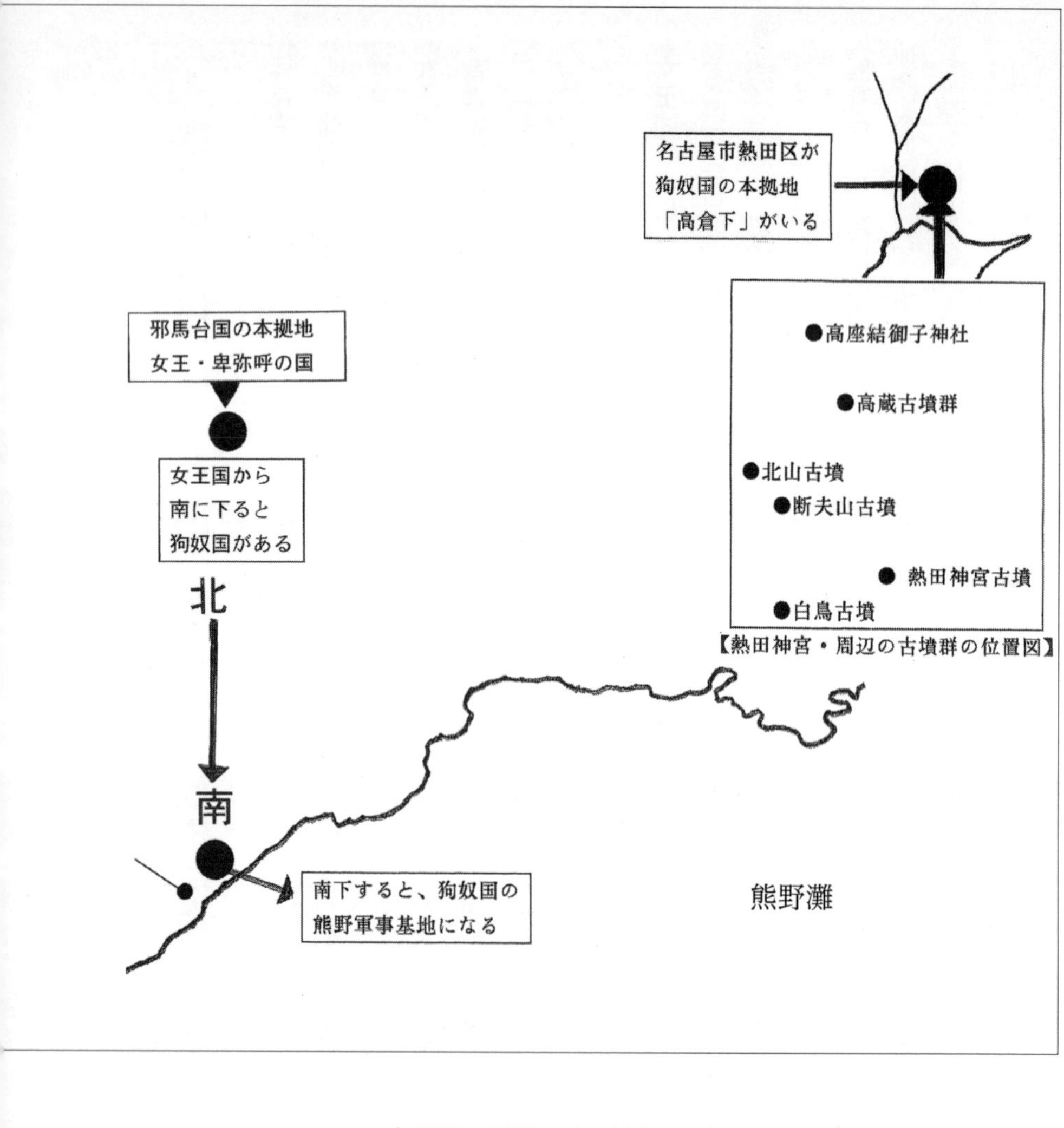

女王国の境界の南に狗奴国がある

《熊野に、鹿児島弁のアクセントが残る村があった》

熊野市阿田和《あたわ》は、国道四二号線の海岸沿いにある。阿田和の古老たちから興味ある話を聞いた。若いころ大阪に働きに出ると、仕事先で「あんた九州から出て来たんかね……アクセントが似とるなあ……」と鹿児島県人に間違われたと言う。

「いや、熊野の阿田和から来ました……」と話すと、

「九州の人が話すアクセントにそっくりだね……」と、あちこちで言われたという。

熊野の阿田和弁のアクセントが、鹿児島弁に似ている理由を解明するヒントは、「阿田和」の地名に隠されている。

古代の鹿児島県の薩摩半島は、阿田（アタ）の国と呼ばれた。阿田隼人の発祥地であり、現在も、阿田の

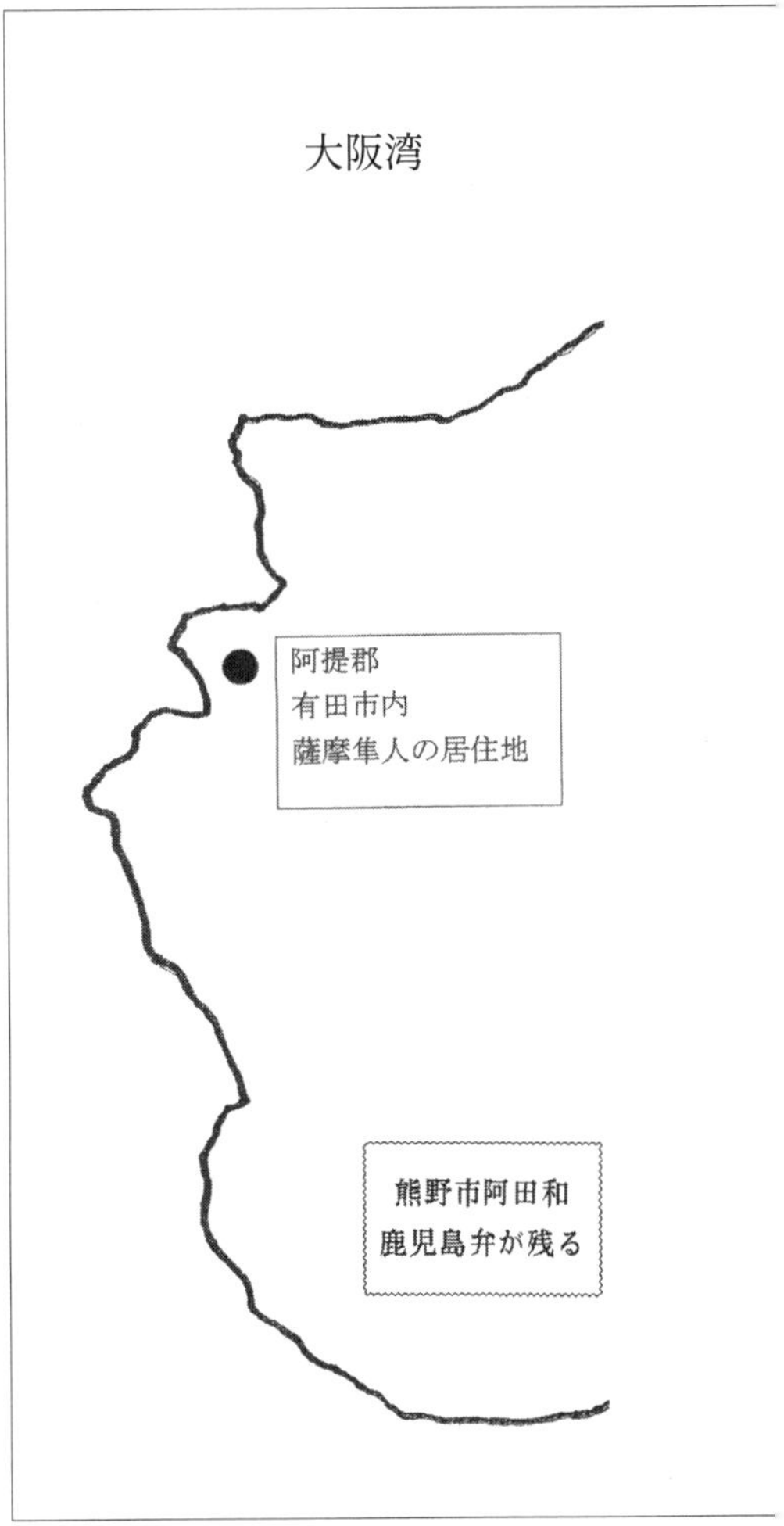

地名が残る。

ニニギノミコトが薩摩半島で出会った娘が、コノハナサクヤヒメである。別名を「神阿田津姫カムアタツヒメ」と言った。

狗奴国が濃尾平野に移動した時代に、薩摩半島の阿田隼人族が熊野の阿田和に移住して、「阿田」の地名がついたとしたらつながりがすんなりと理解出来るのである。『古事記・日本書紀』では、勇敢な久米の軍事力で、神武天皇を護衛して大和の賊軍に連戦連勝する表現がある。「阿田和隼人軍」が、熊野から吉野に出て活躍したのではないかと思わせるのだ。

熊野から~宇陀に向かう「大台ヶ原」の頂上には、熊野から吉野に出たとして巨大な神武天皇の銅像が建立されている。

《熊野で、高倉下《たかくらじ》が表れる》

『古事記・日本書紀』では、「高倉下」が神武天皇に「神剣《しんけん》」をさずけている。神武天皇軍は、ヤタカラス軍に引導されて、熊野から~奈良県の宇陀に進軍する。大和の賊軍を征伐してから、橿原で神武天皇として即位する物語の、重要な場面で「高倉下」が出てくるのだ。

『先代旧事本紀』の書物には、「高倉下は、尾張氏の祖先になる」……と書かれてある。熱田神宮の大宮司は尾張氏一族であったと、……重要なことが書かれてある。

狗奴国の本拠地は、熱田神宮の周辺にあった。「高倉下」は、狗奴国のバリバリの豪族であり熱田にいたことが分かるのだ。

《「高倉下」のルーツを、熱田区内に探る……》

※、熱田神宮の周辺に、「高倉下」の史跡を探ると、二ヶ所あった。

一、高倉下（タカクラジ）の発音に似た、読み方の神社がある……高座結御子（タカクラムスビミコ）神社である。
二、高倉下（タカクラジ）の発音に似た、読み方の古墳群がある……高蔵古墳群（タカクラ）である。

以上の二ヶ所は、「タカクラ」と同じ発音になるし、距離的にも近く、「高倉下」のルーツと関係が深いと思われる。

熱田神宮より五〇〇メートルほど北に高蔵古墳群があり、近くに高座結御子神社が位置するのだ。

「高倉下」とは、邪馬台国と狗奴国が戦争中に軍功をたてた有力な尾張氏であったのだ。

奈良の大和朝廷と尾張氏との確たる文献資料は少ないが、かなり古い時期からつながりがあるとみられてきた。

ところが、大和朝廷の始まりは、濃尾平野の狗奴国の有力氏族たちが奈良盆地に移動して建国したのが実態だったのだ。

ヤマトタケルは、熱田から東国に征伐に行く時に、「草薙の剣（クサナギノツルギ）」を渡された。「草薙の剣」は、天皇家の、三種の神器（銅鏡、剣、勾玉）であり、現在の熱田神宮の神宝になっている。

神武天皇も、熊野で「高倉下」から「神剣」を渡されて奈良の宇陀の賊軍を倒して邪馬台国を征伐出来たのだった。

※、狗奴国の本拠地である熱田神宮の一帯は、天孫族や狗奴国に戦争用の「神剣」をさずける軍事基地だっ

たのだ。

《「魏志倭人伝」を書いた「陳寿《ちんじゅ》」と狗奴国について》

陳寿は、西暦二三三年から~二九七年まで生きた歴史家である。

陳寿が、『魏志倭人伝』を書いた時代は、狗奴国が、南九州から~愛知県の濃尾平野に移動した数十年後になる。

※、だから、陳寿は、狗奴国が南九州にいた時代のことを詳しく知らないのだ。

陳寿が、『魏志倭人伝』を書き上げる時代には、すでに松阪や熊野には狗奴国の軍事基地が造られていたのだ。

それで、「女王国の境界に……狗奴国がある……」と隣接しているように書いたのだ。

《『魏志倭人伝』は、いつ頃書かれたのか……?》

『魏志倭人伝』は、中国の太康中(二八〇年~二八九年)の時代に完成したものである。

陳寿が死亡する十年前に書き上げている。

《邪馬台国と狗奴国が最後に戦争する年代は……?》

西暦二六六年、「晋」の歴史書に、邪馬台国が朝貢したのが書かれてある。この年に、邪馬台国と狗奴国の最後の決戦が起きたのである。晋に軍事支援を頼みに行ったことで推測出来る。数年後には、狗奴国が邪馬台国を倒して倭国を統一するからだ。

※、しかし陳寿は、狗奴国の男王の卑弥弓呼が、『古事記・日本書紀』の中で、日本の初代の神武天皇として書かれるとは夢にも思わなかったであろう。

◇邪馬台国は前方後円墳、狗奴国は前方後方墳だった

『魏志倭人伝』には、「倭の女王卑弥呼は、狗奴国の男王卑弥弓呼と素より和せず……」と書いてあり、邪馬台国と狗奴国が建国当初より敵対関係にあったことが分かる。

西暦二四七年、女王卑弥呼は戦死する。葬った墓が桜井市の箸墓古墳だと言われている。

西暦二五〇年前後から、邪馬台国の前方後円墳と濃尾平野に狗奴国の前方後方墳が、対立するように造られ始めるのだ。

邪馬台国と狗奴国の古墳形式は違う。両国の支配者と政治の違いが、古墳の築造にもはっきりと表れており対立しているのだ。

★、邪馬台国の古墳形式の特徴は、前方後円墳だった

西暦二五〇年ころから奈良盆地の邪馬台国を中心にして、前方後円墳の形式が次から次へと造られ始める。

★、狗奴国の古墳形式の特徴は、前方後方墳だった

狗奴国の本拠地は濃尾平野である。西暦二五〇年前後から～濃尾平野の全域に前方後方墳が造られ始める。

愛知県犬山市内の東ノ宮古墳が初期に造られた前方後方墳の代表格である。

◎、三重県内の松阪市嬉野地域に、前方後方墳が集中して造られた。理由は、狗奴国の軍事基地の大豪族が眠っているのだ。

◎、天理市内に大和古墳群がある。古墳群の中に前方後方墳が造られている。初期の大和朝廷を支えた狗奴国の豪族の古墳である。前方後方墳はしだいに前方後円墳に組み込まれていくのだ。

〈コラム〉※、狗奴国は、木曽三川を渡り軍事基地を造った

鹿児島から～濃尾平野に移動した狗奴国は独特な四角い古墳を築造した。これは、邪馬台国の前方後円墳に対抗したものである。

狗奴国は濃尾平野に移動してからも邪馬台国との衝突が続いた。

この時の戦争状態を知るには、神武天皇軍の第一次大戦が参考になる。神武天皇と大和の賊軍の戦いは、狗奴国と大和の邪馬台国軍の戦いの模写だった。狗奴国の戦略は、天然の大河「木曽三川」を渡り、三重県側に軍事基地を構築することだった。

木曽三川は大きすぎて狗奴国の大軍が一度に渡れない。まず桑名に久米の軍事基地を造った。久米の地名や久米神社や前方後方墳が残っている。桑名を拠点にして、次に久居市や松阪市内に軍事基地を構築した。なるべく奈良の大和に近い場所に軍事基地を造り、邪馬台国を攻撃することだった。邪馬台国と狗奴国が本格的な戦争状態に突入していく。

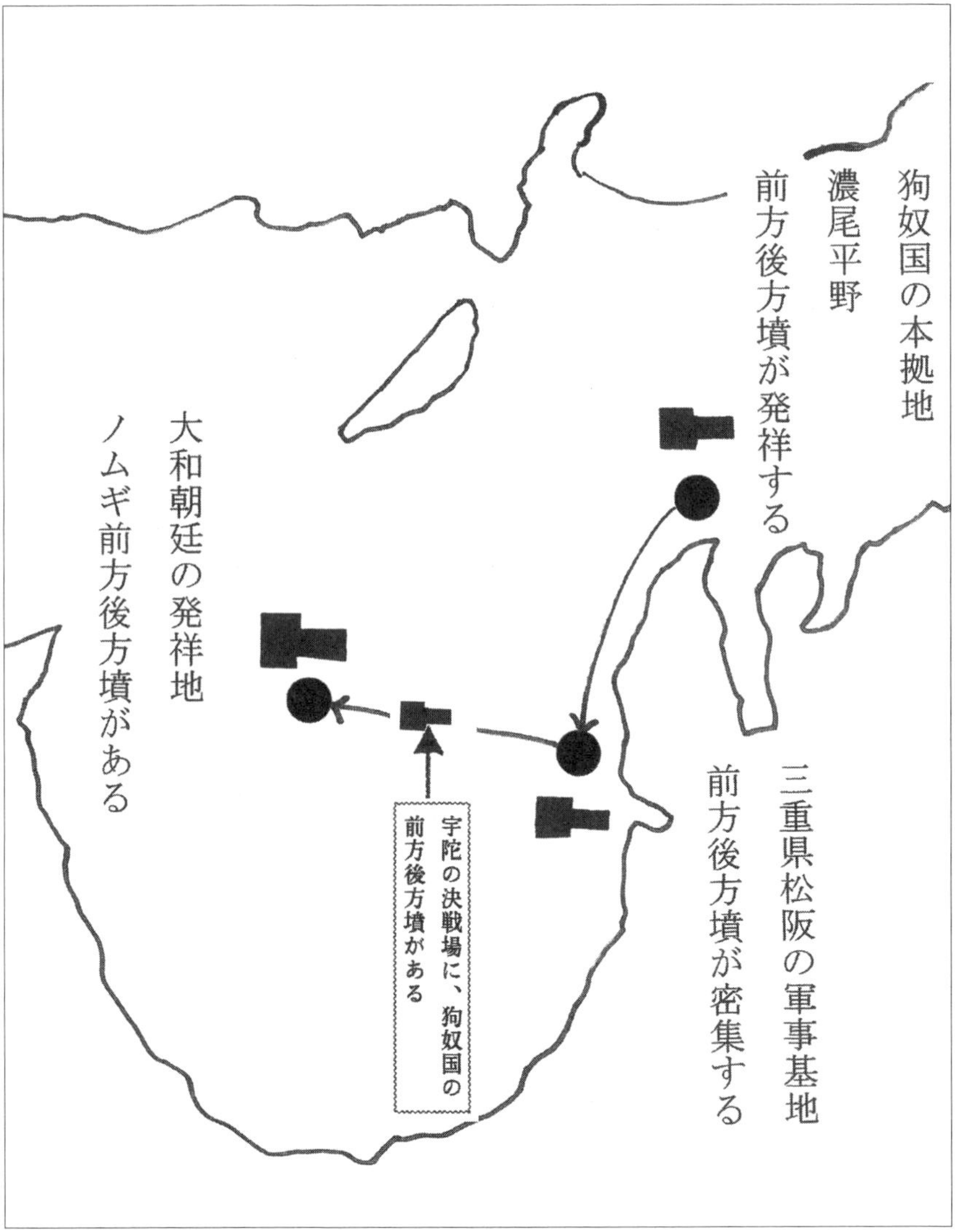
狗奴国の本拠地
濃尾平野
前方後方墳が発祥する
大和朝廷の発祥地
ノムギ前方後方墳がある
三重県松阪の軍事基地
前方後方墳が密集する
宇陀の決戦場に、狗奴国の前方後方墳がある

前方後方墳は東から西に移動した

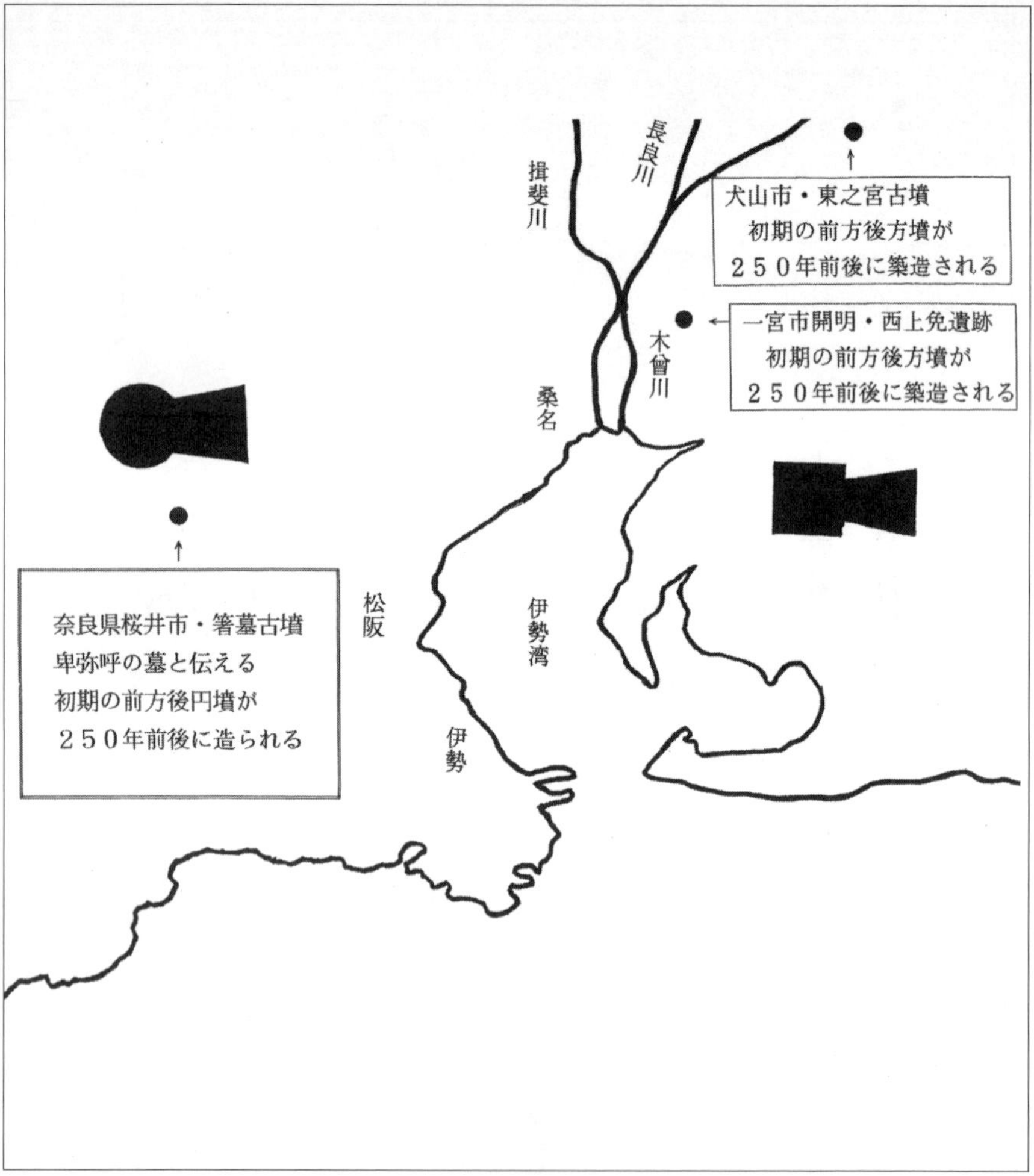
長良川
揖斐川
犬山市・東之宮古墳
初期の前方後方墳が
２５０年前後に築造される
一宮市開明・西上免遺跡
初期の前方後方墳が
２５０年前後に築造される
木曾川
桑名
奈良県桜井市・箸墓古墳
卑弥呼の墓と伝える
初期の前方後円墳が
２５０年前後に造られる
松阪
伊勢湾
伊勢

西暦250年頃から、邪馬台国の前方後円墳と
狗奴国の前方後方墳が築造され始める。

※、西山古墳の説明
場所は、「三重県農業研究所」の入口にある。

松阪市嬉野地域に造られた狗奴国を代表する豪族の前方後方墳になる。

築造年代は、西暦三〇〇年ころに推定された最古級の古墳である。現在は盗掘されており出土品はない。

濃尾平野に発祥した前方後方墳は南下して、木曽川、長良川、揖斐川の三川を渡ると三重県内の桑名市と松阪市内にあるだけだ。

松阪市内には久米や佐久米の地名も残っており狗奴国を証明している。
※、松阪の前方後方墳は議論になっていた狗奴国の前方後方墳が、松阪市嬉野に集中することが、歴史家の間で議論になっていた。狗奴国が、松阪平野に軍事基地を造り強大になった証明だった。

西山前方後方墳（三重県松阪市嬉野）

◇邪馬台国の卑弥呼と三輪山の蛇神様のつながり

桜井市の大神《おおみわ》神社に神殿はない。御神体は背後の三輪《みわ》山である。甘南備山《かんなびやま》ともよばれており一般人は禁足地となっている。入山には許可を必要とし、随時社務所で受け付けている。古代から人工植林がされておらず、自然の雑木林が生い茂り原生林の風景がある。三輪山から眺望する奈良盆地は古代を連想させて美しい。邪馬台国の女王の卑弥呼が、三輪山で祭祀を行っていた場所である。大神神社の前方には、邪馬台国の本拠地の纒向《まきむく》遺跡が広がっている。

三輪山には、卑弥呼が太陽崇拝の祭祀に使用したと見られる巨大な磐座《いわくら》群が残っている。

◎、辺津磐座《へついわくら》がある。

◎、中津磐座《なかついわくら》がある。

◎、奥津磐座《おくついわくら》がある。

※、三輪山の頂上には、三ヶ所の磐座史跡が立派であり、卑弥呼が祭祀した聖域と考えられている。

※、三輪山の特徴について

一、三輪山は、標高四六七メートルからある。

二、巻向《まきむく》山は、標高五四八メートルからある。

三、泊瀬《はつせ》山は、標高五四八メートルからある。泊瀬山から下りると長谷寺《はせでら》がある。（泊瀬から～長谷になる）

★、三輪山山系は三諸《みもろ》山とも呼ばれた。「みもろ」には〔神が宿る山〕の意味がある。

★、磯城《しき》には邪馬台国があった。磯城とは〔柵や石に囲まれた城〕の意味がある。
古代の磯城の中心地は、三輪山の頂上にある日向神社だとも伝えている。

第十代の崇神天皇、十一代の垂仁天皇、十二代の景行天皇の三代の皇居や御陵が、大神神社の周辺や、邪馬台国の本拠地の周辺に集中しており、「三輪王朝《みわおうちょう》」と呼んでいる学者もいるほどだ。
崇神天皇の御陵は、大神神社から金屋《かなや》に歩いて近い。志貴御県坐《しきのみあがたにいます》神社の境内の中に、「磯城瑞籬宮《しきのみずがきのみや》」の石碑がある。
案内板に「この宮の土地は、名張から~三重県内へも~吉野から~四国へも~京都から北陸へも通じる要衝に立地している良き所……」だと重要な場所に位置していると説明している。

『大神神社と蛇の神様のつながりについて』

三輪山には蛇神を祭った信仰がある。大神神社も蛇を「巳《みい》」さんと言って、蛇の神様を祭っている。
蛇神様は水神さんや雷神さんと関係があり、酒造の神様や薬の神様として信仰されてきた。
大神神社には「白い蛇」が住むと言われており、参拝者が蛇の好物の卵や酒をお供えしている姿が見かけられる。

「『日本書紀』に出てくる蛇の話について」

崇神天皇の大叔母にあたる、倭迹迹日百襲姫《やまとととびももそひめ》命は大物主と結婚した。神様は夜だけ姿を表した。百襲姫は、夜だけ来られましたらお顔を見ることが出来ません、どうか朝までいて下さい……と懇願した。

夜明けになると、百襲姫がこっそりと櫛箱を開けたら、そこには美しい蛇の姿があった。百襲姫は驚いて大きな声をあげた……。大物主は「あれほど見るなと言ったのに、約束を破った……」と言って、怒った話が書かれてある。

『邪馬台国の卑弥呼は、蛇女だったか……？』

三輪山の蛇と、卑弥呼をつなぐ接点があった。女王の卑弥呼が、三輪山の山頂に出向いて太陽崇拝の祭祀を行った場所がある。

★、「神座日向神社《みわにいますひむか》」が太陽崇拝の祭祀の場所と伝える。

◎、『古代朝鮮語で分析すると……？』

★、卑弥〔ヒミ・ピミ〕は↓音で〔ピミ・ペミ〕を表す。

★、古代朝鮮語では、蛇は〔ヒミ・ペミ〕であり、↓同じ意味になる。

卑弥呼の発音〔ヒミ・ペミ〕は、蛇の〔ヒミ・ペミ〕の発音に似ている。

三輪山の蛇信仰とつながる面白い話である。卑弥呼の意味は蛇の意味もある。三諸《みもろ》山や磯城《しき》も古代朝鮮語の意味がある。邪馬台国の一帯は、古代朝鮮との影響が色濃く残っているのだ。

〈コラム〉※、日向神社について

古代の磯城の中心は、「日向《ひむか》神社」だと伝えていることに、邪馬台国の謎が隠されているように感じた。

理由は、日向が太陽に向かうそのままの意味なのか……。それとも、日＝〔邪馬台国〕に刃向かう狗奴国＝〔熊襲族〕の隠語の地名なのか、双方から調査した詳しい資料を〔下巻〕で書いていく。

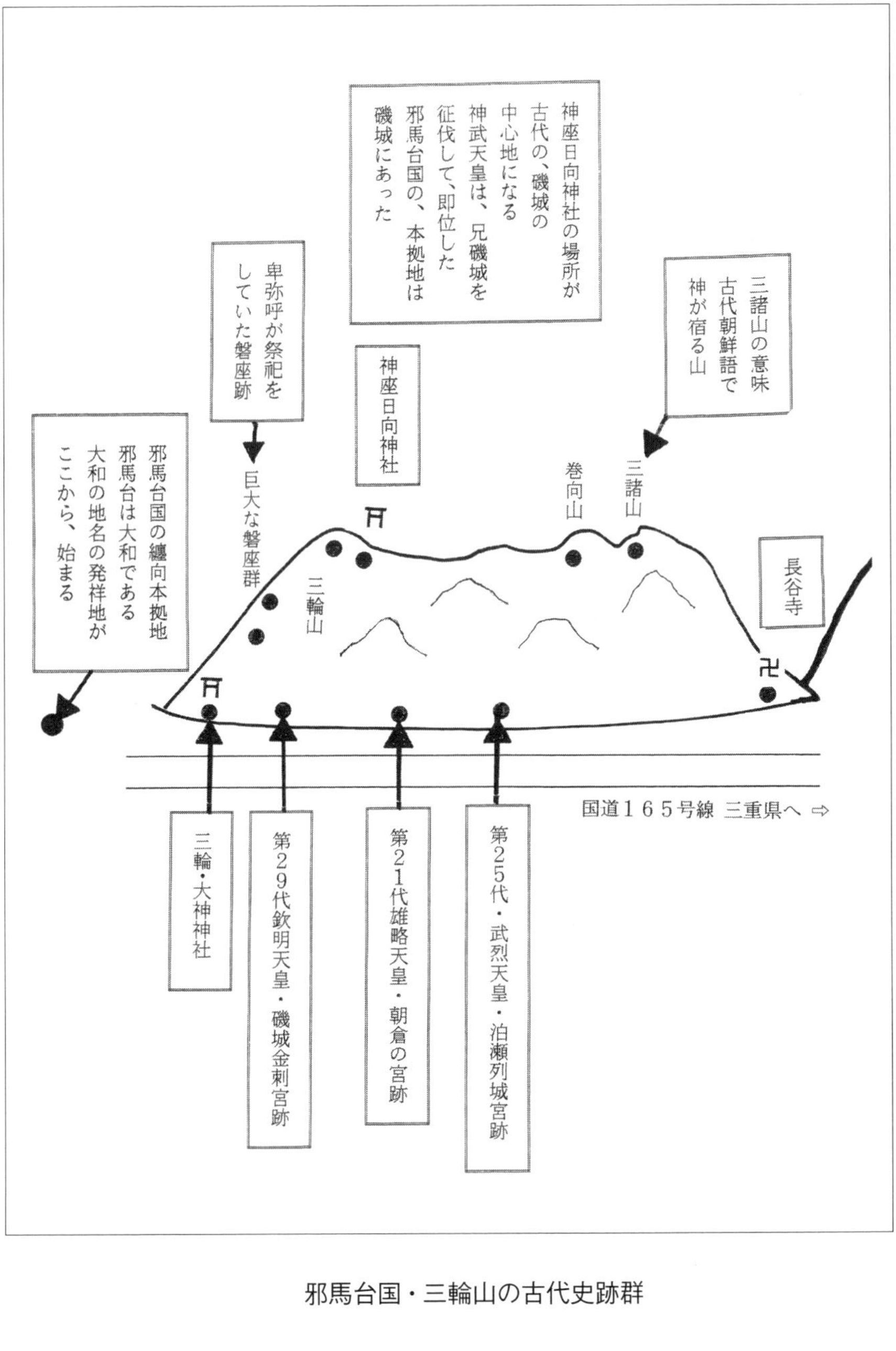
神座日向神社の場所が
古代の、磯城の
中心地になる
神武天皇は、兄磯城を
征伐して、即位した
邪馬台国の、本拠地は
磯城にあった
卑弥呼が祭祀を
していた磐座跡
三諸山の意味
古代朝鮮語で
神が宿る山
神座日向神社
邪馬台国の纏向本拠地
邪馬台は大和である
大和の地名の発祥地が
ここから、始まる
巨大な磐座群
巻向山
三諸山
三輪山
長谷寺
国道１６５号線 三重県へ ⇨
三輪・大神神社
第２９代欽明天皇・磯城金刺宮跡
第２１代雄略天皇・朝倉の宮跡
第２５代・武烈天皇・泊瀬列城宮跡

邪馬台国・三輪山の古代史跡群

◇狗奴国が南九州から〜濃尾平野に移動するコース

『狗奴国が南九州に発祥してから〜東海地方に移動するコースを推定して、段階的に説明する』

第一期・南九州に狗奴国が誕生する時代の説明〔西暦一八〇年代の話〕

狗邪韓国（金海）から七王子たちが、国分平野に渡来して狗奴国が発祥する。〔狗邪と〜狗奴は、通音で同じ意味になる〕

南九州の狗奴国時代は、南方系統の原住民を軍事教練して史上最強の軍隊を組織する。熊襲族の誕生であり、やがて熊襲から久米に変化するものである。奈良の邪馬台国を征服するために進軍を開始する。

第二期・南九州から〜北九州に進軍する時代の説明

狗奴国が鹿児島から〜熊本の葦北郡や菊池町に狗奴国の地名や史跡を残しながら移動していく。熊本の菊地郡に狗奴国の軍事基地を構築する。現在も熊襲族の史跡や地名が多く残る。北九州地域の国々を平定しながら東国に向かう。福岡県には、七隈（ナナクマ）や隈の付く地名が多く残っている。

第三期・中国・四国地方に進軍移動する時代の説明

四国の愛媛県内に軍事基地を構築する時代になる。

本隊は、東へ東へと瀬戸内海を進む。四国の愛媛県には狗奴国の河野、久米、久万の地名を残している。松山市内には久米官衙跡の史跡がある。久米の地方役所である。

広島、岡山に同盟国を築きながら大阪平野に進出する。

第四期・大阪平野に進出して、軍事活動する時代の説明

近畿地方に移動して、淀川から大阪平野に進出して狗古智卑狗から発生した河内の地名を河内平野に残している。八尾市内からは、王莽の貨泉が大量に出土している。

狗奴国軍〔神武天皇軍〕は、奈良の富雄の方角から奈良盆地の邪馬台国本拠地を攻撃する。ところが、トミノナガスネヒコ軍の猛反撃にあい、兄の五瀬命が矢にあたり戦死して和歌山市和田の竈山《かまやま》御陵に葬る。〔現在、宮内庁管理下にある〕

第五期・愛知県の濃尾平野に進軍して本拠地を構える時代の説明

狗奴国は、邪馬台国軍との戦争を一時中断して、紀州半島の賊を平定しながら～濃尾平野に向かった。

西暦二〇〇年以降、日本の中央部にあたる濃尾平野を狗奴国の本拠地として、軍事力と経済力を蓄える時代にはいる。長良川や揖斐川、木曾川が西側の邪馬台国軍が攻めてくる防衛上の天然の堀となっていた。

狗奴国が南九州から濃尾平野に移動する想定図

第六期・松阪の軍事基地から宇陀に進軍する時代の説明〔西暦二二〇年以降になる〕

三重県の松阪地区に、狗奴国の軍事基地を構築する。松阪には、狗奴国を象徴する前方後方墳、久米の地名、大河内の地名の三点セットが残る。現在の国道一六六号線を、中央構造線沿いに進軍して奈良の宇陀に出て戦争が始まる。神武天皇軍と邪馬台国軍が、菟田野町から～桜井市内の磯城地域にかけて最後の戦いがあった。

神武天皇軍は、熊野地方〔松阪、伊勢、熊野地方を含む〕の多方面から宇陀に進軍する。

邪馬台国の本拠地は磯城郡《しきぐん》にあった。神武天皇軍が、激戦の末に兄磯城軍を征服する。兄磯城軍を征服したことは、邪馬台国軍を完全征圧した意味になる。

第七期・狗奴国が勝利して大和朝廷がスタートする時代になる

邪馬台国と狗奴国との戦争は四十年近い長期に及んだ。戦況は邪馬台国が最初から不利であり、魏の国に軍事支援を求めるほどだった。

西暦二六六年以降は邪馬台国が歴史上から姿を消す。この事は狗奴国が邪馬台国を征服した事実を意味する。

★、狗奴国の本隊が、鹿児島から～濃尾平野に移動してから～約七十年からの年月が流れていた。邪馬台国との決戦も四十年からを要している。

★、『古事記・日本書紀』の「神武天皇の東征コース」は、狗奴国の東征戦略コースを参考にして書き上げたものである。

狗奴国が南九州から～濃尾平野に進軍した移動経路が語り継がれて下地になった。神武天皇の東征コースの作成時に引用されたものである。以上狗奴国の移動経路を大まかに作図して理解しやすいようにした。

（二九〇頁～二九一頁参照）

〈コラム〉※、**神武天皇の東征物語は、『魏志倭人伝』に書かれた邪馬台国と狗奴国の戦いのことだった**

第一回目の戦いは、西暦二四七年ころ中国の魏の仲裁を受け入れて、邪馬台国と狗奴国が停戦している。

第二回目は、西暦二六六年前後の邪馬台国と狗奴国の最後の決戦である。

一次と二次の戦いのあらすじをまとめて書き上げたのが、神武天皇の東征物語である。

◇邪馬台国で使われた庄内式土器

邪馬台国の本拠地である、奈良県桜井市纏向で使用された土器である。邪馬台国の歴史を探るうえで重要な土器になる。

※、庄内式土器の説明……大阪府豊中市内の「庄内遺跡」から出土した土器に付けられたネーミングである。庄内式土器についての資料は、「桜井市立埋蔵文化財センター」で購入出来る。

庄内式土器の使用年代	西暦二一〇年ころから～二九〇年くらいの間に、使用された土器である。
邪馬台国の年代を推定する	西暦一九〇年ころ建国されてから～二七〇年ころに消滅する。

纏向で、庄内式土器が使用された時期と、邪馬台国の時代が、〔二〇〇年～二七〇年〕と、ほぼ一致する特徴がある。

邪馬台国が消滅すると庄内式土器が使用されなくなる。作図で分かるように、邪馬台国の中心の纏向を囲むように、庄内式土器の分布圏が存在する。

《庄内式土器の他地方の出土分布圏について》

一、北九州地方の邪馬台国の同盟国からも出土している。

二、大阪平野の、八尾市から～東大阪にかけて出土している。

三、邪馬台国の、桜井市纏向地方からも出土している。

庄内式土器は、北九州から～大和に向かって出土する特徴がある。

《庄内式土器圏内から～古代の〔県《あがた》・県主《あがたぬし》〕が任命された特徴がある》

奈良盆地の古代の高市郡には、高市の御県、十市の御県、久米の御県などの天皇家の領地が置かれている。北九州の、伊都国、奴国、松浦国などにも県が置かれている。

庄内式土器のルートを調査していくと、邪馬台国が活躍する時代につながっていくのだ。

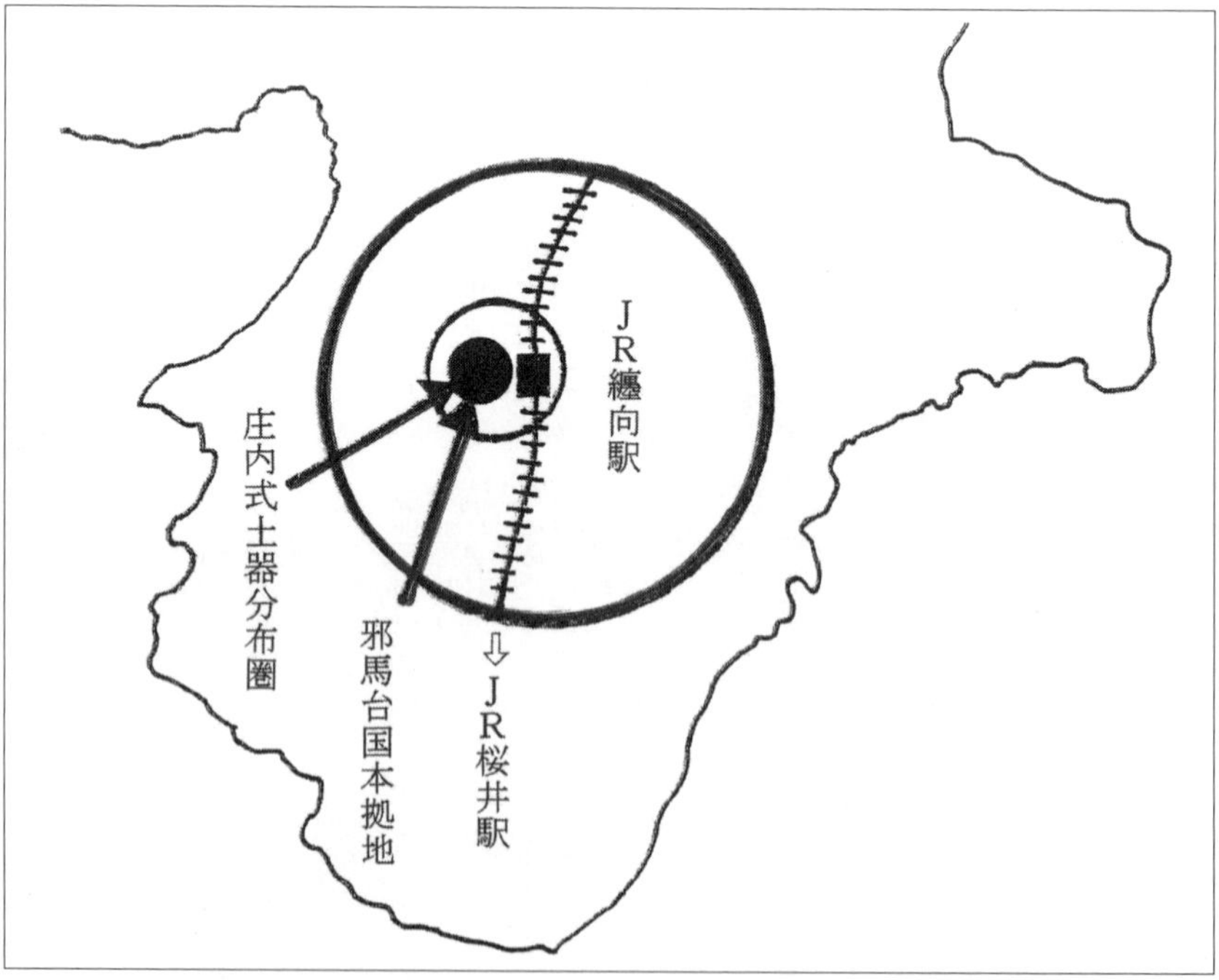

桜井市纏向の邪馬台国から庄内式土器が出土する

◇邪馬台国と狗奴国の銅鐸文化圏

銅鐸は、弥生時代に造られた青銅器である。一般的に農耕民族の祭祀用に造られたとする。弥生時代の始めに造られて、弥生時代の終末に姿を消すので未だに論議が耐えない。

銅鐸文化圏は銅鐸の「文様と製作方法」で大まかに、一、近畿式の銅鐸　二、東海地方の三遠式《さんえんしき》の銅鐸とに二分類されている。

一、近畿式の銅鐸分布圏………近畿地方を中心にして、中国地方、四国地方、東海地方に広く分布している。
二、三遠式の銅鐸分布圏………東海地方を中心にして、三河地方や遠江地方に分布している。

銅鐸文化の時代の特徴…………邪馬台国と狗奴国の時代にあてはまる。さらに、銅鐸文化圏の作図では、はっきりと分かる。

一、邪馬台国の銅鐸文化圏……作図から見ると、邪馬台国の範囲の中に、近畿式銅鐸の分布圏が入る。
二、狗奴国の銅鐸文化圏………作図から見ると、狗奴国の濃尾平野を中心にした範囲の中に、三遠式銅鐸の分布圏が入る。

作図を見て分かるように、弥生時代の邪馬台国と狗奴国の勢力範囲が、二種類の銅鐸文化圏とピッタリと重なり合うのです。

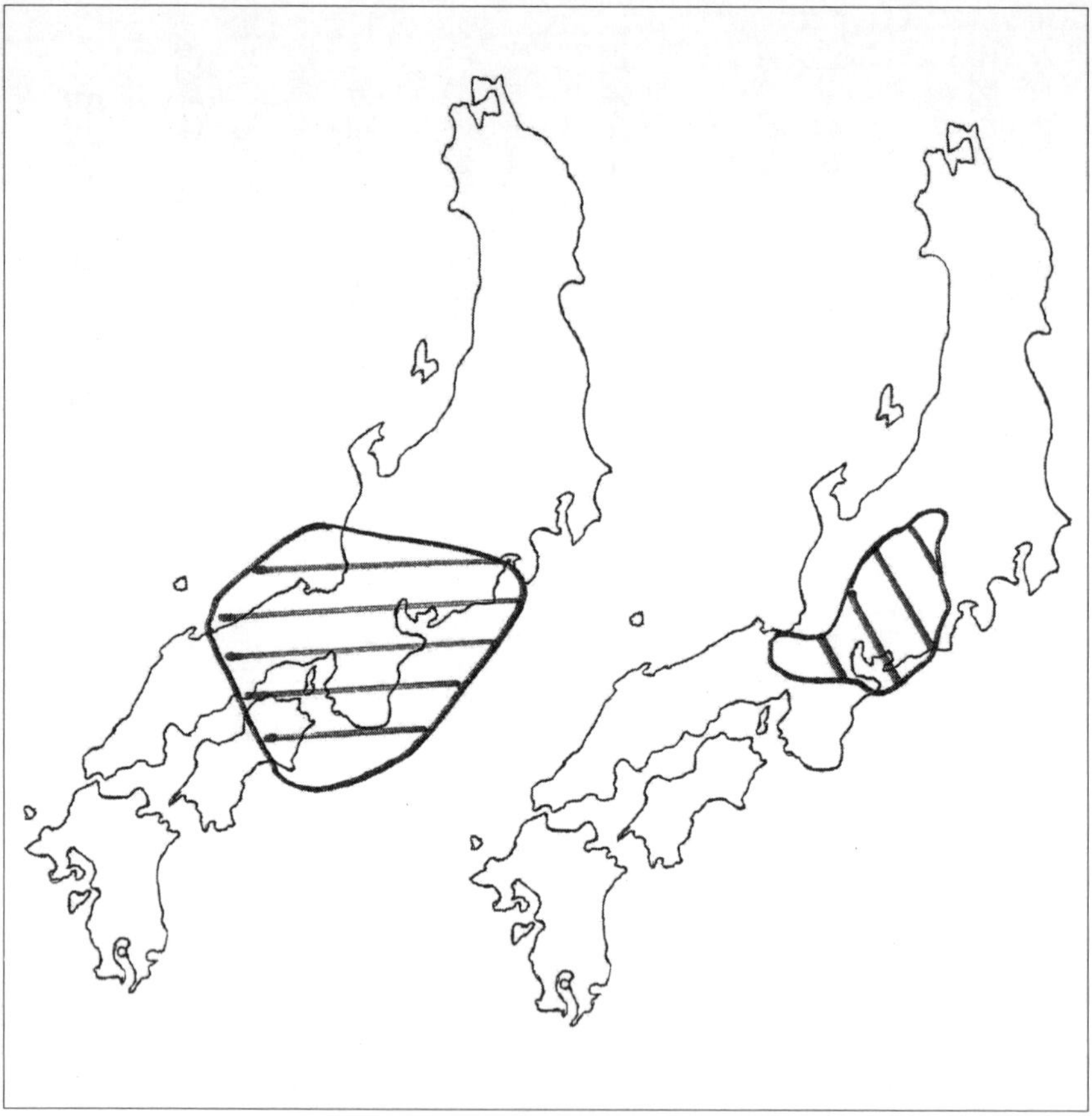

近畿式の銅鐸文化圏（左）と三遠式の銅鐸分布圏（右）

◇京都府木津川市の古墳は狗奴国系だった

一、愛知県豊田市の百々《どうど》古墳から最古の「三角縁神獣鏡」が出土している。
三角縁神獣鏡と同じ鋳型で作られた鏡が、椿井大塚山古墳（京都府木津川市山城町）から出土して注目された。

※、同笵鏡《どうはんきょう》……「同じ鋳型」から作られた鏡の意味である。
京都府木津川市から京田辺市にかけての一帯は、狗奴国の同盟国があった地域である。

二、椿井大塚山古墳から「三角縁神獣鏡」が出土して注目された。出土物資料が「京都府立山城郷土資料館」に展示してある。
三角縁神獣鏡は、百々古墳と「同じ鋳型」で作られた同笵鏡であり狗奴国との関係を証明している。

三、赤塚古墳（九州・大分県宇佐市）から椿井大塚山古墳と同じ鋳型の同笵鏡が出土している。
《参考》狗奴国の神武天皇が、東征コース上で大分の宇佐の豪族に歓待される記事がある。宇佐に寄った理由が、同笵鏡が出土した事例から、狗奴国の同盟国であったと考えられる。

《京田辺市の堀切七号墳から尾張型埴輪が出土している》
京都府京田辺市大住《おおすみ》は、古代に鹿児島の大隅から隼人が移住した地域として知られる。大隅が変化して大住の地名になった。大住の月読《つきよみ》神社には、「隼人舞い」が毎年秋に奉納されている。狗奴国との関係が強い神社である。

四、堀切七号墳（京田辺市薪大欠、堀切谷）から、「尾張型埴輪」が出土して注目された。

出土した「人形埴輪」の顔には、入墨《いれずみ》の線刻があり、狗奴国の兵士「久米族」が顔にした入墨ではないかと議論を呼んだ。

※、尾張型埴輪の説明……土師器と、須恵器作りの技法をミックスして焼き上げた尾張産の埴輪である。

《尾張型埴輪の出土地域は、狗奴国との関係を証明している》

☆、尾張の出土地域……尾張を中心にして、三河・遠江・美濃・越前地方の狗奴国内から出土している。

☆、畿内の出土地域……二子塚古墳（宇治市五ケ庄）・車塚古墳（京都府向日市物集女）・勝福寺古墳（兵庫県川西市）

京都府内の宇治市や向日市の古墳から尾張型埴輪が出土することから、狗奴国の同盟国だと分かるのだ。

〈コラム〉※、狗奴国の同盟軍が、山城国（京都）にあった

別項の、「墨坂神は、狗奴国の軍事神だった」の中で奈良県宇陀市の墨坂神が長野県須坂市に移動したと詳しく書いた。

『日本三代実録』の中で、長野県須坂市の「物部連善常」なる者が山城国に移動したことが書いてある。このことから、山城国は狗奴国の軍事基地があったことが判明する。

奈良盆地に入る木津川の街道沿いに、隼人の軍事拠点があったのだ。

京都市の鴨神社や、宇陀の八咫烏神社とつながる山城国の葛野《かどの》とのつながりが考えれれる。

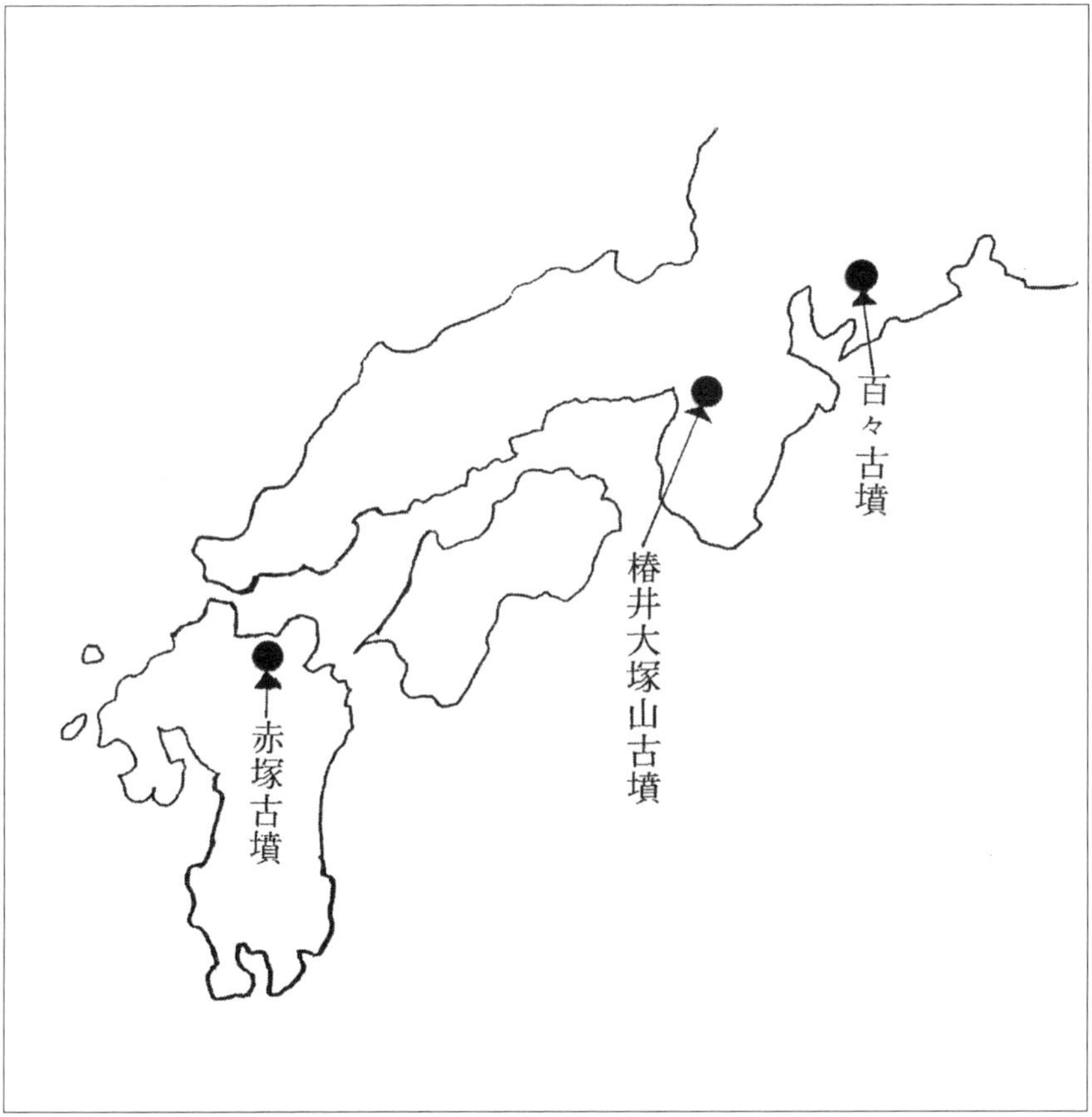

狗奴国を結ぶ同范鏡と尾張型埴輪の分布図

◇高天原は、邪馬台国にあった

『古事記』では、天上界に高天原《たかまがはら》があり、天地創造の神々が作られたと書いてある。しかし、高天原がどこにあったのか……？　書いてないのだ。

奈良県御所市の金剛山の中腹に「高天《たかま》」の里がある。ここには、高天彦《たかまひこ》神社が鎮座しており、土地の人々は、ここが高天原だと伝えている。街道沿いには、「神話の里・高天原」という案内看板が立ててある。

奈良盆地の桜井市の邪馬台国の本拠地が、正面に見える絶景の地である。高天は奈良盆地や邪馬台国を監視する場所だったのだ。

※、高天彦神社の由来……延喜式に記載された「高天彦神社」だとする。
祭神は「①、高皇産霊神　②、市杵島姫命　③、菅原道真」である。

高天彦神は、高皇産霊神の別称であり、「金剛山別当葛木家」の祖神に当たる。

背後の白雲峰（六九四メートル）が古代から御神体となっており、山頂付近を「灯明松《とうみょうまつ》」と呼んでいる。

井上内親王が、延暦二十五年（八〇六）幣帛をしており、天安三年（八五九）に、従二位になっている。

（三代実録）

※、灯明松の意味……白雲峰の付近を灯明松という。灯明とは、神々の祭りを行う灯火を燃やすことである。松明（タイマツ）を燃やすことでもある。

※、狼煙《のろし》の役目があった……山頂から大阪平野や摂津の国に、松明を燃やして連絡したのだ。さらに、大和国内にも、外敵が来たことを松明で知らせる、重要な役目があった。松明が~灯明松になっている。

※、白雲峰の意味……太陽神が降臨する峰であり、太陽を表す白い峰の意味になる。朝鮮の白頭山や石川県の白山信仰から来ている。

※、金剛山から五條市にかけて、①、高天佐太雄神社、②、高天岸野神社と高天が付いた神社が集中する。

①、高天佐太雄神社……金剛山の西南の神福山(七九二メートル)の山頂に鎮座している。

②、高天岸野神社……金剛山の弁天山の中腹に鎮座している。

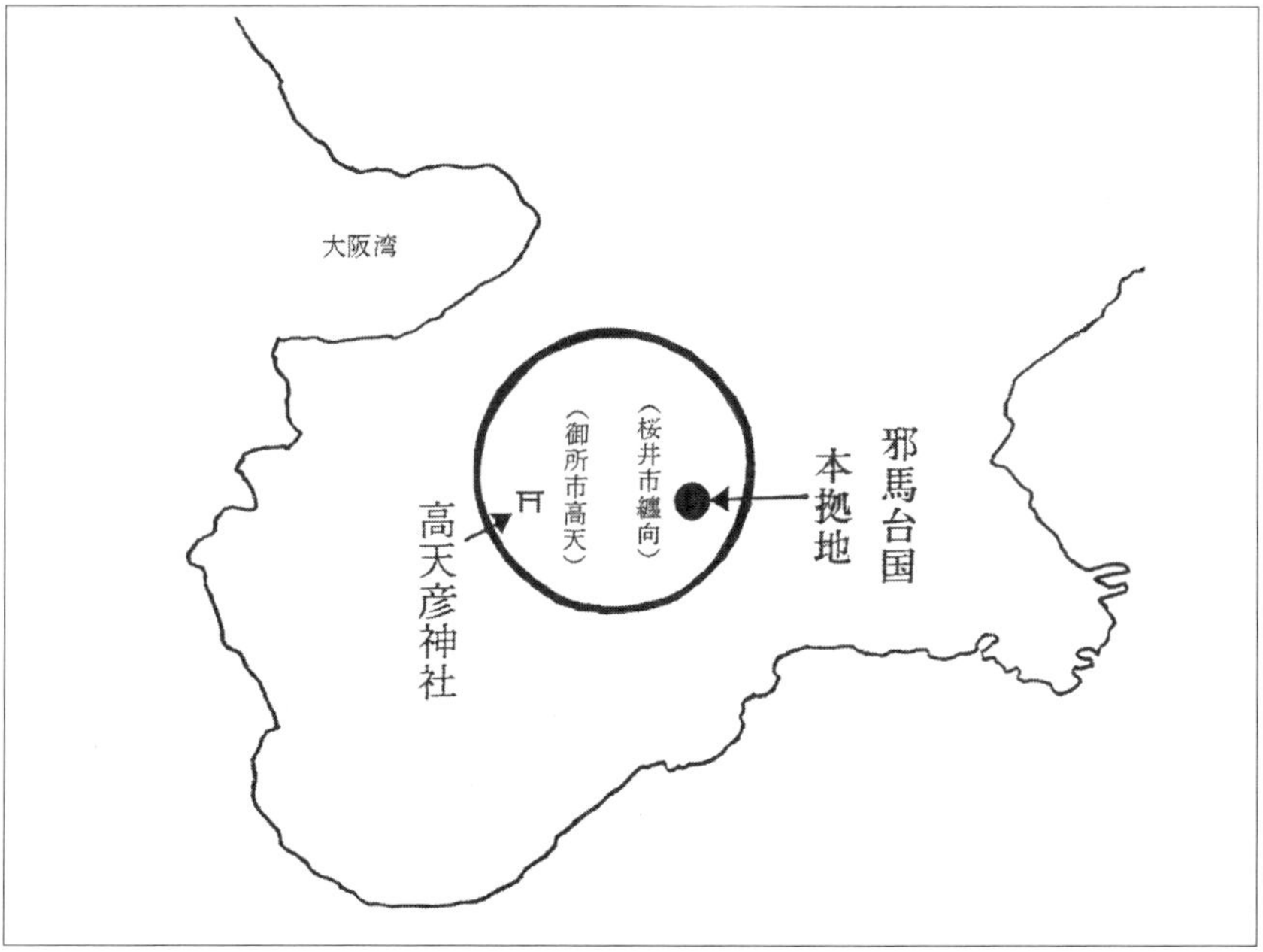

高天彦神社と邪馬台国の位置図

《高天原が、邪馬台国にあった理由》

まず、日本の建国の歴史上から、①、邪馬台国の歴史と、②、狗奴国の歴史を二分類にして考える必要がある。

①、邪馬台国……大和に最初に建国された国が邪馬台国であった。

②、狗奴国……邪馬台国を征服して、大和朝廷をスタートさせたのが戦勝国の狗奴国である。

③、『邪馬台国・古事記』……狗奴国が邪馬台国を征服すると、邪馬台国には建国の歴史を書いた『邪馬台国・古事記』があった。

征服者にとって敗者の歴史をすべて書き残すことは都合が悪い……。しかし邪馬台国は、中国の正史である『魏志倭人伝』に記載された国際的な国である。後世にいろいろな人々が読むことを考慮して、邪馬台国の歴史を全部抹消することは出来なかった。そこで、邪馬台国の歴史を天上界にあった別世界の歴史として、書き残すことにしたのだ。それが「天上界の高天原の国」だった。

邪馬台国は、大和国にあったので……高天原も大和国になければならなかった。

《邪馬台国の連合国の数は、国造りの数であった》

イザナギと、イザナミの国生み神話は、夫婦の契りを結んでから多くの国々を生んでいる。最初に、淡路島が生まれて、次に四国が生まれた。次に、隠岐ノ島、九州、壱岐島、対馬、佐渡島、本州、小豆島、五島列島が生まれたと書いてある。これらの国々は、邪馬台国の同盟国数と同じだと考えられる。

イザナギとイザナミが次々に生んだ国々とは、邪馬台国の同盟国数の表現であったのだ。

『魏志倭人伝』では、邪馬台国の女王は卑弥呼《ひみこ》であり、訳すと、日の巫女《ひみこ》の太陽神となる。卑弥呼は、高天原では変身してアマテラスオオミカミになり、天の下を照らす太陽神として書かれた。アマテラスが「岩戸隠れ」して、太陽が「雲」に隠れて暗くなったと書いてある。

※、岩戸隠れの意味……アマテラスが、岩穴に隠れて世界が暗くなったことを「岩戸隠れ」と表現している。太陽を隠すのは雲である。太陽は邪馬台国であり、雲は狗奴国の隠語である。狗奴国との戦争を意味している。雲は、熊襲族（久米）である。邪馬台国では、卑弥呼の政治を補佐する役人として、弟が担当している。高天原では、アマテラスに弟のスサノオノミコトがいて同じである。

《高天の場所は、監視台でもあった》

高天彦神社の山頂にある国見城は、読んで字のごとく国々を見る場所である。和泉から~大阪平野を監視する意味があった。さらに、大和盆地の豪族同志の動向を監視する役目もあった。

つまり、高天彦神社は、大和国の重要な場所に位置したのである。いろいろな点を考証していくと、高天が高天原であったと考えられるのだ。

※、白雲峰について……白いは、太陽崇拝の邪馬台国のシンボル色である。ニギハヤヒノミコが桜井市鳥見の白山に移動したと出てくる。

《卑弥呼と、天照大神（アマテラスオオミカミ）の類似点の特徴》	
邪馬台国の卑弥呼は太陽神だった。	天照大神も、天の下を照らす太陽神だった。
卑弥呼には男弟がいて、政治を助けていた。	アマテラスには、男弟のスサノオノミコトがいて政治を助けた。
卑弥呼には、太陽神の巫女神の職能があった。	アマテラスが「岩戸隠れ」すると、太陽が隠れて、世界が暗くなったという。
西暦二四七年ころ、卑弥呼が死す。壹与が、邪馬台国の女王になるが西暦二七〇年ころ征服されて消滅する。	アマテラスが、高天原から～ニニギノミコトを地上界の高千穂峰に降臨させるのは、邪馬台国が征服されて狗奴国の歴史へと変わることを意味する。邪馬台国から～狗奴国に政権が変わる書き方になる。

〈コラム〉※、『邪馬台国・古事記』について

邪馬台国は、中国の魏国に朝貢していた日本を代表する国であり、ちゃんとした建国史があった。建国史が＝『邪馬台国・古事記』である。

中国の国々は、史官を置いて自国の建国史を書きまとめている。ところが、邪馬台国は狗奴国に征服された。狗奴国が建国史を書く時に、邪馬台国の都合の悪い箇所を抹消して都合よい部分だけを書き残す手法をとった。勝てば官軍、負ければ賊軍の書き方である。高天原は、邪馬台国の物語であった。

◇オオクニヌシの国譲り神話の真相

※、国譲り神話……出雲のオオクニヌシが、高天原のタケミカヅチに負けて、地上界の葦原中国《あしはらのなかつくに》を明け渡す物語である。国譲り神話には重要なカラクリが隠されているので説明する。

※、国譲り神話の特徴……タケミカヅチは、高天原から降りて来て、地上界を武力で鎮圧する神である。オオクニヌシに、出雲の国から出て行くように要求した。

◎、天上界……高天原のタケミカヅチの国になる。

◎、地上界・葦原中国……地上界と葦原中国は同じである。（当時の邪馬台国の同盟国になる）

※、オオクニヌシとタケミカヅチとの国譲りの約束……タケミカヅチは、オオクニヌシにこの国から出て行けと要求する。オオクニヌシには二人の子供がいた。子供達が国譲りを承諾したら従うと、タケミカヅチに返答する。

（オオクニヌシの系図）

葦原中国の支配者
オオクニヌシ

一男（ヤエコトシロヌシノカミ）……葦原中国を高天原に献上することに合意する。

二男（タケミナカタノカミ）……タケミカヅチ軍に抵抗して戦うが負けて北へ北へと信濃の諏訪市まで逃げた。「私は、一生諏訪から出ませんので命だけは助けて下さい」と懇願する。

二人の子供はタケミカヅチに征服された。そして、約束どおりに地上界の葦原中国を高天原に献上して国譲りが完了した。

タケミナカタノカミが、なぜ諏訪に逃げ込んだのか……傍証する一つの資料を簡単に作図して説明しよう。

※、安曇《あずみ》族のルーツ……中国大陸の春秋時代の「呉」に発祥している。
安曇族は海人《あま》族であり、航海技術や製鉄技術が仕事であった。北九州の福岡市東区辺りに渡来して本拠地とした。

◎、志賀海《しかのうみ》神社……福岡市東区にある、安曇族が崇拝した神社である。宮司は代々「安曇氏」である。
国宝である「漢委奴国王」の金印が出土した土地で有名である。

◎、和多都美《わたつみ》神社……長崎県対馬市にある。安曇族が崇拝して、初代の「安曇磯良《あずみのそら》」の墓がある。
安曇族は、北九州から日本海を北上して島根県松江市の恵曇港に渡来する。

←

松江市に、古代から栄えた有名な恵曇《えとも》の漁港がある。安曇の「曇」が恵曇に付いている。
恵曇港で発見された弥生時代の遺跡からは、中国渡来の珍しい出土物が大量にあり、中国大陸から渡来したつながりを証明している。

←

安曇族は、出雲から日本海を北上して新潟県の糸魚川市から長野県安曇野に入っている。
糸魚川市の姫川は、古代の勾玉《まがたま》のヒスイの原産地である。姫川から~日本各地へとヒスイが運ばれた。

現在は、ヒスイは発掘禁止となっている。信州を安曇野《あずみの》と呼ぶ。安曇野に「曇」の漢字が付いている。

※、穂高《ほたか》神社……長野県安曇野市内にあり、安曇族と関係がある。

安曇族が北九州から北上したコースと、タケミナカタが北へ逃げたコースが、出雲地方から重なり合う特徴がある。

諏訪市神宮寺大熊のフネ古墳の蛇行剣は~狗奴国につながる。

タケミナカタが逃げた諏訪市内にフネ古墳がある。「フネから~船」を連想させる。一説に、諏訪神社の御身体は船だという。フネ古墳から蛇行剣が出土して注目された。蛇行剣は、鹿児島の隼人の古墳から大量に出土する特殊な剣である。

蛇行剣のルーツは、狗奴国の隼人へとつながるのだ。

◎、大熊《おおくま》の地名のルーツ……フネ古墳の近くに「大熊」の地名がある。かつて、大熊城もあった。

奈良の「宇陀の大熊」と同じく、熊襲族と関係がある地名になる。

《国譲りは、政権交代の話である》

オオクニヌシが、葦原中国の支配権を高天原に返すのは……邪馬台国の葦原中国が狗奴国に負けた意味になる。邪馬台国から狗奴国への政変劇が、国譲り神話としてうまく書かれたのだ。

第四章
熊襲・隼人の発祥から~天皇家との深い関係がはじまる

◇近畿地方に移住した隼人

『古事記』の「海幸彦・山幸彦」神話では、ニニギノミコトとコノハナサクヤヒメから生まれた子供の、ホオリノミコトは日本の天皇家になり、ホデリノミコトは隼人になり兄弟だと書いている。

それを証明するように、天皇家と隼人の密接な関係が以後も連綿と続いたのだ。

鹿児島の隼人から選抜されたエリート隼人たちは、天皇家を補佐する形で近畿地方に移住した。かつて明治時代は、鹿児島県出身の警察官が東京に多数勤務していた。理由は、鹿児島県人の質実剛健な性格が警察官に向いていたからだ。これに似たケースが隼人の近畿地方への移住であったのだ。

『近畿地方の、隼人の移住先一覧表』

〔古い地名〕	〔現在の場所〕
河内国若江郡萱振保	大阪府八尾市付近
近江国栗太郡竜門	滋賀県大津市付近
京都府綴喜郡宇治田原郷	京都府宇治田原町付近
丹波国桑田郡佐伯郷	京都府亀岡市付近
山城国綴喜郡大住郷	京都府京田辺市付近
大和国宇智郡阿陀郷	奈良県五條市付近
伊勢隠郡横河	三重県名張市横河付近
紀伊国名草郡苑部郷	和歌山市園部付近

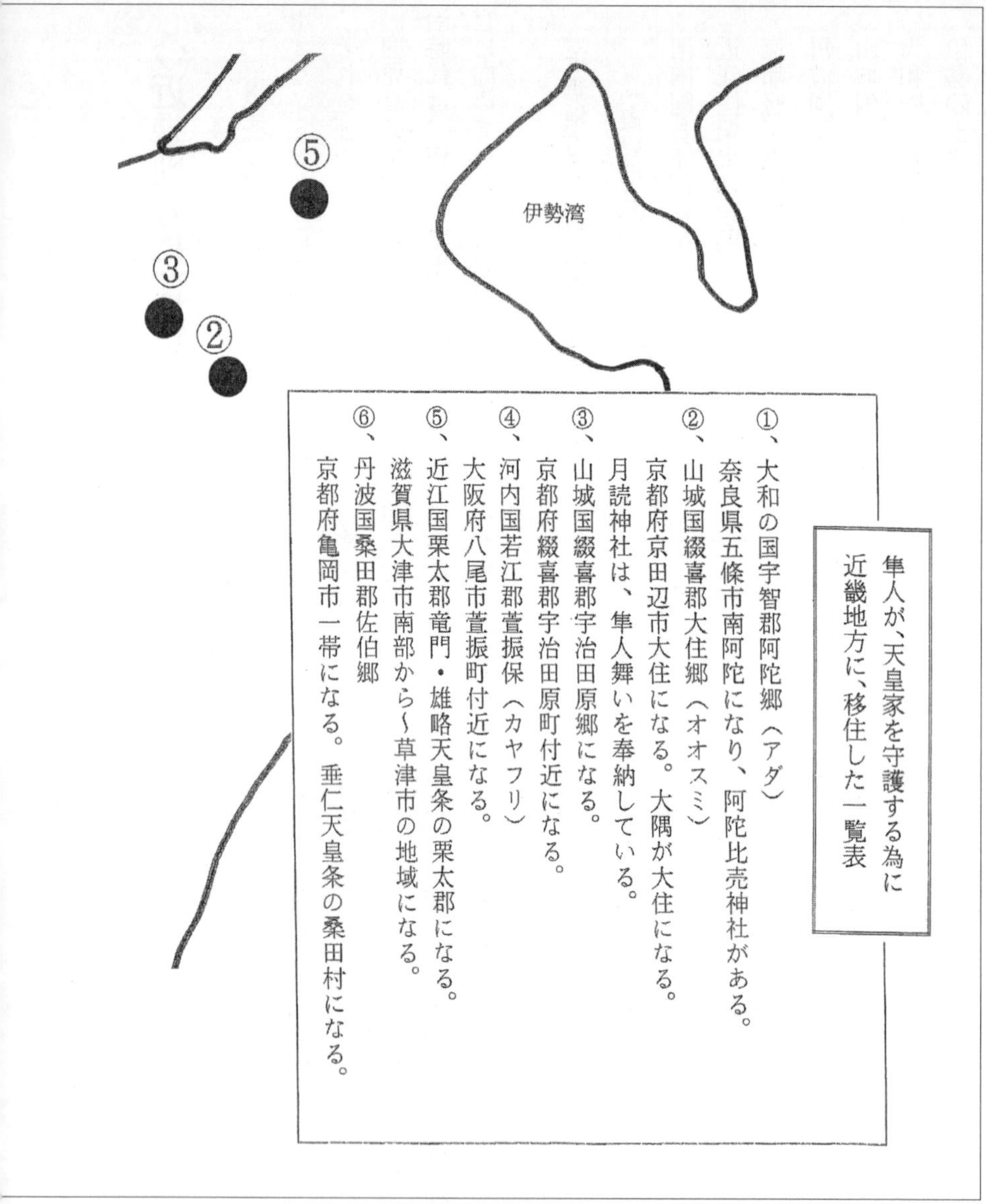
⑤
伊勢湾
③
②
隼人が、天皇家を守護する為に
近畿地方に、移住した一覧表
①、大和の国宇智郡阿陀郷（アダ）
奈良県五條市南阿陀になり、阿陀比売神社がある。
②、山城国綴喜郡大住郷（オオスミ）
京都府京田辺市大住になる。大隅が大住になる。
月読神社は、隼人舞いを奉納している。
③、山城国綴喜郡宇治田原郷になる。
京都府綴喜郡宇治田原町付近になる。
④、河内国若江郡萱振保（カヤフリ）
大阪府八尾市萱振町付近になる。
⑤、近江国栗太郡竜門・雄略天皇条の栗太郡になる。
滋賀県大津市南部から～草津市の地域になる。
⑥、丹波国桑田郡佐伯郷
京都府亀岡市一帯になる。垂仁天皇条の桑田村になる。

隼人が近畿地方に移住した場所

※、〔参考資料〕……正倉院の文書類や「延喜式」などに書かれた資料から取り上げた。
隼人は近畿地方の全域に移住している。〔隼人の移住先は作図を参照のこと〕奈良県五條市内の南阿田と京都府京田辺市の大住には、現在も隼人の史跡が残るので紹介する。

★、「壬申の乱」の「名張横河」と隼人について

三重県名張市内の「名張の横河《よこがわ》」が隼人の移住先である。

この一帯は「壬申の乱」の大海人皇子が、奈良の吉野宮を出てから名張の横河に差しかかると、隠駅家《なばり》を

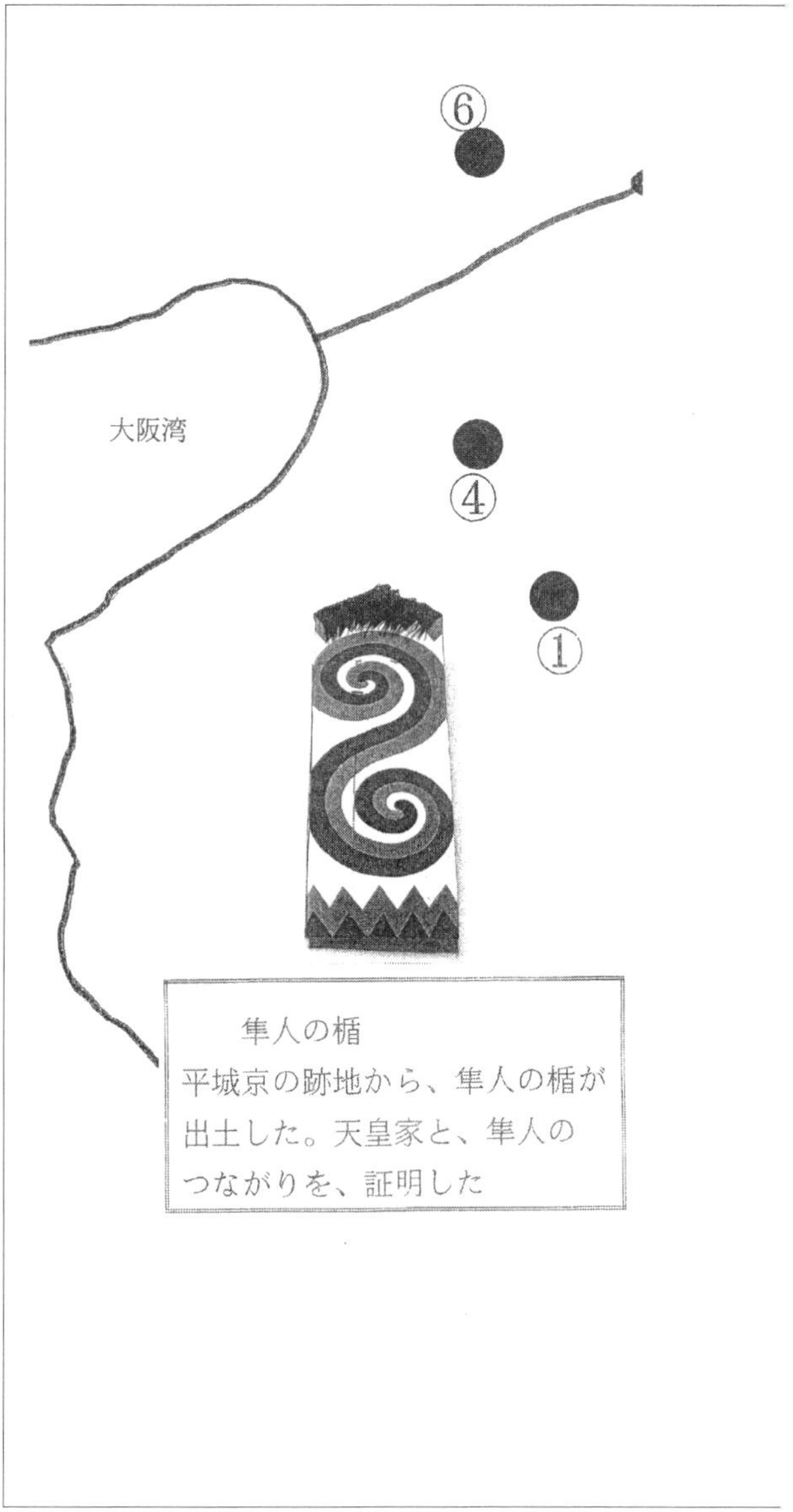
⑥
大阪湾
④
①
隼人の楯
平城京の跡地から、隼人の楯が出土した。天皇家と、隼人のつながりを、証明した

焼いて暖をとった場所である。当時は名張を隠と書いた。

「名張横河」に来ると、「黒雲があった……占うと、我天下を取るか……」と大海人皇子は述べている。黒は墨坂神の色であり、戦勝を意味する色だった。名張横河は、宇陀の山地から流れ出る宇陀川と名張川が合流する重要な場所である。さらに名張横河の場所は、大和国と伊勢国の境界地点ともなっていた。そのような重要な土地に隼人が移住していたのだ。

★、奈良県五條市阿田の史跡について

奈良県五條市南阿田がある。コノハナサクヤヒメの出身地は薩摩半島の阿田である。阿田隼人が移住して南阿田の地名となった。南阿田の吉野川沿いの閑静な森に、阿陀比売《あだひめ》神社がある。〔阿田から～阿陀になっている〕

『阿陀比売神社』の祭神

ニニギノミコトと、コノハナサクヤヒメから生まれた三神が祭られている。

一、ホスセリノミコト
二、ホデリノミコト
三、ヒコホホデミノミコト

『姓氏録』の大和の国・神別条には

◎、「二見首《ふたみのおびと》は、ホスセリノミコトの後裔なり」とある。〔五條市内に二見の地名が残る〕
◎、「大角隼人《おおすみはやと》は、ホスセリノミコトより出ずるなり」大角《おおすみ》は大隅と同じである。

どちらもホスセリから発生している。

『円満寺文書』和銅二年（七〇九）に、「大倭国《やまとのくに》、内郡《うちぐん》、二見村《ふたみむら》」が見える。〔内郡《うちぐん》は→宇智郡《うちぐん》〕のことである。

★、二見村の地名の所在地について

二四号線沿いに五條市内から和歌山方面に向けて、しばらく行くと二見の地名がある。交通の要衝であり、この辺りが古代の二見村になる。

五條市南阿田に民間の「阿田歴史史談会」がある。古代に、鹿児島の阿田地域から隼人が移住してきた土地だとして、鹿児島の阿田地域と相互に民間交流を促進している。時々地元の新聞にて活動状況が紹介されている。

★、京都府・京田辺市に残る隼人の祭り

山城国綴喜郡大住《つづきぐんおおすみ》郷は、現在の京都府京田辺市大住の月読神社付近である。古代に鹿児島の大隅半島

月読神社で踊られる隼人舞い（京田辺市大住町）

の大隅隼人が移住した地域であり、狗奴国の同盟国である。
［大隅オオスミが↓大住オオスミ］の地名になっている。地理的には、奈良方面から京都市内に入る県境に位置する。考古学面では、地元の竹林で顔面に入れ墨をした「埴輪《はにわ》」が出土しており、隼人族の入れ墨と関係ないか議論になった。

★、月読神社に「隼人舞い保存会」がある

大住町には「大住隼人舞い保存会」が結成されて、古代の隼人舞いを復元して伝承している。月読《つきよみ》神社の秋の例大祭は、毎年の十月十四に「隼人舞い」が踊られている。

> ※、月読神社の隼人舞いは……京田辺市指定文化財の第一号となっている。

京田辺市大住の月読神社から国境を南下すると、すぐに奈良市の平城京に入る。平城京の跡地から「隼人の楯」が出土して反響を呼んだ。

《平城京から隼人の楯が出土した》

数十年前の話、平城京跡を発掘中に『延喜式《えんぎしき》』に書かれた隼人の楯が出土した。現在は、復元されて「平城京博物館」に展示されている。

4
盾伏《たてふせ》の舞《まい》
盾を持ち、押し寄せる悪魔を防ぎ、
神々と自らを守る舞
隼人の楯の踊り（大住隼人舞い保存会資料より）

平城京で、隼人が平城京を警備したり、天皇家を守護したことを証明したものになった。海幸彦・山幸彦の時代〔西暦二〇〇年前後〕に、天皇家と隼人は兄弟として書かれた。その後、連綿として天皇家との関係が続いたのだ。

◇天皇家を守護した隼人の朝貢記事がある

天皇家と隼人の歴史は「海幸彦・山幸彦神話」時代に始まり、約一八〇〇年前の話になる。以来連綿としてつながりが続いてきたのだ。

奈良市の平城京跡地の発掘作業中に「隼人《はやと》の楯《たて》」が出土したことで天皇家を守護したり、平城京を警備した隼人の歴史が証明されたのだ。

★、天武天皇十一年七月三日、隼人が鹿児島から参上している。大隅の隼人と阿田〔薩摩地方〕の隼人が天覧相撲をとっている。最後に大隅隼人が勝った。

★、二十七日、隼人らは飛鳥寺の西のツキ〔欅〕の下で、宴会と舞楽と禄を賜った。

天武天皇は現在の飛鳥寺の西の方角の近くで宴会を開催して、隼人族を厚遇した。理由は、隼人族〔熊襲族〕を尊敬していた面もあったのだ。この時代から、熊襲から隼人の呼び方に変わっている。

西の欅の下で接待する作法は特別な意味があった。ツキとは、欅（ケヤキ）の呼び名である。大阪の高槻《たかつき》市、滋賀県の高月《たかつき》町は、国宝級の欅の巨木があることから付いた地名である。

《隼人が朝貢した記事を、『続日本紀』から抜粋してみる》

★、天平元年〔七二九年〕の条項より

一、六月二十四日、薩摩の隼人らが朝貢した。天皇が大極殿にて隼人らの歌舞を見た。

二、六月二十五日、隼人らに身分に応じて位階を授けた。

三、七月二十日、大隅国の隼人が朝貢してきた。

四、七月二十二日、大隅国の隼人らにそれぞれ位階を授けた。

★、天平七年〔七三五〕の条項より

七月二十六日、大隅、薩摩の隼人ら二百九十六人が朝貢した。

八月九日、隼人ら三百八十二人に位階を授けた。

★、天平十五年〔七四三〕の条項より

七月三日、隼人らを饗応する。《饗応……接待してもてなすことである》

★、天平勝宝元年〔七四九〕の条項より

大隅、薩摩の隼人ら、御調《みつき》を貢す。《御調……朝廷に献上する品物である》

曽乃君多利志佐《そのきみたりしさ》に従五位下を授ける。〔藤原広嗣の乱で投降した隼人になる〕

★、天平宝字八年〔七六四〕の条項より

正月十八日、大隅、薩摩の隼人を交替させる。……薩摩公鷹白・薩摩公宇志に外従五位下を授けた。

★、神護景雲三年〔七六九〕の条項より

十一月二十六日、大隅隼人が郷土の歌と踊りを天皇にささげた。薩摩公鷹白と加志公嶋麻呂に、それぞれ外従五位上を与える。正六位上の甑隼人麻比古、外正六位上の薩摩公久奈都、曾公足麻呂、大住直倭、上正六位の大住忌寸三行に外従五位下を授けている。

★、宝亀七年〔七七六〕の条項より

一、二月八日、天皇は大隅隼人と薩摩隼人の踊りを見た。

二、二月十日、大住忌寸三行・大住直倭、外従五位を授けた。外正六位上の薩摩公豊継には外従五位下を授けている。

★、延暦二年〔七八三〕の条項より

正月二十八日、大隅、薩摩の隼人を御門《みかど》で饗応する。それぞれの隼人らに位階を授けた。

天武天皇の時代からいきなり隼人の名称が使われて隼人の朝貢が多く出てくるのだ。天武天皇の時代に密接なつながりが強調されている。

「壬申の乱」瀬田の橋、戦いに隼人の楯があった（滋賀県大津市歴史博物館蔵）

※、「隼人の楯」の模型について……

「大津宮」は「壬申の乱」の発祥地である。大友皇子軍の精鋭の弓矢隊が、橋の上で「隼人の楯」を並べて矢を射かけているミニチュア模型がある。敵兵は、橋を渡って来る大海人皇子軍である。

※、「隼人の楯」で、矢を防いだ……

「隼人の楯」は精鋭な弓矢隊が射かけても矢を通さない厚さがある。しかも、兵士がすっぽりと隠れるサイズであり、防御用にもなった。「隼人の楯」は、敵兵の矢を防御しながら攻撃出来る利点があるのだ。さらに、楯に刺さった敵の矢を抜いて射返すことも出来たのだ。

※「隼人の楯」の文様は、狗奴国軍の久米の勇士の勇敢なシンボル図である。

◇反正天皇が隼人に殺人を依頼する事件

第十六代
仁徳天皇

- 長男（第十七代目）履中天皇《りちゅうてんのう》（イザホワケ）〔天皇即位式の時に、泥酔中に、墨之江中王に放火されて殺されかける〕
- 次男　墨之江中王（スミノエノナカツミコ）〔難波の宮に放火した犯人である。隼人に暗殺される〕
- 三男（第十八代目）反正天皇《はんぜいてんのう》（ミズハワケ）〔履中天皇から墨之江中王を殺せと命令される、隼人をそのかして、墨之江中王を殺す〕
- 四男（第十九代目）允恭天皇《いんぎょうてんのう》（オアサヅマワクゴノスクネ）

『古事記・日本書紀』の中で、天皇家の兄弟同志が後継者争いする事件が発生している。

履中天皇が、十八代の反正天皇に、墨之江中王を殺すように命じた事件が起きた。請け負い殺人をしたのは、天皇家に仕えていた隼人である。ミズハワケは、墨之江中王の側近で仕事をしていた隼人〔名前をソバカリと言う〕をそそのかして、主人の墨之江中王を殺させたのだ。隼人が委託殺人を請け負った事情を調べて行くと、いろいろな事実が次から次へと浮かび上がってきた。

第十六代の仁徳天皇の後継者に、長男の履中天皇（イザホワケ）が決定した。天皇の即位式の大宴会で、履中天皇は酒を飲み過ぎて寝込んでしまった。大酒を飲むとよくある話だ。その時に二男の墨之江中王が、謀反を起こして宮殿に火を放ち兄を焼き殺そうと図ったのだ。放火に気づいたのは側近の「阿知直《あちのあたい》」で、履中天皇を抱え起こすと馬に乗せて宮殿を脱出した。向かった先は奈良県天理市の石上神宮《いそのかみ》であった。目がさめた履中天皇は、墨之江中王に命を狙われたことを知った。

その後すぐに、弟の「ミズハワケ」が尋ねて来た。履中天皇は、ミズハワケがすぐに尋ねて来たことに墨之江中王と通じていないかと疑った。その時に、宮殿に火をつけた墨之江中王を殺して来たら会ってやろうと約束した。ミズハワケは「難波の宮《なにわのみや》」に引き返すと、墨之江中王の側近で仕えていた隼人の「ソバカリ」に密談した。

『私が、天皇になったらお前を大臣にする……その代わりに、お前の主人の墨之江中王を殺してくれないか』と誘った。

隼人は、ミズハワケの取引を大層に喜んで受け入れた。そして……墨之江中王が便所に入り無防備になったすきに、槍《やり》で突き殺してしまったのだ。

「ミズハワケ」は、約束を果たした「隼人」を引き連れて石上神宮へと向かったが……。大阪山（現在の二上山）の付近まで来ると謀略を図った。……主人を、いとも簡単に殺した隼人は人格に欠けている。これでは「いつかは私も隼人に殺されかけない、……いっそ、今の内に殺してしまおう……」と思い至った。

宴会の場所を作り、隼人に「これからお前を大臣にする前祝いをしたい……」と、持ちかけた。いろいろな褒美を与えて喜ばせてから酒をドンドン飲ませた。うれしさのあまり、泥酔して寝入ってしまった隼人の首を「ミズハワケ」は一太刀で斬り落として殺害した。後日、石上神宮にいる履中天皇の元に向かったのだ。「ミズハワケ」が墨之江中王を殺してきたので、履中天皇は晴れて天皇家の兄弟として付き合いを再開したとある。

《『古事記・日本書紀』より引用文》

『隼人が、委託殺人を請け負ったことに驚いた』

以上の記述文は、『古事記・日本書紀』の「反正天皇」の条項から引用したが、天皇家の後継者争いで兄弟が殺しあったことが書いてある。西暦六七二年に起きた「壬申の乱」も、天皇家の後継者争いであった。天武天皇は、兄の天智天皇の大友王子軍と戦って死に追いやっている。

天皇家の後継争いの中で鹿児島の隼人が登場して、委託殺人を請け負ったことには驚いた。しかも、仕えている主人を暗殺するという信じられない行動をとっている。

作り話としたら分かるが、あまりにも隼人が短絡的な行動をとったことにショックを受けた。

雄略《ゆうりゃく》天皇が死んだ時は、隼人が殉死して忠誠心を示している。敏達《びだつ》天皇の時ももがりの宮を隼人が警備している。隼人を調べて行くと、権力者の命令には絶対服従するという剛直な性格を持ちあわせているのだ。

さらに、事実を調べてみる事にした。

《隼人のソバカリが殺された、二上山を尋ね歩いて、隼人石《はやといし》を見つけた……》

隼人のソバカリが惨殺された「大阪山」の場所が、現在の大阪と奈良を分断する二上山《にじょうざん》の麓、聖徳太子の墓がある太子町から～飛鳥～駒ヶ谷にかけての付近だと伝えているので早速現地の調査に出掛けた。太子町から飛鳥、駒ヶ谷にかけての一帯は見渡す一面に葡萄《ぶどう》畑が広がる農村地帯だった。

★、「近《ちか》つ飛鳥《あすか》の地方」……大阪府羽曳野市飛鳥は「近つ飛鳥」と呼ばれた。
★、「遠《とお》つ飛鳥《あすか》の地方」……奈良の高市郡の飛鳥は「遠つ飛鳥」と呼ばれた。

近つ飛鳥から～駒ヶ谷《こまがたに》にかけての一帯は、古代に朝鮮半島南部からの渡来人が多く住み着いて開拓した土地だという。駒ヶ谷の隼人が殺された場所を捜し歩くと、雑木林に囲まれた中に延喜式内の「杜本《もりもと》神社」を見つけた。

杜本神社は、歴史があり地元の崇敬を集める格式高い神社である。杜本神社の参道の石段には、寄進された玉垣（寄進者の名前を書いた石柱）が左右にずらりと並んでいる。寄進者名の中で、特に興味を引いたのは渡来人の子孫と思われる姓であった。

※、新銅《しんどう》さんの姓が玉垣にあった。
※、金銅《こんどう》さんの姓が玉垣にあった。

新銅さんや金銅さんには、「銅の漢字」が入っている。杜本神社の祭神もフツヌシといって［鉄］の神様である。

銅の付く姓は、古代に任那（金官加耶）と呼ば

「杜本神社」本殿の中に隼人石がある（藤井寺市駒ヶ谷）

杜本神社にある隼人石（藤井寺市駒ヶ谷）

れた、大和朝廷と特別な関係にあった金海地域の出身で、高度な鋳鉄専門の技術を持った職業集団と見られている。

参道を上ると杜本神社の由緒書がある。案内板には「隼人石《はやといし》」の説明が書かれてあり、「隼人石」の名称に目が釘付けになった。隼人石とは何だろうか……？

読んでみると隼人石とは、人間が動物の姿をした人獣像が平石《ひらいし》に描かれてあり、本殿の左右に二対置かれてあるのだ。

★、隼人石の大きさ……高さ一五〇センチ近い、横幅は一メートル近い、厚さは二〇センチほどの平石である。

神社の社務所に、隼人石のルーツを尋ねてみた。しかし、「いつ頃からあるものか由来も全く分かりません、中国大陸や朝鮮から渡来したものでしょう……」との返事だった。

『隼人石に似た人獣像が、韓国の慶州の古墳にあったのだ』

隼人石のルーツを調べて、江戸時代の人獣像研究家の藤貞幹《とうていかん》の研究資料にも目を通したが、しかし結論が出ない。ミズハワケに殺された隼人の場所が、杜本神社の付近らしいと分かっただけである。もしかすると、「ミズハワケ」に殺された隼人の霊を弔う為に祭られたのだろうか……とまで考えた。隼人石のルーツを調べる中で、韓国の慶州の金庚信の古墳に類似点を見つけたのだった。

※、金庚信《きむゆしん》(西暦五九五~六七三年)将軍の高塚古墳が、韓国の慶州(古代の新羅の国)の駅から西の方角の近郊にある。金庚信将軍は朝鮮を統一した武将として知られ、韓国の歴史教科書にのっている英雄である。朝鮮人は誰でも知っている歴史人物だ。金庚信の高塚古墳の周囲を取り囲むように、十二支の石像が立てられている。その中の一つの石像の図柄と、隼人石の図柄が全く同じなのだ。この一致は単なる偶然なのだろうか……? その謎を追求していくと、隼人と金庚信が点と線でつながっていくのだ。

※、隼人は……金首露王の七王子と、鹿児島のコノハナサクヤヒメが結婚して誕生している部族になる。
※、金庚信は……金首露王の子孫である。

隼人と金庚信は、どちらもルーツが金首露王につながっていくのだった。

『杜本神社と石上神宮の祭神は同じであった』

一、杜本神社の祭神は……フツヌシノミコトである。
一、石上神宮の祭神は……フツノミタマノオオカミである。

履中天皇が逃げ込んだ天理市の石上神宮の祭神も、羽曳野市の駒ヶ谷の杜本神社の祭神も、同じフツ（鉄）を意味する神様であったのだ。

《隼人の特色を上げてみる》

一、隼人のソバカリは、天皇の王子である墨之江中王に仕えていた側近の隼人であった。
一、隼人のソバカリが、ミズハワケに殺された場所が二上山の麓から飛鳥や駒ヶ谷にかけての付近だった。
一、隼人石が、杜本神社に奉られたのは古くて不明だが、中国や朝鮮渡りではないかといわれている。
一、隼人石が、隼人の霊を弔うために杜本神社に祭られたのか……それさへも分からないという？

《金庚信の特色を上げてみる》

一、隼人石は、慶州の金庚信の古墳に配置されている、十二支像に酷似している。
一、金庚信は、朝鮮を統一した英雄の武将として、韓国の教科書に載っている歴史人物である。
一、金庚信は、金海の亀旨峰に降り立った金首露王の子孫であり、七王子と隼人は点と線でつながっていた。

『飛鳥や駒ヶ谷を探し歩いて、宇陀とのつながりを発見した』

飛鳥や駒ヶ谷を調べ歩いて、思いもかけない宇陀とのつながりを発見することになった。

『宇陀の伊那佐山には、都賀那岐神社があった』

宇陀の伊那佐山《いなさやま》の頂上には、延喜式内社の「都賀那岐神社《つかなぎ》」が祭られている。

★、神社の神名帳を調べると、都賀那岐神社の祭神は「阿知使主《あちのおみ》」である。

阿知使主は親であり都賀使主が子供である。

★、阿知使主は……履中天皇の即位式の時に、燃え盛る「難波の宮殿」からイザホワケを助け出した人物の「阿知直《あちのあたい》」と同人物だったのだ。

息子が都賀使主であり、伊那佐山の頂上に都賀那岐神社として祭られているのだ。

『応神天皇十五年の条項』には

「阿直岐が、百済王から良馬の二頭を連れてきた」《阿直岐は（アチキ・アチノオミ》と言う。

馬の飼育場所は、坂上の土地にあった。現在の橿原市大軽《おおかる》の付近になる。

『新撰姓氏録《しんせんしょうじろく》』には

『阿知使主から……坂上の姓が生まれた』と書いてある。飛鳥村に「坂上と~阿知使主」のつながりが見つかるのだ。

伊那佐山にある都賀那岐神社を、十数代も守り続けて来た家柄がある。伊那佐山の「八滝《やたき》」に住んでいる「新堂家《しんどう》」である。都賀那岐神社の境内には、新堂家の永代の墓所がある。新堂の姓は、駒ヶ谷の「近つ飛鳥」に多い「真銅」の漢字表記が変化して「新堂」の漢字表記になったものである。

★、変化例……〔真銅シンドウから→新堂シンドウ〕の漢字表記になっている。

★、近つ飛鳥の「真銅」と、遠つ飛鳥の宇陀の「新堂」が……点と線でつながっていくのだ。

駒ヶ谷には、「宇陀屋《うだや》」という屋号の卸屋があった。奈良の宇陀とどのような関係があるのか気になり、屋号の由来を店の主人に聞いてみたが……、主人は「宇陀屋の屋号はいつ頃から使われたのか、家族のもんは誰も知らんねん……先代もそう言うとった……なんで宇陀になったんかな……どんな関係があるんやろ……？」と、不思議そうな顔で、店の主人が話してくれた。

新堂家と宇陀屋は、駒ヶ谷がルーツだったのだろうか……？　何か隠されたものがある。

※、駒ヶ谷と宇陀とのつながり

駒ヶ谷の真銅家は　＝　宇陀に来て新堂家になっている。

都賀那岐神社の創建には、阿知直と深いつながりがある。

「都賀那岐神社」伊那佐山の頂上にある都賀使主の神社（宇陀市伊那佐山）

『近つ飛鳥と、宇陀の都賀那岐神社に接点があった』

宇陀の高塚の八咫烏神社は創建が七〇五年とある。

『続日本紀』慶雲二（七〇五）年には、「置八咫烏神社于大倭国宇太郡祭之」と書いてある。

★、宇陀の八滝《やたき》には、文乃禰麻呂《ふみのねまろ》の墓が発見されて国宝となっている。天武天皇の「壬申の乱」に従軍した将軍として活躍した人物である。

墓誌には慶雲四年（七〇六）年、卒（死亡）と見える。八咫烏神社が造られてから、わずか一年後に文乃禰麻呂が葬られているのだ。八咫烏神社の真正面には伊那佐山があり距離にして数キロもなく近い。

『八滝の地名には深い意味があった』

★、八滝には、「壬申の乱」の将軍の文乃禰麻呂の墓がある。

★、八滝の地名を分析すると〔ヤタ〕と↓〔キ〕に区別出来る。ヤタは、八咫烏〔ヤタカラス〕のヤタに通用する。

一、ヤタの意味……偉大な末広がり的な意味を持つ。天武天皇の時代から八の数字が縁起かつぎで使用されていた。

一、キの意味………貴人、貴殿、など偉い人を指す。又は貴様などに使われて男性を表現する。

★、八滝（ヤタキ）とは……えらい将軍、文乃禰麿呂が眠る土地の意味になる。

八咫烏の意味を説明すると

一、ヤタは……偉大な、大きな、であり……

一、カラスは……古代は、神様の使いの鳥である。古代の東アジア地方では、神様の使いの鳥だった。カラスは偉大な軍人のたとえにもなる。

天武天皇が、『古事記・日本書紀』の編纂を命じた時代に、宇陀の伊那佐山の周辺には、八咫烏神社や「壬申の乱」の文乃禰麿呂の功績が民間伝承として言い伝えられていたのだ。

杜本神社の隼人石を調べていくと、金庾信と、近つ飛鳥と、阿知使主につながり、宇陀と隼人石の接点を見つけられたのだった。

〈コラム〉

※、隼人石のルーツについて

天武天皇が、七七〇年代から～鹿児島の隼人族を歓待する。その後、隼人族が続いて登場してくるのだ。「『日本書紀』からの引用資料より」

※、金庾信の誕生と人生について

（五九五～六七三）年に在位して朝鮮国を統一した歴史的な名将である。西暦四二年に、金海の亀旨峰に天降りた「金首露王」の子孫になる。

「天武天皇」の活躍する時代と、「金庾信」が朝鮮国を統一した時代と、「隼人」が『日本書紀』に登場する時代が、西暦六〇〇年から～七〇〇年代にかけてである。

「天武天皇」と、「金庾信」と、「隼人」が活躍する時代が重なり合っているのだ。……これは、偶然なる一致ではない……？

当時の時代背景がピッタリと一致してくるのだ。

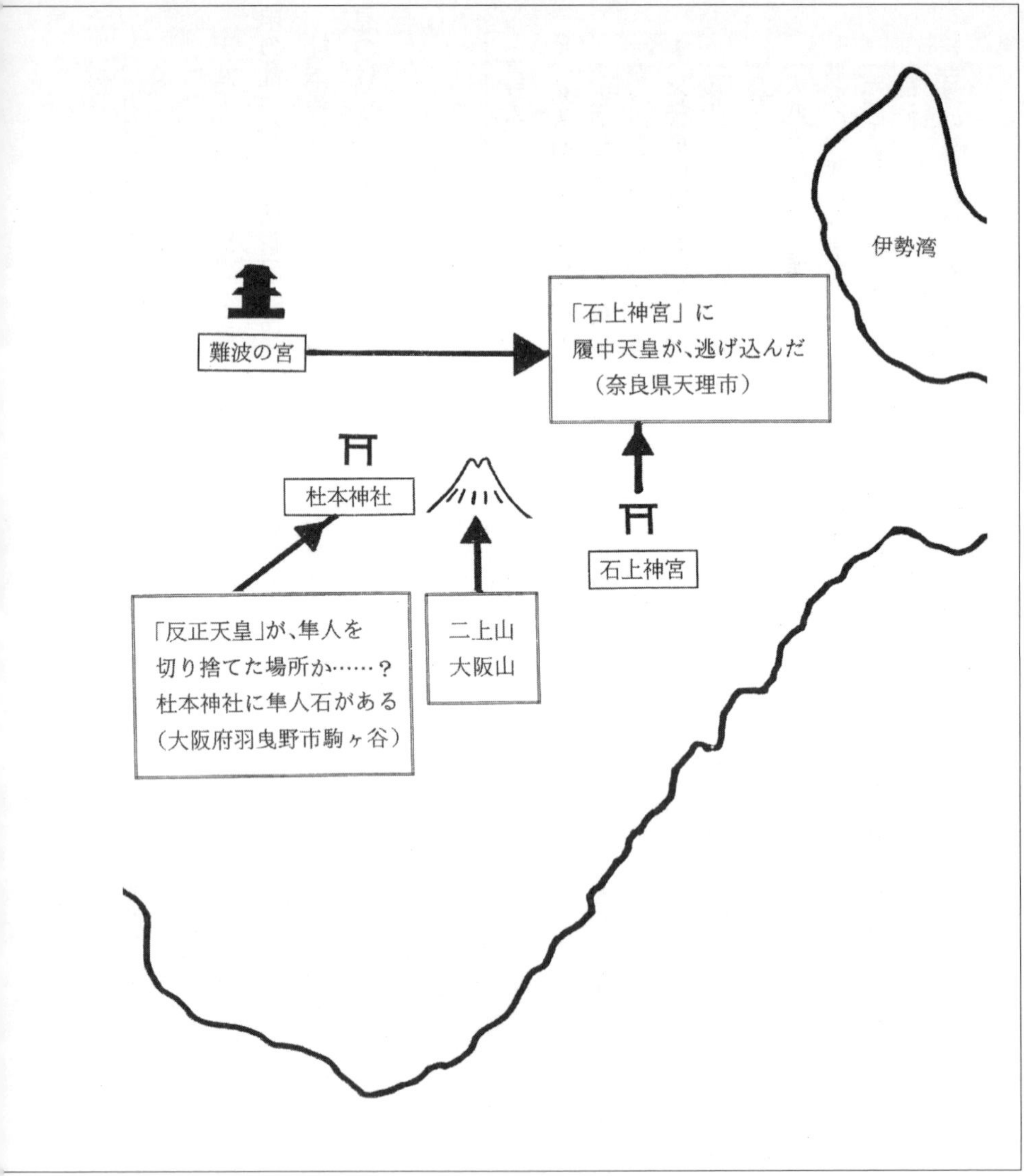
伊勢湾
「石上神宮」に
履中天皇が、逃げ込んだ
（奈良県天理市）
難波の宮
杜本神社
石上神宮
「反正天皇」が、隼人を
切り捨てた場所か……？
杜本神社に隼人石がある
（大阪府羽曳野市駒ヶ谷）
二上山
大阪山

反正天皇が隼人の首を切り落とした場所

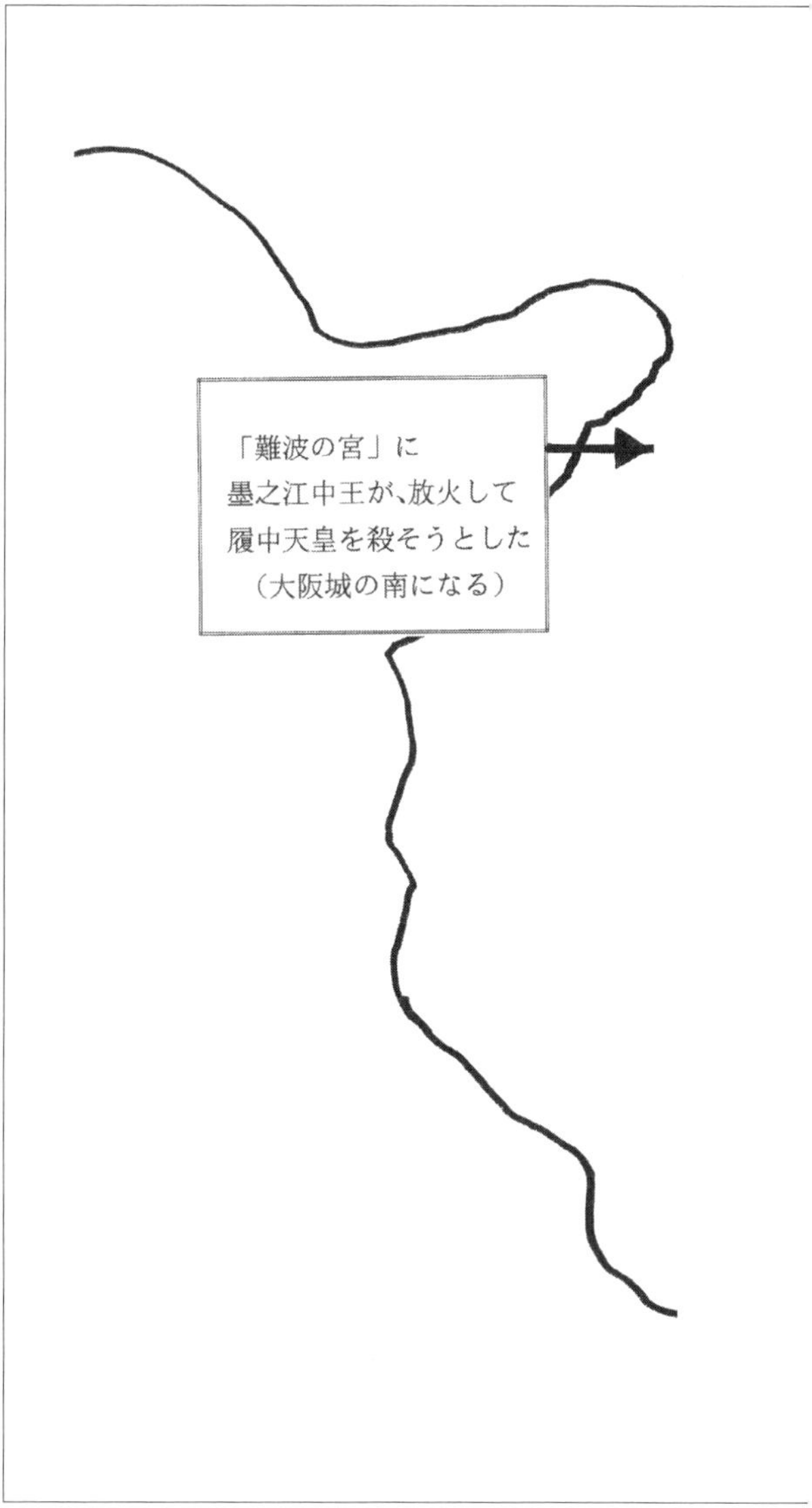

※、古代は、難波の宮から～二上山を越えて奈良盆地に入り、宇陀に抜けてから伊勢の国に走る官道があった。

墨之江中王が「難波の宮」に放火して履中天皇を焼き殺そうとした。火中から助け出して天理市の石上神宮に運び込んだのは「阿知直」なる人物だった。

宇陀の伊那佐山の都賀那岐神社の祭神の「都賀使主」の親神が「阿知直」である。

杜本神社の祭神《ふつぬし》と、石の上神宮の祭神《ふつぬし》は同じ鉄の神だった。

すべてが、どこかでつながっていった。

◇天武天皇・神武天皇・尾張大隅の特徴について

★、神武天皇の特筆事項について

一、神武天皇は、高千穂峰に降臨したニニギノミコトの四代目になる。
一、鹿児島の国分平野に、初期の狗奴国が発祥する。
一、狗奴国は、奈良の邪馬台国を倒すために、三重県や愛知県内に軍事移動する。
一、狗奴国の男王の卑弥弓呼が、神武天皇となる。
一、神武天皇を護衛した熊襲族は久米となり、橿原神宮の隣に久米御県神社を本拠地とした。

★、天武天皇の特筆事項について

一、天武天皇は、「壬申の乱」で濃尾平野の元狗奴国の子孫たちに軍事支援を求めに行った。
一、天武天皇が到着すると、尾張の大隅が、軍資金と兵力と兵舎を差し出した。尾張の大隅は、鹿児島の旧狗奴国の子孫だった。
一、美濃の国には、強弓を射る兵隊が多かった。ヤマトタケルノミコトは、美濃から強弓を射る軍兵を連れて平定に向かった。
一、「壬申の乱」の中で、久米の勇士が、馬に乗り敵陣に突っ込んで活躍している。
一、『魏志倭人伝』の狗奴国の男王、卑弥弓呼を神武天皇にした。
一、天武天皇は、『古事記・日本書紀』の編纂に、「讃緯説」で神武天皇の皇紀二六〇〇年という即位年代を製作した。

★、尾張大隅の特筆事項について

一、鹿児島から濃尾平野に移動した、狗奴国の子孫になる。大隅の名前は、鹿児島の大隅半島からついている。
一、天武天皇に、軍資金と兵力と兵舎を差し出した、「壬申の乱」の最大の功労者である。
一、尾張大隅の功労に対して、『古事記・日本書紀』の編纂時に、天孫族の火明命《ほあかりのみこと》に組み入れた。

※、尾張大隅の古里……熱田の森を歩く。

天武天皇は、桑名の七里の渡し場から、神武天皇の故郷「熱田の宮」に戦勝祈願に行った。熱田の宮は、名古屋湾河口から近くにある。近くの断夫山《だんぷやま》古墳は愛知県最大規模であり、熱田神宮と関係ある尾張氏一族が眠る古墳であろう。熊野の神武天皇軍に「神剣」をさずけた高倉下《たかくらじ》の神様を祭る「高蔵《たかくら》神社は、末社になる。高蔵神社の一帯の古墳群から釣り針が出土している。「海幸彦・山幸彦」が南九州から釣り針を探しに行った場所は、熱田の森から～高蔵神社にかけての一帯であろう。狗奴国が濃尾平野に移動したことを裏付ける神話である。

〈コラム〉※、**尾張大隅の本拠地について**……三重県の桑名市の「七里の渡し場」には深い入江があり、小舟の良港になっており現在も漁船が繋留されている。ここから木曽三川（長良川・木曽川・揖斐川）を渡り、「熱田の宮」まで二八キロである。この渡し場から、天武天皇は戦勝祈願に「熱田の宮」まで行ったと伝えている。天武天皇は、「熱田の宮」が狗奴国の本拠地であり、神武天皇の発祥の土地だと知っていただろう。織田信長も、「熱田の森」に戦勝祈願して桶狭間の戦い（一五六〇）年に勝利したのは有名である。「熱田の森」の近くには、県内最大の断夫山古墳があり、大小の古墳が密集している土地である。尾張氏は、伊勢湾の漁業利権からの収入と、濃尾平野の肥沃な大地の農業収入も得て大富豪となっていた。「熱田の森」の宮司は尾張氏一族であった。後に皇族に関係あるとして熱田神宮となる。

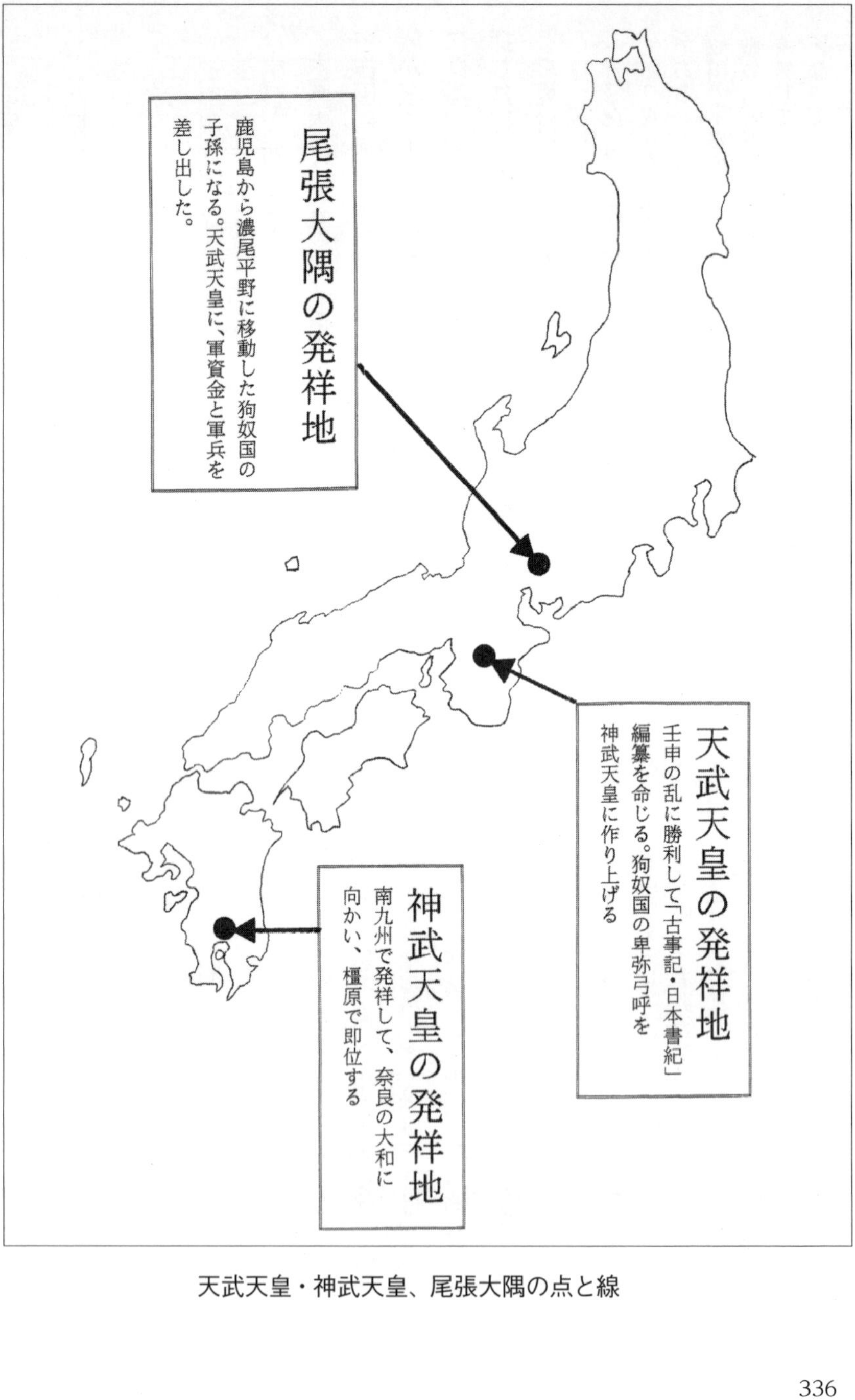
尾張大隅の発祥地
鹿児島から濃尾平野に移動した狗奴国の子孫になる。天武天皇に、軍資金と軍兵を差し出した。
天武天皇の発祥地
壬申の乱に勝利して「古事記・日本書紀」編纂を命じる。狗奴国の卑弥弓呼を神武天皇に作り上げる
神武天皇の発祥地
南九州で発祥して、奈良の大和に向かい、橿原で即位する

天武天皇・神武天皇、尾張大隅の点と線

◇天皇家を守護した隼人司の職務

①、隼人には天皇家を守護する任務があった。
②、平城京の治安と警備の仕事があった。
③、隼人には特殊な技能の仕事があった。

衛門府に直属の隼人司《はやとのつかさ》があった。隼人司の役職の慣習は、古来から引き継がれたものである。

《官位の図、三三八頁参照》

★、『**隼人司**』
「正一人、隼人及び名帳を検校し、歌舞を教え習わし、竹の笠を作る事を掌る、佑一人、令史一人、使部十人、直丁一人、隼人」とある。


〈コラム〉※、**隼人と天皇家の関係について**
高千穂峰に七王子が降臨したのが、西暦一八〇年ころの話になる。

鹿児島の南方系の原住民と七王子たちの国際結婚で誕生したのが、熊襲と呼ばれる史上最強の兵隊だった。

この時の物語が、『古事記』の「海幸彦・山幸彦」神話に「日夜、天皇家を守ります……」と書かれたのだ。

天武天皇の時代になると、熊襲から～隼人に呼び方が変わった。国分平野に隼人町があるが、以前は熊襲町だった可能性がある。

★官位表『延喜式』による

官職＼官階	親王一品	二品	三品 四品	正一位 従一位
神祇官	太政大臣	左大臣 右大臣	大納言	
太政官			卿	太政大臣
中務省			卿	
式部省 治部省 民部省 兵部省 刑部省 大蔵省 宮内省				
中宮職 大膳職 京職 修理職 春宮坊				
大舎人寮 図書寮 大学寮 雅楽寮 玄蕃寮 諸陵寮 主計寮 主税寮 木工寮 馬寮 兵庫寮				
内蔵寮 縫殿寮 陰陽寮 内匠寮 大炊寮 主殿寮 典薬寮 掃部寮				
囚獄司 正親司 内膳司 造酒司 市司				
★隼人司 織部司 采女司 主水司 主勝監 主殿署 主馬署				
近衛府 衛門府 近衛府				
弾正台 太宰府			帥	
勘解由 按察使 鎮守府				

↑隼人の司が存在する

『平安時代の隼人司の内容について』

大衣隼人・二人	各部門の隼人らに、教えたり指導する任務である。右の大衣・阿田隼人から選ばれる。左の大衣は・大隅隼人から選ばれる。
番上隼人・廿人	五畿内地方から、隼人が選出された。丹波、近江、紀伊の隼人が選出された。天皇家の守護にあたる朝廷の儀式や、天皇の行幸には、大衣隼人と共に「太刀」を身につけて馬に乗った。
今来隼人・廿人	大隅、薩摩、日向地方から参上した隼人になる。大衣隼人から、犬吠えの呪の指導を受けた。儀式の時には、刀、槍を持ち参加した。
白丁隼人・一百卅二人	大衣隼人と、番上隼人らの仕事の補佐をした。

『隼人司に常時準備された儀式用の装身武具』について

◎、横刀……百九十口、あった。
◎、盾………百八十枚、あった。
◎、木槍……百八十竿、あった。

★、平城京の発掘作業中に、「隼人盾《はやとのたて》」が偶然発見された。『延喜式』に書かれた様式サイズ通りで判明した。

「隼人の楯のサイズ『延喜式』より」

◎、長さ五尺、広さ一尺八寸、厚さ一寸。
◎、楯の頭に、馬髪を編みつける、赤と白の土墨を以って鈎形に描く。

★天皇家を守護した隼人の豪族分類表

国名	地域別	豪族名
日向国	諸県《もろがた》郡	諸県君＝天皇の皇后を出している家柄になる。
大隅国	曾於《そお》郡	曽君 曽県主
	大隅《おおすみ》郡	大住直＝天皇家の近習隼人の出身母体になる。
薩摩国	阿田《あた》郡 頴娃《えい》郡 甑島《こしき》郡 薩摩《さつま》郡	阿多君 衣君 甑隼人 薩摩君

〔分かりやすくした分類表〕

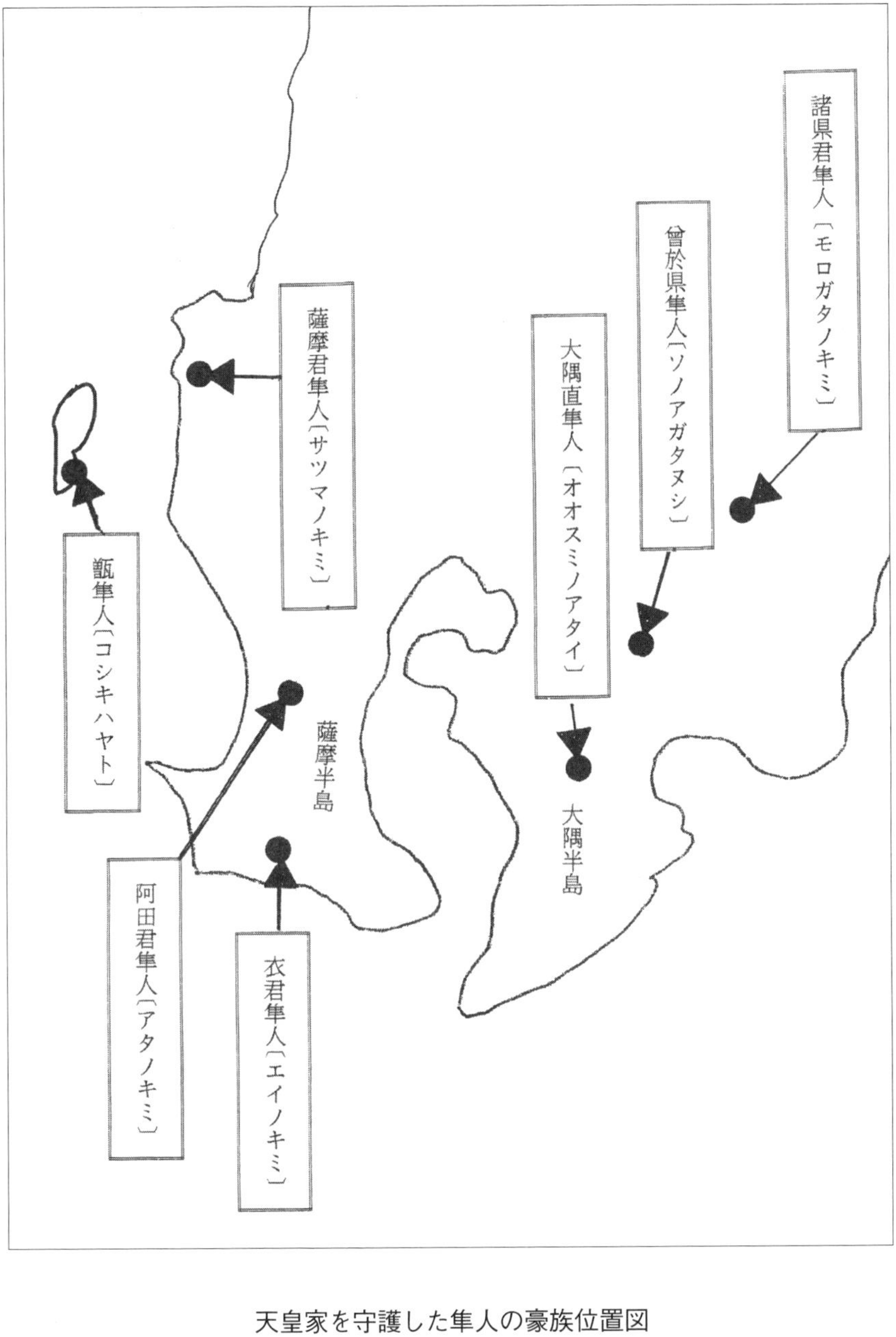

天皇家を守護した隼人の豪族位置図

◇『古事記・日本書紀』の編纂を命じた天武天皇と「壬申の乱」

◆天武天皇の「壬申の乱」の秘密

「壬申の乱」は、天皇家同志の後継者争いの最大の戦争であった。天武天皇は後の世に正しい戦争であった事を証明するために、『日本書紀』の「巻二十八」の全てをあてて、「壬申の乱」が起きた正当性を述べている。

「壬申の乱」の天武天皇軍と大友皇子軍の戦争を調べて行くと、邪馬台国と狗奴国との戦争を参考にしたように軍事展開していることに気づくのだ。

★、天武天皇軍の戦法は、狗奴国軍の戦い方に似ている……勝者になった。
★、大友王子軍の戦法は、邪馬台国軍の戦い方に似ている……敗者になった。

天武天皇は狗奴国側として、大友皇子軍は邪馬台国側にたとえる事ができる。天武天皇は、「壬申の乱」の中で神武天皇を尊敬していることが随所に出てくる。「壬申の乱」には、古代史の謎を解明できる豊富な資料が、凝縮されていることに気づかなければならない。神武天皇と天武天皇はセットにして考える必要性を教えてくれる。

『「壬申の乱の」始まりについて』

天智天皇は、重病になり倒れた。そして、死を意識する毎日であった。一つだけ思い残す事があった。それは、大友皇子（オオトモノオウジ）を後継者として、次の天皇にすることだった。

しかし、弟の大海人皇子（オオアマノミコ）が後継者に控えていたのだ。

そこで天智天皇は、病に伏せる床に大海人皇子を呼び寄せて、真意を問いただす事にした。

その時である「決して天皇になりたい素振りをしてはなりません……言葉使いにはくれぐれも気をつけて下さい……。」と、大海人皇子の側近が進言してきた。大海人皇子も、薄々と感じてはいたが……。

天智天皇が「この先どのように考えているのか……？」とズバリと聞いてきた……そこで大海人皇子は考えていた返答をした。「仏道の修行に入ります……」と答えると、天智天皇はホッと安堵の表情を見せたという……。

大海人皇子は、「大津宮」にいたら、いつ暗殺されるか分からないとさとり、すぐに家族と側近だけを引き連れて奈良の吉野宮に逃げ込んだのだ。

大海人皇子が、大津宮を後にして吉野宮に入ると、「虎が、野に放たれたようなものだ……」と噂になった。

古代の吉野の地域とは、奈良盆地からみて吉野川の手前側を指した。天武天皇が隠棲した「吉野宮」も、国栖奏《くずそう》を伝える浄御原神社（キヨミハラ）も吉野川の手前側に位置することで分かる。その後は、吉野桜で有名な吉野山が有名になってしまった。

大海人皇子が、吉野宮に隠れて約八ヶ月が過ぎた。

その頃、「大津宮」の大友皇子が、兵士や武器（刀や槍類）を集めだしたとの知らせが飛び込んで来た。ついに戦いの準備に入ったか……と察知すると大海人皇子は、吉野宮を脱出してかって知ったる美濃《みの》国に向かったのだ。

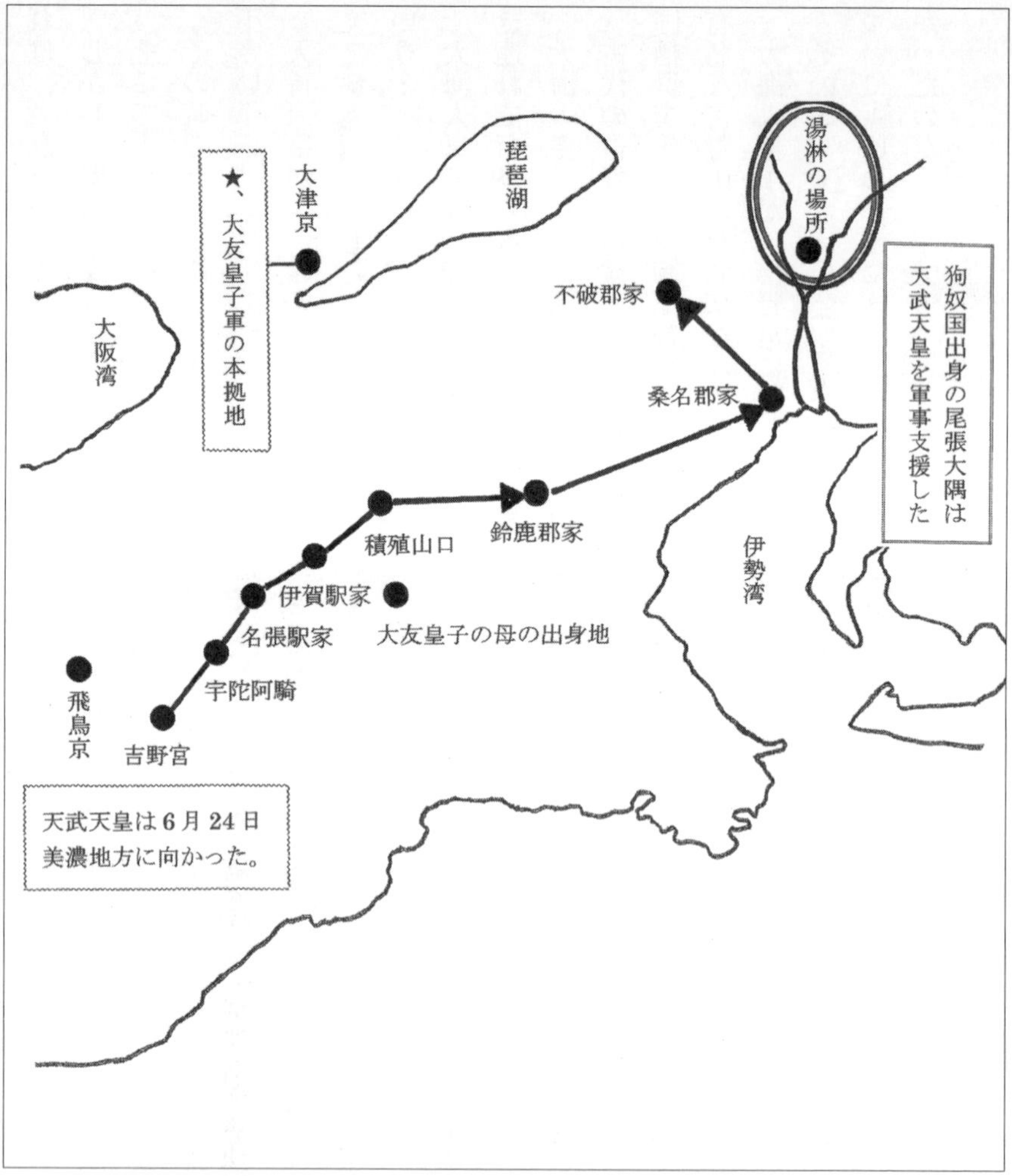

「壬申の乱」・吉野宮から不破の関までの進軍コース

★、「西暦六七二年六月二十四日」の朝に、大海人皇子は家族と側近の数十名を引き連れて、吉野宮を出発した。この時から天皇家史上最大の戦争「壬申の乱」が始まったのだ。

大海人皇子が美濃《みの》国に走ったという知らせが、大津宮に届くと多くの者がうろたえて、山中に逃げ込んだ者が多かった……としている。美濃国には、旧狗奴国の子孫たちの強大な軍事力があることを知っていたのだ。大津宮の官人たちは、戦う前から戦意を喪失してしまったのだ。

大海人皇子の一行は、吉野宮から宇陀街道を通り、榛原《はいばら》の分岐道から名張《なばり》へ抜けて、伊賀から鈴鹿道を通り美濃国に一目散に向かったのだ。大海人皇子を護衛する兵らしき者はいない。道中で、大津宮が放った暗殺者たちに襲われても不思議ではない。しかし無謀と見えたが、大海人皇子には絶対的な勝算があったのだ。

★、美濃国には、大海人皇子の到着を今か今かと待っていた大豪族がいた。名を「尾張大隅《おわりのおおすみ》」と言い、尾張国を代表する名族であった。莫大な軍資金と、最強の軍兵と、陣頭指揮をとる官舎を差し出したのだ。

尾張大隅の協力で大海人皇子は、思い切った軍事作戦をとることが出来た。ひとえに戦争に勝利出来たのは、尾張大隅の協力によるものであった。

「壬申の乱」の戦いに勝利するまでの一ヶ月間は、大海人皇子は美濃国の野上宮《のがみ》で陣頭指揮をとった。計画は作戦どおりに進み、約一ヶ月間に渡る激戦で大友皇子軍を倒したのだ。

★、大海人皇子は、美濃国の湯淋《ゆのとうもく》で育てられた。大海人皇子が吉野宮から一目散に向かった先は、湯淋であった。場所は美濃国の西角になり、揖斐川と長良川の上流に広がる肥沃な領地であった。

★、湯淋《ゆのとうもく》の意味……皇太子や皇后に与えられた経済的（生活費等）な基盤となる領地である。
★、湯淋令《ゆのうながし》の意味……湯淋の、領地を管理して運営する責任者になる。

美濃の湯淋で、大海人皇子を養育したのは「大海氏《おおあまし》」であった。大海人皇子の名前は、大海氏からついたといわれる。幼少の大海人皇子と美濃国は深い関係で結ばれていたのだ。

★、大海人皇子の湯淋の場所は、旧狗奴国の場所とピッタリ重なり合うのだ。
これは偶然な一致ではない。大海人皇子を養育した「大海氏」は「尾張大隅」の一族と同族であったのだ。

★、尾張大隅が、大海人皇子に尽力した理由が、旧狗奴国時代から流れる血縁関係にあった事が分かるのだ。『先代旧事本紀《せんだいくじほんき》』の中では、尾張氏の始祖は天孫族の「火明命《ほあかりのみこと》」だとあり、子孫の中には「尾張氏」が書かれてあるのだ。
★、『古事記』には、尾張氏の始祖として、大海氏の名前が出てくる。伊勢湾一帯の漁業に従事する海人族を統括していたのが大海氏であったのだ。

国分平野・七隈のふるさと
初期の 狗奴国の発祥地になる
中国の王莽の貨泉が
大隅町から出土する
大隅町
薩摩半島
大隅半島

大隅の意味

◆大隅は、「大きな隅っこ」の意味である
●、大は・・・大きいであり、偉大さを表現する
●、隅は・・・隅っこであり、隅っこは暗い、暗くて黒いとなる
熊の毛皮は黒いので、隅っこは熊を表現する
大隅とは、偉大な熊襲族の国という意味になる

【熊襲の語源】
熊〔クマ〕の説明・・・東アジア地方で、最強の動物である
襲〔ソ〕の説明・・・　古代朝鮮語の、族〔ゾョク〕から
〔ソ〕になった。
東アジア地方には、熊を信仰する原始宗教があった
北海道の白老町には、古代の熊祭りが残っている
熊を〔キムンカムイ〕、山の神様と崇拝する
キムは金に通じて、カムは、「カムサハムニダ」になる
熊の朝鮮語読みのコムは、「コマッスムニダ」になる
どちらも、神様に通じる、「ありがとう」の意味を持っている

尾張大隅のふるさと

壬申の乱で、天武天皇に軍資金と軍兵と軍舎を差し出した
尾張大隅は、ルーツが大隅半島の熊襲族の子孫だった。
天武天皇は、最大の功労者として、古事記・日本書紀の編纂で
天皇家と同等の「天孫族」に組み入れて、最大のお礼をした

「壬申の乱」・尾張大隅のルーツ

大海氏～尾張氏～大海人皇子へと、点と線でつながる深い背後関係が浮上してくる。

大海人皇子は美濃国に到着すると、尾張大隅を筆頭とする豪族たちと作戦会議を開き、野上《のがみ》に本陣を構えて陣頭指揮をとった。野上の本陣と湯淋は近くである。さらに、旧狗奴国の本拠地があった名古屋熱田からも近かった。湯淋令からの軍事支援は重要であり戦局を左右したのだ。

大海人皇子にもしもの事態が発生したら、濃尾平野から援軍が出陣する計画になっていた。背後はしっかりと守られていたので野上の本陣から動かなかった理由でもある。

天武天皇は、狗奴国の神武天皇が苦戦して邪馬台国を倒して初代天皇として即位したことを尊敬していたのだ。

★、『古事記』の中で神武天皇が話した言葉について

「我々は、太陽に向かって戦ったから負けたのだ……これからは太陽を背中にして戦おう……」と言っている。

この戦法を、大海人皇子も見習った。太陽が上がってくる東国の美濃から、太陽が沈む大津宮は西の方角になる。野上の土地は、太陽を背中にして戦うのに最適の土地だったのだ。

『神武天皇名も、天武天皇が考えだしたのだ』

初代神武天皇・四十代天武天皇・四十二代文武天皇・四十五代聖武天皇・五十代桓武天皇……など、天武

天皇の周囲には「武」の付く天皇名が集中している。

『古事記・日本書紀』の編纂の時に「武」のつく天皇名が考案されたと見ていい。神武天皇の「神武」には大きな意味がある。現在まで百二十五代も続いた天皇史の中で、「神」が頭に付く天皇は神武天皇だけなのである。

★、神の同類語には、

熊・君・金・鴨・加茂・亀・竈

などの漢字の意味がある。

例えば、熊に武をつけると「熊武天皇」となり……熊襲族の武力で出来た天皇を意味する。

さらに、金に武をつけると、「金武天皇」となり……金氏の武力でなった天皇となり、金首露王を連想させうる。

どちらも、天皇家の祖先がどこから来たのかルーツを暗示する深い意味が隠されているのだ。だから、神の漢字を頭につける天皇は二人と出来ない理由が存在する。

★、『大海人皇子を、美濃国〔旧狗奴国〕の子孫たちが待っていた』

狗奴国が、奈良盆地の邪馬台国を征服したのが西暦二七〇年頃である。その時の戦争が民間伝承として残っていた。「壬申の乱」が六七二年に起きており、邪馬台国の滅亡が二七〇年頃とすると、約四百年の時代差があるが、戦いの歴史は民間伝承として強く語り継がれて残っていたのだ。現在でも、約四百年前に起きた天下分け目の「関ヶ原の戦い」が、民間伝承として明確に残っている。「関ヶ原資料館」には、現在も観光客がたえない理由である。現代人は科学が進んで人間本来の動物的な感覚が薄れてしまっている為に時代間隔がなくなっているのだ。
しかし、古代人は研ぎ澄まされた自然界の生活感覚を身につけており、それに卓越した記憶力を持っていた。四百年前に起きた邪馬台国と狗奴国の壮絶な戦いを、昨日のごとく天武天皇も一般庶民も伝え聞いていたのだ。

★、『尾張大隅は、「壬申の乱」の最大の功労者だった』

尾張大隅は、「壬申の乱」の最大の功労者であった。『日本書紀』と『続日本書紀』の中では、尾張大隅は親子三代までお礼として多くのものをもらっている。恐らく、尾張大隅はお礼などもらうつもりはなかったろう……、天武天皇に協力した理由は、もともと同族（狗奴国又は湯淋）のよしみとして、協力したに違いなかったはずである。

「壬申の乱」の功労者に対する内訳

名　称	霊亀二年（七一六年）～天平宝字元年（七五七年）	
尾張大隅	田を賜る	上巧　四十町
村国小依	田を賜る	中巧　十町
文乃禰麿呂	田を賜る	中巧　八町
黄文大伴	田を賜る	中巧　八町
坂上熊毛	田を賜る	中巧　六町
置始　兎	田を賜る	中巧　五町

文　知徳	田を賜る	中巧　四町
星川麻呂	田を賜る	中巧　四町
文　成覚	田を賜る	中巧　四町

「壬申の乱」に協力した、尾張大隅が褒賞としてもらった賜田の四十町は当時では、抜きん出て多いことになる。

★、「尾張大隅は、狗奴国の鹿児島県大隅地方の子孫だった」
狗奴国は、南九州に発祥して西暦二〇〇年前後ころに濃尾平野に移動した。その後、美濃国で最大氏族となった尾張氏の子孫が尾張大隅であった。《濃尾平野とは、美濃と尾張の二文字を合わせた漢字表現である》

★、大隅の語源……地名辞典によれば、大隅の地名も姓名も日向《ひむか》地方の南九州にルーツがあると書いている。

鹿児島県には、薩摩半島と大隅半島の二つの半島がある。大隅半島の中に大隅町大隅がある。大隅町から、中国の新の王莽〔西暦八～二三年在位〕が作った貨幣「貨泉《かせん》」が出土して反響をよんだ。

大隅半島の国分地方には、熊襲族の史跡や伝説が集中して残っている。

『古事記・日本書紀』を編纂する時に〔熊襲の呼称から～大隅に変えた〕。大隅とは、熊襲族の隠語である。

(別図、三四七頁参照)

『天武天皇が、尾張大隅を天孫族の火明命《ほあかりのみこと》にした理由について』

天武天皇は、『古事記・日本書紀』の編纂を命じた時に尾張大隅の待遇を考えた。

尾張大隅は、鹿児島の狗奴国から愛知県内の狗奴国に移動した子孫にあたることを知っていた。しかも、尾張大隅の軍資金で「壬申の乱」に勝利できたのだ。そこで天武天皇は最高のお礼を考えた。

『古事記・日本書紀』の編纂を命じた時に、皇室に関係のある天孫族として「火明命《ほあかりのみこと》」に組み入れたのだった。


『鹿児島は天孫族の発祥地だった』
※、高千穂峰にニニギノミコトが降臨する。……そして火明命《ほあかりのみこと》が誕生する。

※、天武天皇が吉野から美濃に走る↓尾張大隅が最大の軍事協力をする↓「壬申の乱」に勝利する↓尾張大隅をお礼として天孫族に組み入れたのだ。

鹿児島を発祥とする天孫族の系譜に組み入れたのは、天武天皇の最大の恩返しだったのだ。
《起承転結の書き方だった》
起承とは、鹿児島の天孫族発祥の時代をさし、転結とは、濃尾平野に移動した狗奴国の子孫に天孫族の身分を与えたことである。

古代の弓矢部隊の模写
（奈良県文化財センターが復元した武人図による）

★、「『壬申の乱』の強弓隊の活躍は、狗奴国の男王の卑弥弓呼とのつながりがあった」

狗奴国の男王は、卑弥弓呼と名乗った。おなじく天武天皇の主力部隊は最強の強弓隊で構成されていた。

★、狗奴国の男王は、卑弥弓呼《ひみきこ》と言った……弓の漢字が入っている。

★、邪馬台国の女王は、卑弥呼《ひみこ》と言った。

狗奴国と邪馬台国の王様の名称は、どちらも、太陽を崇拝する意味の卑弥呼《ひみこ》である。狗奴国の男王には特別に「弓」の漢字がついており、弓は男王を表す漢字になる。狗奴国は、弓矢の名手が多いと日本中に知れわたっていたのだ。

★、朝鮮の高句麗の始祖王は、朱蒙《しゅもう》である。〈在位年代・前五八～一九年〉朱蒙は、弓の名手であったと伝えている。

★、弓の漢字には……強い男王を表す弓《き》の意味があった。貴様《きさま》などに使われている。

神武天皇軍が、白肩の津(現在の大阪府枚方市)から上陸して奈良盆地(邪馬台国の本拠地)に攻め入る時に、兄の五瀬命《いつせのみこと》が、「トミノナガスネヒコ」が放った弓矢に当たり死んだ。現在の奈良市内に富雄《とみお》の地名がある。弓矢は古代の強力な飛び道具であった。毒矢が刺さると負傷しただけでも絶命に至る。五瀬命は毒塗りの弓矢を受けたのかもしれない。

第十二代……景行天皇の王子、ヤマトタケルノミコトが、美濃国から弓矢の名手を引き連れて賊の平定に向かっている。
美濃国（狗奴国）は、強弓国の土地として有名だったのだ。「壬申の乱」でも、美濃の強弓隊が活躍している。

大海氏〜大海人王子〜尾張大隅は同族である

『肥前風土記』松浦郡値嘉島《まつうらぐんちかのしま》に隼人の姿があった。

「この島の水人は、容貌が隼人に似ており、つねに騎射を好み、言語が俗人と異なっている……」と書かれてある。

『風土記』のなかで、隼人族が、常に騎射（馬に乗り、弓を射る姿）を特技にしていたことが見える。

鹿児島県内の神社に残る流鏑馬《やぶさめ》の源流である。流鏑馬とは、馬上から走りながら、弓矢を射る神事である。
◎、値嘉島にいた隼人族も弓の名手であり、美濃国の強弓隊とルーツが同族であった。

★、美濃国の強弓隊は、「壬申の乱」で最強の活躍をしている。

「壬申の乱」の中で、美濃地域から馳せ参じた強弓隊は戦局の流れを大きく変えるほど大活躍している。

狗奴国時代から強弓隊は知れ渡っており、天武天皇は、美濃の強弓隊が参戦したことで勝利を確信したのだ。

『続日本紀』に、《濃尾平野の〔弓と矢〕の関係を証明する一文がある》

『続日本紀』文武天皇二年〔六九八〕十一月
文武天皇の大嘗祭《だいじょうさい》があった。……十五歳になった文武天皇の即位式が行われている。

その時に、濃尾平野の「尾張の国と美濃の国」の人たちが、「弓、矢、甲、桙、兵馬」を備えた、式目を執り行っている。

隼人も、天皇家の大嘗祭に「弓や楯」を持って儀式に参加したり、天皇家を守護している。

狗奴国の発祥地の隼人と、狗奴国の本拠地の式典がつながる一文である。

《天皇家に水を献上した「美濃の水取職」と、「宇陀の水取職」がいた》

神武天皇が宇陀の戦いで、兄宇賀志《えうかし》を殺害したが、弟宇賀志《おとうかし》は降伏している。その後は、天皇家の水取部《もひとりべ》の仕事をするようになったと書いてある。水取部とは、天皇家の「水や氷」を担当する仕事である。

美濃国の牟義国武芸郡に、牟義都国造《むぎつのくにみやっこ》がおり、水を古代から天皇家に献上する仕事をしていた。天皇家の水の仕事で、美濃国と宇陀が点と線でつながっていくのだ。

牟芸郡の地域……現在の、美濃市から～関市にかけての一帯である。

《美濃国の七〇〇年代の戸籍に、「弓」と関係する人物の名前が見える》

〔当時の戸籍より引用する〕

美濃国の可児郡《かにぐん》に、矢集《やずめ》郷の土地がある。矢集連《やずめのむらじ》の一族である。

「小目追従八位上・矢集宿祢宿奈麻呂〔ヤズメノスクネスクナマロ〕なる人物名である。

可児市内には、矢を集める矢集郷や、弓矢造りに関係する「矢戸」なる地名も残っている。

可児市の地域……現在の、岐阜県可児市から～多治見市にかけての一帯である。

※、小弓《おゆみ》の地名……『和名抄』の中に、尾張国丹羽郡に小弓郷がある。現在の愛知県犬山市の南部にあった郷名です。

犬山市には濃尾平野を支配した大王が眠る東ノ宮古墳（前方後方墳）がある。小弓郷には、狗奴国の戦争用の弓矢を製作する工場があったのだ。

狗奴国の濃尾平野は、弓矢の名手が多くおり有名な国だったことを裏付けるものである。

◎、『美濃《みの》国の語源はどこから来たのか……？』

美濃《みの》は、国名の起こりが不明だという……。

地名語源からすると、どうも美濃の地名は、皇祖発祥に由来するようなのだ。

★、「ミ」の使用例は、任那《みまな》のミ、帝《みかど》のミ、宮《みや》のミ、大君《おおきみ》の「ミ」などに使われて皇室に関係する言葉が多い。奈良盆地の邪馬台国を倒したのは、狗奴国の男王の卑弥弓呼である。卑弥弓呼は初代の神武天皇となって即位した。

「ミノ」は、初代天皇が発祥した土地という意味から出来たと思われる。他には朝鮮半島に由来する語源説もある。

『古代の濃尾平野〔狗奴国〕は、想像以上に広大な領域であった』（※作図三五九頁参照）

一、西部方面の範囲は、三重県から～岐阜県にかけての範囲であった。

一、東部方面の範囲は、北信濃の長野県地方から甲斐地方（山梨県）にまでの奥行きになる。

一、北部方面の範囲は、飛騨高山から～北陸方面（福井県）にまで及んでいる。

「壬申の乱」の時に、北信濃地方（長野県）や隣接した甲斐地方（山梨県）から、戦いに馳せ参じた騎馬軍団の兵力があった事で分かる。甲斐から馳せ参じた勇ましい兵力が、桜井の箸墓古墳の付近で大活躍している。

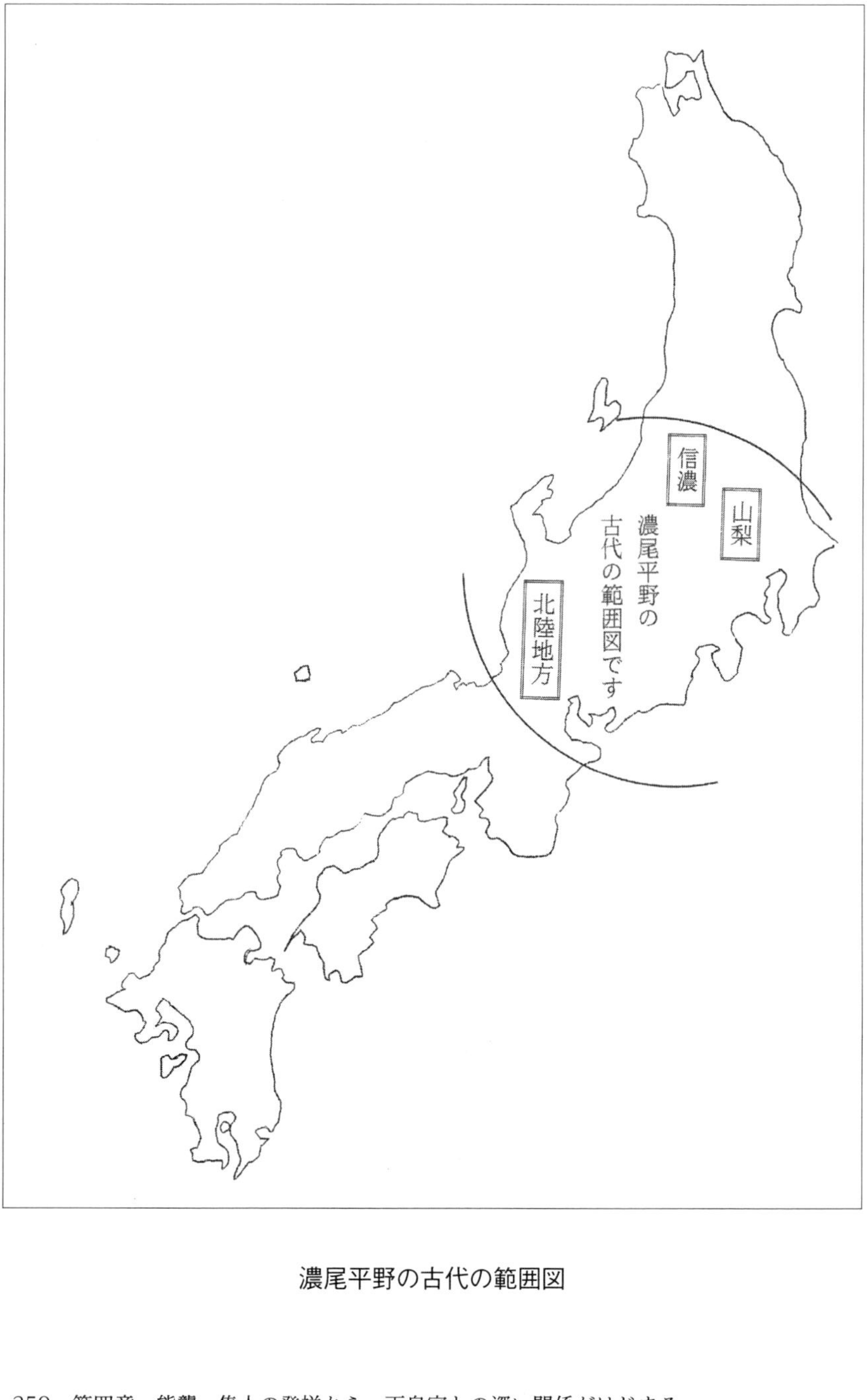

濃尾平野の古代の範囲図

◆美濃地方はいつも天下分け目の決戦場になった

美濃地方は、東日本と西日本の中心地になる。古来より東西の戦いの決戦場となった。

一、六七二年、六月二十四日から始まった「壬申の乱」の舞台となった、天武天皇は、真っ先に不破の関〔関ヶ原〕を押さえた。

一、一一八一年〔養和元年〕に起きた、源氏と平家の墨俣川の合戦の舞台となった。

一、一二二一年〔承久二年〕に起きた、朝幕をかけた木曾川の合戦があった。

一、一三三八年〔延元二年〕に起きた、青野ケ原の合戦があった。

一、一六〇〇年〔慶長五年〕に起きた、天下分け目の関ヶ原の戦いがあり徳川家康軍が勝利した。

※、美濃地方では幾多の天下分け目の合戦が、発生するほどの重要な土地であった。美濃を征した者が戦いを有利に運べたのだ。

天武天皇は、「壬申の乱」が始まると真っ先に不破の関〔関ヶ原〕を押さえる作戦にでた。「壬申の乱」に勝利できた一因であった。

★、邪馬台国と狗奴国との戦争と、そして「壬申の乱」の戦いで久米の兵隊が大活躍した。……現在の長野県飯田市内に「久米クメ」の地名が残っている。信濃には久米の軍事基地があった証明であるのだ。

★、長野県には「伊那《いな》市」という地名が残っている。現在の三重県の桑名市の隣に「いなべ市」があるが、元々「伊奈→伊那→員弁→忌部」と漢字は違っても、地名発祥のルーツが同じであるのだ。

◎、いなべ市内には、狗奴国の豪族の象徴である、前方後方墳が造られている。

★、天武天皇は、宮都を造営するのに適当な土地はないかと信濃地方を……探した。いろいろと実地検分したが、適当な土地がなかったので中止したとも書いてある。古代の濃尾平野に北信濃は入っており、深いつながりがあったのだ。

★、『桑名市（クワナ）は、狗奴国（クナ）に似ている』

狗奴国［クナ］がなまると～桑名［クワナ］の発音に一番近い。しかも、古代は狗奴国の領域内にあるので、狗奴国から桑名の地名が発生したと考えられているのだ。

桑名市内には、熊襲から発祥した久米部（クメベ）の地名が残っており、久米小学校もある。近くの丘陵には久米神社もあった。

★、『天武天皇は、金海地方と深い関係があった』

「壬申の乱」に勝利すると、初めて天皇の称号を使って「飛鳥浄御原宮《あすかきよみはら》」で、第四十代の天武天皇として即位した。天武天皇が飛鳥を愛したのには、深い理由が存在した。

古代の飛鳥の桧隈《ひのくま》地域には、朝鮮系渡来人が八割方、ひしめくように居住していたと『日本書紀』には書いてある。しかも、渡来人の出身地を調べると、朝鮮半島の南部地方の金官加耶《きんかんかや》（金海）から来ていることが分かっている。

第二十九代・欽明天皇は、「任那日本府」の復興に執着している。

『古事記・日本書紀』を編纂する天武天皇の時代から「日本」や「天皇の称号」が使用され始めている。古代には、天皇の称号はなかった。それまでは大王と呼ばれていた。中国の唐の時代に、天皇を使用したとある。つまり、天武天皇は中国の歴史書には精通していたのだ。『古事記』と『日本書紀』を書くときに、中国の歴史書を手本にして書いたのは当たり前の話である。

中国の歴史書を引用した文体が、『日本書紀』の「壬申の乱」の中にある。

★、「其の後見えず。旗野を蔽し、埃塵天に連なる。鉦鼓の音、数十里に聞ゆ。列弩乱れ発ちて、矢の下ること雨の如し。」

この一文は、中国の「後漢書」の中にある「光武帝紀上・更始元年五月の条文」を引用して、「壬申の乱」に書いたと指摘されている。書き手は中国史に

天武天皇が隠れた吉野宮（場所：吉野町宮滝）

精通していたことが証明されている。

★、大友皇子の母方の出身地が、「伊賀市大山田」にある。

『新撰姓氏録』は、天智天皇の側室である伊賀采女宅子《いがうねめやかこ》の出身地だと伝える。天武天皇の一行は六月二十四日、敵方になる大友皇子の母方の伊賀上野の土地を通過している。大山田《おおやまだ》には、現在も大友皇子と母親の宅子の伝説と地名が残っている。

★、轟《とどろき》の地名……大友皇子が戦死すると、宅子は御車に乗り大津の宮から里帰りしたと伝える。そのときに、車輪の音が村中に轟わたったから付いたという。

★、鳴塚《なりつか》古墳……村の山手に鳴塚古墳がある。天皇が死んで、次の天皇が即位する時代に、古墳からすすり泣く声が聞こえてくるという。それで、鳴塚《なくつか》になったという。一説に、母の伊賀采女宅子が殺された息子の大友王子を泣きしのぶ声だと伝えている。

★、鳳凰寺《ぼうじ》……大友皇子の霊をしのんだ寺だと伝えている。鳳凰寺の近くには、御所《ごしょ》の内や、十市屋敷などの地名がある。「壬申の乱」に敗れた悲話が、伊賀の鳳凰寺にひっそりと残っていた。

★、『那智大社の熊野牛王神符は、天武天皇から始まった』

和歌山県、東牟婁郡那智勝浦町那智山《ひがしむろぐんなちかつうらちょうなちさん》にある「熊野那智大社《くまのなちたいしゃ》」には、三本足の烏で有名な守護札「熊野牛《くまのご》王神符《おうしんぷ》」がある。神武天皇軍を熊野から～宇陀まで道案内して活躍した「八咫烏《やたからす》」の故事に因んで作られた神符である。神符は七十羽余りの烏《からす》文字で作られている。

★、熊野牛王神符の始まりは、天武天皇の時代（六八三年）である。天武天皇が『古事記・日本書紀』を書くように命じた年代とピタリと一致してくるのだ。神武天皇を熊野から～宇陀まで道案内した八咫烏《やたからす》が注目される時代と重なるのである。熊野牛王神符の始まりは、八咫烏神社のブームから始まっており、当時の時世の意図的な深いものを感じるのだ。

一、鎌倉時代には、武士と武士との誓約書として熊野牛王神符が使われた。

一、江戸時代には、信用性のある起誓文として熊野牛王神符が使われた。

「鳳凰寺」大友皇子の母の出身地（場所：伊賀市大山田）

『古事記・日本書紀』を編纂する時代に、神武天皇を引導した八咫烏が神格化されて熊野牛王神符が発祥している。

ここにも、神武天皇と天武天皇の組み合わせがあった。現在は「熊野牛王神符」を那智大社より一枚五百円で社務所で販売している。

濃尾平野は、戦国時代に織田信長という傑出した武将を出した。戦いに強く、勇敢さもあり、短気者でもあり、まるで鹿児島人間の短気者《ぼっけもん》武士を見ているようだ。

鹿児島の狗奴国人から～濃尾平野に移動した狗奴国人は、鹿児島人間の戦いに向いたDNAまで移動したのだろうか……？と思いたくなった。

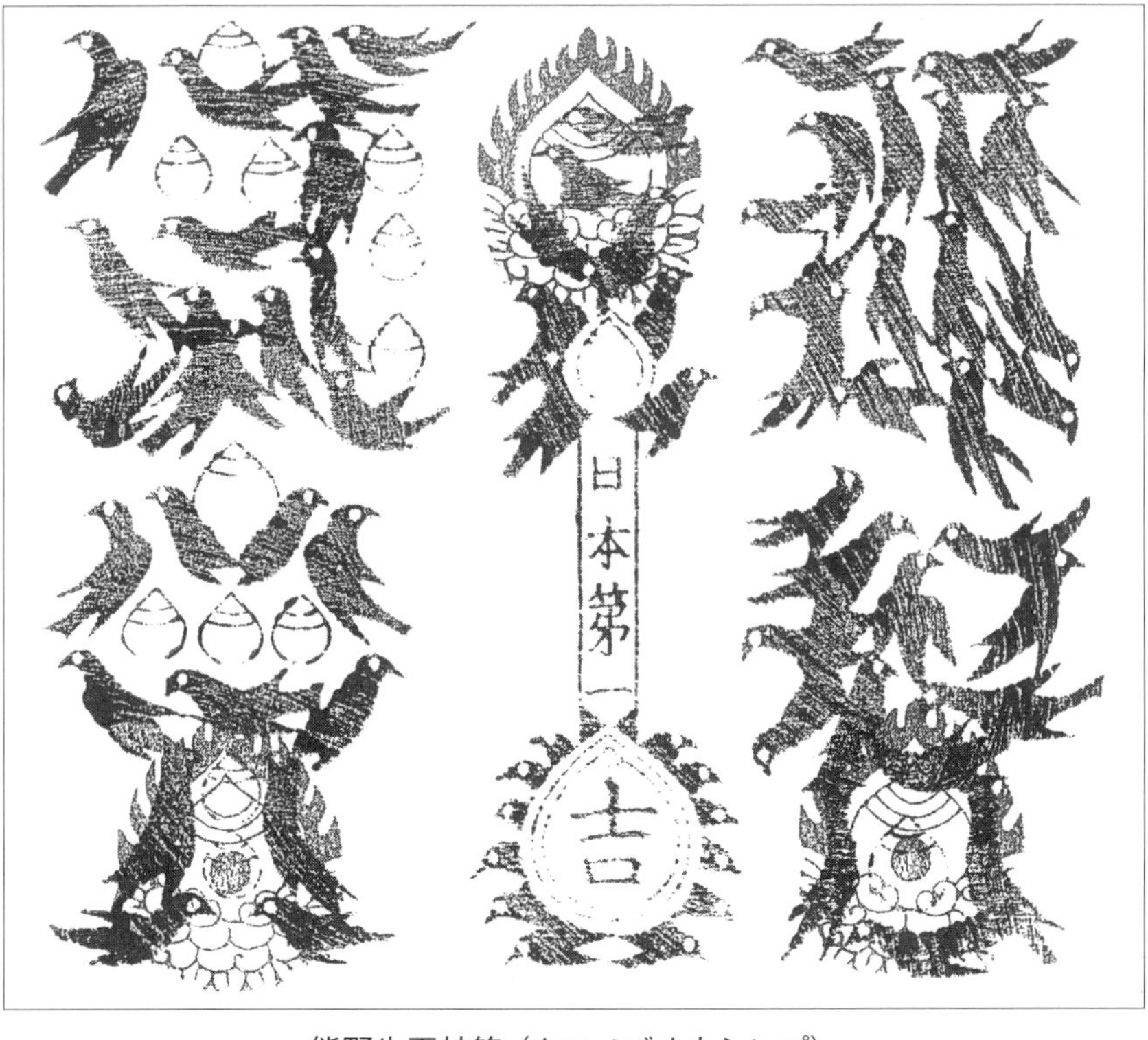

熊野牛王神符（クマノゴオウシンプ）
天武天皇（683年）に始まったという、カラス文字で書かれた御神礼（御誓文）。

◇藤原広嗣は九州隼人の裏切りで負けた……

聖武天皇の時代に、平城京から太宰府に左遷された、「藤原広嗣《ふじわらひろつぐ》」の乱に九州隼人が参戦していた。藤原広嗣の反乱は、西暦七四〇年九月から～十月にかけての二ヶ月間に及んでいる。

藤原広嗣は奈良の平城京に勤務していた貴族であったが、派閥争いで……九州の太宰府に流されて、都落ちしたと思い込んだ。日がたつごとに恨みつらみが重なり、九州管内の不満を抱く諸大名や豪族を結集して反乱を起こしたのだ。憎しみを持った二人とは、唐から帰朝した僧正玄昉と、吉備真備であった。藤原広嗣は、二人に対して抗議文書を突き付けて挙兵した。藤原広嗣が、貴族（高官）として武力戦争に訴えた行動は、歴史上で最初の戦いになった。

平城京で立身出世した二人について

★、玄防《げんぼう》…………遣唐使として中国で勉強してきた役人であった。

★、吉備真備《きびのまきび》……遣唐使として中国で勉強してきた役人であった。

藤原広嗣は平城京の貴族だったが、九州の太宰府に流された。それから二人に敵意を持ち糾弾して挙兵したのだ。

《藤原広嗣軍の兵力の構成内容について》

平城京の政策に不平不満を持った九州管内の豪族や一般庶民層まで扇動して、一万人からの兵力を結集した。

その中に南九州から馳せ参じた、史上最強の戦士「日向隼人・大隅隼人・薩摩隼人」たちがいた。隼人たちは、藤原広嗣の招集命令に意気を感じて助けようと集まって来たのだった。この時までは、藤原広嗣の主張が正しいと信じていたのである。

《朝廷軍の兵力の構成内容について》

東国の蝦夷征伐に活躍した、大野東人（武将）を総大将として、一万七千人からの兵力を諸国から集めて北九州に向かわせた。特別に、平城京に勤務していた「官僚隼人」から二十四人を選抜して、九州隼人を説得させるために同行させたのだ。

《両軍が向かい合った戦場は下関の板櫃川だった》

藤原広嗣軍は板櫃川《いたびつがわ》に兵力を布陣して、関門海峡を渡ってくる朝廷軍を待ち構える戦法をとった。前面には、南九州から馳せ参じた勇猛果敢な隼人たちを置いて待ち構えたのだ。

両軍が向かい合った時に、朝廷軍の官僚隼人たちが藤原隼人軍に、いきなり大声で叫び始めたのだ。

「藤原広嗣は朝廷にそむいた反逆者だ……正しいのは朝廷軍だ……お前たちはだまされているぞ……邪心が入っているぞ……投降しないとお前達の親族や子孫の代まで処罰になるぞ……」と、独特なアクセントの鹿児島弁が飛びかった。

当時の鹿児島弁は、通訳が必要であり、鹿児島県人しか分からない独特の訛りがある。現在でも、鹿児島県人同志で話すと他府県人には分かりにくいのだ。平城京に勤める隼人は血筋が良いエリートの官僚隼人である。九州の在地の隼人たちからすると、官僚隼人には絶対服従の精神がある。戦う前から隼人同志のかけひきが始まったのだ。

一、一流の隼人は、奈良の平城京に勤めたエリート官僚隼人たちである。
二、二流の隼人は、近畿地方や各地の豪族に勤務していた。
三、三流の隼人は、南九州にいた在地の軍人層に大まかに分けられる。

官僚隼人たちが鹿児島弁で呼びかけるたびに、南九州の隼人軍に大きな動揺が広がっていった。すると隼人たちの中から、一人、また一人と川に飛び込んで対岸に向かって泳ぎ始めたのだ。藤原隼人たちが、官僚隼人たちの説得に応じて投降し始めたのだ。

鹿児島県人の剛直な気質がある。「先輩の言うことはよく聞け……文句を言うな……」である。まさしく隼人の世界も同じで、平城京の隼人の言葉には重みがあった。

藤原広嗣は、隼人の勇猛果敢なる戦闘能力に期待して最前線に配置したが、平城京から来た官僚隼人軍の呼びかけに投降してしまったのだ。

これは、藤原広嗣にとって最大の誤算であった。……たちまちに藤原広嗣軍は士気が乱れて総崩れとなり、戦わずして敗走が始まった。まんまと、隼人たちの性格を利用した朝廷軍の戦略が成功したのである。

平城京からやって来た官僚隼人たちの言うことは正しく絶対服従であった。事実が判明すると、さっさと藤原広嗣を裏切って朝廷軍に投降したのだ。

藤原広嗣の戦いには、隼人たちの単細胞の性質が見事に表れたのだ。

《隼人の単細胞の性格を分析する》

一段型の性格の特徴	①、相手を…………………よく見る。
二段型の性格の特徴	②、相手を見てから…………よく考える。
三段型の性格の特徴	③、相手を見て考えてから……行動に移す。

《一、は見る…… 二、は考える ……三、は行動する》

鹿児島の隼人の性格は、単細胞で短気者が多かった。現在でも鹿児島県人は短気者が多い。

★、短気とは……一、見てから　三、すぐ行動することである。大事な「二、の考える」が欠けている性格なのだ。

《短気の性格は、戦争に向いていた》

すぐカァーとなる気が短い性格は、喧嘩に向いている。相手が体が大きかったり武器を持っていたりしても、考えないで突進する精神が戦いに勝つ要素である。いろいろと考えていたら勝てない。その点から言うと、鹿児島県人は戦争に向いている性格である。

二段型の性格は好戦的なのである。狗奴国が熊襲族を従えて邪馬台国を倒す活躍をしたし、関ヶ原の戦いでは敗軍の島津義弘は中央突破の恐怖の行軍で勇名をなした。

「薩摩の兵が、あと五千人いたら関ヶ原には勝てた……」とつぶやいている。それは本音であろう。

明治維新も西郷隆盛の鹿児島県人が活躍したし、熊本の「田原坂の戦い」では、陸軍大将の軍服を初めて着用して「突撃《とつげき》」を叫んだ。突撃精神は、第二次世界大戦の戦いにも受け継がれていき、鹿児島の兵隊は「泣く子も黙る」と恐れられたのだ……。

二段型の鹿児島県人の短気な性格は、戦いには打って付けだったのである。藤原広嗣は、約一ヶ月近くの逃走の果てに、佐賀県松浦郡値嘉嶋長野村で殺害された。値嘉嶋は、隼人がいた土地であり何か因縁を感じるのだ。

それとも船で、朝鮮か中国へ逃げのびようと考えたのだろうか……？

藤原広嗣が憎んだ「玄昉」の最後も哀れであった。……七四五年、筑紫（福岡）の観世音寺の造営の任務を受けて、在任中に死亡する。一説には、藤原広嗣の意志を受け継いだ、九州内にいた残党たちに暗殺されたとも言われている。

〈コラム〉※、短気者が歴史ドラマを作ってきた

鹿児島の戦いの歴史は、短気者たちが作ってきたのである。

私が小さい頃は、宴会があると最後には必ずと言ってよいほど喧嘩があったことを覚えている。酒とは芋焼酎のことであり、気の短い者同士が飲むものだから喧嘩はつきものだった。もう少し辛抱しろと言われても、頭では理解出来るが……それが出来ないのだ。短気者を裏返せば勇敢者になる。短気者は損することが多い。

ところが、隣の宮崎県民の気質は全く違うのである。宮崎県民の代名詞は、「日向ぼけに土手かぼちゃ」と言った。ボケルほどおだやかでのんびり性格だと表現したのである。鹿児島県人気質とは、まったく違うのである。

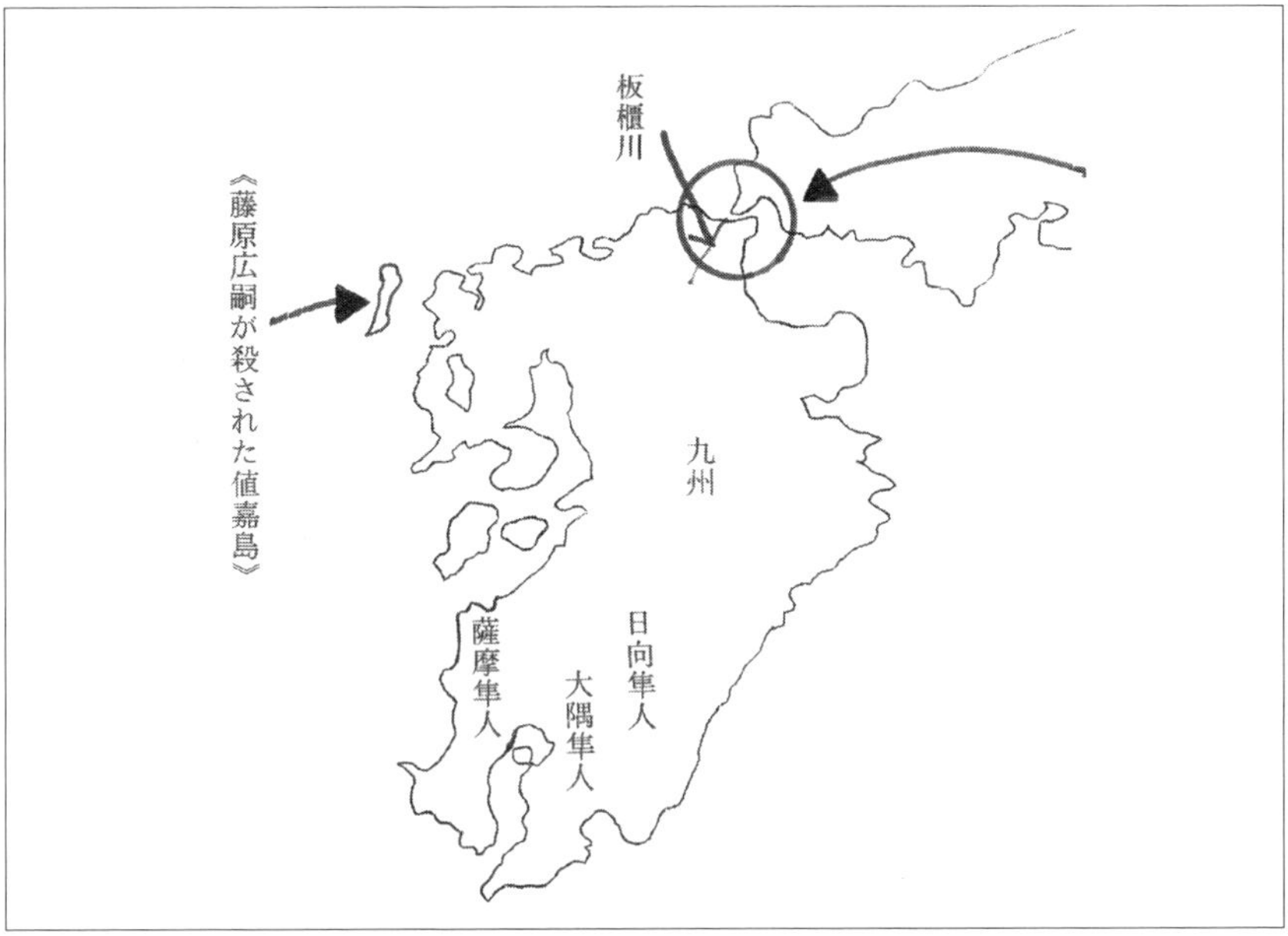

朝廷軍と藤原軍が向かいあった小倉の板櫃川の場所

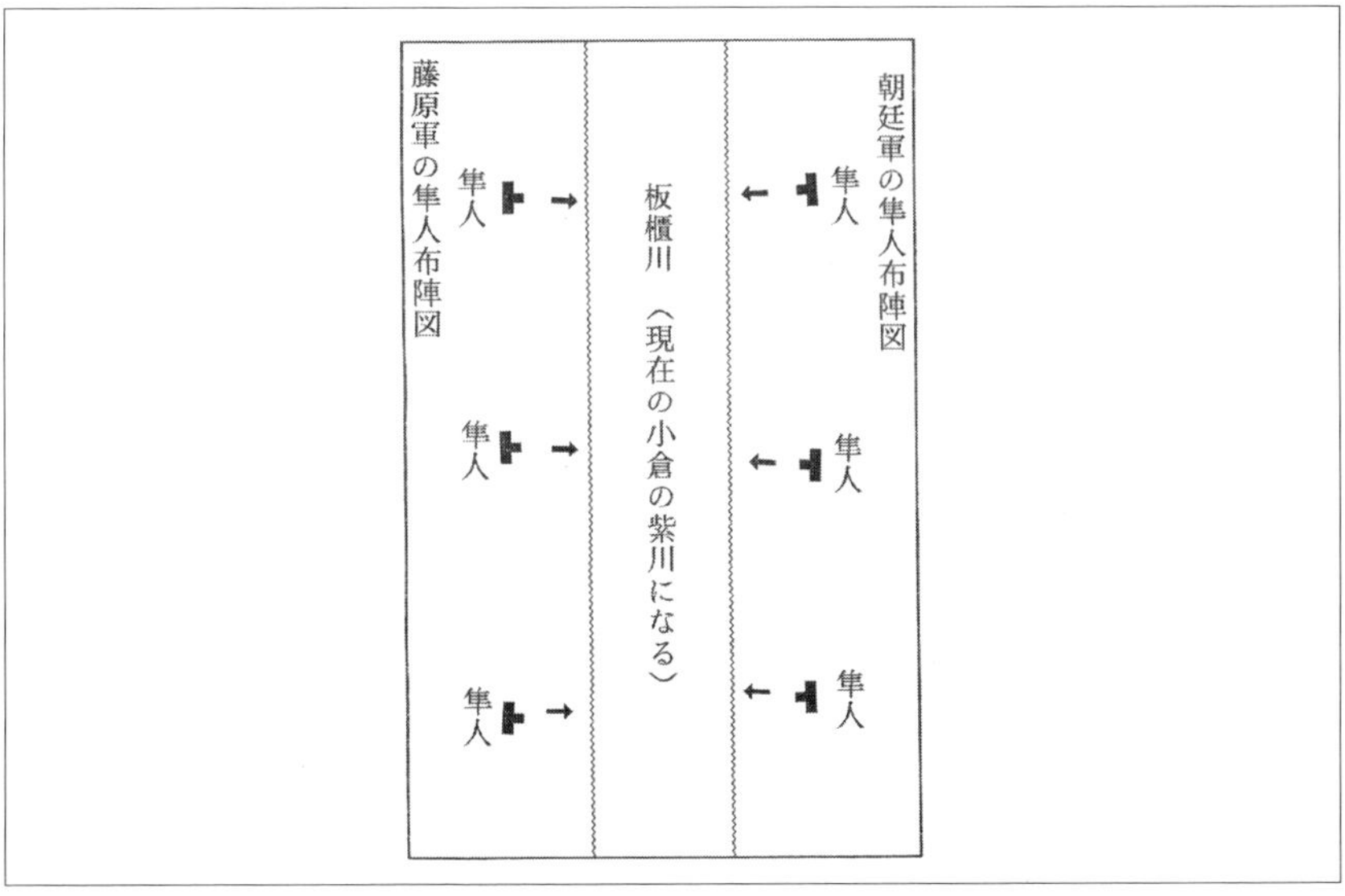

朝廷軍の隼人と藤原軍の隼人の布陣図

◇狗奴国〔熊襲〕の軍隊が最強だった理由

『魏志倭人伝』に登場する邪馬台国は、三十ヵ国からなる連合大国だった。対する狗奴国は一ヶ国だけの単一国家である。国家数からしたら勝目はない。しかし狗奴国には、一人の男王の元に統率された史上最強の熊襲族の軍隊がいたのだ。

『狗奴国の軍隊のルーツは熊襲族である』

熊襲族の説明……七王子が、鹿児島に渡来して原住民のコノハナサクヤヒメと結婚して産まれたのが隼人、又は熊襲族の誕生である。熊襲がリーダーとなり、史上最強の兵隊を作り上げた。鹿児島県人の祖先は南方系の原住民であり、性格は気性が荒々しく好戦的で直情的な性格であった。鹿児島県人を昔から短気者《たんきもん》と良く言った。

単一国家の狗奴国が、南九州から～東征に出発して邪馬台国を征服出来たのは、熊襲の最強の兵隊がいたからである。歴史上に表れない縁の下の力持ちであった。神武天皇の東征の中で、熊襲族の軍団は久米の軍団として書かれたのだ。

『鹿児島人が、歴史上で活躍したのが参考になる』

鹿児島人が、古代から～現代までに活躍した歴史を取り上げてみる。

★、【一話・狗奴国と邪馬台国の戦争史に登場する】

西暦二四〇年代の邪馬台国軍と狗奴国軍の戦いがあった。

神武天皇軍は狗奴国軍である。

邪馬台国軍は戦争に負けたので、賊軍として書かれた。

神武天皇軍は、宇陀から始まる邪馬台国との戦いに連戦連勝した。その度に勝どきの久米《くめ》唄を歌っている。久米唄には力強い内容がある。忍坂《おっさか》のヤソタケルを征服した内容はすさまじい。「強い力の久米の子たちが、こぶ付き槌《つち》や、石槌を手に、撃ち倒してしまおうぞ、強い力の久米の子たち……」

当時は、飛び道具がないので、弓で射るか石槌で撲殺するのが主流だった。久米族が、力で敵を打ち倒す表現が書いてある。

◎、久米の説明文……熊〔クマ〕から→久米〔クメ〕に変化する。

★、【二話・第二十一代雄略天皇を追って隼人が殉死する】

雄略天皇が死去すると、側近に仕えていた隼人たちが、古墳のそばを離れず食事もとらずに七日後には殉死したとある。隼人の死体は、天皇陵の北側に葬られた。

★、【三話・「壬申の乱」の戦争史に登場する】

天武天皇に、戦争用の軍資金と兵力と宮舎を差し出したのが、濃尾平野の尾張大隅であった。尾張大隅は、鹿児島の大隅〔熊襲族〕の子孫だった。「壬申の乱」にも、久米の勇士が登場して大活躍する。尾張大隅の尽力により、勝利出来たので天孫族の火明命に組み入れた。

★、【四話・隼人が政府軍と戦争する】

養老四年〔七二〇〕隼人族が、大隅国守〔現在の鹿児島県知事クラス〕を殺害した事件は、政府軍を敵にした最大規模の戦いになった。政府軍は一万人以上の大軍で攻撃してきた。勇敢な隼人族は、国分平野の姫城《ひめき》城に立てこもり徹底抗戦して、一年以上もの長期戦となった。この時も、隼人は勇敢な戦いをしたが、多勢に無勢で数千人が戦死した。隼人の霊をとむらうために、放生会《ほうじょうえ》が始まったという。放生会は、殺生《せっしょう》を禁ずることに始まる。

★、【五話・九州隼人が抜けて、反乱は失敗する】

天平十二年〔七四〇〕九州の太宰府に流された、藤原広嗣《ひろつぐ》が起こした貴族の反乱である。藤原弘嗣は、板櫃《いたびつ》川〔北九州市小倉北区紫川〕で政府軍と対峙した時に、隼人軍の戦闘能力に期待して前面に押し立てた。ところが、政府軍も畿内に移住したエリート隼人たちを前面に並べてきた。そして、南九州からやって来た隼人族に「お前達はだまされとる、正しいのは政府軍だ、投降しないと親族までたたるぞ……」と鹿児島弁で呼びかけたのだ。南九州の隼人たちは一人、また一人と投降していった。隼人の軍事力に期待した、藤原広嗣の計画は見事に失敗したのだ。

★、【六話・豊臣秀吉の文禄・慶長の役で活躍した島津軍】

豊臣秀吉が命じた文禄・慶長の役がある。朝鮮側では、壬辰《じんしん》・丁酉倭乱《ていゆうわらん》とし、倭人が乱れた或いは狂ったとした。現在でも韓国では豊臣秀吉は悪人として描かれている。

鹿児島の島津義弘軍は、豊臣秀吉が死んでから朝鮮半島から撤退する時に、中国の明連合軍の十万人の大軍に泗川城《さちよん》を「日本人を生きて、一人も帰すな……」と包囲された。

島津軍はわずか五千人足らずの兵である、どう見ても戦況に勝目はない。しかし島津義弘軍は、勇敢な戦いを展開して打ち破ったのだ。薩摩隼人の心意気を鹿児島弁では「ボッケモン」と言う。十万人からの大軍をわずか五千人の兵力で討ち破った島津義弘には、熊襲の時代〔狗奴国の時代のこと〕から、一人で五人の敵兵を倒して来たというすさまじいほどの自負心があったのだ。

《この時の敵兵を討ち取った首級の報告書がある》

「慶長三年十月一日、朝鮮国泗川城に於いて討捕首注文」とあり。

一、首一万百八　鹿児島方〔忠恒〕衆討捕也。
一、首九千五百二十　帖佐方〔義弘〕衆討捕也。
一、首八千三百八十三　富隈方〔龍伯〕衆討捕也。
一、首六千五百六十　伊集院原次郎〔忠眞〕手討捕也。
一、首四千百四十六　北郷作左衛門〔三久〕手討捕也。

合計三万八千七百十七。

この外、切り捨てた者数知れずと書き残している。

泗川の戦いで、島津方の武将たちは、先を競って敵兵の首級をあげたという、その戦績書である。この時から、島津軍の勇敢さは明や朝鮮軍から鬼石曼子《ぐいしまんず》又は、鬼島津《おにしまず》と呼ばれて恐れられたのだった。

★、【七話・関ヶ原の戦い、島津軍の中央突破作戦】

西暦一六〇〇年九月十五日の関ヶ原の戦いに、島津軍のドラマが起きた。

関ヶ原の戦いは、東軍〔徳川家康〕と西軍〔石田三成〕の天下分け目の戦いである。午前八時過ぎから始まった戦いは、午後二時過ぎには西軍が負けた。勝利が決定してから、西軍だった島津義弘軍はわずか千人だけで、徳川家康軍の勝ち誇った敵陣に突っ込んで行ったのだ。「島津義弘公を生きて鹿児島に帰すんだ……」と島津兵が一丸となり討ち死にを覚悟した行動に出たのだ。

これが有名な第二の関ヶ原のドラマと言われた、島津の「中央突破作戦」である。徳川家康軍は一瞬たじろいたが、島津軍だと分かると一斉に斬り込んできた。死に物狂いの形相で抵抗しながら逃げ延びる島津義弘軍に追っ手はついにあきらめた。突破作戦は見事に成功したが、生き残った者たちを数えると、わずか八十人足らずだった。陸路は危ないので大阪の堺港から、海路で鹿児島に帰っている。しかし、わずかの兵力で、徳川の大軍の中に突っ込んで行く気性は、鹿児島県人の直情型の性格丸出しである。薩摩隼人の心意気である。島津義弘は「あと五千人の兵がいたら関ヶ原の戦いには勝てた……」と言ったのだ。

朝鮮の泗川の戦いで、島津の五千人の兵で十万人からの明軍を打ち破った自負心から話したのだろう。島津義弘公が八十五歳で死ぬと、家来の十三人が切腹して後追いしている。島津義弘は、家来に慕われた特別な殿様だったのだ。

★、【八話・岐阜県の宝暦治水工事に命をかけた薩摩藩士たち】

木曾川は暴れ太郎と呼ばれて、台風の大雨のシーズンになると毎年のように氾濫し多くの被害をもたらしていた。

宝暦三年〔一七五三〕、徳川幕府の命令で千人からの薩摩藩士が、鹿児島から岐阜県の木曾川の河川工事に向かった。難工事の連続だったが一年がかりで完成した。薩摩藩士の百人近くが、苛酷な労働と病気と切腹したりで命を失った。河川工事で大きな被害が減った岐阜県は、薩摩義士に感謝した。現在は鹿児島県と岐阜県は姉妹県を結んでいる。ここにも、鹿児島県人が悲惨な工事に耐えた不屈な根性のドラマがあったのだ。

★、【九話・西郷隆盛に鹿児島県人の気質があった】

鹿児島の偉人として、西郷隆盛は代表格であり誰でも知っている。

西郷隆盛は、明治新政府との政策の食い違いから、郷里の鹿児島に帰り西南戦争が始まった。西郷隆盛に追随した者は、陸軍少将の桐野利秋《きりのとしあき》、篠原国幹《しのはらくにもと》、少佐・別府晋介《べっぷしんすけ》らの傑出した薩摩藩士たちであった。江戸の近衛の兵隊は鹿児島に帰り誰もいなくなったと言われた。

西郷は鹿児島に帰り私学校を建てたが、これが西南戦争の導火線となってしまった。不満分子の固まりの私学校生徒たちが、鹿児島市草牟田《そうむた》町にあった官軍の弾薬庫を襲撃して武器を奪ったことから始まった。現在の鹿児島から～熊本につながる国道三号線は、別名を「薩摩街道」とも呼ばれている。

西郷軍は薩摩街道を熊本に進軍して、有名な田原坂で向かいあった。田原坂の「一の坂」に一万六千人の西郷軍が布陣した。峠の「三の坂」には、官軍の六万五千人が待ち構えた。決戦の日に、西郷は陸軍大将の軍服を着て、側近の者と作戦会議を開いている。

「西郷どん、上で（三の坂）官軍は六万五千から来ちょいもんど……」

「鹿児島の熊襲族は、昔から一人で五人から倒してきた……わけやなかど……」と話をさえぎった。

狗奴国以来、鹿児島の史上最強の熊襲族は強かったと鼓舞しているのだ。しかし、この夜から雨が降りだしたのである。戦争資金がない西郷軍は火縄銃であった。

決戦の当日、しとしとと降り注ぐ雨に、火縄銃はパチパチと音をたてるだけで弾が出なかったのだ。

「雨は降る降る人馬は濡れる、越すに越されぬ田原坂……」この歌の内容は、西郷軍が雨で濡れた火縄銃が使えず惨敗して田原坂を越えられなかったことを意味している。

西郷隆盛は、日本の戦争史上で初めて「突撃《とつげき》」の言葉を使っている。

後の、第二次世界大戦で日本陸軍は突撃作戦を使った。官軍は軍事資金があり、英国のスネイドル銃を使用しており、雨に濡れても発射出来たのだ。

最後になると、西郷軍は火縄銃を捨てて体当たり作戦に出た。二十人編成で、抜刀隊《ばっとうたい》を組織した。官軍の隊を見ては日本刀で斬りこんだのだ。そのすさまじさに官軍の兵士たちは震え上がったという。

抜刀隊の戦いにも鹿児島県人の気性が見事に出ているのだ。

★、【十話・第二次世界大戦に登場する鹿児島軍人の勇猛さ】

第二次世界大戦で、鹿児島県出身の軍人は勇名を馳せた。中国大陸から～南方のタイやビルマなどでの戦いは恐れられた。

戦地で赤ん坊が泣いていたら、「鹿児島の兵隊が来たぞ……！」と叫ぶだけで、ピタッと泣きやんだとする伝説を持っていた。言葉の分からない赤ん坊でさえ、鹿児島の兵隊が荒々しいことを知っていたのだ。

★、鹿児島県人の気質の特徴は、二段階の「良く考える」が抜けていたのだ。
◎、1段階……相手を見る。
◎、2段階……よく考える。
◎、3段階……最後に行動に出る。

鹿児島県人の気質は、短気者《たんきもん》又は「ボッケモン」と言い、良く考える性格が抜けている。つまり、カーッとなるとすぐに行動にうって出る性格は、鹿児島県人の特徴だった。相手〔敵〕を見てすぐに行動に移る性格は、戦争にはうってつけの人種なのである。いろいろ考えていたら、戦争や喧嘩には勝てないのだ。鹿児島県人の性格は、戦争をするのに最適の気性だったのである。

鹿児島県人のボッケモンの性格から～様々な戦いの歴史が作られたのである。


〈コラム〉※、**短気者は損するか……?**

気の短い者は、商売が下手だという……。難しい交渉ごとの詰めになると、感情的になり儲け話もあきらめてしまうことが多い。もう少し辛抱したら……と、なだめられる人がいる。薩摩藩は徳川幕府の命令により、岐阜県の木曽川の河川修理に赴いた。河川工事代金は四十万両からなり予想外の出費になった。江戸幕府の役人の無理難題の注文に立腹して切腹自殺した薩摩藩士は数十名に上った。

関ヶ原の戦いも、島津藩は、「敵陣中央突破作戦」で敵陣の意表をついた。

短気とは、行動性の勇敢さに出てくる。短気と勇敢さは紙一重である。短気者が、鹿児島の歴史ドラマを作ってきたのも事実だ。

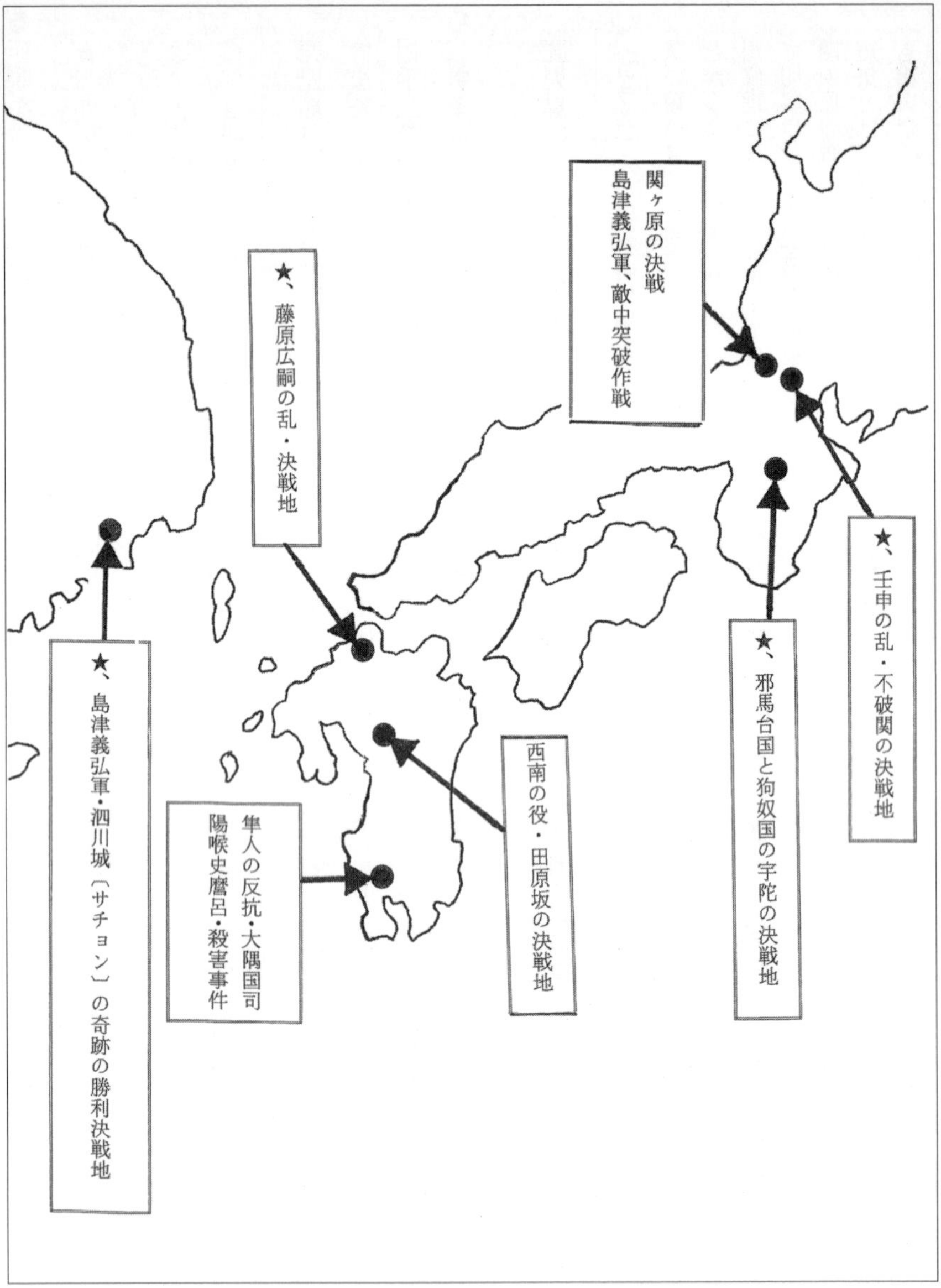

狗奴国から鹿児島県人決戦の図

◇鹿児島県知覧町に残る天孫族の伝説と史跡

◆知覧は七王子（チランジャ）からついた地名か……？

鹿児島県薩摩半島に知覧《ちらん》町がある。知覧という珍しい地名と発音に興味を抱いて調べ始めたのだ。最初は、アイヌ言葉のような響きに思えたが、南方の鹿児島にアイヌの痕跡はない。いろいろ調べたが、知覧は朝鮮語ではないかと思い始めた。なぜ朝鮮語に行き着いたのか書いていく。

《知覧町は、次の観光名所で知られる》

①、江戸時代の武家屋敷の町並みと、
②、第二次世界大戦の「特攻平和観音堂」がある。

日本はアメリカとの戦争で敗戦が濃厚になると特別攻撃隊を編成した。十七～二十二歳の若者に簡単な飛行訓練をさせて、片道の飛行燃料だけで飛び立たせ、海上のアメリカ艦隊に突っ込ませる自爆テロ作戦である。日本軍は、世界で初めて自爆テロ攻撃をした国なのである。知覧飛行場から飛び立った若者四百三十六人の慰霊堂である。

〈コラム〉※、市町村合併で古い地名表記が新しく変わった

鹿児島県加世田市は、南さつま市加世田に変更になった。知覧町は、南九州市知覧町になっている。合併により古い地名が抹消された場合が多い。歴史を調べる者にとっては困るのだ。

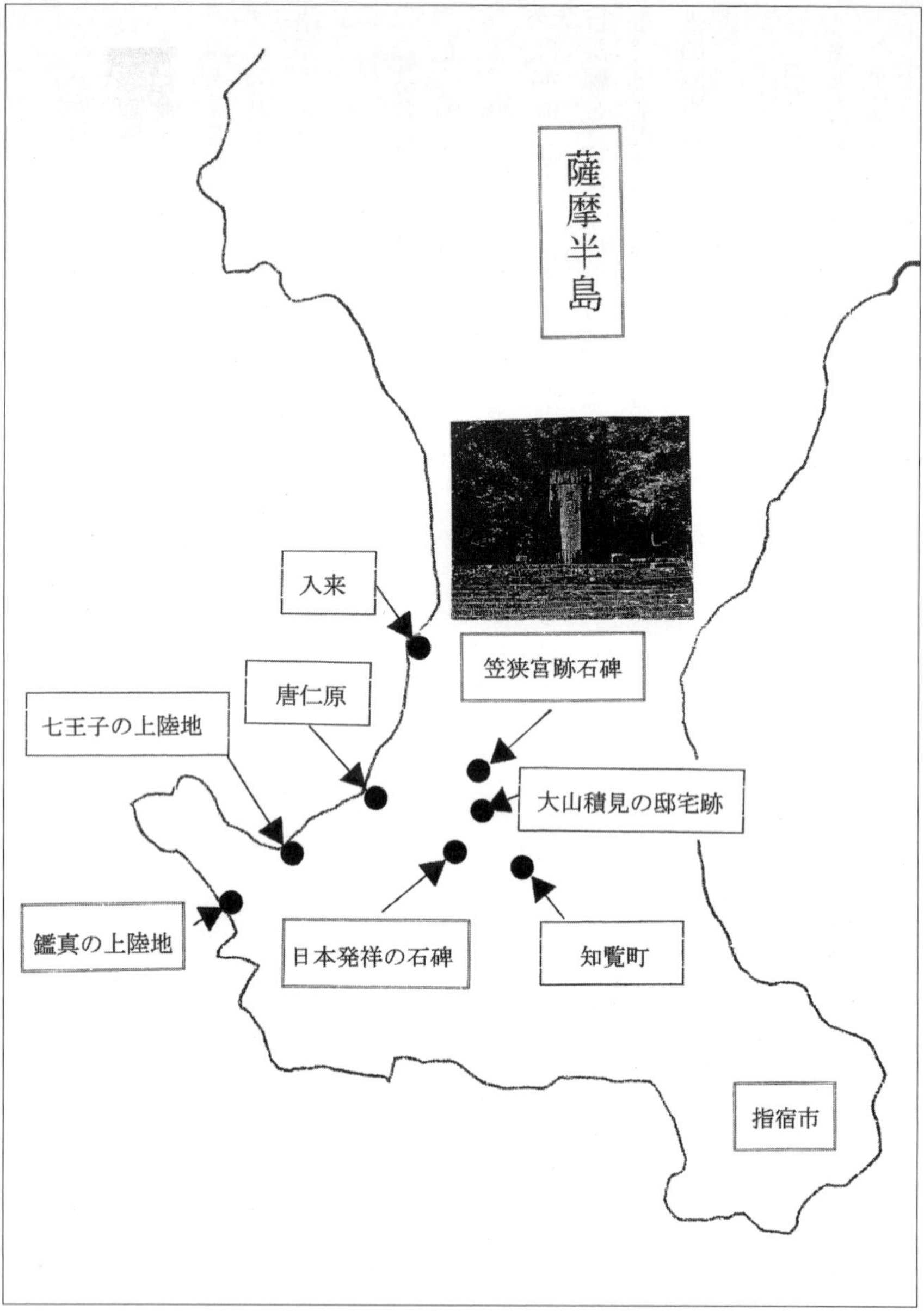

薩摩に残る天孫族ニニギノミコトの史跡

《七王子は、ニニギノミコトになった》

知覧の歴史を調べていくと、ニニギノミコトの関係が浮かんできた。

『古事記・日本書紀』によると、天皇家の始祖になるニニギノミコトは、霧島連峰の高千穂峰に天孫降臨した。

その時の情景を次のように書いてある。

> ★、ニニギノミコトが、「ここは韓国《からくに》に向かいて……笠沙《かささ》の岬を真来通りて……朝日のただ刺す国、いと良き処……」と述べている。（注：笠沙から～笠田になっている）

空から高千穂峰に降りたニニギノミコトは、鹿児島の薩摩半島の阿田《あた》と呼ばれた地域に出掛けている。そこで、運命的な出会いがあった。美しい木花咲夜姫《このはなさくやひめ》（コノハナサクヤヒメ）との結婚である。
★、阿田の地域は……現在の南さつま市金峰町に阿田の小字が残る。コノハナサクヤヒメは別名を神阿田津姫《かむあたつひめ》と言い、阿田の地名が組み込まれている。

◆ニニギノミコトは、七王子の化身だった

> 《知覧の地名の起こりを調べると、次の三通りの民間伝承があった》
> 一、大地や平野を見渡す場所を方言で「チラミ」という。チラミが↓チランに変化したとする。
> 二、日置市の伊集院に、「チラン」の小字から、知覧になったとする。
> 三、日本神話の天照大御神〔アマテラスオオミカミ〕から付いたとする。天照の「照る覧から……知覧」に変化したと言うのだ。

以上の、三通りの地名伝承が残っていた。しかし、どの地名伝承説話も説得力が弱い。
古代の阿田地方の歴史を調べて行くうちに、知覧の発音が七王子から来たのではないかと考えたのだ。

《天孫降臨表現法の意味について》

金首露王の七王子が金海から空に上り行方不明になり～鹿児島の高千穂峰にニニギノミコトの神様として天降りている。ニニギノミコトの正体は、七王子が変身したものである。

★、七王子が↓ニニギノミコトの神様となる。

《七王子の発音を、朝鮮語で分析する》

日本語の漢字で表記する	朝鮮語で発音する
七……	チル……と発音する。
王……	ワン……と発音する。
子……	ジャ……と発音する。

七王子を朝鮮語で発音すると、「チルワンジヤ」となる。朝鮮人が発音すると「チラン」が強く聞こえて「ジヤ」が小さく聞こえる。何回聞いても、日本人には「チラン……」と聞き取れるのだ。

★、七王子　→チランが強く、ジャが小さく聞こえる。
★、チランに漢字を当てると　→　知覧になる。

知覧が、朝鮮語の七王子とつながりがあるとすれば、根拠が必要となる。阿田地方にニニギノミコト〔七王子の化身〕の歴史があるか探してみた。

『薩摩風土記』や『古事記・日本書紀』の資料から現地を調べると、ニニギノミコトの伝説と史跡が豊富に残っていたのだ。

◆ニニギノミコトの伝説と史跡があった

★、『薩摩風土記《さつまふどき》』の中に、ニニギノミコトとコノハナサクヤヒメの結婚が書いてあった。

『高千穂峰に天降りたニニギノミコトは、薩摩の阿田の「竹屋《たけや》」村の豪族大山津見（オオヤマツミ）の娘と結婚して二人の子供をもうけた。

お産の時に、竹を削り刀にして、男子のへその緒を切り取った。……その竹は今も繁茂している。

……』とある。　『薩摩風土記』より

★、竹屋の地名が残る

『薩摩風土記』の記述を裏付けるように、現在も「竹屋《たけや》」の地名がある。竹屋地区には、竹細工（ザルやカゴ）に使用する良質の竹材が繁茂していたことから付いた地名だという。竹で刀を作り、ニニギノミコトは二人の赤ん坊のへその緒を切り取ったと伝えている。

二人の子供とは、ニニギノミコトと豪族の娘「コノハナサクヤ姫」から生まれた「海幸彦《うみさちひこ》と山幸彦《やまさちひこ》」なのである。

一、火照命《ほでりのみこと》は、隼人になる……平城京で、隼人は竹細工の仕事を担当している。
二、火遠命《ほおりのみこと》は、天皇家になる。

『薩摩風土記』〔七一三年〕を裏付けるように、隼人と竹細工の伝説が残っているのだ。

《昔は、阿田地方に竹細工の職人が多かった》

昔、加世田地方には竹細工の職人が多かった。日常の生活に使用するザルや籠《かご》などの生活用具は、どれも素晴らしい出来栄えであった。現在は大量生産で安く、耐久性に優れたプラスチック製品に押されて、竹細工職人が育たなくなってしまった。

《昔は、山窩《さんか》の竹細工職人が、火明命《ほあかりのみこと》の子孫と名乗った》

山窩の意味について……

人里離れて、山間部に仲間同志で生活する集団を言った。仕事は、鳥獣を捕ったり杓子《しゃくし》や竹製品のカゴや椀を作り、物々交換することを生業としていた。山窩の起源は古いと言う。

面白い事に、山窩が自分たちの祖先は、天孫族の「火明命《ほあかりのみこと》」であると自称していたことである。

考えられるのは、山窩が生業とした竹細工の仕事が、阿田地方に残るニニギノミコトの伝説と結び付いたものと考えられる。平城京の「隼人司」が竹細工の特別な仕事をしたこともダブらせたのだろう。さらに隼人族が、火明命《ほあかりのみこと》の子孫と称したからでもあろう。

《奈良の平城京にも、隼人の竹細工職人がいたのだ》

平城京は七一〇年から始まる。

平城京には、「隼人司」という特別な職業部門があった。隼人たちは、鹿児島から奈良の平城京に六年交替で出向して働いた。

江戸時代の地方の殿様が、江戸城に「参勤交代」するシステムとよく似ていた。

★、平城京に勤務する隼人の仕事について

隼人の仕事には竹細工の製作があった。平城京の高級官僚が日常生活で使用する竹製品も製作している。

正倉院にも、芸術的な竹細工製品が収納されている。さらに、天皇家の一世一代の世継式《よつぎしき》の大嘗祭《だいじょうさい》にも、秀逸な竹製品が作られたのだ。

◆阿田に残るニニギノミコトの史跡と伝説について

阿田〔加世田市〕の万之瀬川《まのせ》は、朝鮮や中国大陸との貿易港として栄えた。ニニギノミコト〔七王子たち〕も、万之瀬川から上陸したと推測されるほど、多くの史跡が残っている。

※、金峰町に阿田《あた》の小字がある

現在の南さつま市金峰町に阿田《あた》の小字が残っている。

阿田の一帯が、古代のニニギノミコトと結婚したカムアタツヒメの古里になる。

★、唐仁原《とうじんばる》の地名について

唐は↓文化の高い国・又は朝鮮人・中国人の意味である。唐《から》は韓《から》にも通じる。

仁は↓人のことになる。

原は↓土地、場所などの意味である。

★、大山津見《おおやまつみ》の宮門《みかど》の邸宅跡が残る

万之瀬川の上流の舞敷野《もしきの》の集落に阿田の豪族であった大山津見の邸宅があったと伝える伝説地がある。

薩摩半島に大山《おおやま》の地名や、大山《おおやま》の姓が多いのは、大山津見の豪族が薩摩半島を支配した証拠であろう。

ニニギノミコト（七王子）は、大山津見の娘（コノハナサクヤヒメ）と政略結婚すると、娘婿として権力まで受け継いで薩摩を支配したことにつながるのだ。

★、「笠狭宮跡の石碑」……ニニギノミコトが政治をした場所だと伝える「笠狭宮」の跡である。高さ五メートルほどの立派な石碑が建っている。

★、「日本発祥の地の石碑」……ニニギノミコトが日本（倭国）を建国した発祥地だと伝えた石碑がある。

◆七王子は笠狭の浜から上陸したか……？

野間半島の野間岳《のまだけ》（標高五九一メートル）は、外航船の灯台の目印となっていた。ところが、指宿市の開聞岳《かいもんだけ》（標高九二四メートル）も、山の形容が似ており、薩摩富士《さつまふじ》と呼ばれた。開聞岳は元々、〔海門《かいもん》岳〕と書いたのが始まりである。海門岳は、鹿児島湾に出入りする船の目印になっていたのだ。野間岳の山頂には、中国の海難の守り神〔娘瑪神（ロウバシン）〕を祭ってあり、〔ロウから→マ〕になり、野間の漢字があてられて「野間岳」になった。笠狭は、「笠沙」になった。

《鑑真《がんじん》和上が坊津の秋目《あきめ》浦から上陸した》

西暦七五三年十二月二十日に、中国の高僧「鑑真和上ガンジン」が乗船した一行が、枕崎市坊津の秋目浦に上陸した。船頭が、野間岳を開聞岳と見間違えて上陸したと言われている。坊津の坊は、僧坊があったことによる。

鑑真は海難事故がつづいて、五回も六回も渡航に失敗したあげく、ついに盲目になってしまったのだ。そ

ニニギノミコトがいたとする笠狭宮跡碑（南さつま市加世田川畑舞敷野）

れでも鑑真は、日本に行って仏の教えを開きたいという一念を捨てなかった。鑑真の一行が上陸した秋目の浜は、外航船が入るほど大きな港ではなかった。

加世田から秋目の浦に行くには、当時は獣道しかなく、浜も小さく陸の孤島と言うべき場所であった。

当時の鑑真の一行は、秋目浦に上陸してから鹿児島に出て福岡の「太宰府《だざいふ》」に向かった。奈良の都に着くまで数ヶ月を要している。

《鑑真の失明が、秋目の地名になった……》

秋目の地名は、鑑真の失明に因んだ地名だった。

鑑真は幾度の海難により、秋目浦に上陸した時にはすでに失明していた。夢に描いた日本への渡航には成功したがすでに失明しており、夢にまで見た日本上陸の地秋目浦を、自分の目で見ることは出来なかったのだ。

★、鑑真の失明した眼が開〔ア〕くように皆の者が祈った……眼（メ）が開（ア）くようにが……〔ヒラキメから~アキメになり〕そして秋目の漢字があてられたと言う。

★、鑑真祭り〔例年の八月のお盆の日にある〕

現在、秋目には「鑑真記念館」があり、さらに地元の有志らによって、夏のお盆には「鑑真和上祭り」が執り行われて日中友好促進の祭りとなっている。

★、「唐大和上東征伝《とうだいわじょうとうせいでん》」の書物には、鑑真が上陸した浜を「薩摩国・阿多郡《あたぐん》・秋妻屋浦《あきめやうら》」と書いてある。

秋目浦は阿多郡に入っており、古代は薩摩半島の広い地域が、阿田郡であったことが分かる。卑奴母離が夷守に、狗古智卑狗から川内や河内が発生したように、七王子《ちらんじゃ》が知覧になった可能性がある。阿田には、ニニギノミコトの伝説が色濃く残っていた。ニニギノミコトの時代は、現在から約千八百年前の話になる。年月が流れても、地名の残存率は高いことを知るのだ。

◇姫城城は卑弥弓呼からついたか……？

狗奴国の男王は卑弥弓呼《ひみきこ》と言った。ヒミキコを調べて行く中で、関連性があるのではないかと疑いたくなる名称が、鹿児島県国分平野の姫城城である。

★、姫城《ひめき》城の所在地……鹿児島県国分平野の「七隈の古里」の地域にある。

★、隼人が、大隅国守を殺害する事件が発生する

国分平野にある姫城城は、大伴宿禰旅人《おおとものすくねたびと》と隼人たちの激戦地として有名な山城である。

『続日本紀』によると「養老四年（七二〇）」大隅国守・陽侯史麻呂《やこのふひとまろ》が、隼人たちに殺害された。国守とは、現在の県知事クラスであり一大事件であった。

「隼人が、陽候史麻呂を殺害する……！」大事件は早馬で福岡の太宰府に届いた。すぐに太宰府から～奈良の都に、緊急事件発生の早馬が走った。

朝廷軍は、早速大伴宿禰旅人を「征隼人持節大将軍」に任命して、総兵力一万五千人からなる軍隊を結集して鹿児島に向かわせて、国分平野の七ヶ所の山城にたてこもる隼人たちを総攻撃した。多勢に無勢で、隼人城は次々と陥落していった。

最後まで残ったのは、難航不落と言われた姫城城だけであった。

★、大伴朝廷軍と、隼人の姫城城の戦いについて

姫城城は、標高一七〇メートルほどあり、周囲は断崖絶壁である。頂上付近は横に数百メートル、縦に一キロからの広さがある。

上り口は二ヶ所しかなく、姫城城の地理に詳しいものでないと上り口がどこなのか分からない。頂上部には水がわき出ており、籠城しやすい利点があった。朝廷軍は姫城城を包囲して兵糧攻めの作戦をとった。孤立した隼人軍は籠城作戦をとり徹底して抗戦した。深夜になると姫城城からこっそり下りてきては、朝廷軍に切りかかるゲリラ戦法をとり、朝廷軍を悩ましている。

しかし、いかんせん食料が切れてくる持久戦は一年の長きに渡り、隼人たちは最後には武器も食料もつき果てて降伏した。

その時の戦況を、『続日本紀』は「征隼人副将軍従五位下笠《かさ》朝臣《あそん》御室《みむろ》、従五位下臣勢朝臣真人ら帰る。隼人を斬りし、首獲し虜合わせて、千四百余人」とある。

大隅国守の殺害事件で姫姫城に隼人がたてこもる。
「姫城乃山城」（別名、熊襲城）（鹿児島県国分市内）

この時に、千四百人〔内訳は・斬首と捕虜などになる〕に上る隼人たちが処罰されたのだ。当時の大隅の人口は数万人とされ、大きな損失となった。

★、『陽候史麻呂《やこのふひとまろ》の系譜』……『新撰姓氏録』によると、中国の隋の煬帝の後裔にあたる渡来人になる。陽候史麻呂は、都から赴任した初代の役人である。渡来人としての先進的な政治が、封建的な在地の隼人たちの考え方と合わないで、誤解が生じてから最後に殺害事件に及んだのだろう。

★、放生会は、隼人の霊を静めるために始まった

隼人の鎮圧には多数の死傷者が出た。天皇家と深いつながりのある、隼人たちの霊魂を静めるために放生会が始まったとする。

★、『扶桑略記』に、放生会が始まると書いてある

「養老四年九月、宇佐八幡の託宣に曰く、合戦の間、隼人を多く殺傷す、宜しく放生会を修すべし、諸国の放生会（お盆にする）はこの時より始まる」とある。

★、『八幡大菩薩因位縁起』に

「隼人を多数殺したので、年二度の放生会を始めた」とある。

鹿児島では、放生会を〔ホウジョウエ〕がなまって〔ホゼ〕と言う。隼人のたたりを静めるために、放生会の期間中は、「生き物を食べない、殺生をしない」……を守る。

★、姫城城と卑弥弓呼との関係

鹿児島は狗奴国が発祥した国である。国分平野には「七隈の古里」の史跡が残る。姫城城は難攻不落の山城である。卑弥弓呼《ひみきこ》がなまって~姫城《ひめき》になった可能性も考えられるのだ。

雄大な景観は、戦争中の浮沈艦と呼ばれた戦艦大和のようだ。狗奴国の男王の卑弥弓呼も偉大であり、あやかって付いた誇らしいネーミングかもしれない……？　発音が似ており、関連性が考えられるのだ。

◇隼人が犬の鳴き声をなぜしたのか……？

◆隼人が、犬の鳴き声をした理由について

『古事記・日本書紀』には、隼人が犬の鳴き声をして悪霊を祓う呪術的な仕事をしたり、天皇家や大和朝廷に仕えて守護したことが書いてある。

『古事記』神代編の第二の一書では、隼人が犬の鳴き声をして、天皇家を守護したと書いてある。

「延喜式」の、第二十八の兵部省には、「隼人司《はやとつかさ》」の条項があり、隼人が犬の鳴き声をして儀式に参加した事が書いてある。

「犬の漢字のルーツを調べてみよう」

※、犬の漢字の説明文……人間が手を広げた形は「大」の形になり、人間を表現した漢字になる。

人間を表現する「大」に「丶」を付けると「犬」の漢字になる。「丶」はいつも人間のそばにいる犬を表現した「丶」になるのだ。人間を天皇とみなし、隼人が忠実な犬だとすれば、古代の両者の密接な関係が理解できるのである。

「古代中国の風習に解明するヒントが隠されていた」

考古学の遺跡から、犬が人間と暮らし始めた歴史は約一万五千年前になるという。

人間が狩猟する時には、犬が獣を見つけてから追い込んだり、番犬をして外敵から人間を守ったりする忠実な動物であった。

しかし、雨が長く降らずに旱魃《かんばつ》が続いたり、食料が尽き果てた時には大事に飼育していた犬を殺して非常食とした。この時に、犬肉は漢方薬にもなることを知ったのだ。

◎、犬の漢方薬……寒い冬に犬の肉を食べると体が温まり難病が治った……など、漢方薬としての効能が発見されたのだ。現在でも、中国や韓国では犬を食べる風習が残る。日本でも昔は犬肉を食べていたのだ。

◆古代の出雲に、犬と大隅隼人を祭る神社があった

『出雲風土記』の秋鹿《あいか》郡伊農《いぬ》に、「伊努《いぬ》神社」の記述が出てくる。

◎、伊努社《いぬしゃ》……祭神「赤衾・伊農意保須美比呂・佐和気能命」

解説文は「あかふすま・いぬおほすみひこ・さわけのみこと」となる。

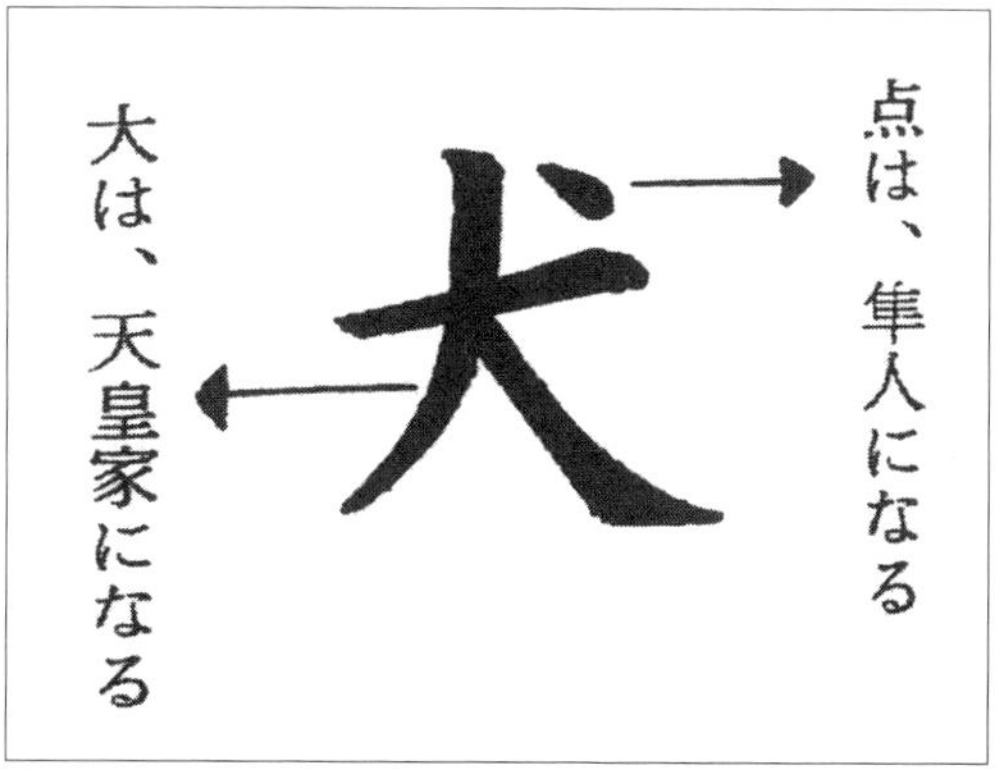

伊農、伊努は……犬の当て字である。

伊努社の祭神には……古代に犬の泣き声をした「大隅隼人」が、「伊農意保須美比呂」として祭られていることに気づくのだ。

伊農郷の地名と伊努社の祭神は、犬と大隅隼人から発祥していることを知るのである。

出雲の雲（ＫＵＭＯ）の同類語が、熊（ＫＵＭＡ）である。出雲の雲が出るは↓熊襲族の熊が出るとなる。

◇古座川の河内《こうち》祭りは、神武天皇祭りである

和歌山県串本町古座川《こざがわ》で、毎年七月二十五日に「河内《こうち》祭」が開催される。古座川の二キロほど上流に「河内さん」と呼ばれる場所に、にぎやかに飾った御座船が集まってから祭りが始まる。

「河内まつり」のルーツについて、地元の資料を調べると次の説があった。

一、「一番目の祭りの起源説について」
源氏と平家の戦いから始まったとする説がある。

熊野別当の湛増《たんぞう》軍に参戦して、平家を壇ノ浦の戦いで壊滅させた「古座水軍」の活躍から、祭りが始まったとする説である。

私見として、源平の戦いに由来するとしたのは、「宇津木《うつぎ》の座」に由来しよう。古座川の河口から二キロほどの上流に「河内《こうち》さん」と呼ばれる祭りの場所がある。河内さんの真向かいに「宇津木」の地名が残る。

桓武平氏の梶原氏に「宇津木氏」がいる。宇津木氏は、三重県内の伊勢志摩などで繁栄した一族である。

この宇津木氏から、源平の戦いに関係する祭りとみられたのだろう。

二、「二番目の祭りの起源説について」

河内祭りは、古代に発祥したとする説がある。

私見として、河内祭りのルーツは、『魏志倭人伝』の邪馬台国と狗奴国の戦いにまで溯ることが出来る。「河内」が、狗奴国の軍事長官の狗古智卑狗から発生した地名であるからだ。さらに、串本町内には、神武天皇が征伐した「ニシキトベ」の地名や伝説地が残っている。そして神武天皇は、狗奴国の男王の卑弥弓呼であることも理由である。

（別項で、狗古智卑狗の意味について説明したので、一六九頁参照のこと）

《古座川の河内祭りは、狗奴国の神武天皇に関係している》

狗奴国の卑弥弓呼が、神武天皇になったことは別項目で述べてきた。

狗奴国の神武天皇は、大和のナガスネヒコとの戦いに敗れてから、態勢を整えるために紀州半島を熊野に廻った。途中で戦死した兄の五瀬命（イツセノミコト）の遺体を、和歌山市和田の竈山《かまやま》御陵に葬っている。〔宮内庁の管理になっている。〕

串本町では、「丹色戸畔《にしきとべ》」の賊を征伐している。

《大河内の地名が紀宝町にある》

紀宝町の大河内には、狗奴国の軍事基地があったと見られる。大河内の近くには、奈良の大仏さんを造る時に銅を献上したことで有名な鉱山があった。

狗奴国の軍事長官（狗古智卑狗）は、大河内から銅が出ることを知っていたのだ。

紀宝町から吉野に出るコースは、十津川経由で吉野川流域に出るコースと、下北山から大台峠を越えて川上村から吉野に出るコースがあった。

《紀宝町の大河内の近くに、入鹿の地名があるのはなぜか……？》

大河内の地名の近くに入鹿《いるか》の地名があるので説明する。

入鹿は、奈良県明日香村の蘇我入鹿《そがのいるか》が有名である。しかし、紀宝町の入鹿の地名とは遠距離であり接点はなさそうである。大河内や入鹿の地名は狗奴国系の地名として考えられる。

第二十七代・安閑天皇の時代に、「入鹿屯倉《いるかのみやけ》」で入鹿の地名が初めて出てくる。『日本書紀』によれば、全国に屯倉の設置を推進した天皇である。入鹿地名は、愛知県犬山市内にあった。

古座川の河内祭りは、神武天皇祭りだった

☆、屯倉とは……稲や穀物を収容する国営の倉庫になる。
☆、入鹿の所在地……現在の愛知県犬山市入鹿付近になる。
犬山市内は、狗奴国の大王の前方後方墳である東ノ宮古墳があり有名である。入鹿の地名が狗奴国の本拠地の犬山市から、大河内の地名と共に紀宝町に移動したと考えられる。紀宝町に大河内や入鹿があるのは、狗奴国の軍事基地が熊野灘一帯に造られた証拠であろう。

《紀州半島に残る狗奴国の神武天皇の伝説について》
◎、周参見《すさみ》町の伝説……神武天皇が港に停泊すると、地元民が稲を積み上げて祝ったとする稲積島がある。
◎、勝浦《かつうら》町の伝説……神武天皇が土賊との戦いに勝ったので、勝浦となった地名談がある。

《近畿地方の大河には、神武天皇の伝説が残っている》
(一)、吉野川……奈良県吉野町の吉野川には、神武天皇の伝説が残り、天武天皇に国栖奏《くずそう》を踊っている。
(二)、熊野川……熊野川の流域には熊野大社があり、神武天皇の伝説が多く残っている。新宮市内には、神武天皇の「お燈祭り」が有名である。
(三)、古座川……串本町内には、神武天皇が征伐した「ニシキトベ」の地名があり、古座川の河内祭りは、神武天皇の軍事部門の河内から発祥した祭りであろう。
(四)、淀川……大阪湾から淀川を上り琵琶湖に通じる大河である。神武天皇は、淀川を上り白肩《しらかた》の津で上陸して、奈良盆地に進軍しようとしたが、奈良の富雄のナガスネヒコ軍の猛反撃にあって熊野に廻った。

第五章
宇陀の古代史は、神武天皇の解明の原点だった

◇宇陀の古代史は、神武天皇の解明の原点だった

私たちは、歴史の時間で神武天皇は実在しなかったと教えられてきた。

◆宇陀に来れば『古事記』が分かる

《神武天皇が存在しなかったという根拠は》

①、歴史学者が、神武天皇は実在しなかったとしている。

②、日本の古代天皇史の始まりの資料が全くない。

以上の、二点の問題点が現在も続いているのだ。

学校で教えないものだから、神武天皇の名前さえまともに読めない生徒が出て来た。神武天皇を「カンムテンノウ」と読む日本人が増えてきている。

現実の話として、「神武天皇を研究しています……」と話すと、変な顔をされる始末である。

日本は、戦前まで日本各地の神社に「神武天皇遥拝所」を造りあがめ祭ったのに、戦争に負けると手のひらを返したように神武天皇不在論を展開してきた。

「任那日本府はなかった」もその一つである。戦前までは、日本が朝鮮半島を支配した機関名だと教えてきた。つまり、朝鮮総督府のようなものとした。ところが戦争に負けると、御用学者たちは言論を一八〇度変えて任那日本府は存在しなかったとしたのだ。

宇陀は封建的な田舎である。そのために、神武天皇の伝説や史跡や地名がしっかりと守られてきた。神武天皇が実在したからこそ伝説として残って来たのだ……それが、宇陀を歩いての実感である。

神武天皇は実在したのか……正体は誰なのか……？　まるで、修行僧の禅問答のような毎日が続いた。そして、解明出来るまで十年の歳月を要した。

『古事記・日本書紀』の中で、神武天皇が宇陀に来てから戦争を始める理由はなぜなのか……？

一、神武天皇は、なぜ宇陀を目標にしてやって来たのか……？
一、神武天皇は、宇陀からなぜ戦い始めるのか……？
一、神武天皇は、宇陀から奈良盆地の橿原になぜ向かったのか……？
一、神武天皇はなぜ橿原の宮で即位したのか……？
一、日本天皇史は、神武天皇の歴史が橿原から始まるとなぜしたのか……？
一、神武天皇は、奈良盆地の邪馬台国を、なぜ標的にしたのか……？

神武天皇を解明するには、歴史教科書で習った余分のものを忘れて、頭の中を白紙にしてから考える必要がある。

そして、宇陀に解明するカギが存在していることに気づくのだ。

宇陀の土地には次の六点から、神武天皇の疑問点を解明するヒントが隠されていた。

一、神武天皇が戦争した場所は、すべてが国道一六六号線沿いで起きている。
二、宇陀の初期古墳に、前方後方墳が造られていることは、狗奴国の豪族が駐留していたのだ。
三、宇陀に前方後方墳が造られる時代に、濃尾平野に前方後方墳が造られる。
四、二重口縁壷の土器が、濃尾平野へとつながっているのだ。
五、神武天皇の時代が、狗奴国の時代と一致する。

六、宇陀には狗奴国の史跡や伝説が残っており、濃尾平野の狗奴国と直線でつながっている。

◆宇陀の前方後方墳は狗奴国系だった

宇陀の初期の前方後方墳が、謎をひもとくきっかけとなったので説明する。さらに、初期古墳を調べてみると次の二点の特徴があった。

一、宇陀に造られた初期古墳の特徴は、東海地方の狗奴国に多く造られた前方後方墳形式だった。
二、東海地方の初期古墳から二重口縁壺《にじゅうこうえんつぼ》が出土する、宇陀の古墳からも出土する特徴がある。

《宇陀で狗奴国の前方後方墳が造られている》

★、野依《のより》の鴨池古墳は前方後方墳形式だった。
★、北原西古墳は後方墳形式である。
★、見田・大沢古墳は、後方墳形式である。

奈良盆地に前方後円墳が造られる時期に、対抗するように狗奴国の本拠地の濃尾平野には前方後方墳が次々と造られて行く。そして宇陀にも前方後方墳が造られた……？　この謎を解明するには狗奴国の本拠地に行って調べるしかなかった。

宇陀の古代史は、三重県の狗奴国と密接な関係があるので、三重県から愛知県にかけて調査の日々が始まった。

★、狗奴国の古墳……前方後方墳は四角い方形の古墳である。
狗奴国の古墳形式は四角形である。邪馬台国の古墳形式は丸形である。古墳形式も四角形と丸形とで敵対する形であり対抗意識が強かったのだ。

◆狗奴国が濃尾平野を本拠地とした理由について

西暦二〇〇年ころに、狗奴国は南九州から濃尾平野に移動して本拠地とした……理由は何か……？

濃尾平野は大地が肥沃であり、経済力や軍事力を伸ばしてくれたのだ。

濃尾平野を真っ二つに分断する大河が流れている、木曽川・長良川・揖斐川の三川が天然の堀となり、邪馬台国の兵隊が西側から攻め込んでくるのを防いでくれたのだ。それが最大の要因だった。
※、東之宮古墳のある場所
鵜飼いのアユ魚で有名な長良川が眼下に流れる。

狗奴国の卑弥弓呼に準ずる大王は、長良川の手前

「東之宮古墳」狗奴国の前方後方墳初期に造られた（愛知県犬山市白山平）

に古墳（王陵）を造った。

《濃尾平野には、狗奴国を代表する初期古墳が集中する》

★、東之宮《ひがしのみや》前方後方墳……愛知県犬山市の白山平《はくさんぴら》の〔標高一四二メートル〕の頂上にある。
〔墳丘の長さ七八メートル・副葬品は十一面の銅鏡、鉄刀、鉄剣、竪穴式の石郭である〕

犬山市内の東之宮古墳を尋ねて行くには、初心者には登り道がどこなのか全く分からない。犬山市のモンキーセンターの横を抜けて、成田山の奥の駐車場から歩いて登る参道をやっと見つけた。
東之宮古墳の頂上から一望すると、水平線がどこまでも延々と続く濃尾平野に圧倒された。広大な平野では、狗奴国の農産業も国力も成長を続けただろう。対して、邪馬台国がある奈良盆地を二上山から一望すると、大和山脈に囲まれておりとても狭く感じるのだ。狗奴国が邪馬台国に勝利出来たのは、濃尾平野の経済力の差だと素人目でも理解出来るのだ。

★、東之宮の意味……奈良盆地にあった邪馬台国は「西の宮」になる。対立する愛知県の狗奴国の方角は東国になり、東之宮とネーミングしたのだろうか……？
邪馬台国の前方後円墳の築造年代と、狗奴国の前方後方墳の築造年代は、西暦二五〇年前後から始まっており一致するのだ。

◆松阪の嬉野に集中する前方後方墳について

宇陀から国道一六六号線を高見山を越えて松阪市内に入り、松阪平野の大河内《おかわち》から左に折れて五キロほど走ると、嬉野《うれしの》町に着く。九州の佐賀県にも嬉野温泉がありよく間違われる。

嬉野町には、前方後方墳が六基以上集中して残っている。今までに破壊された古墳が多数あるという。錆山《さびやま》古墳・向山《むかいやま》古墳・西山《にしやま》古墳などが有名である。

三重県内では、この一帯だけに前方後方墳が集中しているのだ。他には、一気に飛び越えて桑名市内にあるだけである。

濃尾平野にある前方後方墳が、三重県内は嬉野だけに集中している。この現状をどう理解したら良いのだろうか……？

理解するのに時間がかかったが、やがて謎を解明することができたのだ。

嬉野に前方後方墳が集中して造られた理由は……？

◎、松阪〔伊勢湾一帯〕を支配した狗奴国の軍事基地の大王クラスが、前方後方墳に眠っているのである。

《久米《くめ》の地名が松阪に残っていた》

★、久米……熊襲族の名称である。『古事記』の、神武天皇の勝利の久米唄が有名である。伊勢地方には、久米部が置かれたと古文書にある。

★、久米部の特徴……久米部は、主に西日本一帯に配置された。神武天皇の東征神話も、西日本が舞台であり、久米部の配置先と重なりあうのだ。

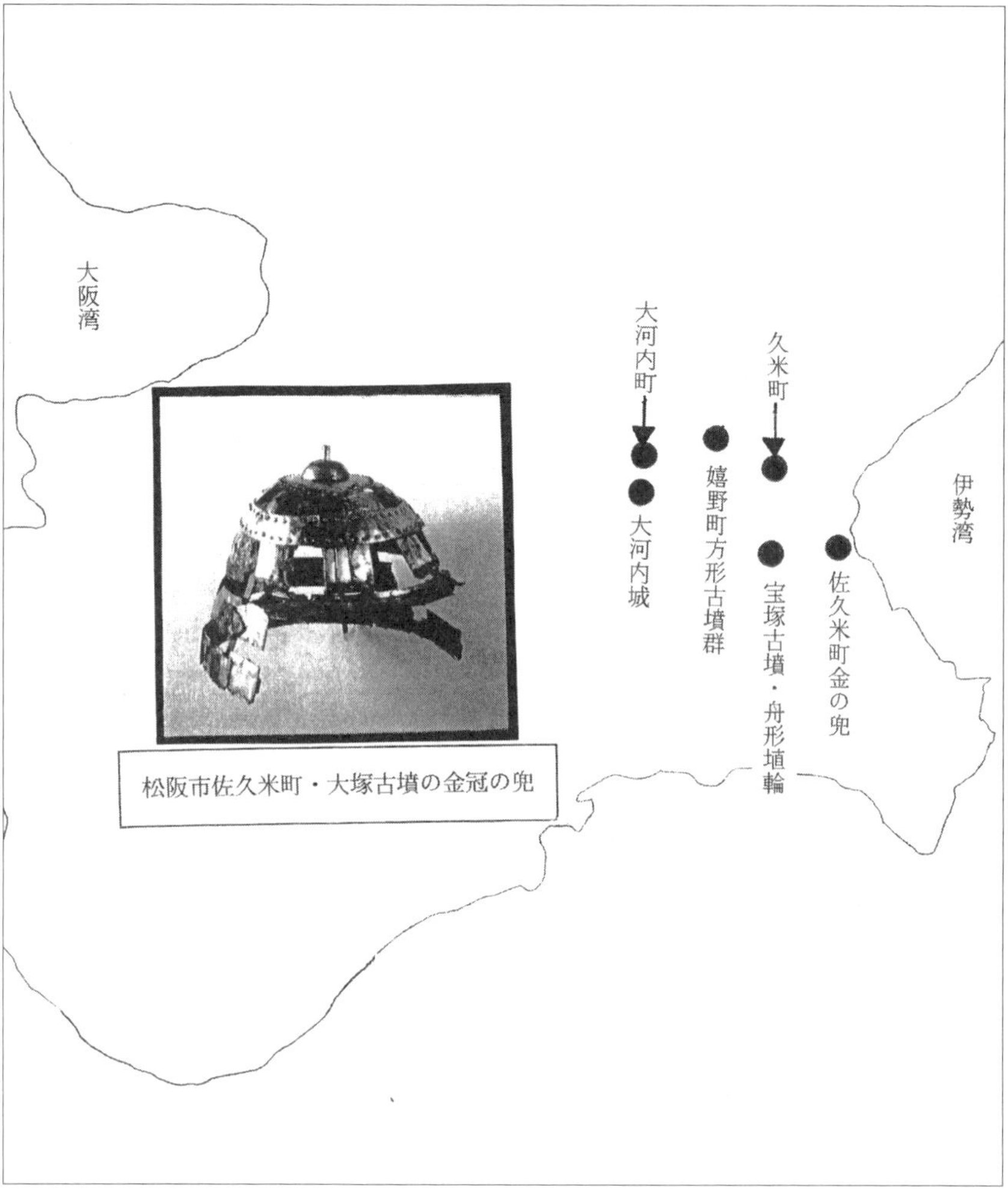

松阪市内に残る狗奴国の古代史跡

《『和名抄《わみょうしょう》』には……》

「伊勢国の飯野郡に久米部が存在したとある」

★、飯野郡《いいの》の場所……高見山から流れ出た櫛田川《くしだ》が伊勢湾に注ぐ河口付近が、飯野郡になる。
古代は、松阪も伊勢国と呼ばれた。

嬉野に「久米《くめ》」の地名が残っている。さらに「佐久米《さくめ》」の地名も近くにあった。まるで、狗奴国の地名がこれでもかこれでもかと、念を押すように松阪には残っているのだ。狗奴国の軍事基地があった証明である。

★、佐久米の大塚古墳……大塚古墳の出土品に黄金の冠《かんむり》があった。現在は米国のニューヨーク、メトロポリタン博物館に展示してある。
古物商のブローカーに売られて～太平洋を渡ったのだろう。（どうして流れたか詳細は不明である）
黄金の冠を見ると、佐久米には狗奴国大王がいたことを証明している。

◆松阪に大河内の地名を発見する

狗奴国の史跡を調査中に、奈良県側から～松阪平野に入る場所に大河内《おかわち》の地名と、大河内城《おかわちじょう》を発見した。さらに、熊襲から出た「久米や佐久米」の地名を探し出した。この時は感動と驚きの連続だった。

★、大河内の地名のルーツ……九州の熊本県芦北町大河内から発祥する。狗奴国の狗古智卑狗から発生
した地名である。《第二章、狗古智卑狗は大河内の項目（一六九頁参照）》

大河内町を調査していくと、阪内川《さかない》の真向かいに大河内城があった。大河内城は、古代から天然の山城として利用されたと見られる。神武天皇が籠城した、宇陀の伊那佐山と似ていると思った。

★、大河内城……十五世紀には、北畠満雅が、織田信長の軍勢に攻め込まれた時に、長期間に渡り籠城
して攻撃を耐え抜いた天険の山城として有名である。

一六六号線の国道沿いに、大河内城の案内板が立てられており、いつでも観光客が見学出来るようにしてある。山城マニアが時々見学に訪れている。大河内には大河内神社もある。

〈コラム〉※、**狗奴国の熱田の軍事基地から～木曽三川を越えた**

狗奴国は、奈良県の邪馬台国を攻撃するのに大河（川幅数百メートル）の木曽三川を渡り、三重県側に軍事基地を造った。
木曽川は、川幅が広すぎて橋を架けられない……。
桑名《くわな》市の「七里の渡し」まで船で運搬して上陸した。
狗奴《くな》国が＝桑名《くわな》の地名になったという由縁である。桑名市内には、前方後方墳があり、久米の地名が残っていることで分かる。松阪市内にも駐屯地を造った。それが、松阪市内の久米や大河内城の軍事基地だったのだ。

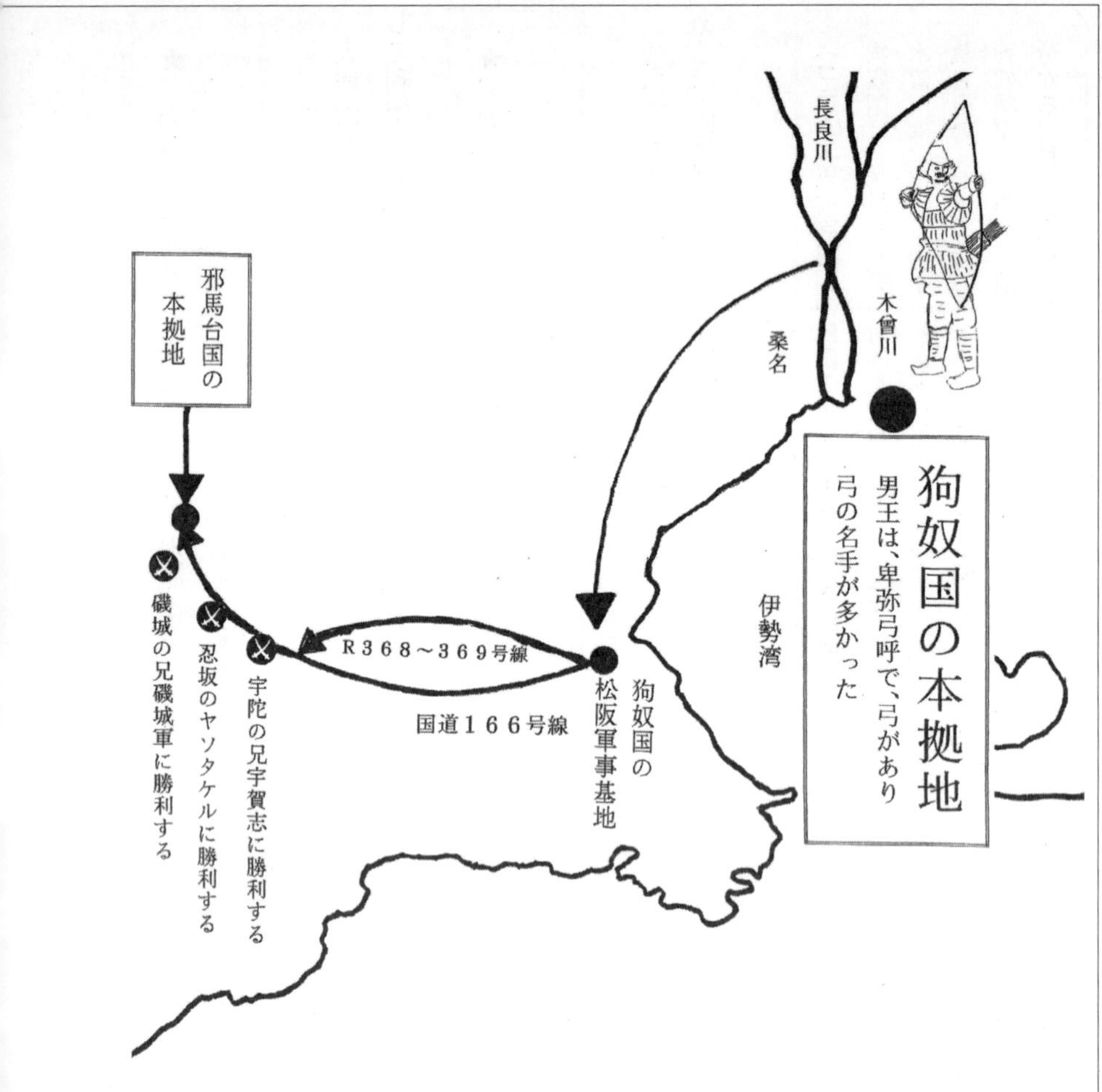
長良川
木曾川
桑名
伊勢湾
狗奴国の本拠地
男王は、卑弥弓呼で、弓があり
弓の名手が多かった
邪馬台国の本拠地
R368～369号線
国道166号線
狗奴国の松阪軍事基地
宇陀の兄宇賀志に勝利する
忍坂のヤソタケルに勝利する
磯城の兄磯城軍に勝利する

奈良盆地の邪馬台国と松阪の狗奴国の激戦の跡は、国道166号線沿いに残る

大阪湾
和歌山
桜井市纏向に、邪馬台国はあった
纏向は、古代は磯城と呼ばれた
神武天皇は、兄磯城を征伐して
初代天皇として即位する。磯城
の邪馬台国は、征服されたのだ

《松阪に狗奴国の三点セットが残っていた》

松阪には、①、久米の地名、②、大河内の地名、③、前方後方墳の狗奴国の三点セットが残っていたのだ。

〈コラム〉※、狗奴国（神武天皇軍）の本隊は、松阪から～官道R一六六号線を進軍した

地質学研究者は、人間は松阪市飯高町の中央機造線沿いに動くと説明する。

神武天皇軍の本隊は、一六六号の月出中央機造線を通り奈良県の宇陀に出て戦ったのだ。

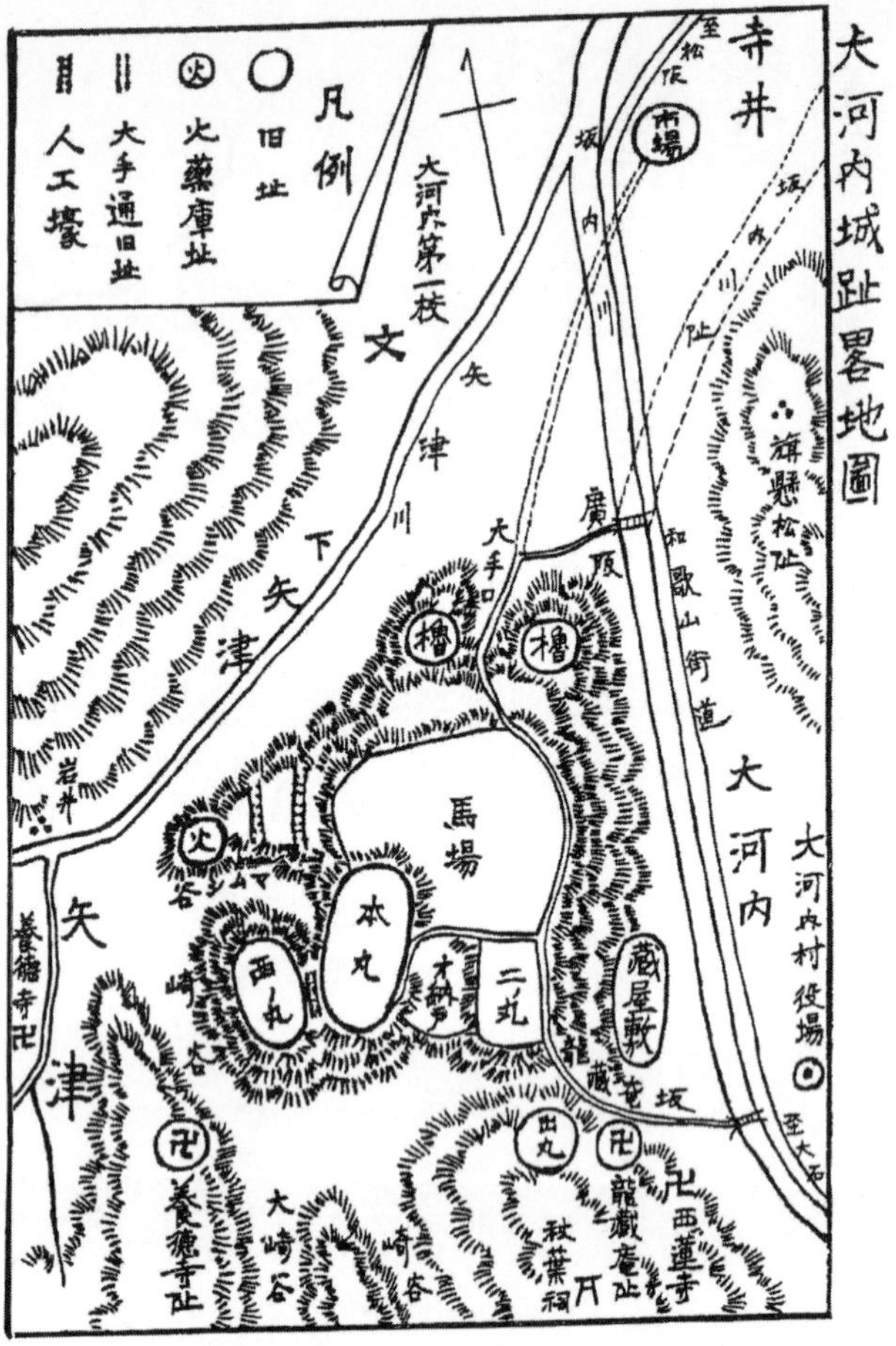

《大河内城の、発祥の年代と歴史的な重要性》

「魏志倭人伝」の時代に、大河内城が造られた。発祥年代は、西暦２２０年以降になる

「魏志倭人伝」は、邪馬台国と、狗奴国が「相攻撃している・・・」 と、隣の国同志として書いている。狗奴国の軍事基地の、大河内城から～邪馬台国を攻撃した。

〈１５６９年に起きた戦い〉

織田信長軍は５万人の兵力で、大河内城を攻め立てた。北畠具教軍は１万人の兵力で、大河内城にたてこもり籠城戦術を取った。大河内城は、難攻不落の山城であった

大河内城の見取り図（大河内市民センター資料より引用）

◆国道一六六号線は、松阪から宇陀に出る狗奴国街道だった

松阪から～奈良県の宇陀に出るには、国道一六六号線で直通に結ぶ、二つのコースがある。

松阪の粥見《かゆみ》が分岐点になり、二方面に進路が分かれて宇陀に向かう。

①、粥見から～美杉村～御杖村～曽爾村を通り宇陀に出るコース。
②、粥見から～飯南町～飯高町～高見山を越えて東吉野村から宇陀に出てくるコースは、「月出中央構造線」沿いの道になる。

松阪の大河内の軍事基地から～久米の本隊が宇陀の邪馬台国軍を攻撃したコースであった。

★、「邪馬台国と狗奴国は、相攻撃している」……『魏志倭人伝』に、狗奴国と邪馬台国が「相攻撃している」と書いてある。松阪と宇陀は隣国同志だから、相攻撃する表現がピッタリなのである。

国道一六六号線を、高見山越えで宇陀に出ると、最初に菟田野町の宇賀志《うかし》村に出る。
★、宇陀に出た神武天皇軍が、菟田野町の兄宇賀志《えうかし》軍と最初に戦い始めるのである。

《八咫烏神社（ヤタカラス）は、おとくりすと言った》
神武天皇軍は、国道一六六号線沿いの菟田野町で、邪馬台国軍の先兵隊の兄宇賀志軍を撃破した。

宇陀の高塚に八咫烏《やたからす》神社がある。神武天皇を熊野から～吉野まで道案内した烏である。八咫烏神社は明治時代まで、「おとくりす社」と呼ばれていたと『神社史』には書いてある。

★、八咫烏神社がなぜ「おとくりす」と呼ばれたのか……？

三重県側の飯高町の国道一六六号線沿いに、乙栗子《おとくりす》の地名があり、バス停留所がある。発音も全く同じの「おとくりす」なのである。「おとくりす」を経由しないと宇陀には出られない。神武天皇軍の中継基地がここにあったのだろう……？

神武天皇軍が、一六六号線を通って宇陀に来たので、「おとくりす」なる地名が八咫烏神社に残ったのだろう。

《八咫烏神社と天武天皇の深いつながりについて》

八咫烏神社のネーミングは、「八」の数字を重用した天武天皇と関係が深かった。天武天皇の時代と八咫烏神社の創建時代が一致する。

①、天武天皇の御陵は、飛鳥の桧前《ひのくま》にあり八角形の古墳である。

②、天武天皇は、天武十三年に八色《やくさ》の姓《かばね》の制度を発布する。

神武天皇軍が八咫烏神社付近に差しかかると、邪馬台国軍が待ち伏せしており猛反撃にあった。神武天皇軍が大苦戦した状況が伊那佐山の久米唄に残る。

このときに、援軍として馳せ参じて来たのが、賀茂建角身命の軍団であった、八咫烏神社の祭神である。劣勢の神武天皇軍は一気に態勢を立て直して戦況は変わった。賀茂建角身命の参戦が決定的な勝利になったのだ。激戦地の場所は、後世まで語り継がれたのである。天武天皇の時代に再認識され、神武天皇の功労者として八咫烏神社を再興して、賀茂建角身命を祭ったのだ。

八咫烏神社の真向かいに、伊那佐《いなさ》山があり、天武天皇の「壬申の乱」の将軍、文乃禰麿呂の墓があるのが証明している。神武天皇を守護した三十八名の功臣を祭る、三十八《みそは》神社も近くにある。

狗奴国は松阪に軍事基地を造り、国道一六六号線を利用して宇陀に出た。行軍路は月出中央構造線沿いを進軍した。松阪の宝塚古墳から出土した舟形埴輪と、天理市内の東殿塚古墳の舟形埴輪はそっくりであり、双方を結ぶのが国道一六六号線であった。

〈コラム〉※、八咫烏神社の裏山は古墳群だった

八咫烏神社の裏山は高台になり、古墳を築造するに最適な場所である。

現在は、古墳群がつぶされて残っていない。

狗奴国（神武天皇）系統の豪族の、古墳群である。

八咫烏神社の創建と、古墳群の豪族とは深いつながりがある。

「八咫烏神社」神武天皇ゆかりの神社（場所：宇陀市高塚）

◇神武天皇と賊との戦いは、狗奴国と邪馬台国との戦いだった

◆宇陀の神武天皇と賊軍との三大決戦地について

◎、『魏志倭人伝』には、邪馬台国と狗奴国が建国当初から敵対して、戦争状態にあると詳しく書いてある。
◎、『古事記・日本書紀』では、神武天皇と賊軍との戦いが書かれている。

狗奴国を〔神武天皇軍として書いた〕×邪馬台国は〔大和の賊軍として書いた〕

★、狗奴国の男王の卑弥弓呼が神武天皇となる。
★、邪馬台国軍は、戦争に負けたので大和の賊軍になった。
「壬申の乱」の中で、天智天皇の大友王子軍は敗けたので、凶賊として書いてある。まかり間違っても、大友王子は天智天皇の王子である。

凶賊とはいささか失礼な書き方だが……勝てば官軍、負ければ賊軍の世界である。今までの戦争史は勝利者の歴史を中心に書かれてきたのだ。
★、天武天皇が、狗奴国の卑弥弓呼を神武天皇にした理由について……。
一、狗奴国の卑弥弓呼が、西暦二六六年以降に、邪馬台国を倒して大和朝廷になったことを知っていた。
一、狗奴国から誕生した天皇は～後の天皇家へと連綿とつながっていった。
一、天武天皇は、『魏志倭人伝』に書かれた卑弥弓呼を、日本の最初の天皇としなければならない意図があり、神武天皇名も考案した。

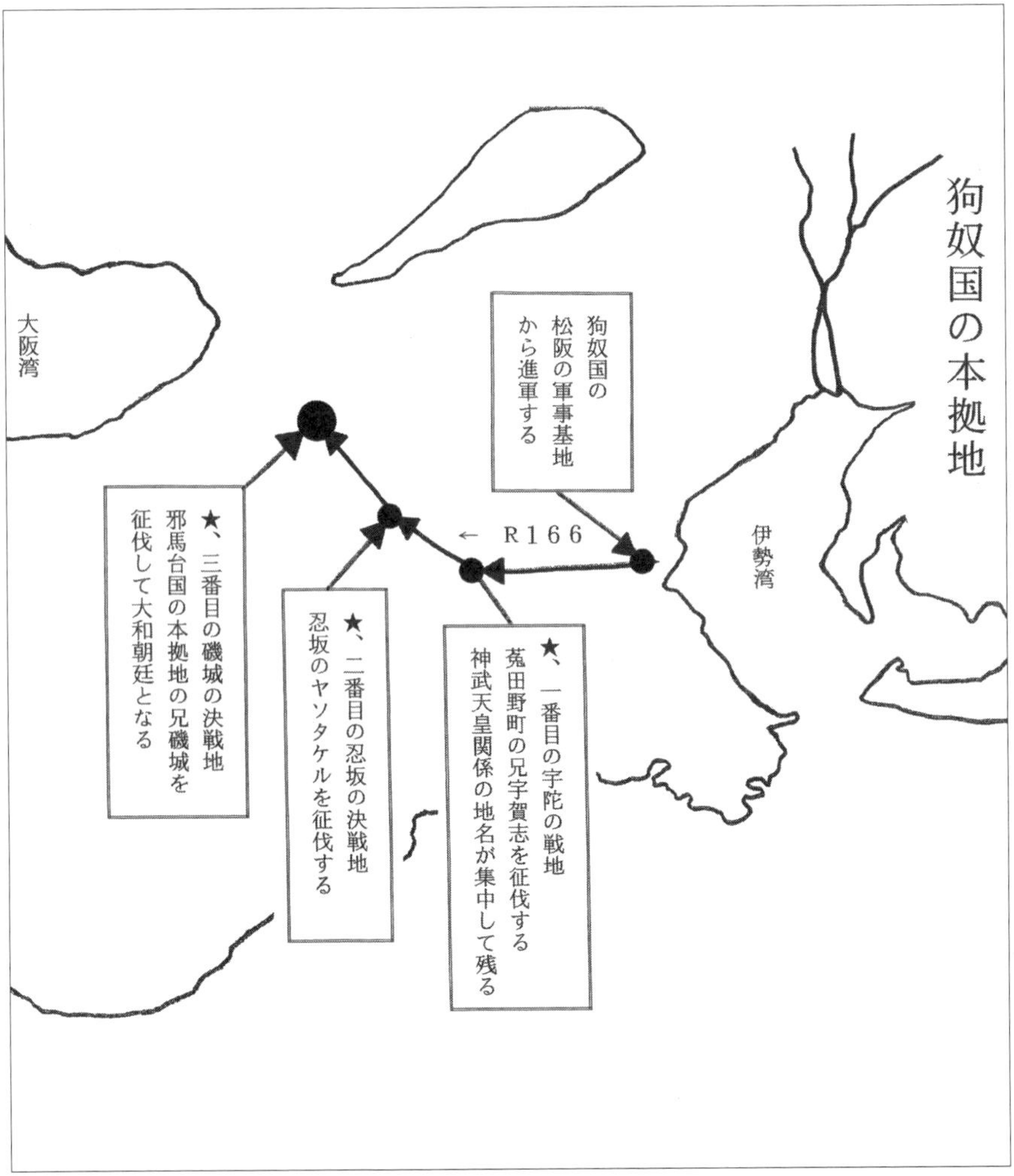

宇陀の神武天皇の三大決戦図

一、狗奴国出身の、神武天皇が活躍する年代は二七〇年以降になり、邪馬台国の消滅年代と一致する。

★、国道一六六号線は、松阪の狗奴国の軍事基地〔大河内城〕から～奈良盆地の桜井の邪馬台国を直通で結ぶ国道である。

古代の大和国宇陀郡の領域と、伊勢国との境界線は高見山で分かれていたのだ。高見山を越えてすぐに、宇陀の菟田野から始まる三大決戦は、激戦地だったので語り継がれて民間伝承になったのだ。

★、『古事記・日本書紀』に書かれた宇陀の三大決戦場について

◎、一番目の戦場……「菟田野町の兄宇賀志との戦い」・高見山街道から進むと、最初の菟田野の土地が決戦地である。

◎、二番目の戦場……「忍坂のヤソタケルとの戦い」・宇陀から～邪馬台国の本拠地に向かう下り坂が決戦地である。

◎、三番目の戦場……「磯城の兄磯城との戦い」・邪馬台国の本拠地は磯城郡内〔桜井市～天理市内にかけて〕にあった。兄磯城を征伐したのは、邪馬台国の本拠地を防衛していた男王を倒した重要な意味になる。

神武天皇軍は、松阪から～宇陀市菟田野に進軍すると邪馬台国の宇賀志《うかし》軍が待ち伏せていた。弟の宇賀志は無条件降伏したが、兄の宇賀志は反撃してきたので征伐している。宇賀志地区には、神武天皇と兄宇賀志との激戦を物語る史跡が集中している。

★、宇陀は、邪馬台国軍の最前線の基地であった。

一、国道一六五号線の、名張方面から～宇陀に侵軍して邪馬台国軍を攻撃する作戦があった。
二、国道一六六号線の、高見山越えから～宇陀に侵軍して邪馬台国軍を攻撃する作戦があった。
三、国道三六九号線の、曽爾村から～宇陀に侵軍して邪馬台国軍を攻撃する作戦があった。
この三方面が、警戒しなければならない重要な進軍経路であった。宇陀は絶対に死守しなければならない前線基地だった。宇陀が陥落することは、邪馬台国の本拠地が負けることを意味したのだ。
◎、血原《ちはら》の地名……神武天皇が兄宇賀志を切り捨てると、おびただしい血が飛び散った。一帯を血原と言う、また血原橋がある。
◎、宇賀《うか》神社……殺された兄宇賀志の御霊を祭る。宇賀志神社ではなくて、宇賀神社であり「志」がないのだ。
◎、宇陀の高城《たかぎ》……神武天皇軍が戦陣を張ったと伝える。
★、宇陀の土地は、邪馬台国と狗奴国の天下分け目の決戦場であり関ヶ原の戦いと化した。宇陀の土地を征し

神武天皇に殺された兄宇賀志を祭る宇賀神社（場所：宇陀市宇賀志）

神武天皇が征伐した兄磯城は、邪馬台国の大王だった

た者が、大和の国を支配できたのだ。「大和は国の始まり～宇陀は郡《こおり》の始まり」のことわざが残っている。

神武天皇軍は、菟田野町の兄宇賀志を破ると、さらに邪馬台国の本拠地の磯城を目指して進軍したのだ。菟田野から桜井方面に約一五キロほど走ると、忍坂《おっさか》に差しかかる。女寄峠《めよりとうげ》と呼ばれる五キロほどの下り坂に入る。現在の桜井市への入り口だ。忍坂にはヤソタケル軍が待ち伏せていた。巧妙な作戦でヤソタケル軍を打ち破ると、次は磯城郡にある邪馬台国の本拠地を目指して進軍した。

◆邪馬台国の本拠地に乗り込み、兄磯城を倒す

磯城《しき》は邪馬台国の本拠地である。桜井市纏向周辺を磯城郡といった。本拠地には兄磯城《えしき》軍が待ち構えていた。神武天皇軍は、兄磯城軍を包囲して激戦の末に攻略している。兄磯城が敗れたことは、邪馬台国の本拠地が陥落したことを意味する。

『和名抄』では、磯城郡を城下郡《しきげ》と城上郡《しきじょう》に分けている。磯城を城《しき》と書いている。

★、城下郡の地域……現在の三宅町から田原本町の一帯である。

★、城上郡の地域……現在の桜井市から～天理市にかけての一帯である。邪馬台国の本拠地は、桜井市から～天理市で重なる。

◎、神武天皇の条項に、磯城邑《しきむら》が出てくる。

◎、第十代の崇神天皇は、磯城瑞籬宮《しきのみずがきのみや》で政務をとったという。

★、『磯城の意味について』

※、磯《し》城《き》とは……朝鮮語では、〔石で囲んだ城又は宮城〕の意味がある。磯城とは邪馬台国の本拠地の事である。箸墓の古墳を造るさいに、人夫が並んで二上山から~石を手渡しで運んで造り上げたと言う伝説がある。邪馬台国も石を大量に使った城造りであったので、磯城と言ったのだ。

邪馬台国と狗奴国との決戦は、通算して三十一年からかかっている。

◎、最初の戦いの始まりは、トミノナガスネヒコ軍との戦争からである。

◎、邪馬台国と狗奴国とは、他にも幾多の局地戦争があったが、戦局を決定した最大の激戦地を三大決戦地として取り上げたのだ。

欽明天皇の磯城嶋金刺宮跡（磯城村伝承地）

《邪馬台国と狗奴国の「三十一年に渡る戦い」は長いか……？》

『魏志倭人伝』では西暦二三九年、邪馬台国が魏に朝貢している。狗奴国との戦争態勢に入る前兆があり、魏の協力を得るために朝貢したと考えてよい。

西暦二七〇年ころになると狗奴国が勝利して、邪馬台国が歴史上から消滅する。両国の戦いは通算すると三十一年以上に渡る長い戦いであったのだ。

《東北の蝦夷《えみし》と、大和朝廷の「三十八年の戦い」を参考にして考えてみよう》

西暦七七四年……東北の蝦夷族が宮城県の桃生《ものう》城を襲撃して、大和朝廷との長い三十八年に及ぶ戦いが始まった。蝦夷の豪族の、「アテルイ」と「モレ」の二人が、蝦夷族を結集して、大和朝廷軍に刃向かい徹底抗戦している。

西暦八一一年……坂上田村麻呂・征夷大将軍が征伐するまでに三十八年間の長きに及んでいる。

近代兵器（鉄砲・火薬類）のない古代の戦争は、離れては弓を放ち、接近戦では武器で戦った。どうしても時間のかかる戦いになる。邪馬台国と狗奴国の三十一年間の戦争は、蝦夷と大和朝廷の三十八年間に及んだ戦いからみると、さして長くもないことが分るのだ。

二六六年以降に邪馬台国は消滅した。二四七年に死亡した邪馬台国の女王卑弥呼が眠る御霊は、奈良盆地に乗り込んだ狗奴国の男王から所払いとなった。当時はひなびた伊勢の片隅の土地に追いやられて伊勢神宮の天照大御神となった。以来狗奴国の天皇家は、明治時代になるまで千年以上から伊勢神宮に参っていなかったのだ。ここに、古代史の秘密が隠されているのだ。

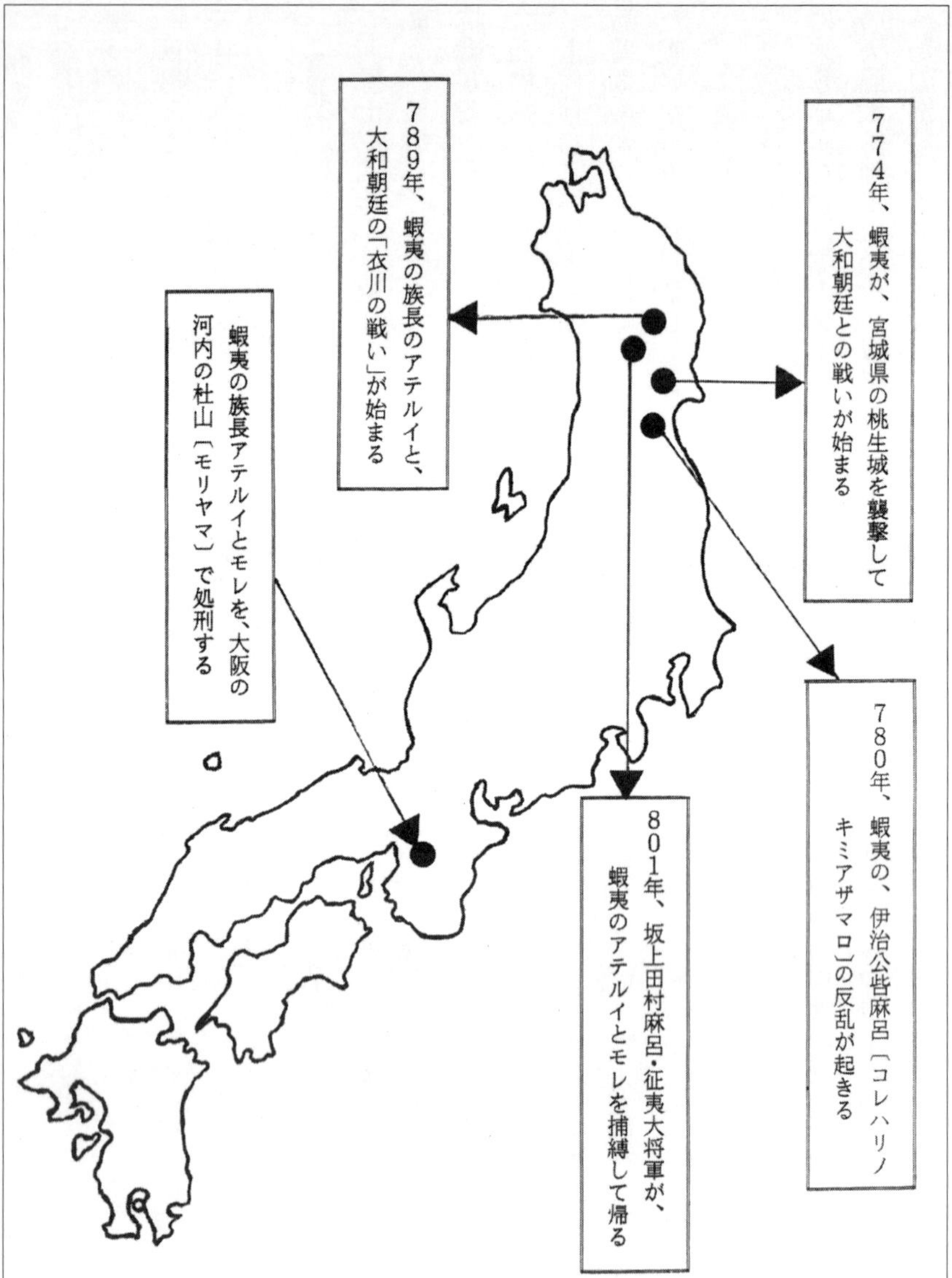
774年、蝦夷が、宮城県の桃生城を襲撃して
大和朝廷との戦いが始まる
789年、蝦夷の族長のアテルイと、
大和朝廷の「衣川の戦い」が始まる
蝦夷の族長アテルイとモレを、大阪の
河内の杜山〔モリヤマ〕で処刑する
780年、蝦夷の、伊治公呰麻呂〔コレハリノ
キミアザマロ〕の反乱が起きる
801年、坂上田村麻呂・征夷大将軍が、
蝦夷のアテルイとモレを捕縛して帰る

蝦夷と大和朝廷の38年の戦い

◇神武天皇軍が詠んだ、伊那佐山の唄

『古事記・日本書紀』より、伊那佐山の唄・漢字本文二十五文字を抜粋します。

『盾並　伊那佐山　自木間　行候　戦者　我早飢　島津鳥　鵜養輩　今助来』

《漢字文の読み下し文》

「伊那佐山で、盾を並べて、木々の間を行ったり来たりして敵兵を見張りながら戦ってきた……我々の兵士は食糧が尽き果てた……島の鳥たちよ、鵜飼の味方の軍よ、早く助けに来てくれ……」

狗奴国の神武天皇軍が、宇陀の伊那佐《いなさ》山で詠んだ唄です。

狗奴国〔神武天皇軍〕と邪馬台国軍〔賊軍〕が、伊那佐山をはさんで戦った状況を書いたものです。狗奴国軍は、三重県

伊那佐山（宇陀市伊那佐山）

側から山野を踏み越えて宇陀に乗り込んだ。邪馬台国軍は、宇陀を最後の砦として総力戦で迎撃した。天下分け目の関ヶ原の戦いに似た宇陀ヶ原の決戦場だったのだ。

ところが、邪馬台国軍の激しい抵抗にあい、神武天皇軍は大苦戦を強いられた。伊那佐山に追い詰められて籠城した状況が語られている。

伊那佐山の唄は、神武天皇軍が連戦連勝して進軍したこれまでの勇ましい久米唄ではない。

「戦い続けて腹が減って動けない……援軍の鵜飼の友よ……早く助けに来てくれないか……」という、切羽詰まった唄になっているのだ。

★、鵜飼の友の場所はどこなのか?……鵜飼の友は、『古事記・日本書紀』に書かれた、奈良県五條市南《ごじょうしみなみ》阿田《あだ》の鵜飼部を指す。阿田は、鹿児島から隼人族が移住して軍事基地を造り、奈良の都を防衛した土地であった。

※、〔第四章、隼人の近畿地方移住先一覧（三一一頁参照）〕

神武天皇が、熊野から八咫烏《やたからす》の道案内で、吉野川の川尻に出ると、魚を取っている者に出会った。

「お前は、どこの者か……?」と尋ねると

「私は、国つ神の贄持之子《にえもつのこ》です」と答えた。この者は、阿陀《あだ》の鵜飼部《うかいべ》の始祖である。

伊那佐山の鵜飼の友は、この鵜飼部を指す。

宇陀の伊那佐山から~奈良県五條市南阿田地方との距離は、約四〇キロほどである。

南阿田には、延喜式の「阿陀比売《あだひめ》神社」がある。阿陀と阿田は同じで、鹿児島の薩摩国の阿田の地名である。

★、南阿田地区の大塚山古墳と、塚山古墳の二ヶ所から鉄製の釣り針が出土している。「海幸・山幸神話」の釣り針を探しに行く神話と関係してくる。

★、鵜飼郷……『和名抄』を読むと、美濃国の愛知県犬山市の長良川に鵜飼部の漁業集団がいたとある。古代の狗奴国の領地であり岐阜県の北西部になる。犬山市内には東之宮古墳があり、毎年秋夜に松明を焚いての鵜飼漁法が有名である。鵜飼いの友よ……は、こちらにもあった。

★、伊那佐山の唄が作られた時代は、西暦二五〇年から～二七〇年までの間だと推定できる。邪馬台国と狗奴国との最終決戦の時代（第二次大戦）に当てはまるのだ。

『伊那佐山の語源には、古代朝鮮語の意味があった』

◎、イナ　↓　ＩＮＡ　↓　こちらによこせ……！

◎、サー　↓　ＳＡー　↓　さぁ～早く……！

伊那佐の語源を、古代朝鮮語で翻訳すると「こちらによこせ……！　さぁ～早く……！」となる。狗奴国軍が「早く降伏しろ……！　乗っ取るぞ……」と邪馬台国軍に叫んでいるようである。

伊那佐の意味は、宇陀ヶ原で神武天皇（狗奴国軍）が、邪馬台国軍（大和の賊）に呼びかけた「早く降伏しろ……」なのである。

《母里の地名も、朝鮮語で分かる》

伊那佐山の近くに「母里《もり》」の地名がある。

★、母里の意味……モリは、朝鮮語で「中心という」意味がある。人間では中心の頭部を指す。伊那佐山の辺りが、宇陀の上県《かみあがた》と、下県《しもあがた》の中心地にあたる。母里の地名はこれより起きたとみてよい。

伊那佐山の麓の石田に、「稚児石《ちごいし》」の案内看板がある。稚児石が宇陀の中心地だと伝えている。母里とほぼ近い場所にあり、この一帯が宇陀の中心地だった証明である。

《出雲にもあった、引佐《いなさ》の浜》

島根県出雲市の出雲大社の近くに、漢字は違うが「引佐《いなさ》の浜」がある。スサノオノミコトがロープ（綱）を引っ掛けて、朝鮮の新羅から引き寄せたと風土記に書いてある。「引き寄せて取った」は、「こちらに寄こせ……」と似ており、大意は変わらない。

長崎にも伊那佐の地名があるが、そこも戦いの場所となっている。

〈コラム〉※、**狗奴国の軍事作戦本部が考えた、邪馬台国攻略作戦について**

邪馬台国は、奈良盆地の南東部の桜井市纏向地方にあった。背後に三輪山がある。三輪山の背後から宇陀の榛原の鳥見山に通じる古道があり、鳥見山には、神武天皇聖蹟碑がある。狗奴国軍が宇陀を占領下に置いて、次は難攻不落の邪馬台国の本拠地に攻撃を開始する。正面からの正統攻撃で揺さぶり、すきを見て三輪山の背後からの攻撃で壊滅的な打撃を与える作戦になる。鳥見山から～三輪山に走る古道筋には、白木（新羅）や萱森（伽耶森）などの朝鮮系の地名がある。加耶は、神武天皇軍（狗奴国）の発祥地であり鳥見山から～進軍した古道だと考えられる。

◇宇陀の神社は天武天皇と神武天皇が重なる

宇陀や吉野では、神武天皇の伝説地に天武天皇の伝説が重なり合う特徴があるので説明する。

《吉野町の国栖《くず》の浄見原神社に残る伝説》について

※、天武天皇の国栖伝説……国栖は、天武天皇を慰めた国栖奏《くずそう》が有名である。吉野川沿いの天皇渕《てんのうふち》には、天武天皇を追っ手からかくまった浄見原《きよみがはら》神社がある。現在は、橿原神宮の建国祭で、国栖人による国栖奏が奉納されている。

※、神武天皇の国栖伝説……神武天皇軍が熊野から吉野の川尻に出て、上流に上り国栖まで来ると岩を押し分けて出てきたのが岩押分之子《いわのおしわくのこ》という国津神《くにつかみ》だった。国栖人の祖先だとする。

《宇陀の阿騎神社に残る伝説》について

天武天皇の阿騎伝説……六月二十四日、吉野の宮を出た天武天皇の一行に、宇陀の阿騎野《あきの》で食事が出された。歩行距離は、吉野宮から二〇キロ弱になる。食事を準備したのは、屯田司《みたのつかさ》である。

屯田司の説明……天皇家の食料を担当する職掌である。別項で、最古の前方後方墳として、見田大沢《みたおおさわ》古墳を説明した。見田と大沢は地名である。屯田は、現在の見田を指す地域名である。

神武天皇の阿騎伝説……阿騎野には、阿騎神社《あきじんじゃ》がある。阿騎神社の入り口には、神武天皇が熊野から宇陀に進軍した案内看板が立ててある。神武天皇と天武天皇の伝説が残っている。

天武天皇が追っ手から隠れた浄見原神社（場所：吉野町国栖）

天武天皇をなぐさめた国栖奏を踊る国栖奏保存会（場所：吉野町国栖）

《伊那佐山に残る伝説》について

天武天皇の伊那佐山伝説……伊那佐山の八滝《やたき》には、天武天皇の「壬申の乱」で活躍した文乃禰麻呂《ふみのねまろ》の墓がある。伊那佐山の米山《よねやま》を、地元の農夫が開墾中に偶然に発見した。天保二年〔一八三一年〕九月二十一日である。文乃禰麻呂は、慶雲四年〔七〇七年〕十月二十四日に没すとあり、死んでいる。

神武天皇の伊那佐山伝説……伊那佐山の頂上には、神武天皇が戦争中に詠んだ「伊那佐山の唄」がある。「我々は……戦い疲れた……鵜飼の友よ……早く助けに来てくれ……」の唄である。

真向かいの高塚には、神武天皇を道案内した八咫烏神社があり、神武天皇の伝説が多く残っている。

《榛原の墨坂神社に残る伝説》について

神武天皇の墨坂伝説……神武天皇軍が、墨坂に炭を起こした。それより、墨坂となったとの地名談がある。榛原の西峠の天ノ森《あまのもり》の墨坂神が、宇陀川のそばに移動して現在の墨坂神社になる。

天武天皇の墨坂伝説……「壬申の乱」で、六月二十四日、天武天皇の一行は吉野宮から〜榛原に差しかかると、天ノ森の墨坂神に拝礼して、勝利を祈願したと伝える。

伊那佐山に神武天皇が詠んだ久米唄がある。山頂には都賀那岐神社がある。

神武天皇ゆかりの墨坂神社（場所：宇陀市萩原）

《天武天皇と、神武天皇の伝説が重なる理由》

天武天皇は、大津宮から逃れて吉野宮に約八ヶ月間から滞在した。その間、吉野宮から～宇陀に抜ける街道を探索したであろう。

吉野から宇陀にかけては、神武天皇の激戦地であり、天武天皇の伝説地と重なる原因となった。

《神武天皇の名称は重要である》

神が最初につく天皇名は、百二十五代続いてきた天皇史の中で、神武天皇だけである。神の漢字には、別項で述べたがいろいろな同類語がある。

神武天皇の名称を考えたのは天武天皇であろう。天武天皇は、神武天皇を尊敬していたので、神を頭に付けたのだ。

第四十代・天武天皇
第四十二代・文武天皇
第四十五代・聖武天皇
第五十代・桓武天皇

天武天皇の周囲には、武のつく天皇が多い。これは意図的に作られたものであろう。『古事記・日本書紀』の編纂時期に、狗奴国の卑弥弓呼を天皇にするために神武天皇名が考案されたのであろう。

例えば、神武天皇が初代天皇として即位した土地を橿原《かしはら》と言う。神武天皇が橿原で宮を造り、政治をとったとする伝承が存在していたのだ。だから、橿原の地名を考案したのだ。橿原とは、朝鮮語で「都《みやこ》又は国家」の意味がある。天武天皇は、朝鮮語が理解出来たのだ。

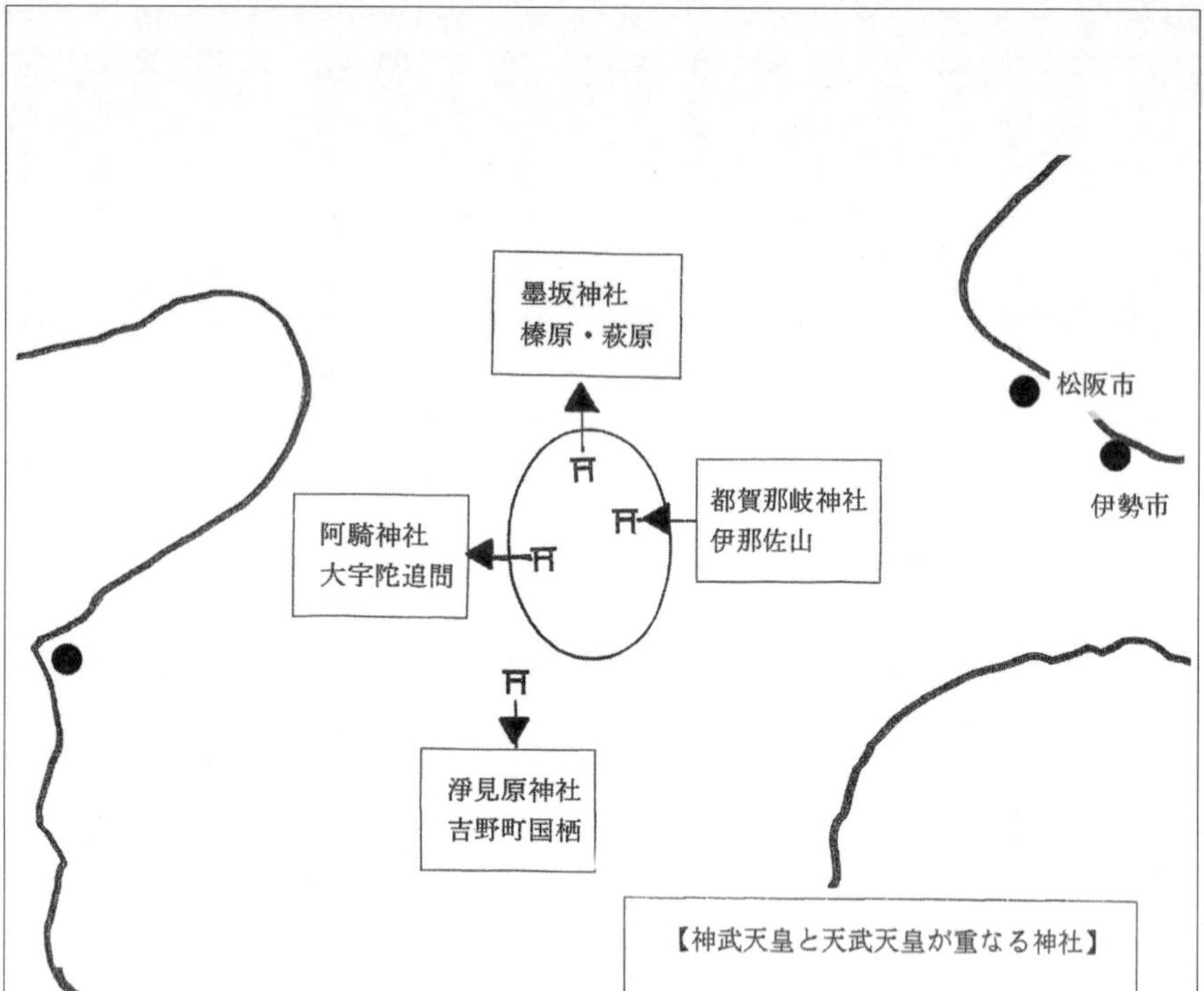
田辺市
◎墨坂神社は、神武天皇に起源する
天武天皇は壬申の乱で祈願する
◎伊那佐山には、神武天皇の久米唄と
天武天皇の文乃禰麿呂の墓がある
◎阿騎神社は、天武天皇が壬申の乱で
食事した場所、神武天皇の伝説が残る
◎淨見原神社は、天武天皇の伝説と
神武天皇が、国栖人と出会う土地

宇陀に残る「神武天皇と天武天皇」の神社

◇宇陀には神武天皇の伝説が多く残る

『古事記・日本書紀』の宇陀地域には、神武天皇の伝説が集中して残る。この現象は激戦地であった証拠だと考えてよい。伝説地を尋ね歩くと、いかにも昨日に起きた出来事のような錯覚におちいる。

①、墨坂《すみさか》の由来

神武天皇が兄宇賀志を攻めた時、萩原の西峠にかがり火を焚いた。その時に弟宇賀志が言うには、かがり火を消して敵をここで欺きましょうと言う。神武天皇は、宇陀川の水をせき止めてかがり火を消して賊を待った。賊はまんまと罠《わな》にはまり滅ぼされてしまった。墨坂の地名は、この時のかがり火が消えて墨《すみ》になったからとする。

②、水越の由来〈榛原町長峯〉

神武天皇が、宇陀川の水をせき止めて墨坂にそそいだ場所と伝える。

墨坂神社の発祥地（場所：宇陀市萩原天ノ森）

③、天ノ森《あまのもり》の由来〈榛原町萩原〉
神武天皇が天下統一した時の史跡である。
天武天皇が「壬申の乱」の時に、最初はここにあった墨坂神に勝運を祈ったと伝える。
（奈良県宇陀郡資料より）

④、仮屋殿の由来〈榛原町萩原〉
神武天皇軍が賊との戦いで、この土地に前線基地を構築した跡だと伝える。

⑤、玉立《とうだち》の由来〈榛原町萩原〉
神武天皇軍が、この土地でしばし休憩の時に、金の鵄《とび》が飛び立った。「不思議な鳥だ、我々は戦争に勝つであろう……」と言った。鵄立《とびたち》がなまって玉立となったという。

⑥、三ツ石の由来〈榛原町萩原中屋敷〉
神武天皇の森と言う。天神を祭り、祭器をこの土地に埋めた。毎年の正月元旦に、金鵄がこの上で鳴くと伝えている。

⑦、伊那佐山《いなさやま》の由来〈榛原町山路〉
伊那佐山に、八咫烏《やたからす》の引導で熊野からやってきたと伝える。

⑧、**鷹塚《たかつか》の由来〈榛原町鷹塚〉**

八咫烏神社の裏山には、弓張塚や犬塚や狐塚などの多くの古墳があった。鷹塚から～現在の高塚に変わっている。昔は、古墳が多かったが、現在は全て破壊されている。

⑨、**三十八神社の由来〈榛原町上井谷〉**

八咫烏に仕えた豪族の三十八名の御霊を祭る神社だと伝える。

⑩、**涼神社の由来〈榛原町赤瀬〉**

神武天皇が、宇陀の山中に皇軍を置いた。この場所が涼しい場所だったと伝える。

⑪、**椋下神社の由来〈榛原町福地〉**

神武天皇が熊野に到着した時に、高倉下が横刀を献上した。その功績をたたえて、慶雲二年（七〇五）に八咫烏神社と同じに祭られたという。元は福地岳の山中に鎮座していたと伝える。

⑫、**小峠の茶屋の由来〈大宇陀町半坂〉**

神武天皇軍が、男軍を置いたという。宇陀から～桜井に降りた古道だと伝える。

⑬、**いったちの宮の由来〈大宇陀町内原〉**

神武天皇が戦いのさなかに、女軍のひとりが産気づいて内原の宮でお産した。その時、中山川の水を産湯にしたという。内原の宮を、お産の神様、子安の神様、湯立神社という。ゆたちから～いったちの宮になったと伝える。

⑭、磐余《いわれ》山の由来〈大宇陀町西山〉

神武天皇の御在所の古跡と伝える。明治七年まで磐余社があった。神武天皇の磐余彦からついたとする。

⑮、高倉山の由来〈大宇陀町守道〉

神武天皇軍が、敵軍の土地を視察した場所と伝える。

⑯、咲岳の由来〈大宇陀町嬉河原〉

椎根津彦と弟宇賀志が変装して賊軍をあざむいたと伝える。

⑰、嬉河原《うれしがわら》の由来〈大宇陀町嬉河原〉

椎根津彦が変装して賊軍を欺いたことを嬉し

神武天皇が国見をしたと伝える神武天皇聖石碑（場所：大宇陀町守道）

がったために、嬉河原という。

⑱、宇賀志《うかし》村の由来〈菟田野町宇賀志〉

神武天皇軍は大和国の平定のために、宇陀の山中を開拓しながら土地をうがって進軍した。それがウガチの村となり、宇賀志《うかし》の地名となった。

⑲、血原《ちはら》の由来〈菟田野町宇賀志〉

宇賀志には弟宇賀志と兄宇賀志がいた。弟宇賀志は降伏したが、兄宇賀志は抵抗したので切り殺した。血が飛び散った場所が、血原橋で血原川と現在に伝えている。

⑳、宇陀の高城《たかぎ》の由来〈菟田野町佐倉〉

神武天皇軍が戦陣を張った場所という。久米唄にも出てくる。

神武天皇が陣を張った宇陀の高城（菟田野町宇賀志）

《宇賀志には神武天皇の伝説が集中する》　「『菟田野町史』より」

一、宇陀の高城には井戸があり、神武天皇軍が飲料水に使用したという。

一、桜実神社の近くからは、鏃がたくさん出てくるという。地元では、矢鏃だという。

一、小字の湯矢谷は、射矢の谷ともいう。神武天皇が佐倉から矢を射った場所で矢谷と伝える。

一、宇賀志には、オドノという地名あり。兄宇賀志の邸宅の跡地という。兄宇賀志が仕掛けた押機にかかり死んだ場所と云う。

一、稲戸には、矢無谷《やないだに》がある。神武天皇軍が矢を探したが、矢がなかったので矢無谷と伝える。

一、烏帽子《えぼし》岳……兄宇賀志と、弟宇賀志が登って敵の攻撃を見た場所という。頂上には、数十畳ほどの平坦地がある。

一、稲戸には、ホコタテの地名がある。神武天天皇が、鉾《ほこ》を立てて休んだ場所と伝える。

一、八つ房の杉は、桜実神社の境内にある。神武天皇のお手植えの杉だとする。コノハナサクヤヒメを祭った神籬《ひもろぎ》が根付いたと伝える。

一、神武天皇が目を洗った井戸がある。

神武天皇の伝説が宇陀に多く残った理由は、封建的な田舎の風土にある。神武天皇が、大和の賊を征伐に宇陀にやって来た話を語り伝えて来たのだ。

★、賊の漢字の意味は……海賊・山賊・盗賊の種類とある。国や社会に背く悪い人間とある。

★、賊軍の意味は……『古事記・日本書紀』の中では、戦争に負けた邪馬台国が賊軍として書かれた。「壬申の乱」で、敗軍の天智天皇の大友王子が、凶賊として書かれた例で分かる。

◇奈良県の「室生・曽爾」に残る狗奴国の史跡

◆宇陀の室生のルーツと神武天皇伝説について

宇陀市の榛原から～名張《なばり》市に行く国道一六五号線の途中に、室生がある。西暦七〇〇年代に建立された真言宗室生寺《むろうじ》が有名であり、シーズンになると全国から観光客が訪れてにぎわう。

室生の地名のルーツを調べると、古代朝鮮半島にあった牟盧の地名との関係が考えられる。牟盧から～牟婁～室生の地名になっている。調べていくと宇陀の古代の姿が浮き上がってくるのだ。

★、中国の三国志「魏書・東夷伝・韓ノ条」に二ヶ所見える。

◎、咨離牟盧〔シリ・ムロ〕の国名があった。
◎、牟盧卑離〔ムロ・ヒリ〕の国名があった。

古代朝鮮半島の牟盧〔ムロ〕が日本に渡来して～紀州半島の牟婁〔ムロ〕や～宇陀市の室生〔ムロ〕の地名になる。『三国志』に出てくる地名であり、約千八百年前には存在している。

★、室生の発音について

〔MURA〔ムラ〕から↓MURO〔ムロ〕の変化例〕。（A・I・U・E・O）の母音交替の現象である。

★、紀州半島地方には、（東牟婁・西牟婁・南牟婁・北牟婁）の東西南北の牟婁の地名が残っている。
さらに、牟婁地域には、神武天皇の伝説が残っている特徴がある。

★、和歌山県西牟婁郡《にしむろぐん》の特徴

現在は、上富田町《かみとんだ》・白浜町《しらはま》・周参見町《すさみ》が入る。

◎、**神武天皇の伝説が残る土地について**

上富田町には、熊襲と関係のある熊の付く地名が多く分布している。周参見町の稲積島《いなつみじま》は、神武天皇の船団が上陸して稲を積み上げたと伝えている。

★、和歌山県東牟婁郡《ひがしむろぐん》の特徴

現在は、北山村《きたやま》・串本町《くしもと》・古座川町《こざがわ》・太地町《たいち》・那智勝浦町《なちかつうら》、新宮市《しんぐう》が入る。

那智勝浦町は、神武天皇軍が地元の賊軍と戦い勝利したので、勝浦になったとしている。新宮市内には、神武天皇の祖先ニニギノミコトが天降りた高千穂峰から付いた、千穂町《ちほ》がある。

さらに新宮市内には飛鳥神社がある。飛鳥は河内の飛鳥と高市郡の飛鳥が有名だが、古代朝鮮の安羅国〔加耶〕から渡来したものである。

大河内の地名もありこの点から推測すると、新宮市〔熊野も入る〕は、加耶文化〔狗奴国〕の影響が色濃く残っている地方である。

※、御前神社《わたりごぜんしゃ》は、神武天皇の宮があった場所と伝えている。速玉大社と神倉神社の近くにある。

★、三重県南牟婁郡《みなみむろぐん》の特徴

現在は、紀宝町《きほう》、御浜町《みはま》、熊野市《くまの》が入る。

◎、**神武天皇の伝説が残る地方について**

神武天皇軍が熊野に差しかかると、大きな熊が出てきた。八咫烏に導かれて吉野から～宇陀の土地に進軍する。熊野の地名も、熊崇拝から付いた地名である。

★、三重県北牟婁郡《きたむろぐん》の特徴

現在は、紀北町《きほく》、紀伊長島町《きいながしま》、海山町《みやま》が入る。


紀伊長島町には錦港《にしき》がある。

神武天皇が征伐した「ニシキトベ」は、この錦港の賊軍だったと言う説がある。

地元の郷土史家は、神武天皇軍が錦港から上陸して、大和国に進軍したと発表している。

※、神武天皇が征伐した「ニシキトベ」の場所について。
東牟婁郡串本町に「二色ニシキ」がある。三重県度会郡大紀町に「錦ニシキ」がある。

どちらの土地にも神武天皇の伝説が残っており、抵抗する賊がいた土地である。

古代朝鮮半島から渡来した牟婁の地名が
紀州半島の、北牟婁郡・南牟婁郡
東牟婁郡・西牟婁郡として残る
紀州半島の牟婁から~宇陀の室生まで
神武天皇の伝説が残っている
宇陀・室生村
北牟婁郡・紀北町・紀伊長島・海山
南牟婁郡・紀宝町・御浜町
東牟婁郡・北山村・串本町・古座川町
太地町・那智勝浦町
西牟婁郡・上富田町・白浜町・すさみ町

奈良県 宇陀と室生の地名のルーツ

《魏書・東夷伝・韓の条》
咨離牟盧国（シリムロ）がある
牟盧卑離国（ムロヒリ）がある
約2000年前に
古代朝鮮半島に牟盧〔ムロ〕の
地名がある。牟盧から～牟婁
室生になる

★、宇陀の室生に、神武天皇の伝説が残る

宇陀の室生村の黒岩《くろいわ》には、宮城《みやしろ》の地名が残る。

◎、宮城に残る神武天皇の伝説……宮城には、神武天皇が大和の国の賊軍を攻撃するために、城を構えた場所だと伝えている。

宮城の地名の起こりだとする。

◎、血原《ちはら》橋の由来……室生から曽爾村に抜ける田口《たぐち》に血原橋がある。神武天皇が、兄宇賀志の賊を惨殺した時に、橋に血が飛散したからだと伝える。

★、曽爾村に残る狗奴国の影響について

曽爾村は、自然の奇岩に囲まれた景勝地である。曽爾村に、狗奴国の狗古智卑狗から発生した大河内《おおこうち》の地名がある。

◎、香落谷《こおちだに》……宇陀郡曽爾村今井にある香落谷は、川内谷《こおちだに》・河内谷《こうちだに》と同じ意味である。河内谷から自然を感じさせる「好字」の香落谷にしたのだろう……。この一帯には、狗奴国の影響が残っている。香落谷の近くには、延喜式の「門僕神社」がある。現在は「カドフサ」神社と読ませている。

香落谷（河内谷）の近くに建つ門僕神社（場所：曽爾村今井）

◎、門僕《もんぼく》神社……祭神は、高千穂峰に天降りたニニギノミコトとコノハナサクヤヒメに産まれた、ホスセリノミコトである。門僕神社の呼び方は独特である。

◎、丈六《じょうろく》の地名あり……門僕神社の近くに、丈六の地名が残る。古代に、馬を養育した「厩坂ウマヤサカ」から転じた地名である。

応神天皇十五年の時代に「阿直岐《あちき》が馬を養育して、厩坂と呼んだ」とある。曽爾街道の入り口の榛原には、宇陀の内牧《うちまき》と檜牧《ひのまき》があり、馬を養育した地名が残る。曽爾村は、大和の国にとって、重要な場所だったと分かるのだ。香落谷〔河内谷〕から～山越えして赤目《あかめ》四十八滝に出る曽爾古道《そにこどう》七八四号線がある。山道だが、完全に舗装されている。曽爾古道は、古代人が歩いた生活の道である。

現在は、ハイキングコースになっており、観光客が歩く姿がある。古代は、邪馬台国と狗奴国の兵士たちが駆け抜けた古道であった。それを、裏付けるように、室生の地名と神武天皇の伝説が残っているのである。

◆門僕神社（カドフサ）のルーツ

「延喜式内社」門僕神社は、宇陀の古代史上重要な位置にあり注目しなければならない。

門僕神社の所在地……奈良県曽爾村大字今井字見山

《門僕神社の祭神……鹿児島の隼人の祭神を祭る》

『惣国風土記』によると、祭神は「火闌命（ホスセリノミコト）である。鹿児島の高千穂峰に天降りた「ニニギノミコト」の子供になる。狗奴国の影響が強く残る神社である。

「火闌命（ホスセリノミコト）の系図」

高千穂峰に降りる 始祖神　ニニギノミコト

ホデリノミコト……鹿児島の隼人族の始祖になる神様です。

ホスセリノミコト……門僕神社の祭神になる。

ホオリノミコト……日本の天皇家の始祖になる神様です。

門僕神社が、鹿児島の隼人族と同じ神様を祭るのは、深い関係があった。門僕とは、特別な呼び方である。

※、**《門僕の意味とは？》**

一、「門部」とは……奈良の都の平城京の宮門を守衛する任務であり、兵部省に所属する。

一、「僕」とは………下僕などに使われる用語であり、仕事に仕える意味がある。

一、「門僕」とは……兵部省の「門部」に所属して、軍事部門に仕える意味がある。

※、**《僕を古代朝鮮語で分析すると》**

僕の発音は、朴（ボク）のことである。朴の意味は、（ボク・パク・パルク）と読まれて太陽の明るい意味がある。電球で、「パルック」がそうである。奈良盆地の太陽崇拝族の朝廷を表現する意味も存在する。

※、《門僕神社から赤目に抜ける七八四号線は古代から重要な古道だった》

門僕神社の今井は、名張に出る国道と赤目《あかめ》に出る七八四号線の分岐点になる重要な三差路であった。

織田信長は、冷徹無比な武将だった。伊賀上野の武士たちに復讐するために、青山峠から大軍で攻め込んだ。一軒一軒村人たちに聞きだして、武士の家族全員の女房子供や老人たちを容赦なく切り捨てた。

その時、二十数名の武士団が赤目から七八四号線を曽爾の今井に出て、旧知の宇陀の沢城主まで助けを求めて逃げ込んだ。しかし、最後は織田信雄《おだのぶかつ》の耳に入り沢城主が二十数名の処刑を執行している。

※、《曽爾道は雌鳥皇女《めどり》と、隼別皇子《はやぶさわけ》が駆け落ちした古道だった》

仁徳天皇の時代の話である。メドリヒメをハヤブサワケに寝取られた天皇は処刑を命じた。二人は、奈良の都から伊勢街道を宇陀から曽爾へと逃亡したと伝える。

◆門僕神社には、天皇の「大嘗祭」の時に、朝廷から八人の門部が派遣された

大嘗祭《だいじょうさい》の意味……天皇が死去して新しい天皇が即位する時の、一世一度の式典である。

※、門僕神社に門部が派遣された理由はなにか…?

兵部省に「門部」は所属しており、天皇がいる宮門を守衛する役目である。

なぜに宮門を守衛する八人の兵士が、天皇の一世一度の儀式にだけ、曽爾の門僕神社まで出向いたのか……?

「門僕」を解明するカギは天武天皇と隼人族にある。

※、《天皇家の一世一度の「大嘗祭」の儀式に隼人が参加した》

大嘗祭には、隼人が宮中で「久米舞い」を踊る。久米とは、隼人族の前身の姿である。狗奴国を勝利に導いたのは隼人族である。それで、天皇家を守護したり大嘗祭の宮中で「久米舞い」を踊ったりした。

大嘗祭で、門僕神社に門部が派遣されたのは、門僕神社付近に構築した狗奴国の軍事基地が、多大な戦果を挙げた証拠でもある。

※、《『延喜式』に、八人の門部が門僕神社に送られたのは重要である》

『延喜式《えんぎしき》』とは、……西暦九二七年（延長五年）に編纂された、律令を細かく書いた国の法律書である。『延喜式』に記載された神社を、式内社《しきないしゃ》と呼んでいる。

※、《八人の門部の使者》

天武天皇は、「八」を好字として使った。天武天皇が眠る古墳は八角形である。

狗奴国は門僕神社付近に、軍事基地を構築した。

また「出る者、入る者」監視する重要な関所でもあった。狗奴国が宇陀に進軍する時に、決定的な活躍をしたのだ。

門僕神社の発祥は、狗奴国が邪馬台国を征服した時期、西暦二六六年以降になる。現在から約千七百年以上にさかのぼる。

天武天皇の復古運動の時代に、八咫烏神社や墨坂神社と同じく門僕神社が創建されたのだ。

※、**《狗奴国系神社の共通点が、門僕神社にも存在する》**

一、橿原神宮の建国祭で、狗奴国の「久米舞い」が踊られる。

一、愛知県一宮市の狗奴国の本拠地にある「真清田神社マスミダ」でも、久米舞いが踊られている。

一、東京の皇居で挙行される大嘗祭でも、「久米舞い」が踊られている。

一、門僕神社の大嘗祭に八人の門部が朝廷から派遣される。

※、**曽爾の地名の語源は朝鮮語か…？**

ＳＯＮＩ（ソニ）の語源を、音韻変化で分析していくと、古代朝鮮語で「町まち」に相当する意味になる。

曽爾が古代は都だったのだろうか……？

宇陀の古代史を研究するうえで、門僕神社は重要な位置にあるのだ。

※、門僕神社には、中世時代に春日社があった。祭神は「天児屋根命（アメノコヤネノミコト）」である。

全国の春日神社の祭神に、天児屋根命が必ずあるのはなぜか……？

（1）、天児屋根命（アメノ・コヤ・ネノミコト）は天加耶根命（アメノ・カヤ・ネノミコト）が変化したものである。

※、「カ行の変化作用の法則」…「児屋コヤ」から→「加耶カヤ」に、カ行の「カがコ」に変化している。

※、加耶国の説明…韓国の金海にあった金海加耶の金首露王の七王子の国である。

春日（カスガ）と加耶国（カヤ）は、ルーツが同じになる。

※、韓国語に、「カッたり、ワッたり」の言葉がある。日本と韓国を行ったり来たりする意味である。
(1)、カッたりの意味……韓国語の「カアッー」と、日本語の「たり」が合成された言葉になる。
(2)、ワッたりの意味……韓国語の「ワアッー」と、日本語の「たり」が合成された言葉になる。
ワッタリはワッセイの短縮語であり「文化の高い国から渡来人がやって来た」の意味になる。

ワッセイがなまって「ワッショイ……! ワッショイ……!」になり、現在の祭りの神輿(ミコシ)をかつぐ時の掛け声になっている。

◆曽爾に塩が出る、塩井戸があった

曽爾村は四方を山々に囲まれている。山間部の人間にとって命の次に大事な塩は入手困難だった。

驚くべきかな、昔に、曽爾村の古い井戸から塩が出ていた場所がある。

古い井戸から塩が出たので、塩井戸になり「塩井シオイ」の地名になっている。

塩井の場所は、近くに小川もあり、天然水にも恵まれている。わざわざ井戸を掘る必要もなさそうだ。

……となると、村人がたまたま塩が出ることを発見して、掘り続けたら井戸のように深くなった……とも考えられる。

塩が出るとたちまち噂が広がり、近在の村々から塩目当てに多くの人々が集まって来た……となれば、古代朝鮮語で曽爾が町のようだった……との意味があてはまるのだ。

◇宇陀の神武天皇の伝説地に残る熊の地名

蛇行剣が出土した、宇陀の後出古墳群《うしろで》の周囲には、神武天皇に関係する伝説や独特な地名が多く残っているので次に述べる。

《後出古墳群の近くには独特な地名が残る》

※、**大宇陀の関戸峠《せきとどうげ》について**

関戸とは、吉野と宇陀との境界を分断する関所の意味から出来た地名になる。地形的には、吉野町から国道三七〇号線を上り詰めた峠に位置する。現在は、道路開削の為に峠を削りこんで低くなっており昔日の面影はない。

※、**大宇陀の守道《もち》について**

守道とは、読んで字のごとし……宇陀の街道を軍事力で守るという意味になる。宇陀街道を守る意味になる。

※、**大宇陀の高倉山《たかくらやま》について**

神武天皇が大和に攻めこむ時に、高倉山の頂上に登り

神武天皇が陣を張った宇陀の桜実神社（場所：宇陀市菟田野区佐倉）

賊軍を視察したと伝える伝説地である。高倉山には「神武天皇聖蹟・高倉山」の立派な石柱碑と案内板が建てられている。

※、**大宇陀の大熊《おおくま》について**

守道から三キロほど東に行くと、大熊地区がある。大熊地区には、人家が数十軒あるが熊の付く名前が集中している。

《大熊の地域には、熊の姓名がなぜ多いのか……》

大熊と、神武天皇の関係を二点述べる。

①、大熊地区には、熊の付く姓名の家が七割方存在する。熊襲族（又は久米）を元にして発生した姓だと想像させうるに十分である。

一、熊本《くまもと》さん
一、与ノ熊《よのくま》さん
一、猪熊《いのくま》さん

少し離れた地域に、藤熊《ふじくま》さんなどがある。

②、大熊の裏山の頂上が、『古事記』に出てくる、神武天皇が戦陣を張った「宇陀の高城ウダノタカギ」だとしている。地元の歴史愛好家が「宇陀の高城」と彫り込んだ自然石を設置している。

《大熊に熊さんが多い理由について》

大熊に熊の付く姓が多いのは、神武天皇を守護した熊襲《くまそ》族とつながる。熊襲族の子孫たちが住み着いて熊が残った地域だと推測される。

①、大熊は、大きな熊の意味になり、熊襲族〔狗奴国〕の軍事拠点であったのだろう。

②、大熊は、熊崇拝の熊につながり、宇陀に存在した久米部であろう。

③、大熊の場所は、神武天皇の「宇陀の高城」のある場所と重なっていることに注目しなければならない。大熊には、神武天皇（狗奴国）の軍事基地があった場所であろう。大熊の隣に「吉備《きび》」の地名が残っており証拠になる。熊が音韻変化すると吉備になり同類語になるからだ。

福島県双葉郡に「大熊《おおくま》」の地名がある。大熊の地名の起こりは、大和朝廷（狗奴国）の軍事基地があったことで大熊となっている。

《大熊地区に残る、神武天皇の民間伝説について》

大熊地区に調査に行った折りに、運よく歴史好きの老人と出会えたのだ。

「大熊には、神武天皇の伝説はないのですか……?」と聞いてみた。すると、驚くような返事が次から次へと出てきた。

「大熊は、神武天皇が兄宇賀志《えうかし》と戦争したときに、戦陣を張った場所ですよ……あそこに見える山が「宇陀の高城」ですよ、案内します……」と言うと、山道に入って行った。農作業で鍛えた老人の足はしっかりとしており私との間合いがどんどん開いていった。二十分ほど山道を登っただろうか……頂上に着くと平坦地になっており「宇陀の高城」と書いた自然石と案内板が立ててあった。

「神武天皇は、この場所に戦陣を構えたのです……」と指さして説明する。

この位置からは、神武天皇に征伐された兄宇賀志を祭る「宇賀神社《うかじんじゃ》」は、直線で約二キロの東の方角にある。「桜実《さくらみ》神社」は真下の方角にある。境内には、神武天皇が植樹したと伝える「八ツ房杉《やつふさすぎ》」がある。

八ツ房杉は、根本から四方八方に枝が伸びた姿が珍しくて「天然記念物」に指定されている。

『古事記』に出てくる、神武天皇と大和の賊軍の兄宇賀志との戦いが、大熊地区に集中していることから史実を裏付けた伝承だと分かるのだ。

《久米唄について》

神武天皇軍は久米族の戦闘能力で大和の賊に連勝するたびに、これでもかこれでもかと強調して久米唄を歌っている。

久米唄には「力の強い久米が石斧で打ち殺すぞ」という激しい内容のものがある。久米族が大和の賊を石斧で殴り殺す肉弾戦を表現している。久米族は、強い

神武天皇が御手植したと伝える天然記念物の八ツ房杉（桜実神社内）

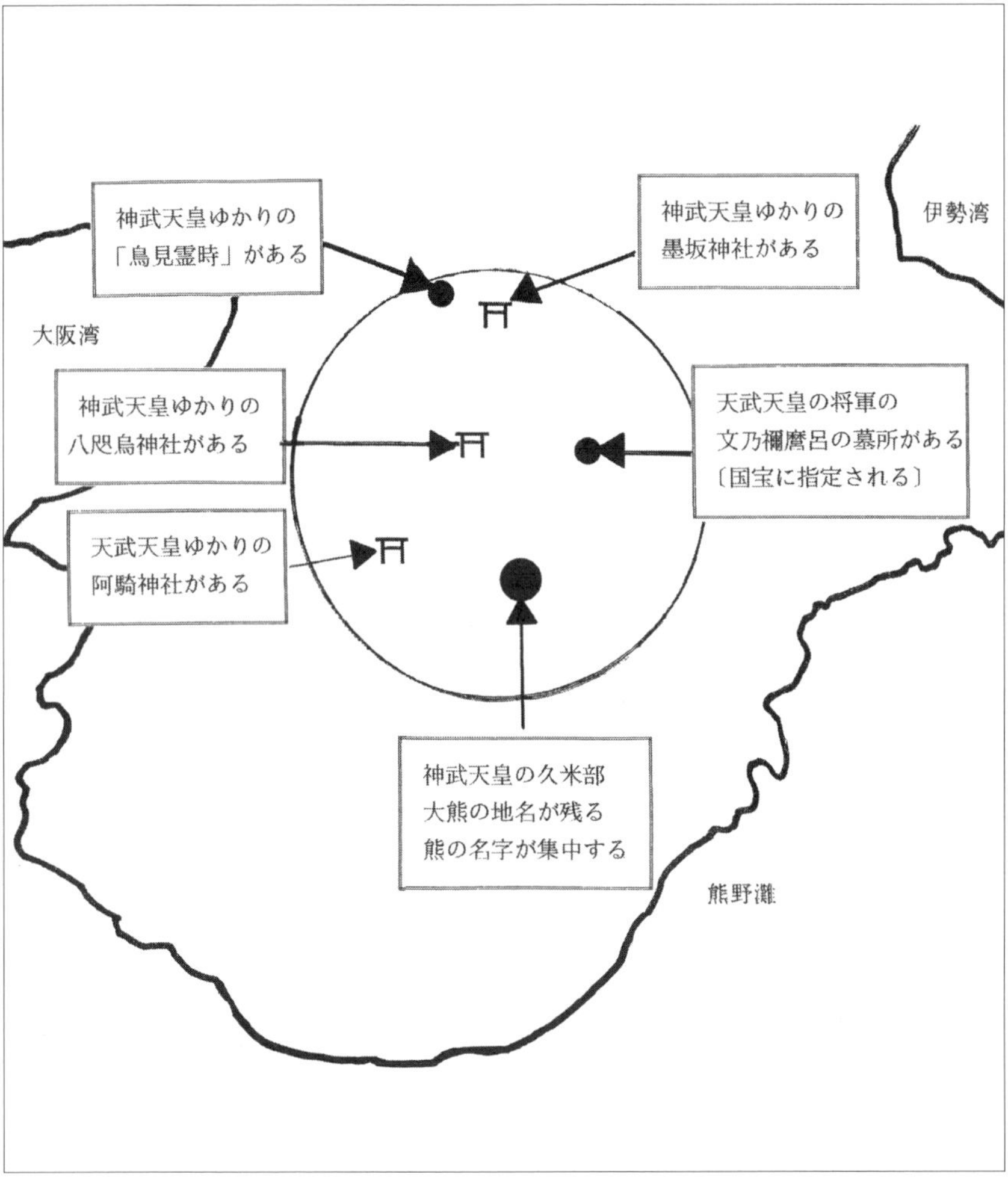
神武天皇ゆかりの
「鳥見霊時」がある
神武天皇ゆかりの
墨坂神社がある
伊勢湾
大阪湾
神武天皇ゆかりの
八咫烏神社がある
天武天皇の将軍の
文乃禰麿呂の墓所がある
〔国宝に指定される〕
天武天皇ゆかりの
阿騎神社がある
神武天皇の久米部
大熊の地名が残る
熊の名字が集中する
熊野灘

宇陀の神武天皇の伝説地に残る大熊の地名

戦闘能力を持っていたのだ。久米族の軍事力で邪馬台国に勝利出来たので、久米唄で鼓舞して歌われたのだ。

久米唄と同じく「久米舞い」がある。「久米舞い」も、「大嘗祭」で踊られている。

古代の戦争は、鉄砲などの飛び道具はない。「弓矢」で射るか、石を投げつけたり殴り殺すしかないのだ。

※、参考例として《同じ姓が集中する島根県の特徴例》

島根県の出雲大社の町道を抜けて日本海側に走ると、山間部に唐川《からかわ》地区がある。山と山に囲まれた狭い谷合いに数十軒しかない集落が密集している。

明治時代までは孤立しており、集落内だけの同族結婚が長年行われてきて、村外から嫁をもらう風習がなかった。その為にこの村の特徴は、同族結婚が行なわれてきた結果、荒木という姓が八〇％を占める特殊な地域なのだ。

※、荒木のルーツ……朝鮮半島南部にあった阿羅《あら》国から来た渡来人の意味で、元は阿羅来《あらき》である。

◎、金海加耶の国の隣に阿羅の国があった。出雲市内には、阿羅と加耶がまとまり阿羅加耶《あらかや》の地名が残っている。

阿羅の国の人々は、日本各地に渡来した。この「唐川」の荒木さんも阿羅国からの渡来人たちである。村の外れには、朝鮮渡来の韓釜《かんかま》神社が祭られており、村を流れる川は唐川（韓川である）である。村民は、明治時代まで外部と遮断されたような生活を送ってきており、そのために荒木の姓が今日まで受け継がれて来たのである。

荒木の姓のルーツは、大熊の熊のルーツと似たようなものがあったので紹介してみた。

尚、奈良盆地の古墳の周囲には、「荒木《あらき》」の地名が残っている特徴がある。

阿羅（荒）から来た、渡来人たちの土木技術が古墳築造に必要とされた名残りであろう。

◇宇陀の蛇行剣と隼人の蛇行剣のルーツ

神武天皇の宇陀の史跡地を調査中に、蛇行剣《だこうけん》が出土している古墳群を知った。重要な出土品なので取り上げる。

★、大宇陀守道《もち》の後出《うしろで》古墳群から蛇行剣が二本出土している。
★、野依《のより》の北原《きたはら》古墳から蛇行剣が一本出土している。
全国で出土している蛇行剣は狗奴国と、とりわけ関係が深いのだ。出土数の約七割が鹿児島や宮崎県の隼人の古墳群から出土していることで証明されている。

「橿原考古学博物館」に、後出古墳から出土した蛇行剣を展示してあるので見学をすすめたい。

★、《**蛇行剣についての説明文**》
①、蛇行剣は、刀身がS字状に蛇行する独特な形状である。
②、蛇行剣は、戦いには使用不可能であり、祭りや儀式用や呪術用に使用されたようだ。

③、蛇行剣は、全国の古墳から約七十本しか出土していない特徴がある。
④、蛇行剣は、宮崎と鹿児島の隼人の古墳から七〇%近く出土している。
⑤、蛇行剣は、狗奴国系統の豪族の古墳群から出土するのが特徴である。

★、《宇陀の後出古墳群から出土した蛇行剣の説明文》
◎、場所…………守道の県道から入り込んだ、高台に造られている。
◎、古墳の特徴……二十二基からなる円墳の群集墳である。現在は杉が植林されている。
◎、出土物の内容……馬具や、鎧《よろい》、鉄剣類の軍事色の強いものと、蛇行剣が出土している。
◎、築造年代……築造年代は、五世紀ころに推定されている。

★、《宇陀の野依の北原《きたはら》古墳の説明》
◎、場所…………大宇陀区野依の、農道の開削工事のさいに発見されている。
◎、古墳の特徴……縦一五メートル×横四、五メートルの方形古墳である。
◎、出土物の内容……南側の棺内から、鉄剣類、刀子類、臼玉類が豊富に出土している。蛇行剣が一本出土している。
◎、築造年代……築造時期が、四世紀の末から~五世紀にかけて推定されている。

※、北原方形古墳の形状は、狗奴国の本拠地がある愛知県内や松阪市内に残る方形古墳と深いつながりがあった。狗奴国系統の豪族の古墳と見られる。

★、蛇行剣が出土した、宮崎県と鹿児島県の隼人の古墳の説明

①、地下式板石積石室《ちかしきいたいしづみせきしつ》と呼ばれる。

②、地下式横穴古墳《ちかしきよこあなこふん》と呼ばれる。

以上の二種類の古墳形態がある。

◎、名称……………地下式板石積み石室の説明。

◎、場所……………鹿児島から宮崎にかけて造られた、隼人族の古墳である。

◎、古墳の築造形式……地下に、板石を積み上げて石室を構築している。

◎、出土物の内容………鉄剣類、短甲、武器類と共に、蛇行剣が出土している。

◎、築造の年代………四世紀頃から造られ始めて五世紀に入り終末期になる。

★、地下式板石積み石室のルーツは、朝鮮半島の南部地方（加耶地域）に築造された支石墓《しせきぼ》が源流である。

蛇行剣が出土した後出古墳群跡石碑（場所：大宇陀守道）

支石墓が、九州に伝播してからしだいに南下しながら、鹿児島や宮崎で地下式板石積み石室の形態に変化したという。

◎、名称……………地下式横穴古墳の説明。
◎、分布場所…………鹿児島から宮崎にかけて築造された隼人の古墳である。
◎、古墳の特徴………地下に板石や軽石で石室を造ってある。
◎、出土物の内容……鉄剣類、短甲類、武器類が多く含まれており、蛇行剣が出土している。
◎、築造年代…………六世紀末ころから造られ始めて八世紀に終末期を迎える。

◆蛇行剣が、呪術用に使用されたと見る根拠について

★、蛇行剣は、刀身がS字のようにカーブしており、とても戦争に使用できるものではない。では、いったい何の目的で造られたのか……である。

★、蛇行剣のカギを握る地下式板石積石室古墳が発見されていた。

昭和五十八年、鹿児島県の薩摩川内市の高城《たき》の護岸工事中に、偶然に地下式板石積み石室が多数発見されたのだ。

◎、古墳の名称………地下式板石積み石室の七号墳から蛇行剣が出土している。
◎、出土状況…………蛇行剣の出土に伴い、いろいろな副葬品から推定して呪術用や儀式用に使用されたと分かったのだ。
◎、七号墳から出土した蛇行剣は、現在地元の「薩摩川内市川内歴史資料館」に展示されている。一度、見学をおすすめします。

蛇行剣が出土した地下式板石積石室（写真提供：薩摩川内市川内歴史資料館）

蛇行剣が出土した地下式板石積石室（写真提供：薩摩川内市川内歴史資料館）

宇陀の後出古墳群は、
隼人の唐仁古墳群と酷似している
★、蛇行剣が・・３本出土する
隼人特有の、地下式板石積石室が
宮崎県から～鹿児島県内に造られる
★、蛇行剣が全国の７割近く出土する

隼人の古墳のルーツ。支石墓から地下式板石積み石室の分布図

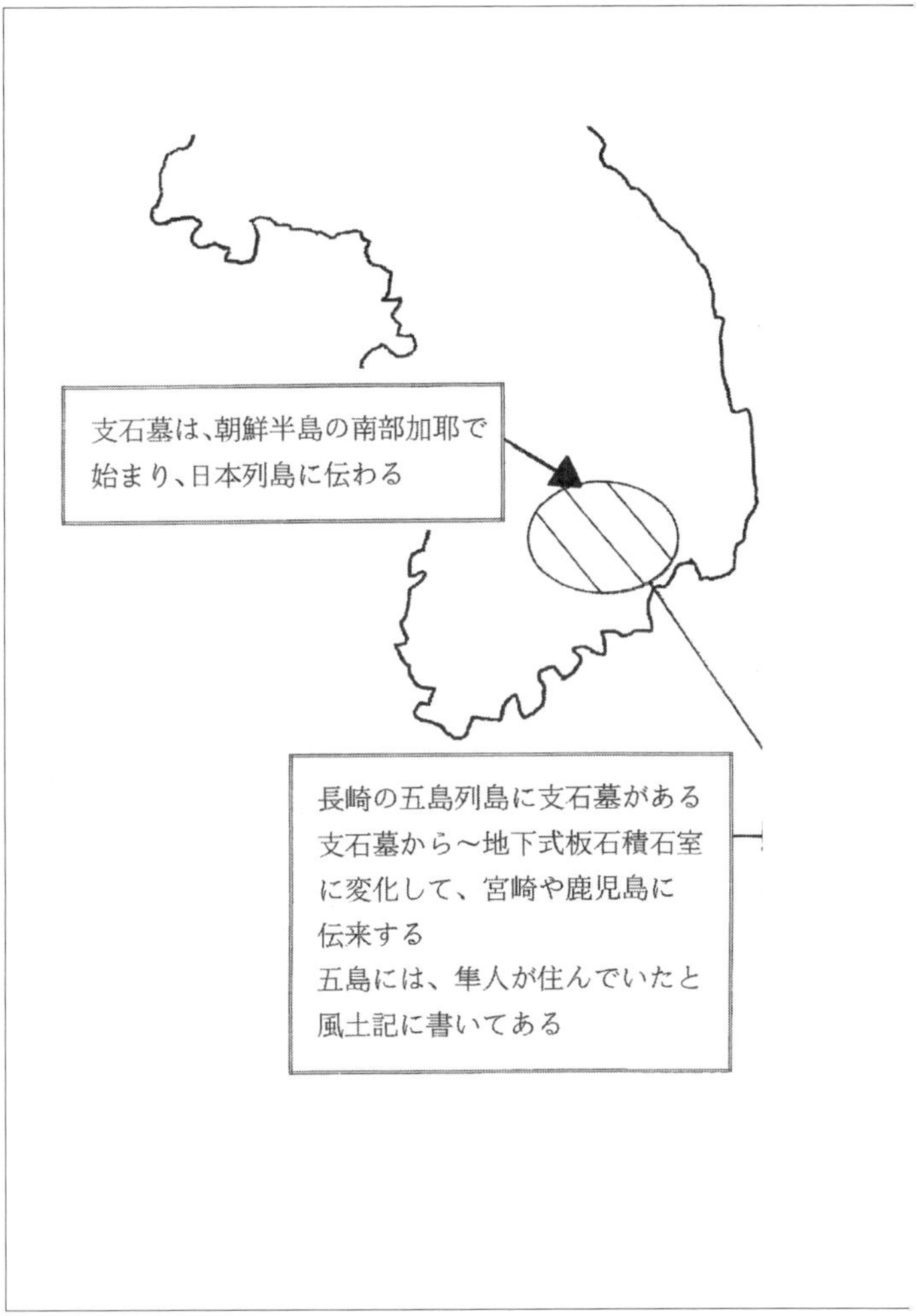
支石墓は、朝鮮半島の南部加耶で
始まり、日本列島に伝わる
長崎の五島列島に支石墓がある
支石墓から～地下式板石積石室
に変化して、宮崎や鹿児島に
伝来する
五島には、隼人が住んでいたと
風土記に書いてある

★、長崎県値嘉島《ちかのしま》に南九州の隼人がいたと風土記にある。

『肥前風土記』の値嘉島の条文に以下の一文がある。

「島の白水郎《はくすいろう》は、容貌（身なり）が隼人に似ており、言語は土地の俗語と異なる。弓を好んで使い、どこかしか隼人に似ている……」とある。

★、値嘉島の隼人と、地下式板石積み石室とのつながりがあった。

①、隼人が弓を好んだ風習は、狗奴国の男王の卑弥弓呼も弓の名称があり深いつながりがあった。
②、値嘉島では、地下式板石積み石室の源流の支石墓が発見されている。支石墓は、鹿児島県や宮崎県へと伝播して、地下式板石積み石室の形に変化したのだ。

値嘉島は、中国や朝鮮半島へ出航する船待ちの港であった。遣唐使船も中国への渡航に利用した大陸への玄関口である。

★、『古事記・日本書紀』の中で、南九州から近畿地方に移住した隼人たちは呪術の仕事をしている。「天皇の御門を護衛したり、平城京を警備していた隼人が、犬のように吠えて霊を払ったりした」と書いてある。

隼人は、祭礼の儀式に蛇行剣を使用したのであろうか……。

★、宇陀で出土した蛇行剣は隼人族とのつながりが証明された。
①、宇陀には、隼人と関係ある久米部《くめべ》が存在した。
②、後出古墳群の埋葬者たちは、大和朝廷を守護した豪族であった。
③、後出古墳群の守道《もち》の地名は、読んで字のごとく〔道を→守る〕である。隼人族が宇陀街道を守った。

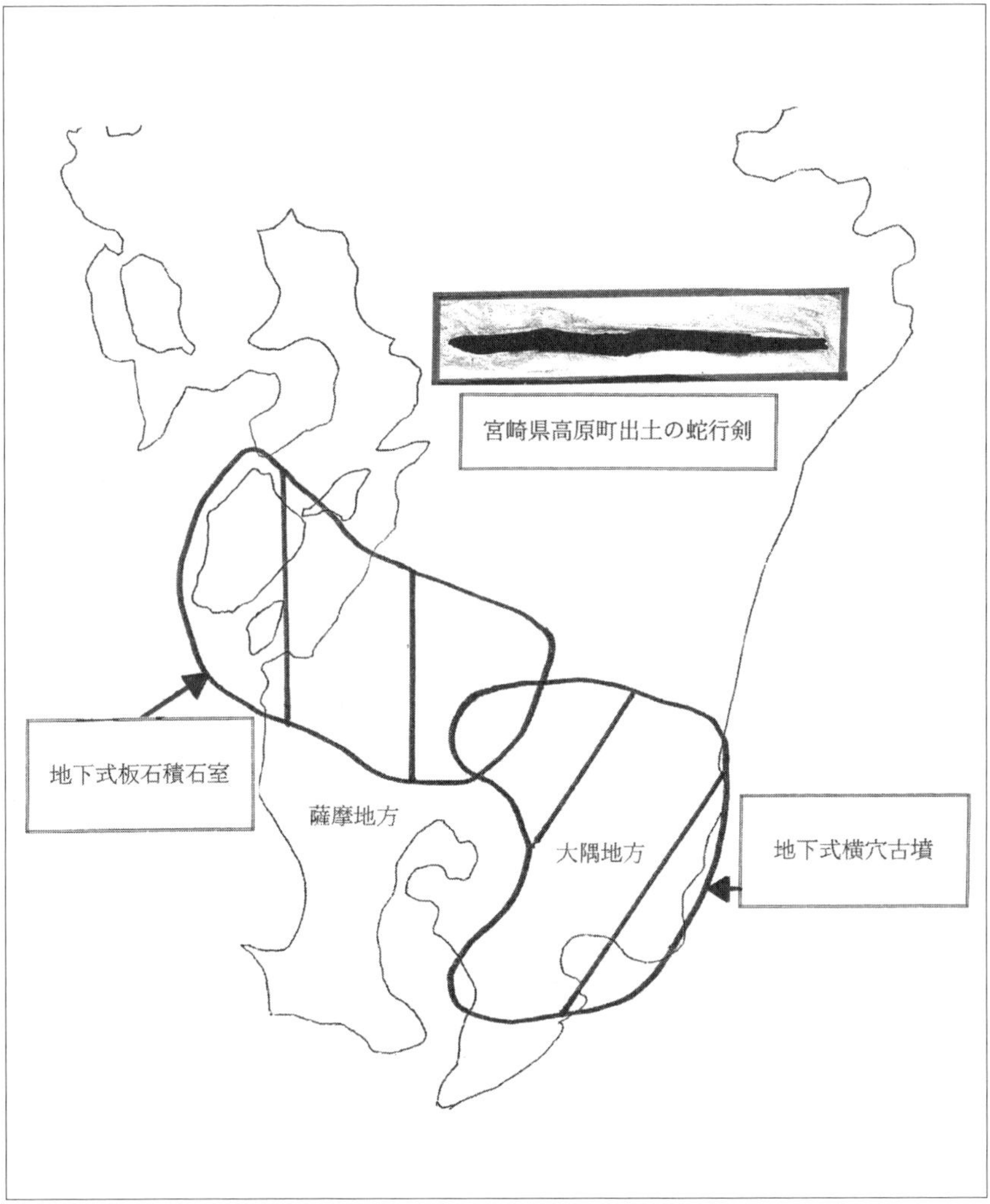

蛇行剣が出土した隼人族特有の古墳分布図

④、後出古墳群の特徴は、鹿児島県高山町の唐仁《とうじん》古墳群の円墳形態と似ている。朝鮮半島の南部の加耶の古墳群に似ている。

★、蛇行剣が出土した鹿児島県内の古墳分布の範囲と特徴について

①、薩摩半島は、川内川の河口から～上流の大口地方の古墳まで出土している。

②、大隅半島は、肝付川に沿った高山町の唐仁古墳群から出土している。

※、特徴……蛇行剣は薩摩半島の川内川と、大隅半島の肝付川の二大河川に沿って出土するのが特徴である。

★、宮崎県内から出土した蛇行剣の場所について

◎、霧島連峰の高千穂峰の宮崎県側に高原町がある。高原隼人《たかはるはやと》の本拠地である。高原群集墳の中から蛇行剣が出土している。

★、高原町は神武天皇の出生地と伝える

高原町には、神武天皇の史跡が多い。何故だろうか……？

◎、佐野神社がある……高原町に佐野神社がある。神武天皇の幼少名の、佐野命《さのみこと》から、佐野《さの》神社になる。

祭神は神武天皇である。

佐野神社の格式は高い。地元の行政は、「神武天皇の古里公園」を造り、観光施設で村おこし運動を推進している。

◎、西都原《さいとばる》の古墳群からも、蛇行剣が出土している。

★、後出古墳群に眠る武将たちの時代について

後出古墳群に眠る武将たちが活躍した年代は、「倭の五王」が、朝鮮半島に積極的に進出していった激動の時代であった。

第二十一代の雄略天皇は「武（ブ）」と呼ばれて、中国の「宗」に勇ましい上表文を送ったことで知られる。

雄略天皇が、朝鮮半島に進出して、「任那」を軍事力で支援した激動の時代だったことが分かる。

雄略天皇が政務を執った「泊瀬朝倉宮（ハツセノアサクラノミヤ）」は、桜井市朝倉にあり車で二十分の距離と宇陀とは近い。後出古墳の武将たちは、朝倉宮と宇陀とを頻繁に馬で往来して活躍したであろう。後出古墳群からは、戦闘用の武具類が豊富に出土しているからだ。

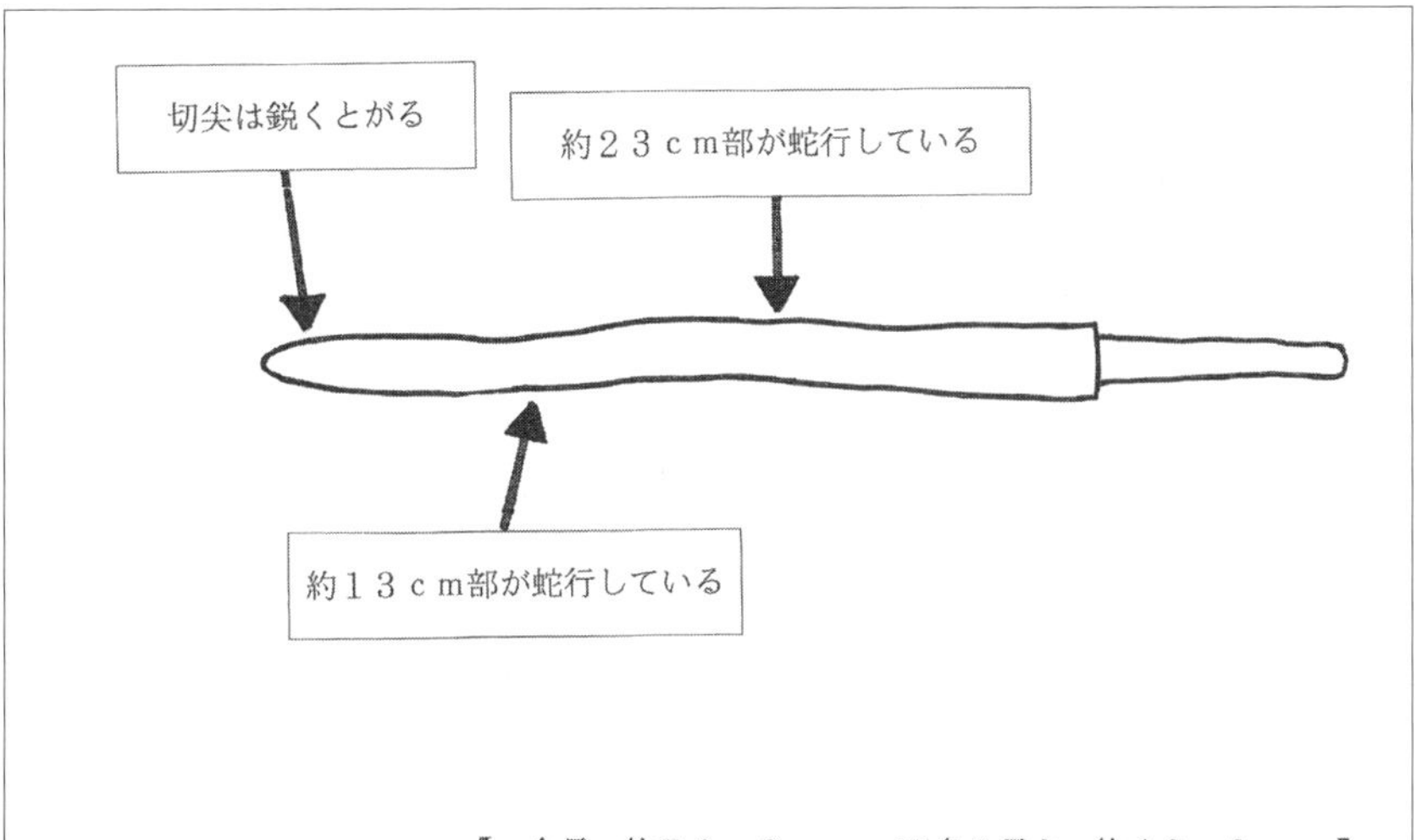

宇陀の後出古墳から出土した蛇行剣

◇十津川藩の角に十字は、島津藩の丸に十字と似ている

「十字」の家紋は、日本国内に二ヶ所ある。

鹿児島の島津藩の「丸に十字」の家紋と、そっくりなのが、奈良県の十津川藩の「角に十字」の家紋である。
※、十津川村に行く交通アクセスは、奈良県五條市内のバスセンターから、国道一六八号線を和歌山県新宮市行きに乗車すると約三時間ほどで、十津川《とつかわ》村に到着する。山間部を流れる熊野川に沿った細長い寒村である。
★、村民気質は、昔から十津川郷士と呼ばれて剣術道が強く、武士道に通じる精神を持ち合わせており、質実剛健な気風を持った村である。
十津川藩は幕府から年貢を免除される恩恵を受けていた時代があった。
鹿児島の隼人も、特別に免除されていた時代があった。
★、「壬申の乱」に参加している……「壬申の乱」に、十津川村の郷士が参加したと、村発行のパンフレットにも書いてある。
天武天皇が、吉野宮に逃げ込んだ時に、連絡を取り合ったと考えられる。

◆天誅組《てんちゅうぐみ》の事件に参戦している

江戸時代の末期から~明治維新に変わる頃に、天誅組の事件が起きた。

事件の発生は、天誅組が五條市内の代官所を襲撃する事件から始まった。戦場は、五條から~十津川村~東吉野村にかけて死闘を展開している。

そのときに、十津川郷士たちは天誅組の大義名分に参加した。しかし、時代は急転して天誅組は勇み足となり処罰された。有名な天誅組事件は、十津川郷士の武士道精神がさせたものである。五條市内に、天誅組の資料館がある。

★、神武天皇と天武天皇が結ぶ、鹿児島と十津川村のつながり

玉置山〔タマキヤマ・一〇三七メートル〕の頂上には、玉置神社〔延喜式内社〕があり神武天皇の由緒がある。

玉置神社から~神武天皇が関係する本宮町のヤタカラスの熊野大社への古道が存在する。

十津川村には神武天皇の伝説が多く残る。神武天皇軍は、熊野から~十津川村を経由して吉野村に出た伝説がある。

有名な観光吊り橋の近くに、「栗子（クリス）」の地名がある。ここで思い出すのは、宇陀の神武天皇を引導した「八咫烏神社」を別名「オトクリス」という。クリスとオトクリスは似ている。神武天皇が、熊野から~十津川を通って吉野に向かった説の根拠になる。

「壬申の乱」に十津川郷士は参戦している。神武天皇（鹿児島）と天武天皇のつながりがあり十字の家紋のルーツとなった。

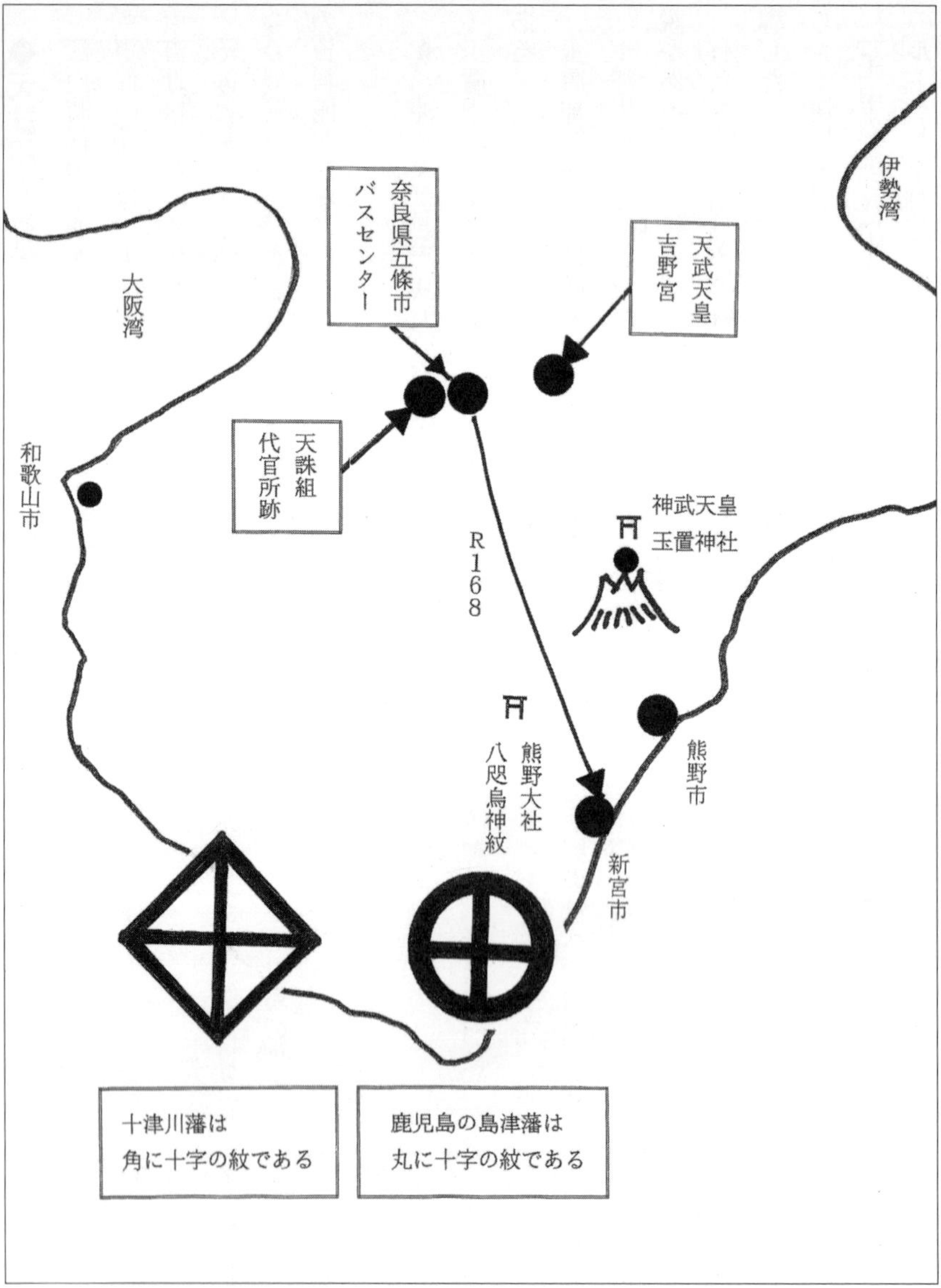

十津川藩と島津藩は家紋が似ている

◇狗奴国の歴史は古代から繰り返した

南九州の鹿児島に発祥した狗奴国は、西暦二〇〇年ころには、日本列島のほぼ中央に位置する愛知県内の濃尾平野に移動した。

濃尾平野の延々と広がる大地は肥沃であり、狗奴国の本拠地として経済力と軍事力を蓄える最高の条件を備えていた。

木曾川は、東西を遮断する天然の堀となった。鹿児島人と濃尾平野との関係を調べて行くと、過去にあるだけでも大きな事件が幾多とあった。鹿児島県人と濃尾平野とのつながりは、切っても切れないものだったことが分かる。鹿児島県人が、古代から～愛知県や岐阜県で関係した歴史を次に述べて行く。

★、『第一回目の発生・鹿児島の狗奴国が、濃尾平野〔岐阜や愛知県〕に移動した歴史』

金海から七王子たちが渡来して、鹿児島の国分平野に狗奴国を建国した。数十年すると、鹿児島を後にして東進を開始する。

この時の進軍コースが、神武天皇の東征コースの下地になっている。ほぼ日本の中央部の岐阜から愛知県にかけての濃尾平野に移動して狗奴国の本拠地とした。この歴史が、鹿児島県と岐阜県や愛知県との関係の始まりになる。

★、『第二回目の発生・「壬申の乱」と、尾張大隅氏とのつながり』

西暦六七二年に起きた、天皇家最大の内乱である。天武天皇は、吉野宮から～美濃の国に向かった。尾張大隅が待っており、軍資金と、軍兵と、兵舎を差し出した事が戦いに勝利した最大の要因だった。尾張大隅は、鹿児島の大隅出身の子孫になる。

天武天皇は、『古事記・日本書紀』を書けと命じた時に、尾張大隅を天孫族の火明命《ほあかりのみこと》に組み入れた。尾張大隅が、天孫族になったのはこの時からである。

★、『第三回目の発生・鹿児島から関ヶ原の戦いに出陣する』

一六〇〇年九月十五日、岐阜県の関ヶ原で天下分け目の戦いが起きる。この時に鹿児島の島津義弘〔島津藩〕は、約千五百名からの兵力で参戦した。戦いが終わってからの「敵陣を中央突破する作戦」は有名である。

★、『第四回目の発生・江戸幕府の命令で、宝暦治水の難工事が始まる』

薩摩藩は、家老の平田靭負《ひらたゆきえ》と約千人の薩摩藩士が現地に向かった。当初から想像されていた通りの難工事の連続だった。材料の購入資金や、工事の失敗などで借り入れ金は、当時の金額で四十万両という膨大な金額となっていった。約一年間に渡る工事で、病気になり死ぬ者や行き詰まって切腹する者が続出した。当時は、切腹したらご法度であり、表向きには病没者として処理している。約一年間に渡る難工事を江戸幕府側の視察でほぼ終了した。薩摩藩士の命をかけた大工事に、海津市には平田公園や平田町が造られた。岐阜県民は感謝しており姉妹交流に発展している。

★『狗奴国の鹿児島から～濃尾平野へと歴史は繰り返した』

狗奴国は鹿児島に発祥した。その後～狗奴国は岐阜県や愛知県へと移動している。鹿児島と濃尾平野とは古代から幾多の歴史で結ばれていたのだ。歴史は繰り返すとはよく言ったものである……。

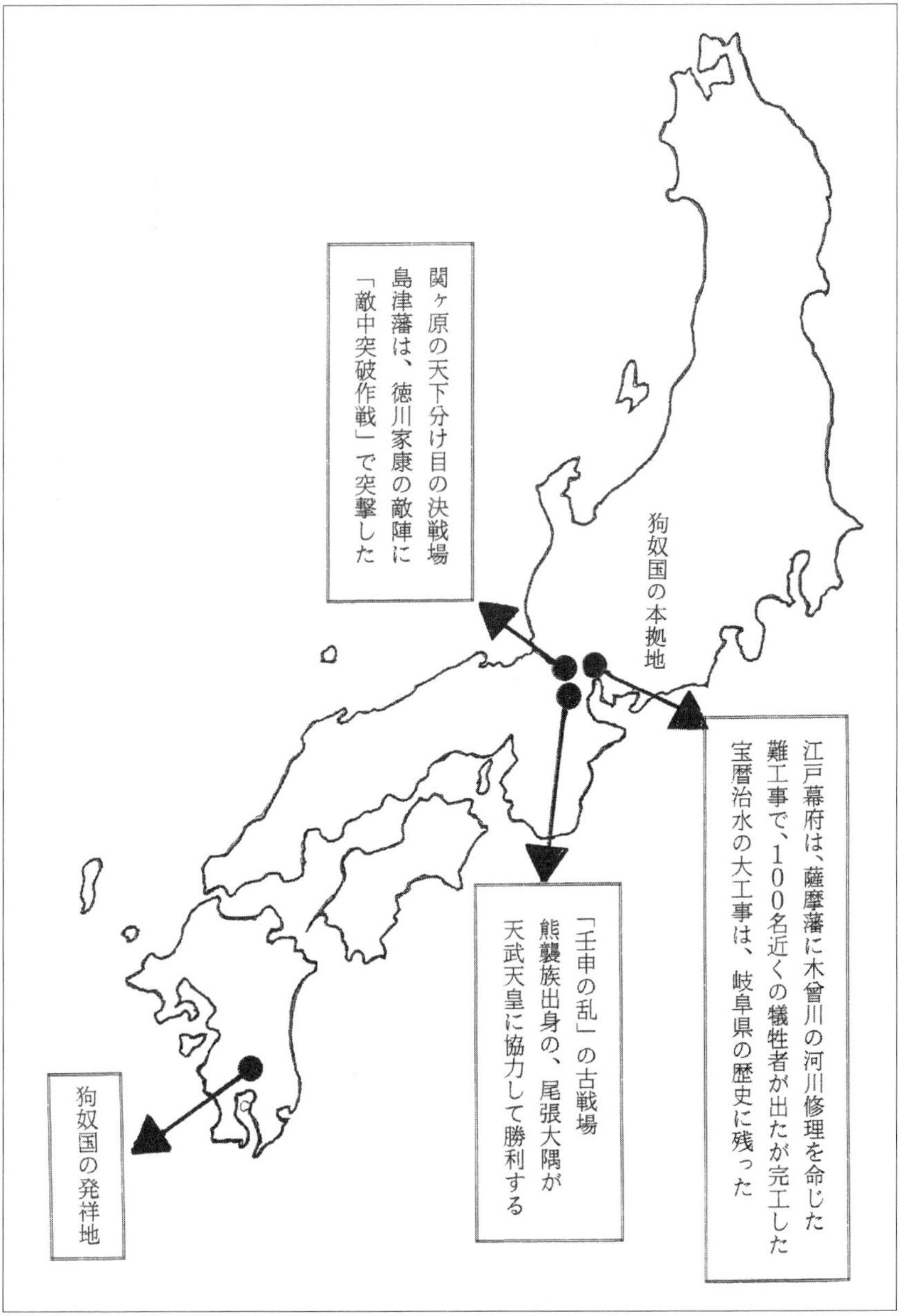
関ヶ原の天下分け目の決戦場
島津藩は、徳川家康の敵陣に
「敵中突破作戦」で突撃した
狗奴国の本拠地
江戸幕府は、薩摩藩に木曾川の河川修理を命じた
難工事で、100名近くの犠牲者が出たが完工した
宝暦治水の大工事は、岐阜県の歴史に残った
「壬申の乱」の古戦場
熊襲族出身の、尾張大隅が
天武天皇に協力して勝利する
狗奴国の発祥地

狗奴国の歴史は古代から繰り返した

◇墨坂神は、狗奴国の軍事神だった

◆宇陀の墨坂神社が、長野県須坂市に移動した

宇陀市の墨坂神社は、狗奴国の軍事の神様である。

宇陀の墨坂神社が、信濃国に祭られたという古文書をあてに現地を調査すると、須坂市内に墨坂神社が二社あった。しかも、両社の距離は数キロもない。なぜなのか……？

一、神社名……墨坂神社八幡は、須坂市墨坂一丁目一五九二番地にある。八幡神社《はちまんしゃ》と呼ばれている。

二、神社名……墨坂神社芝宮は、須坂市大字須坂字芝宮一〇四八番地にある。芝宮《しばみや》と呼ばれている。

《宇陀から信濃国に移動した時代について》

天武天皇二年（六七四）、大和朝廷が東国を支配するために大和の宇陀郡榛原の墨坂神社を信濃国に移して祭ったとある。天武天皇の「壬申の乱」から、二年後の話である。

《『延喜式』の信濃国の条項に「墨坂神社」が記載されている》

信濃国の、高井《たかい》郡の六座の中に墨坂神社がある。

六社	神社名	呼び方	狗奴国の狗古智卑狗の特筆事項
一座	墨坂神社	すみさかじんじゃ	宇陀の墨坂神社が、須坂市に移動した。

二座	越智神社	おちじんじゃ	狗古智卑狗は、河内、高知、越智、小内などに変わる。
三座	小内神社	おうちじんじゃ	越智から小内になる。
四座	笠原神社	かさはらじんじゃ	
五座	小坂神社	こさかじんじゃ	
六座	高杜神社	たかもりじんじゃ	

注目したのは、狗奴国の軍事長官「狗古智卑狗」から発生した同類語の、越智神社が長野市内にあり、小内神社が中野市内にあったことである。

狗古智卑狗が変化して、越智、小内などになったと別項で詳しく述べた。

古代に、宇陀（狗奴国）の軍事基地が、北信濃に移動した証拠が残っていたので感動した。

◆墨坂が変化して須坂市の地名になった理由について

宇陀の墨坂神社が、北信濃国に移動してから須坂市の地名になった過程を述べる。

《墨坂の（MIみ）が（Nん）になり消失して、須坂に変化する音韻変化表である》

地名	読み方	MIみ、が消失する部分	坂の読み方は残る
墨坂	墨　すみ　SU	MIみ	坂　さか　SAKA
須坂	須　す　SU	MIみ、が（Nん）になり消失する	坂　さか　SAKA

《（MIみ）が（Nん）になると消失しやすいのだ》

（MAま）行の（MAま・MIみ・MUむ・MEめ・MOも）が、（NAな）行に変化して、（Nン）になると消失しやすい。

土地の人々は、墨坂神社を祭った場所を「すみさか」と呼んだが……、やがて「すんさか」となまって呼ぶようになった。

さらに「Nん」が消失して、「すさか」になったのである。後で「すさか」の発音に「須坂」の漢字をあてたのだ。よって墨坂から須坂に変化した過程は証明できる。

◆北信濃国に墨坂神社が移動した理由について

宇陀市の墨坂神社が、北信濃国に移動した理由が次の三点である。

一、第一次大戦の狗奴国と邪馬台国の戦いに北信濃軍が活躍した

狗奴国が、奈良盆地の邪馬台国を攻撃する時代には、北信濃国から強力な援軍が参戦している。

信濃国中から愛知県熱田の狗奴国の本拠地に集結すると、三重県松阪の軍事基地に向かい、奈良県宇陀の最前線基地に進軍して戦ったのである。

西暦二四七年前後、狗奴国の戦いは優勢だったが、魏が仲裁に入ったので邪馬台国の女王卑弥呼の命を差し出す交換条件でしぶしぶ停戦に応じたのだ。

二、第二次大戦の狗奴国と邪馬台国の戦いに北信濃軍が活躍した

西暦二五六年以降、仲裁に入った魏が倒れると、狗奴国はこの時とばかりに大攻勢を再開したのだ。西暦二六六年、邪馬台国は晋に軍事支援を頼みに行ったが往復に時間がかかりすぎて間にあわなかった。その間に、狗奴国は邪馬台国を征服したのだ。この時にも、信濃国からの援軍が大活躍したのだ。

三、「壬申の乱」（西暦六七二年）……北信濃国から馳せ参じた騎馬兵や久米戦士たちが、大活躍して勝利出来たのだ。

天武天皇は北信濃軍に感謝して、六七四年に戦争の功労として北信濃に墨坂神社を祭らせた。六七四年とあるのは、「壬申の乱」に勝利してからわずか二年後のことである。

《久米族は西日本に分布する》

南九州の狗奴国から熊襲族が発祥して、やがて久米族と呼ばれるようになった。神武天皇の東征物語で大活躍した久米唄が有名である。久米族と神武天皇が活躍した地域は西日本地方が中心である。墨坂の墨は黒色を表現しており、久米族や神武天皇を象徴する色も黒だった。だから、神武天皇の久米族が活躍した宇陀地方に墨坂神社を祭ったのだ。

〈コラム〉※、**黒色は、狗奴国の色だった**

熊襲族の熊の毛皮は黒色である。熊襲族の出身地は鹿児島県大隅地方である。大隅の、隅っこも、暗くて黒いのだ。大隅と、熊の毛皮と、墨坂は黒色で共通する。

墨坂に、狗奴国（熊襲＝久米）の軍事基地が置かれた証拠である。

久米は西日本、大伴は東日本に分布する

《大伴氏は東日本に分布する》

東日本には、久米族を統括する特別な「大伴氏」が誕生する。狗奴国は奈良盆地の邪馬台国を平定して大和朝廷を建国すると、東日本の国々の平定に向かった。ヤマトタケルの建国物語は、名古屋市熱田の狗奴国の本拠地から東国平定に出陣している。東国の賊との戦いでは野に火を放たれて苦戦するが、「草なぎの剣」でなぎ倒して無事に生還している。この時の「草なぎの剣」は天皇家の「三種の神器」となっており、熱田神宮の神宝でもある。ヤマトタケルは賊を征伐すると、熱田に帰り尾張氏一族から嫁さんをもらっている。ヤマトタケルには、熱田が特別な土地だったのだ。

長野市、須坂市、中野市は信濃国の北部に位置しており、越後国に近いのだ。北信濃国の軍事基地から越後の敵対勢力や異民族（粛慎族《みしはせ》）の征伐に向かっている。上越市の直江津港は、佐渡ヶ島へ渡る港町である。別項で述べたが、『日本書紀』に欽明天皇五年十二月には、佐渡ヶ島にいた異民族の粛慎族を越後の守「阿部比羅夫」が征伐したと書いてある。

◆北信濃と宇陀はつながりが深かった

一、諏訪市神宮寺大熊のフネ古墳からは、「蛇行剣」が出土して大宇陀の守道《もち》の後出古墳群とのつながりを証明した。

一、宇陀市内の守道《もち》の後出《うしろで》古墳群や野依《のより》の北原古墳からは三本の蛇行剣が出土している。

一、飯田市内には、久米の地名が残っている。宇陀にも久米と同類語の「大熊、吉備」の地名が残っている。

一、須坂市の隣の東御《とうみ》市に「県《あがた》」の地名があり、長野市内に「南県町」、佐久市に「小県」が残る。

一、神武天皇・宇陀編にも、「下県《しもあがた》」と「上県《かみあがた》」の地名が出てくる。

一、千曲川の千曲《ちくま》の漢字には、熊《くま》が隠されている。つまり、千熊川である。千熊には、狗奴国（熊襲族）の軍事基地が密集していたことを証明した地名である。

『和名抄』には、三重県松阪市中万町に「乳熊《ちくま》」の地名がみえる。松阪市には狗奴国の最大の軍事基地があった土地である。松阪平野には第二次世界大戦でも陸軍基地があったことで有名である。現在も陸上自衛隊の基地がある。千曲と乳熊は発音が同じであり、千曲は千熊の可能性が高いのだ。

◆須坂村の保坂次郎政高が、宇陀の地頭になった

鎌倉時代に、北信濃の須坂村に「保坂次郎政高」という武士がいた。承久の乱（一二二一年）に参戦して大活躍している。

恩賞で、奈良県大和国の檜牧《ひのまき》庄の地頭《じとう》になっている。現在の宇陀市の檜牧である。檜牧は、大和朝廷の軍馬を養育する土地があったので「牧」が付いた地名になっている。

須坂も、軍馬を飼育する「馬牧」があったことで知られている。須坂と宇陀の檜牧には、共に馬牧で共通点があったのだ。

榛原は、墨坂神社が鎮座する土地である。榛原の地頭になった「保坂次郎政高」は、故郷の須坂の墨坂神社を思い出しながら参拝したことであろう。

政高は、檜牧庄の地頭となったが、税金の取り立てが厳しくて百姓が土地を捨てて逃亡したと、奈良の「春日神社文書」に書いてある。

古代から、須坂と宇陀は歴史的な深いつながりがあったのだ。

◆墨坂神社、越智神社、小内神社は狗奴国系である

神社名	所在地
墨坂神社芝宮	須坂市須坂
墨坂神社（八幡社）	須坂市小山
越智神社	須坂市幸高
越智神社　小内神社	長野市若穂地区綿内
越智神社	中野市
小内神社	長野市若穂地区綿内
小内神社（八幡社）	中野市安源寺

宇陀から移った墨坂神社は須坂市内にある。別項で、長野市内の「越智神社・小内神社」と中野市内の「小内神社」は狗奴国の狗古智卑狗から発祥した兄弟神であると述べた。

須坂市内の墨坂神社八幡は、中野市内にも小内八幡社としてあるので、八幡神社系統の兄弟神であると考えて良い。

◆須坂市内の墨坂神社の本社はどちらか……？

宇陀市内の墨坂神社は、分社もないし本社しかない。

ところが、移動先の須坂市内には「墨坂神社芝宮《しばみや》」と「墨坂神社八幡《はちまん》」の二社が存在している。そのため

どちらが本社なのか、江戸時代からもめてきた歴史があり、ついに論社扱いとなっていた。

《論社《ろんしゃ》の意味》

墨坂神社の本社はどちらなのか……？　江戸時代から両社の氏子が議論してきたが決着がつかなくて裁判までしている……それを論社という。昭和三年（一九二九）当時の司法大臣・原嘉道氏が、どちらも墨坂神社であると認定してから和解して、今日に至っている。

どちらも墨坂神社を名乗るので土地の人々は、「芝宮さん」と「八幡さん」と呼んで区別している。諏訪市内には、狗奴国系統の上諏訪神社、下諏訪神社の二社が繁栄しているように、墨坂神社も上社・下社の二社に分けたらよかっただろうと思われる。

《墨坂神社の本社は墨坂神社芝宮である》

古代からのいろいろな文献資料を深く考察していくと、墨坂神社芝宮が本社になると考えられる。対して墨坂神社八幡は、八幡信仰の繁栄時期と関係が深い。須坂市内の武士は高井源氏であり八幡信仰で武運長久を祈った。

八幡信仰は、大分県の宇佐神宮を発祥とする武人の神様であり、日本全国の武家社会に広がっていったのだ。

墨坂神社八幡が江戸時代の後期までは「八幡社《はちまんしゃ》」と呼ばれていた事で高井源氏の武神信仰に注目したい。その後、いろいろないきさつを経緯して、八幡社から現在の墨坂神社八幡となったのだ。

《北信濃国の墨坂神社に神戸《かんべ》が与えられる》

天応元年（七八一）北信濃国の墨坂神社と兄弟神の越智神社に神戸が与えられたことが、『新抄格勅符抄《しんしょうきゃくちょくふしょう》』に記載されている。

神戸は神社を運営（生活）するために、大和朝廷から与えられた特別な領地である。現在も、神戸の地名が日本各地に残っている。

須坂市の墨坂神社と越智神社は、特別な神社として神戸を与えられたことに注目しなければならないのだ。

◆北信濃国は古代朝鮮半島の百済と関係が深かった

北信濃国には、古代朝鮮半島の影響が地名として残った。

《信濃の地名のルーツについて》

十二代「景行天皇」四十年の条項に、「信濃国」の地名が初めて出てくるので、西暦三〇〇年代には存在していたことが分かる。

信濃の地名のルーツは『日本書紀』の欽明天皇の条項によると、古代朝鮮半島南部の百済から「科野《しなの》」の一族が渡来してから信濃の地名になっている。

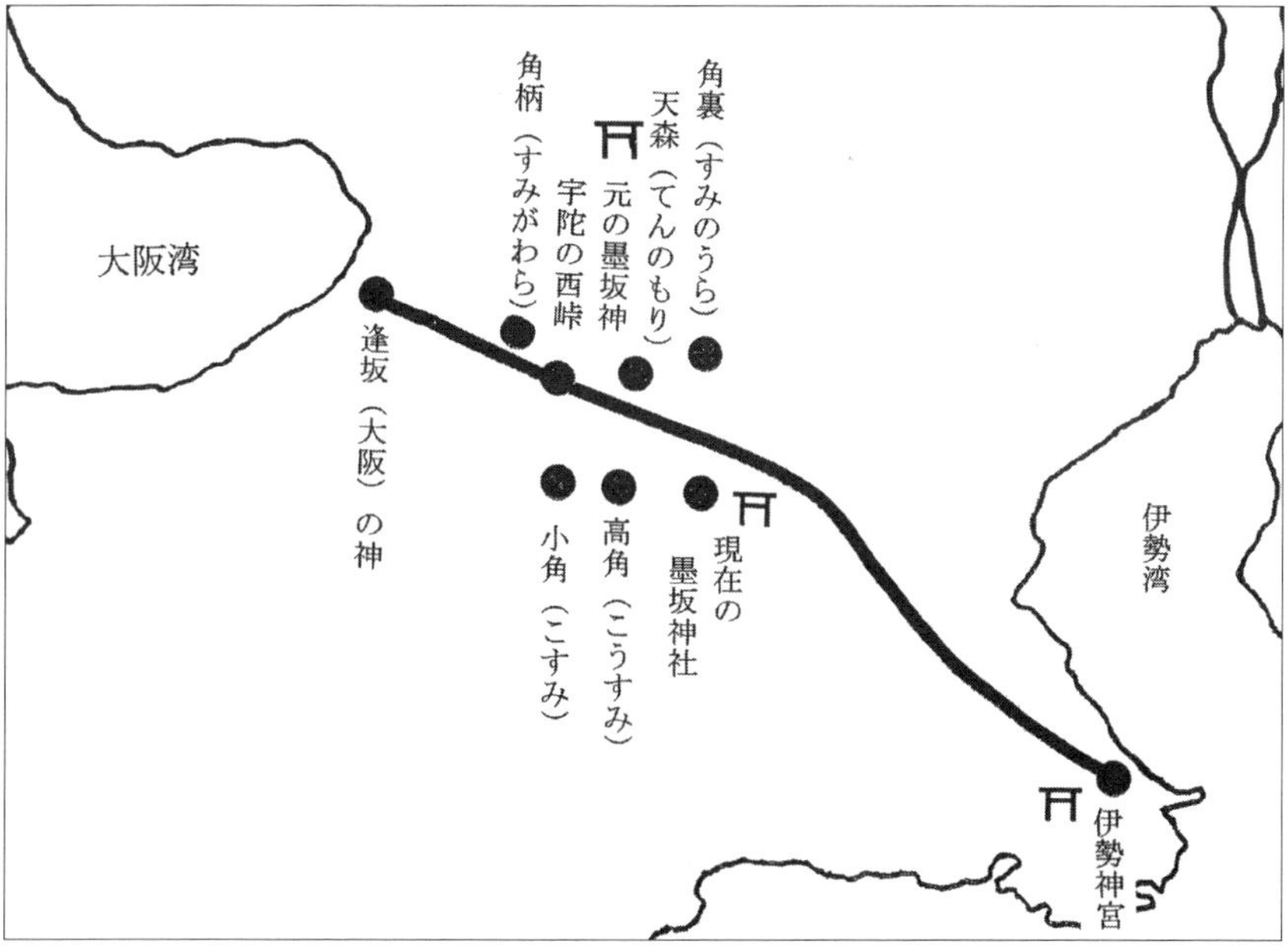

宇陀の墨坂に集中する「すみ」の小字位置図

長野県内には、「科」の漢字の「明科、豊科、更科、立科、仁科」などの地名が多い理由である。

《長野の地名のルーツについて》

朝鮮半島から北九州の福岡県に渡来した「なか」部族集団の名称から地名になった。

中《なか》に濁点を付けると長《なが》になる。中野市の隣に長野市があるのは兄弟の地名である。「中」から発祥した姓で、中島さんは長野県を代表する氏姓である。中島がついた川中島の戦いは有名である。長野市の周辺には、中野市、千曲市、須坂市などの狗奴国系の地名が集中して点在する。

「なか」の部族集団は、北九州から「なか」や「なが」の地名を西日本各地に残しながら東上を続けた。

狗奴国の本拠地の愛知県から、北信濃に軍事基地を造った。「長」氏の野原という地名が長野の地名になった。

参考に、「熊」の野原が熊野になっている。

《諏訪《すわ》の地名のルーツについて》

諏訪の地名は、『古事記』の神代編の条項に「洲羽《すは》の海」として、初めて出てくる。諏訪が洲羽の漢字で書かれてある。

朝鮮の百済の都を「所夫里《そぷり》」と言った。「そ」がさ行変化して「す」になり、ぷ行が変化して「わ」になり、さらにリ行は消えてなくなった。「そぷり」から「すわ」の地名になった理由である。諏訪が古代の都だった証明である。『古事記』に「タケミナカタの神」が出雲の国から~諏訪に逃げ込んだ神話がある。諏訪には、天皇家に直結する権力者がいたのだ。

★、諏訪市神宮寺の大熊《おおくま》にあるフネ古墳からは狗奴国系の特殊な蛇行剣が出土しており、諏訪市博物館内に展示してある。大熊の地名は、狗奴国の熊襲族との関係から付いている。隣の大熊城もそうである。

韓国の全羅北道の金城里古墳からも蛇行剣が出土して、全羅北道博物館に展示してある。日本の狗奴国の蛇行剣と深くつながっているので、一度見学をおすすめしたい。

狗奴国は朝鮮発祥であり、百済の蛇行剣とつながるのだ。

《高井造という渡来人から高井郡の地名になった》

『新撰姓氏録』には、高句麗系の子孫だとする高井造が記載されている。高井郡の地名は渡来系の地名である。

《北信濃には百済の影響が残った》

一、諏訪市神宮寺大熊のフネ古墳から出土した狗奴国系の特殊な蛇行剣については別項で述べたが、蛇行剣は百済国内からも出土しており密接な関係がある。

一、長野市を代表する有名な善光寺の本尊仏は、「百済仏」である。

※、善光寺の説明……長野市（北信濃）の善光寺は、水内郡出身の本田善光《ほんだぜんこう》が大阪に行った折に難波堀江《ほりえ》の池から「金色の仏像」を拾い出して、北信濃に持ち帰り善光寺に祭ったのが始まりである。善光が～善光寺になった。

本田氏は、信濃国の古代名族である。本田氏のルーツは、尾張の大海氏や安雲氏と同族である。大海氏は、伊勢湾の海神族を支配している。そして、大海人皇子（天武天皇）を養育している。安雲氏は、北九州の福岡県を発祥とする海神族であり、信濃国まで渡来してきた。安雲《あずみ》から安曇野市になり、愛知県の渥美《あつみ》になったといわれている。

北信濃の善光寺から＝本田氏＝大海氏＝安曇氏＝天武天皇へとつながるのである。

天武天皇が、信濃に「宮都《みやこ》」を造ろうとした理由があったのだ。

◆北信濃国（須坂市）と山城国は狗奴国の軍事基地だった

古代の高井郡（墨坂神社がある須坂市のこと）の人物で、「物部連《もののべのむらじ》善常なる者を、山城国の紀伊郡に移す……」と、九世紀の『日本三代実録』に書いてある。

※、『日本三代実録』の説明文……清和天皇・陽成天皇・光孝天皇の三代天皇の（八五七～八八七）年の
　歴史書である。

山城国（京都府）については、別項で古代の狗奴国の軍事基地があったと詳しく述べた。

物部氏の職業は軍事部門である。物部連善常氏が須坂から～山城国に移動したことは、須坂の軍事基地から～山城国の軍事基地に転勤した意味である。現在で言えば、長野の須坂支店から～京都の山城支店に転勤したようなものである。

当時の「物部氏」には二種類あった。

一つは、竹斯《つくし》物部である。筑紫を竹斯と書いており、北九州の物部氏である。

一つは、久米《くめ》物部である。南九州の熊襲族から出た久米物部氏である。

名前の「善常」には、長野市の善光寺の「善」が入っていることに気づく必要がある。

須坂から～山城国に移動になった「物部連善常」は、南九州を発祥とする狗奴国の久米物部氏の可能性が高い。

山形県や上越市内に、物部や大伴系統の史跡や地名が多く残っているのは、物部氏の軍事部隊が進出した証明である。

※、高良神社がなぜあるのか……？　墨坂神社八幡の境内に、「高良《こうら》神社」が祭られている。墨坂神社と
　どのような関係があるのか……調べてみた。高良神社の本社は、九州の久留米市内にあり、祭神は、物

部氏である。物部氏のルーツを調べていくと「物部連善常」なる役人が、九世紀ころ須坂から～山城国に移動していることが分かった。つまり須坂に、物部氏が住んでいたのだ。だから、墨坂神社の境内に高良神社を祭ったのだ。

高良神社の物部氏については、九州の久留米市内の現地に赴いて調査した詳しい資料を(下巻)で発表する。佐渡ヶ島を調査すると、物部や、大和朝廷（奈良県）の史跡や地名が残っていたので感動した。

◆墨坂神は北信濃から越後の卑奴母離軍を攻撃した

宇陀の墨坂神は、大和朝廷を建国した狗奴国（熊襲）の軍事部門のシンボル神だった。

第一章の卑奴母離の項（九九頁）で、越後国の頚城《くびき》郡には、邪馬台国の卑奴母離の軍事基地があったと書いた。現在の新潟県上越市の頚城（久比岐）の一帯である。

★、頚城の地名の説明……古代朝鮮語で語源を解読すると、太陽を信仰する部族国家となる。頚（太陽神）城（国家）の意味になる。

★、歴史は繰り返す……名古屋市熱田の狗奴国は奈良盆地の邪馬台国を征服すると、次は越後国の邪馬台国の同盟国を攻撃するために、名古屋市熱田の本拠地から北信濃の須坂市に軍事基地を置いた。これが墨坂神社（軍事神）の発祥である。

越後国の邪馬台国の卑奴母離を攻撃した時も、神武天皇時代の最強軍「泣く子も黙る久米部隊」が須坂から出陣して活躍したのだ。

・・・・・・・・・・・・・・・・・・・・・・・・

奈良の宇陀の狗奴国と邪馬台国の戦いが、北信濃の狗奴国と越後の邪馬台国の卑奴母離軍との戦いで再現されたのだ。

千曲川は、越後側から攻撃してくる敵兵軍を遮断する天然の堀の役目があったのだ。

須坂の墨坂神社、長野市の越智神社、中野市の小内神社が千曲川の右岸の山寄りに集中することで理解できるのだ。

「須坂市や長野市や中野市や飯山市」は、北信濃と呼ばれて長野県の最北端に位置している。新潟県上越市まで車で約一時間もかからないほど近い。戦国時代を参考にすると、越後国を攻撃する最前線基地として、北信濃地方には多くの山城や狼煙台が造られたことでも証明されるのだ。

宇陀の墨坂神は、大和朝廷を建国した狗奴国（熊襲）のシンボル神である。名古屋市熱田の狗奴国の墨坂神は新潟県に近い須坂に移動して、越族《こし》を征伐する軍事神となった。中国から朝鮮半島にかけて住んでいた越族は、日本海のリマン海流に乗って続々と北陸から越後にかけて渡来した。越族の越から、越後、越中、越前の地名が付いた。現在から二千年前の話である。

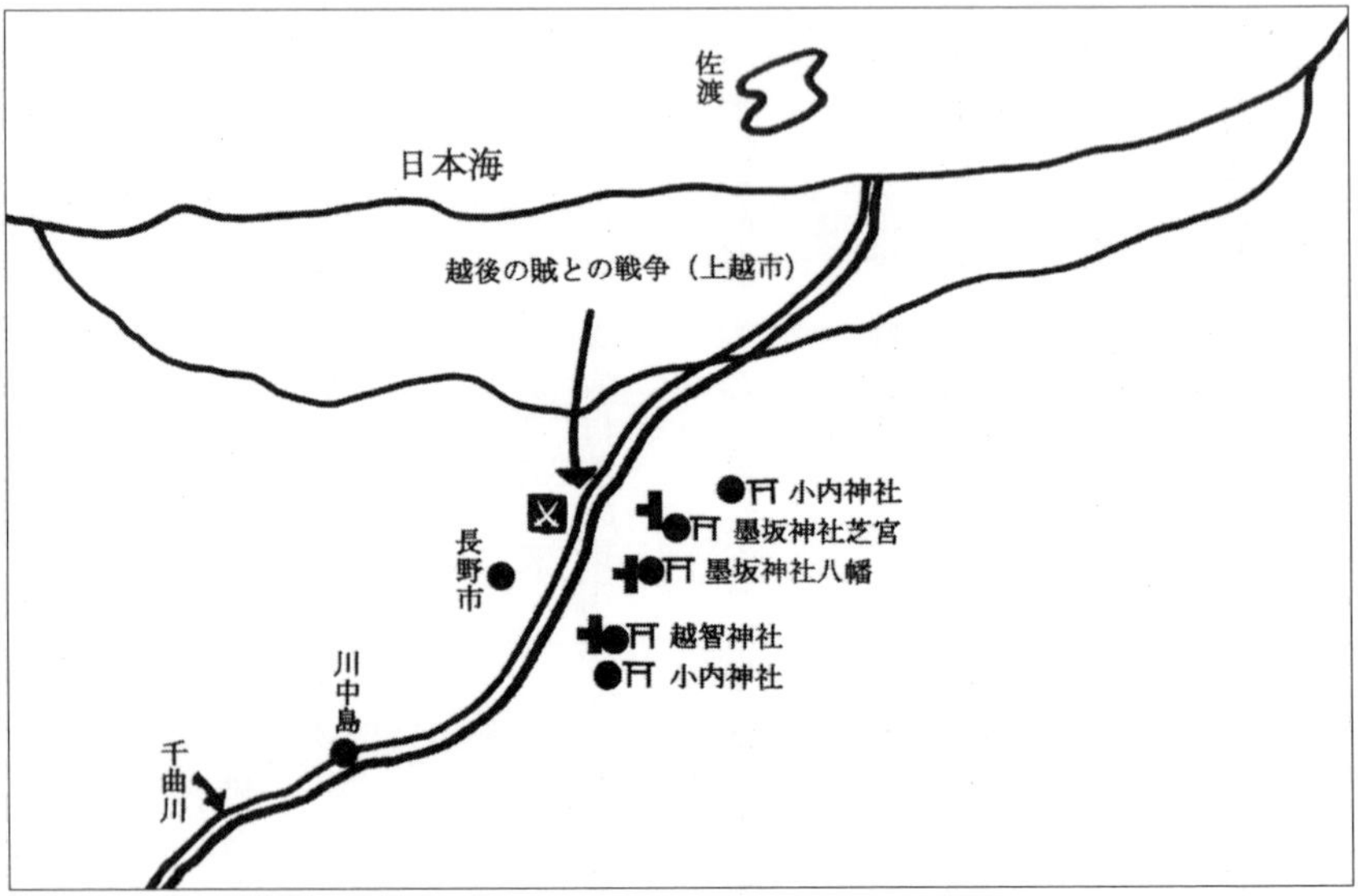

墨坂神社群は、千曲川の右岸で防衛した

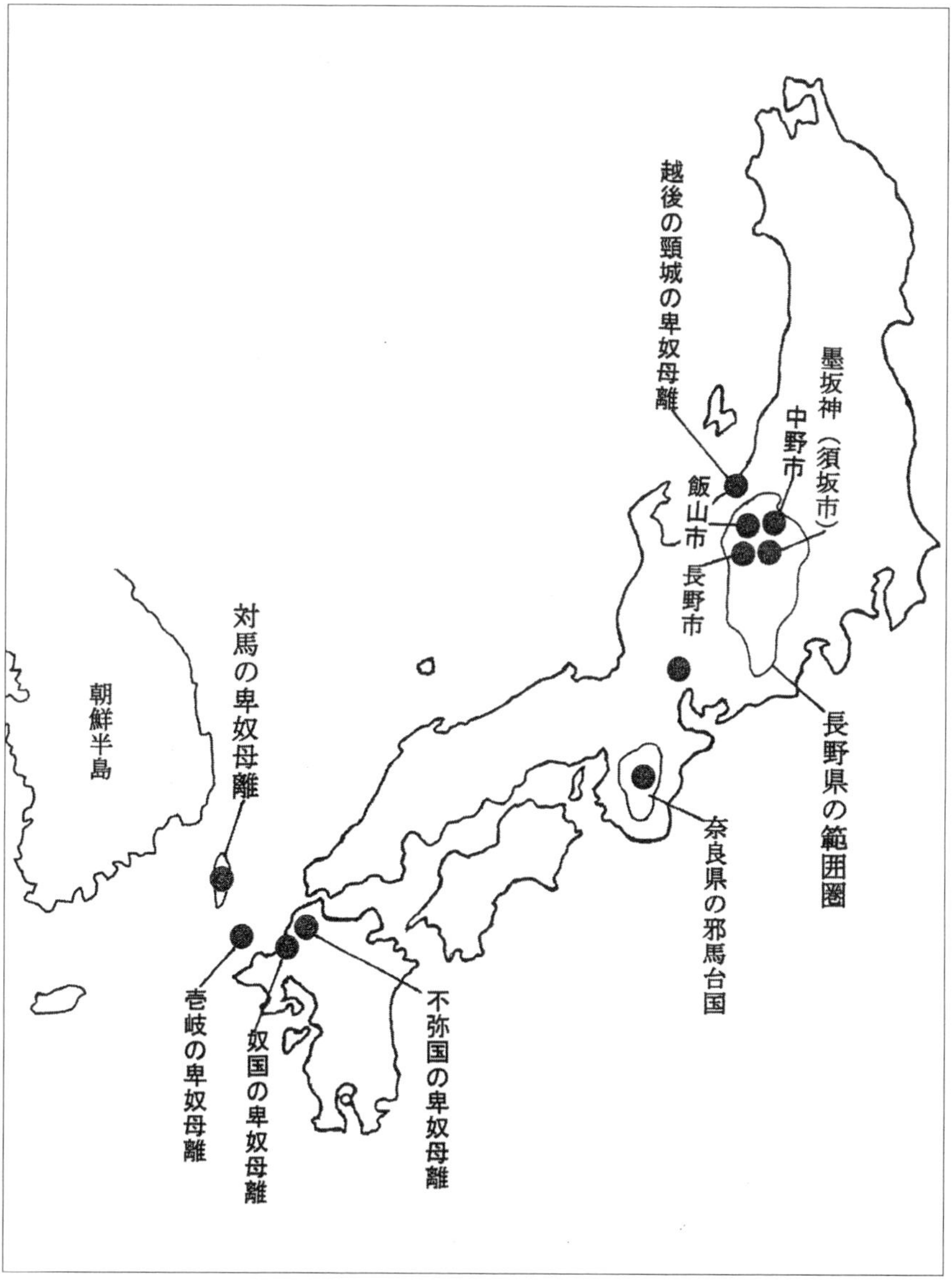

墨坂神は、北信濃から越後を攻撃した

※、リマン海流とは、中国、朝鮮半島沿岸を流れて日本海側をグルグル廻流する潮の流れである。現在でも、北朝鮮の難破船がリマン海流に乗って能登半島に漂着するニュースが度々ある。江戸時代に越後国の松平藩が、日本海側の島根県出雲に転勤した時、引き連れた千人からの家臣団を城下町に住まわせた。その時代に、越後のズーズー弁や越（古志町）の地名まで出雲に移動した。現在の出雲のズーズー弁のルーツは元々越後のズーズー弁から来たものである。

◆天武天皇が信濃に「天皇の都」を建てようとした理由について

天武天皇が、信濃地方に「天皇の都」を建設する計画があった。

日本の政治の中心地を信濃に移すことに何故だろうか……？の声があがった。調べていくと謎を解明するヒントは墨坂神にあったのだ。

狗奴国の本拠地は、西暦二〇〇年から後は、日本の真ん中になる愛知県名古屋市熱田にあった。熱田から奈良に進軍して邪馬台国を攻撃するために宇陀に軍事基地を造ったのが宇陀の墨坂神社の始まりだった。同じく、名古屋市熱田から北信濃地方に進軍して越後国を攻撃するために軍事基地を造ったのが須坂市内の墨坂神社の始まりである。

天武天皇にとっては、宇陀も須坂も日本統一の墨坂神（軍事基地）を置いた重要な思い出の土地なのである。

宇陀の近くの飛鳥の、「浄御原宮」で即位したので、信濃にも「天皇の都」を造営して御礼しようと計画したのだ。

墨坂神のルーツの解明は、神武天皇や大和朝廷のルーツの解明へとつながるキーポイントだったのである。

◇桜井市外山はトビと読める……？

『日本書記』に、神武天皇が奈良盆地の邪馬台国を攻撃する時に鳥見山《とみ》が出てくる。現在、鳥見山と呼ばれる場所が二ヶ所ある。

一ヶ所目……「宇陀市榛原の鳥見山」の説明。

榛原の鳥見山に湧水があり、縄文時代からの遺跡があることで知られる。山中に神武天皇「鳥見山中霊時跡」の石碑がある。鳥見山からは奈良盆地の大和三山が眺望できる。神武天皇が、奈良盆地の邪馬台国を攻撃するのに最適の監視台になる。

さらに、狼煙《のろし》を上げる位置にもなる。

二ヶ所目……「桜井市外山の鳥見山」の説明。

神武天皇が大和の長脛彦《ながすねひこ》を攻撃する時に、金色の鵄が参戦して勝利できた。戦争中の金鵄勲章《きんしくんしょう》は、これより発案され作製された。「鵄《とび》」がなまって「鳥見《とみ》」になったとしている。

二ヶ所の鳥見は神武天皇の伝承地である。どちらの鳥見の場所が正しいか、長らく論議されてきたがいまだに決着していない。理由は、決定的な証拠がないからだ。

《外山《とび》を分析する。外山から鳥見に変化する変化表》

外山を鳥見《とみ》と読めるのは音韻変化の理論から証明できる。

（一）、外……SOTO（ソト）←
SOが消失して……TO（ト）だけ残る
外（TO、ト）には、「元々や根本」などの基礎的な意味がある。

（二）、山……YAMA（ヤマ）←
MA（マ）が残る

《馬が（マ行のマからバ行のバ）に変化する漢字の使用例で分かる》

◇、馬………ウマと読み、母音の（ウ）が消失してMA（マ）が残る。
◇、馬鹿……バカと読み、馬（マ）が馬（バ）になる。（別稿の吉備の項目でも述べた）

《美が、（バ行のビからマ行のミ）に変化する漢字の使用例である》

◇、ハ行「ハヒフヘホ」に、濁点がついて「バビブベボ」になる。
◇、マ行「マミムメモ」には、濁点が付かない。

《外山から鳥見に変化する意味》

外山（トビ）は、（ビがミ）に変化して鳥見（トミ）になることが、音韻変化で証明される。
※、の意味……トは元々である。ミはミカドや大君《おおきみ》で天皇を意味する地名になる。
『古事記』で神武天皇は、「カムヤマトイワレヒコ」と言い、この一帯の「磐余《いわれ》」の地名を背負っている。

外山の一帯から天皇家が発祥したとする地名になる。

桜井市外山は、現在トビと読まれている。天武天皇に関係する「厳島神社」もあり、外山は古代重要な地域である。


〈コラム〉

※、邪馬台国が桜井市あった証拠である

『旧事本紀』の天神の条項には、邪馬台国の男王について重要な一文があるので紹介する。

ニギハヤヒノミコトは、河内の「いかるが峰」に天孫降臨した。そこから、奈良盆地の大倭国の鳥見山の「白山」に渡来したと書いてある。

「いかるが峰」はニギハヤヒノミコトを祭る交野市の「磐船《いわふね》神社」の聖山である。

大倭国の鳥見山は、大和の桜井市の鳥見山のことである。

ニギハヤヒノミコトは、邪馬台国の男王になる。男王が、磐船神社から～等弥神社に移動したと書いてあるのだ。

この意味は、ニギハヤヒノミコトの移動経路が、北九州から東上して大阪湾の淀川を上り、枚方から上陸して交野市を抜けて生駒から奈良盆地に入り、東南部の桜井市に邪馬台国を建国したことになる。

※、「白山」が、等弥神社の背後にあった

等弥神社の裏山に「庭殿《にわとの》」や「白山《しらやま》」と呼ぶ祭りの聖地がある。ニギハヤヒノミコトが渡来した「白山」は、朝鮮渡来の祭りの庭だったのだ。邪馬台国は等弥神社から発祥して建国されたのだ。

あとがき

「壬申の乱」は、大友皇子軍と大海人皇子軍の史上最大の政権争いであった。奈良県吉野宮に潜伏していた大海人皇子は、決戦が迫ると三重県の桑名に向かった。桑名では、尾張大隅が豊富な「軍資金と軍兵と官舎」を準備して待っていたのだ。

尾張大隅は、名前のごとく狗奴国が鹿児島の大隅半島から濃尾平野に移動した熊襲族の子孫であり、尾張で立身出世して大豪族になっていたのだ。

戦争に勝利出来たのは、尾張大隅の最大級の支援であった。

第四十代天武天皇として即位すると、次に『古事記・日本書紀』を書きまとめることに着手した。尾張大隅を天孫族のホアカリノミコトに組み入れて最大の御礼をしたのだった。歴史は繰り返すと……昔の人はよくぞ言ったものである。

『天孫族物語』（下巻）のあらすじについて

一、神武天皇の『東征物語』に書かれた、大分の宮、広島の宮、岡山の宮の場所を調査して狗奴国を証明する伝説や史跡の調査資料を書く。

一、狗奴国の熊野大社のルーツを島根県八東郡の熊野大社から、和歌山県本宮町の熊野大社までの移動ルートを追った。

一、狗奴国が名古屋市の熱田の本拠地から東国方面に向けて進軍した史跡と伝説を書いた。

一、狗奴国の軍事部隊は名古屋の本拠地から、越後国（現在の上越市）を攻撃するために、北信濃地区（須坂市・中野市・飯山市・長野市）に軍事基地を置いた。以後、戦国時代まで北信濃地方は越後勢力との戦いの最前線となった史実を書いて立証する。

一、宇陀の墨坂神が、北信濃地方に移動した理由を深く掘り下げて追跡すると、大和朝廷の謎の古代史が見えてきた。

一、越後国には、北信濃地方の史跡や伝説が残っているので、一つひとつの史跡を調査して書いた。

一、山形県地方にも、北信濃から狗奴国（大和朝廷）が進軍した証拠（史跡）が残っていた。

一、天武天皇が、信濃地方に「天皇の宮」を造ろうと探しまわった場所はどこだったのか……？　調査資料を書く。

古代人たちは、想像もつかない遠距離を行動していた。奈良の宇陀の墨坂神が北信濃に武神として移動していることでも分かる。

北信濃には大和朝廷の謎の古代史を解明するヒントが眠っていたのには感動した。上巻では書けなかった調査資料の原稿を、下巻で書き述べていく。

■参考文献

『日本書紀』 日本古典文学大系 岩波書店
『風土記』 日本古典文学大系 岩波書店
『古事記』 日本古典文学大系 岩波書店
『続日本紀』 新日本古典文学大系 岩波書店
『延喜式』 吉川弘文館
『邪馬台国の探求』 藤間生大 青木書店
『日本国家の起源』 井上光貞 岩波新書
『隼人』 大林太良 社会思想社
『古代社会と浦島伝説』 水野佑 雄山閣出版
『万葉集』 日本古典文学大系 岩波書店
『増補日鮮神話伝説の研究』 三品彰英 平凡社
『朝鮮民俗文化の研究』 依田千百子 瑠璃書房
『大日本地名辞書』 吉田東伍 富山房
『姓氏家系大辞典』 太田亮 角川書店
『日本神話』 上田正昭 岩波書店
『新撰姓氏録の研究』 佐伯有清 吉川弘文館
『壬申の乱』 直木孝次郎 塙書房
『魏志倭人伝』 石原道博 岩波書店
『三国史記倭人伝』 佐伯有清 岩波書店
『中国古代国家と東アジア世界』 西嶋定生 東京大学出版会

『倭の五王』　藤間生大　岩波書店
『任那と日本』　金延鶴　小学館
『神話と国家』　西郷信綱　平凡社
『古代を考える・日本と朝鮮』　武田幸男　吉川弘文館
『加耶諸国と任那日本府』　李永植　吉川弘文館
『鹿屋市史』　鹿屋市史編さん委員会　鹿屋市発行
『国分郷土誌』　国分郷土誌編纂委員会　国分市発行
『新編・一宮市史』　一宮市史編纂委員会　愛知県一宮市発行
『大隅町誌』　大隅町誌編纂委員会　大隅町役場発行

《読者コーナー》

■宇陀市の歴史探索コーナーについて

宇陀の歴史を探索する方々のために

一、車や自転車で自由に史跡を散策するコースを紹介します。

二、遠方から来られる方に宿泊施設の案内を致します。

三、歴史講演会、史跡案内ボランティアなど紹介します。

※、東アジア諸国からや日本国内の「歴男・歴女」の方々が宇陀の歴史探訪に来られることで、「宇陀の町おこし」運動につながるのが願いです。

※、「東アジア古代史資料館・研究室」（中国史・韓国史・日本史）を財団法人化する推進委員の方々には、案内資料を発送します。

■郵便物の受付先

〒633-0253

奈良県宇陀市榛原荻原2429番地

東アジア古代史・宇陀研究所

■著者／荒田栄誠（あらたえいせい）　プロフィール

1955年・鹿児島県生まれ。元鹿児島県郷土史研究家、東アジア古代史研究が専門。

1986年・高千穂峰の麓の国分平野に「国府名所七隈の古里」の古代史跡を発見する。

1989年・『神武天皇発祥の本貫』の著書で、「七王子の渡来先」だと発表して、世界各地の研究者から高い評価をうける。

狗奴国の神武天皇の東征神話コースを、南九州から奈良県の大和国まで追跡調査してから宇陀市で執筆活動に入る。

主な著書『神武天皇発祥の本貫』（上巻）平成３年度出版（絶版中）

主宰・「東アジア古代史・宇陀研究所」

天孫族物語《てんそんぞくものがたり》（上巻《じょうかん》）
―邪馬台国と狗奴国の戦争ドラマ―

二〇一五年六月三十日　初版第一刷発行

著者
荒田栄誠

発行者
荒田栄誠

発行所
荒田書房
〒六三三－〇二五三
奈良県宇陀市榛原萩原二四二九番地
電　話（〇七四五）八二－一一一三

発売
図書出版　浪速社
〒五四〇－〇〇三七
大阪市中央区内平野町二－二－七－五〇二
電　話（〇六）六九四二－五〇三二
FAX（〇六）六九四三－一三四六

印刷・製本
モリモト印刷（株）

ISBN978-4-88854-488-7